U0792502

• 当代财经管理名著译库
• DSGE经典译丛
• 2011年度国家出版基金资助项目

[阿根廷] 乔治·麦坎得利斯 著
(George McCandless)
段鹏飞 译

RBC之ABC

动态宏观经济模型入门

The ABCs of RBCs

An Introduction to Dynamic Macroeconomic Models

东北财经大学出版社
Dongbei University of Finance & Economics Press
大连

图书在版编目（CIP）数据

RBC之ABC：动态宏观经济模型入门／（阿根廷）麦坎得利斯（McCandless，G.）著；段鹏飞译．—大连：东北财经大学出版社，2011.12（2022.4重印）
（DSGE经典译丛）
书名原文：The ABCs of RBCs：An Introduction to Dynamic Macroeconomic Models
ISBN 978-7-5654-0672-0

Ⅰ.R… Ⅱ.①麦… ②段… Ⅲ.动态经济学：宏观经济学-宏观经济模型
Ⅳ.①F019.2 ②F015

中国版本图书馆CIP数据核字（2011）第282214号

辽宁省版权局著作权合同登记号：图字06-2008-388

George McCandless：The ABCs of RBCs：An Introduction to Dynamic Macroeconomic Models
Copyright©2008 by the President and Fellows of Harvard College.

No Part of this book may be reproduced or transmitted in any form or by any means, electronic, mechanical, including photocopying or by any information storage and retrieval system, without permission in writing from the Publisher.

All rights reserved.

本书简体中文翻译版由哈佛大学出版社授权东北财经大学出版社独家出版发行。未经授权的本书出口将视为违反版权法的行为。未经出版者预先书面许可，不得以任何方式复制或发行本书的任何部分。

东北财经大学出版社出版
（大连市黑石礁尖山街217号 邮政编码 116025）
教学支持：（0411）84710309
营 销 部：（0411）84710711
总 编 室：（0411）84710523
网　　址：http：//www.dufep.cn
读者信箱：dufep@dufe.edu.cn
大连图腾彩色印刷有限公司印刷　　东北财经大学出版社发行

幅面尺寸：185mm×260mm　　字数：415千字　　印张：18.25
2011年12月第1版　　2022年4月第5次印刷

责任编辑：李季 吉扬 刘佳 王玲　　责任校对：赵楠 何群 那欣 王娟 刘洋
封面设计：张智波　　版式设计：钟福建

定价：58.00元

版权所有 侵权必究 举报电话：（0411）84710523

DSGE 系列前言

时至今日，基于动态随机一般均衡（DSGE）分析框架的宏观经济理论已不是新鲜事物，它不仅是经济学家的标准工具，也是孕育下一代主流经济学创新的基础。2011 年的诺贝尔经济学奖颁发给 Sargent 和 Sims 两位经济学家，更说明了 DSGE 既主流强大又面临进一步发展的历史地位。我们如何在学习的基础上批判性地思考，在掌握方法的基础上发展出问题意识，从而做出言之有物的贡献？2011 年发表在《美国经济评论》上的文章《中国式增长》给我们做出了榜样。本系列丛书希望对读者走上这条道路有所帮助。

前 言

RBC（Real Business Cycle，实际商业周期）或者 NK（New Keynesian，新凯恩斯）模型方面的文献数不胜数、发展得如日中天。这些严谨的研究发轫于 Kydland and Prescott [52] 的发表。该论文探讨了如何构建美国经济体的数值随机一般均衡模型，并帮助两位作者摘得 2004 年度诺贝尔经济学奖的桂冠。[①] 同很多原创性的研究一样，他们所使用的技术相当复杂；随着时间的推移和建模技术的发展，后续研究所使用的模型表达和求解技术则简单、快捷了很多。

坊间一些非常优秀的宏观经济学及宏观经济政策著作（例如 Ljungqvist and Sargent [54]，Stokey，Lucas and Prescott [83]，Walsh [89]，以及 Woodford [90]）已经使用了本书所阐述的方法，但是这些著作对于目标读者的定位有两个特点：一是它们假设读者对相关经济学论题相当熟悉；二是它们假设读者对相关数学技术驾轻就熟。本书则是为不满足以上两条假设的读者准备的。

我第一次建立 RBC 模型，是在几年前同阿根廷中央银行的合作研究中。之前我虽没有做过它，但是相关技术我还是使用或者讲授过的。即便如此，我在读文献时还是发现，除了 Uhlig [86] 对我帮助很大之外，其他文献几乎都是只有以前做过 RBC 的人才能看懂。

在仔细研究了一系列模型之后，我才慢慢摸到一些门道；为了确保自己真的能够驾驭这些技术，我开始亲自动手一个一个模型地编程序、写笔记。一路学下来写下来，忽然间我意识到：我的这些学习笔记反映的，难道不正是一个 RBC 或 NK 模型使用者必经的成长之路吗？它对其他人一定会有帮助！于是本书诞生了。

我在 CEMA 大学（位于布宜诺斯艾利斯的 UCEMA）为硕士生讲授高级宏观经济学课程时，曾将本书的第一稿用作讲义，边使用边修改出第二稿。后来加入了有关金融市场和开放经济的内容，这样，读者就具备了足够的组件来搭建结构比较复杂的小型开放经济模型。得益于一位审阅人的建议，我在第 12 章中增加了一节来讨论 Friedman 规则和 Taylor 规则。

本书作为介绍性的读物，并不企图无所不包。而且，宏观经济学发展如此迅猛，无所不包也几乎是不可能的。因此 RBC 模型中相当多的论题在本书中并没有深入论及，比如家庭生产、代理成本、搜寻理论，以及高阶 Taylor 求解技术等等，但是我在书中合适的地方为感兴趣的读者指出了相关领域的某些前沿文献。

本书手稿曾经受益于多方朋友的帮助：在 CEMA 大学听我讲课的学生；在阿根廷中央银行讨论班听我讲座的同事；与我一起讨论问题的 Francisco Lepone 和 Claudio Irigoyen（Claudio 还帮我取了现在的书名）；给我教诲的 Andrew Blake、Fabio Conova、Guillermo

---

① 他们所获奖项的正式名称是瑞典银行纪念阿尔弗雷德·诺贝尔经济学奖。

Escude 和 Emilio Fernandez-Corugedo 等老师；两位给了我很多建设性意见的匿名审稿人。还要特别感谢 Juan Martin Scotes Paladino 对整个手稿的阅读、评论和对数学运算的校对；谢谢编辑 Michael Aronson 给予我的巨大谅解与支持。

长期以来，还有其他很多人也给了我重要的帮助和支持。Tom Sargent 告诉我：如果真的想掌握某种技术，你就必须使用它建模和写作。显然，没有这个建议，就没有本书。我的导师、合作者、朋友 Neil Wallace，他对知识清晰的把握和对学术诚信的态度都是我的榜样。让我尤其难忘的，还有 Lars Hansen、Robert Lucas、Gary Krueger、Warren Weber、Art Rolnick 和 Andrew Powell 等。

本书还要归功于很多并不是经济学家的人。非常感谢 Roberto Freytes、Juan Manual Furmento、Nestor Perez Alisedo 以及他们的家人，Alejandro Puente、Jorge Torres Zabaleta、Ignacio Zalduendo、Juan Antonio Ketterer、Robert Shakotko 和 Patricio Gatti 所给予我的长久的友谊与支持。我的大女儿 Micaela 是我最响亮的拉拉队队长。我还要尤其感谢我的妻子 Maria Rosa Furmento：始终陪伴本书漫长写作过程的，是她的温柔善良。

导　论

论文 Lucas［55］批评了计量经济学的政策评价方法，其主张是：若某宏观经济模型刻画的是实行某项经济政策之前的经济体，那么该模型就无法用于预测该政策执行之后的效果。文章提出的解决之道是：宏观经济模型必须具备明确具体的微观基础，从而模型中得以包含关于未来政府政策的预期。Kydland and Prescott［51］进一步主张：模型中的经济政策应当使用政策规则（policy rules）的形式。

该如何建模，其微观基础才满足上述要求呢？直到 Kydland and Prescott［52］发表后，人们才找到一个技术框架，使用它所建立的宏观经济模型，可以具备相当复杂的微观基础：消费者和生产者都具有理性预期，都最优化各自的选择；允许他们对工资或价格水平具有一定的市场操控力；允许他们使用国内或国外的金融市场；此外，政府在执行政策时，须服从预算约束和规则。这个技术框架起初是以增长模型 Solow［80］为背景建立起来的：通常首先求出其稳态，然后在该稳态附近做线性近似（或者按照最近的文献，做高阶 Taylor 近似），以观察受到随机冲击时，各相关变量的动态反应。这类模型，或被称作 RBC 模型，或被称作 NK 模型，取决于模型对建模技术路线以及对随机冲击来源的不同选择。

RBC 和 NK 模型用处很大。首先，它们在评估政策变化方面作用很大，因为政策变化可以直接使用政府政策方程来表达，而且这种变化带来的长期效果（稳态的变化）和短期效果（动态过程）都可以通过模型观察到。其次，它们还可以用于预测（例如 Smets and Wouters［79］），而且其预测能力已经几乎可以同 VARs（vectors autoregressions，向量自回归）相媲美。

本书就是要介绍这些 RBC 和 NK 模型。具体地说，就是要帮助职业经济学家或研究生掌握结构较复杂的线性 SDGE（stochastic dynamic general equilibrium，随机动态一般均衡）模型的建模技术和数值求解技术。第 4、5 两章介绍了非线性求解技术，这种技术可用于非线性地逼近两个函数：值函数（Bellman 方程）及其相应的政策函数。除此之外，本书各章中的动态模型都是对普通模型进行的对数线性化近似①。对数线性近似使用的是一阶 Taylor 展开②。本书没有详细讨论 SDGE 模型的校准和估计技术，而主要介绍了数值求解技术，并将每章相关的 MATLAB 程序列印于各章末尾。

关于校准，需要说明的是，本书模型的参数取值基本上都来自他人的论文：大多数基础（underlying 或 deep）参数取自 Hansen［48］；名义变量相关的参数取自 Cooley and Hansen［36］；与开放经济相关的参数取自 Uribe［87］。也根据内在一致性的要求推算出

---

① 第 7 章所求解模型的统一结构是：二次的目标函数，线性的约束条件。这类模型得到的政策函数是线性的。一般情况下，这种求解技术与对数线性技术得到的解十分接近。

② 本书不介绍高阶 Taylor 近似模型的建模和求解技术。

来一些参数的取值（比如第 12 章中通货膨胀率和借款利率在稳态的取值）。这样做的原因是，本书并非想为具体的现实经济体进行建模，而是旨在向读者演示适用于大多数经济体的建模和求解技术。为 RBC 模型的参数设定取值的常见方法有：一是通过研究微观经济行为所得到的系数为参数赋值，如对时间贴现因子的取值，又如将租金收入与总收入的比值作为 Cobb-Douglas 生产函数的参数值；二是将模型稳态表达成待定参数的函数，再计算现实经济的几个重要比率（比如消费收入比和资本收入比），二者比对，找出能够让理论稳态最接近经验比率的参数取值；三是一旦选定某些参数，常常就可以使用 Bayesian 方法对该经济体的历史数据进行处理而得到其余参数的估计值。Canova [21] 对此类计量经济技术做了很好的介绍。

本书的前七章介绍的是简单模型及其求解技术。第 1 章介绍基本的 Solow 模型（它是所有其他模型的基础），并概述了本书的技术和论题。第 2 章介绍 OLG（overlapping generation，代际交叠）模型，虽然 OLG 并非典型的 RBC 模型，但是 OLG 的变形却出现在一些 RBC 模型当中。初学者可跳过本章。第 3 章介绍无限期生存的行为人（infinitely lived agents）的模型（它是典型的递归 RBC 模型的基础），并阐明如何使用变分法求得稳态。

第 4 章到第 7 章介绍 RBC 模型的各种求解方法。其中，第 4 章求解的是一个确定性的递归模型。从第 5 章开始处理随机模型。第 5 章求解的是随机的递归模型，本章处理的随机变量只允许具有有限个实现值。第 6 章介绍在概率空间比较大的情况下，对模型进行对数线性化近似的方法。第 7 章介绍另外一种模型逼近的方法，此时对目标函数进行二次近似并使用线性预算约束。以上各章的背景模型都使用基本版本的 Hansen 模型，它分为可分劳动和不可分劳动两种情形。

从第 8 章开始的第二部分，对基本模型进行了多方拓展。每章都同样是一般均衡架构，但是每章都包含新内容。每章的操作步骤都是：寻找稳态，对模型进行对数线性化，用数值方法求解其线性形式的政策函数，并得出模型的二阶性质。这样，每一章都能为该章新建立的模型得出对应的 IRF（impulse response function，脉冲反应函数）。逐一将各章的 IRF 与该章之前的模型以及基本 Hansen 模型相比对，就可以知道各个模型的得失。将这些 IRF 逐一有序地呈现出来，正是本书的一个重要贡献。虽然每章所展示的求解技术可能有重复之嫌，但本书的目的正是要让读者看清构建模型的每一个细节。因为这些细节不仅容易让人糊涂，而且往往因其繁复而被期刊文章所省略，所以本书对这些细节的强化，能够有效地帮助读者掌握建模的整个过程。

对货币的建模有两种方式：第 8 章的 CIA（cash-in-advance，预先持有现金）约束；第 9 章的 MIU（money-in-the-utility，货币效用函数）技术。第 10 章和第 11 章介绍如何使用 Calvo 的方式在模型中引入价格的黏性和工资的黏性。这种包含黏性价格和黏性工资的模型常常被称作是 NK 模型。在这类模型中，货币冲击的后果更加持久。第 12 章将模型中加入一个简单的金融体系，具体地，令企业面临 CIA 约束，即要求企业须以营运资本（working capital）的方式持有现金，以保证在销售掉货物之前就有能力支付工人工资。这个营运资本模型展示了货币模型的一些有趣的特征，也说明了当建模者在模型不同位置引入货币时，模型会表现出不同的特点。此外，第 12 章还介绍了一些货币政策规则，并将 Taylor 规则与 Friedman 规则进行了对比。对货币政策格外感兴趣的读者可以在阅读完第 8

章之后直接阅读第 12 章。第 13 章分析了一个允许持有国外资产的小型开放经济。此时的难点是，太多的资产都具有相同的回报率，因此需要用某种方法将这个开放经济“封闭”。这样的方法有很多，本书选择的是较简单的、可以得到确定性的稳态解的方式。本书还给出了一个包含货币的开放经济模型，以用于分析汇率问题。

目　录

第一部分　基本模型及其求解方法

第二部分　对基本 RBC 模型的扩展

第一部分　基本模型及其求解方法

第 1 章

基本 Solow 模型

大部分增长模型、RBC 模型和 NK 模型的建模基础都可追溯至 Solow［80，82］所提出的经济增长模型。这个模型虽然非常简单，却堪称精致。它得出的许多关于增长的结论，不仅非常具体，而且易于检验。可是检验表明，并不是所有这些结论都被数据所支持，因而在经历了最初的热潮之后，Solow 模型渐渐被冷落。后来，Paul Romer［69］和 Robert Lucas［56］对模型加以修正，使该模型得以同增长数据更加一致，从而这个模型再度流行起来。Kydland and Prescott［52］使用 Solow 模型的一个随机版本来研究经济周期，从而开创了宏观经济学的一个崭新分支，现在称为 RBC 理论（包括 NK）。

Solow 模型的结构相当简单：使用一个 CRS（constant return-to-scale，常规模收益）的生产函数，一个资本积累法则和一个储蓄率。均衡条件也很简单：投资等于储蓄。在这个基础上，可以求出描述人均资本积累的一阶差分方程，并进一步得出整个经济体的时间路径。

1.1 基本模型

假设经济体中只有一种产品，其生产函数形如

$$Y_t = A_t f(K_t, H_t)$$

其中 Y_t 是该产品在第 t 期产量，A_t 是技术水平，K_t 是资本存量，H_t 是生产中的劳动投入量。生产函数满足一次齐次（CRS）等常见假设①。令 A_0 是第 0 期的技术水平，α 是技术的净增长率，则 $A_t=(1+\alpha)^t A_0$。定义变量的人均形式，即 $y_t \equiv Y_t/H_t$，$k_t \equiv K_t/H_t$，并利用生产函数 $F(K_t, H_t)$ 的 CRS 假设，则人均生产函数为

$$y_t = \frac{Y_t}{H_t} = A_t f\left(\frac{K_t}{H_t}, \frac{H_t}{H_t}\right) = A_t f(k_t, 1) \equiv A_t f(k_t)$$

假设劳动力的增长率恒为 n，即 $H_{t+1}=(1+n)H_t$；假设折旧率为 δ，第 t 期投资量为 I_t，则资本的增长方程为

$$K_{t+1} = (1-\delta)K_t + I_t$$

① 关于生产函数形状的常见假设是：$F_i(K_t, H_t)>0$，$F_{ii}(K_t, H_t)<0$，$F_{ij}(K_t, H_t)>0$，其中 $i=K$，H 且 $i\neq j$。$\lim_{i\to 0} F_i(K_t, H_t)\to\infty$，$\lim_{i\to\infty} F_i(K_t, H_t)\to 0$。$F(K_t, 0)=F(0, H_t)=0$。

那么人均资本的增长方程为

$$k_{t+1}=\frac{(1-\delta)\ k_t+i_t}{1+n}$$

其中 $i_t\equiv I_t/H_t$ 是第 t 期的人均投资量。假设产出的固定份额 σ 用于储蓄，即

$$s_t=\sigma y_t$$

以上关于储蓄的假设，可能是 Solow 模型所做的最重要的简化。因为封闭经济的均衡条件是 $i_t=s_t$，因此将资本增长方程中的 i_t 替换成 s_t，再将 s_t 替换成 y_t 与常数之积，最后将 y_t 替换成人均生产函数的表达式，得到差分方程

$$(1+n)\ k_{t+1}=(1-\delta)\ k_t+\sigma\ (1+\alpha)^t A_0 f\ (k_t)$$

为简化起见，不妨令技术进步率为 0，即 $\alpha=0$，则上式成为

$$(1+n)\ k_{t+1}=(1-\delta)\ k_t+\sigma A_0 f\ (k_t)$$

因为经济体的稳态是指 $k_{t+1}=k_t=\bar{k}$，代入上式得到

$$(1+n)\ \bar{k}=(1-\delta)\ \bar{k}+\sigma A_0 f\ (\bar{k})$$

故稳态发生于

$$(\delta+n)\ \bar{k}=\sigma A_0 f\ (\bar{k})$$

由对 $f(.)$ 的假设知，满足上式的 $\bar{k}$ 有两个取值：一个是 $\bar{k}=0$，被称做 0 稳态；一个是 $\bar{k}>0$，被称做正稳态。而且所有初始资本存量 $k_0\neq 0$ 的经济都收敛到正稳态。

位于正稳态附近的经济体，其动态特征的判断依据是差分方程

$$k_{t+1}=g\ (k_t)\ =\frac{(1-\delta)\ k_t+\sigma A_0 f\ (k_t)}{(1+n)} \tag{1.1}$$

如图 1—1 所示。注意，当 $0<k<\bar{k}$ 时，函数 $g\ (k_t)$ 位于45°线上方，即 $k_{t+1}>k_t$。在此区间的人均资本是不断增长的，直至收敛于正的 $\bar{k}$。当 $k>\bar{k}>0$ 时，函数 $g\ (k_t)$ 的值小于 k_t，因此资本存量不断减少，直至收敛于正的 $\bar{k}$。

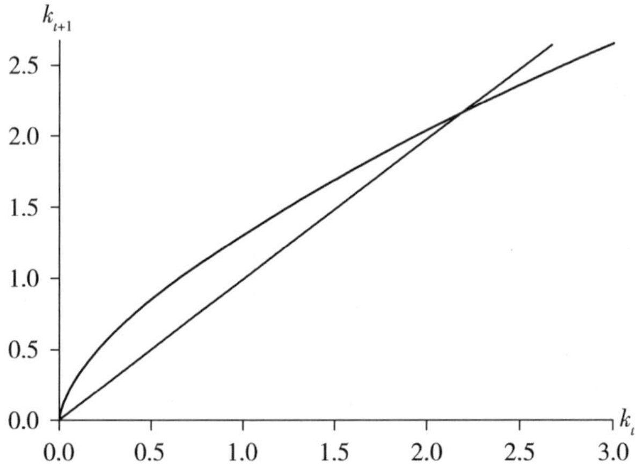

图 1—1　稳定条件

Solow 模型的重要结论之一是：如果所有经济体都可无障碍地使用新技术，那么较贫穷的经济体（拥有较少初始资本存量者）增长得比富裕经济体（拥有较多初始资本存量者）快。用 $\gamma_t\equiv k_{t+1}/k_t$ 度量从第 t 期到第 $t+1$ 期资本存量的复合增长率。由方程（1.1）知，该增长率为

$$\gamma_t=\frac{k_{t+1}}{k_t}=\frac{(1-\delta)\ k_t+\sigma A_0 f\ (k_t)}{(1+n)\ k_t}$$

继续对 γ_t 求关于 k_t 的导数，可以揭示出该期增长率对期初资本存量的依赖关系

$$\frac{d\gamma_t}{dk_t}=\frac{\sigma A_0}{(1+n)\ k_t^2}\ [f'\ (k_t)\ k_t-f\ (k_t)]\ <0\text{，当 }k_t>0\text{ 时}$$

即，随着人均资本存量的增长，其进一步增长的速度越来越慢；考虑到人均产出与人均资本存量的正相关关系，可以知道，人均产出也是在以越来越慢的速度增长。

本节讨论的是技术进步率为 0 的简单 Solow 模型，其主要结论是：如果所有国家都使用相同的技术，且拥有相同的储蓄率，那么所有这些国家都会收敛到相同的人均资本存量水平和人均产出水平，且贫穷国家比富庶国家增长得快。

习题 1.1 假设某经济体每期都要通过征收定额税（lump sum taxes）筹措 4% 的总产出支付给世界上其他经济体，以偿付其政府在历史上所欠债务的利息。请问：这个国家的增长率同不需要做出此种支付的国家有怎样的不同?

习题 1.2 当一个经济从低于其正稳态的某个初始人均资本存量开始增长，那么资本的租用价格（资本的边际产出）将怎样变化?

|1.2| 技术进步

所谓 BGP（balanced growth path，平衡增长路径），就是指资本和产出的增长率都是常数的增长路径。当技术进步率为常数时，经济体就会收敛到 BGP。我们以一个采用 Cobb-Douglas 技术的经济体为例来寻找作为动态经济均衡状态的 BGP。

假设其生产函数形如 $f\ (k_t)\ =k_t^\theta$（其中 θ 正好是资本收入占产出的份额），将 BGP 对应的常数增长率 $\gamma=k_{t+1}/k_t$ 作为待定系数。将初始技术水平 A_0 标准化为 1，则刻画增长率的差分方程为

$$\gamma=\frac{k_{t+1}}{k_t}=\frac{(1-\delta)\ k_t+\sigma\ (1+\alpha)^t k_t^\theta}{(1+n)\ k_t}=\frac{1-\delta}{1+n}+\frac{\sigma\ (1+\alpha)^t}{(1+n)\ k_t^{1-\theta}}$$

整理，得

$$k_t=\left[\frac{\sigma\ (1+\alpha)^t}{(1+n)\ \gamma-\ (1-\delta)}\right]^{\frac{1}{1-\theta}}=(1+\alpha)^{\frac{t}{1-\theta}}\left[\frac{\sigma}{(1+n)\ \gamma-\ (1-\delta)}\right]^{\frac{1}{1-\theta}}$$

因此，BGP 上的人均资本存量的常数增长率 γ 必须满足

$$\gamma=\frac{k_{t+1}}{k_t}=\frac{(1+\alpha)^{\frac{t+1}{1-\theta}}\left[\frac{\sigma}{(1+n)\ \gamma-\ (1-\delta)}\right]^{\frac{1}{1-\theta}}}{(1+\alpha)^{\frac{t}{1-\theta}}\left[\frac{\sigma}{(1+n)\ \gamma-\ (1-\delta)}\right]^{\frac{1}{1-\theta}}}=(1+\alpha)^{\frac{1}{1-\theta}}$$

进而，BGP 上的人均产出增长率为

$$\frac{y_{t+1}}{y_t}=\frac{(1+\alpha)^{t+1}k_{t+1}^\theta}{(1+\alpha)^t k_t^\theta}=\ (1+\alpha)\ \left(\frac{k_{t+1}}{k_t}\right)^\theta$$

$$=\ (1+\alpha)\ \left((1+\alpha)^{\frac{1}{1-\theta}}\right)^\theta=\ (1+\alpha)^{\frac{1}{1-\theta}}$$

演算表明，BGP 上的人均资本存量增长率和人均产出增长率的确是相同的。

|1.3| 黄金律

假设消费水平是决定居民福利的唯一因素，那么为了最大化均衡状态时的福利水平，

就需要最大化稳态时的消费量。再次假设经济体没有技术进步，则此时需要考察的变量就是储蓄率。所谓 GR（golden rule，黄金律）的储蓄率 σ_{GR}，指的就是这个能够最大化稳态消费量的储蓄率。GR 的概念最早是由 Phelps［68］提出的。在本模型中，因为产出只有储蓄（投资）和消费两个用途，所以各期人均消费量满足

$$c_t = (1-\sigma)\ y_t = (1-\sigma)\ A_0 f(\bar{k})$$

GR 只关注稳态，所以人均资本存量取值 $\bar{k}$。由前文可知，没有技术进步时的稳态条件方程是

$$(\delta+n)\ \bar{k} = \sigma A_0 f(\bar{k})$$

二者结合，得到

$$\bar{c} = A_0 f(\bar{k}) - (\delta+n)\ \bar{k}$$

求出最大化消费的 FOC（first-order conditions，一阶条件）

$$A_0 f'(\bar{k}^*) = \delta+n$$

上式可求出 $\bar{k}^*$ 的值，带回到稳态条件方程

$$(\delta+n)\ \bar{k}^* = \sigma A_0 f(\bar{k}^*)$$

此时求得的储蓄率 σ 就是 GR 的储蓄率 σ_{GR}

$$\sigma_{GR} = \frac{(\delta+n)\ \bar{k}^*}{A_0 f(\bar{k}^*)}$$

1.4 随机 Solow 模型

所谓随机 Solow 模型，就是向标准 Solow 模型里加入随机冲击，令某变量符合某个简单的随机过程。可以作为随机冲击的变量有很多，比如技术水平、贴现因子、储蓄率、人口增长率等。本书的模型中，技术冲击和储蓄率冲击对产出的动态影响是一致的，因此，不妨令冲击来自技术。具有随机技术冲击的增长模型，是 RBC 理论的基础。所谓 Solow 余值（residual），指的是刻画技术冲击的某个时间序列，人们能用该技术冲击下 Solow 模型得到的产出动态与现实经济相比对（参见 Solow［81］）。

刻画技术冲击的常用随机过程不止一种。其中一种是 AR（1）形式（first-order autoregression 一阶自回归）

$$A_t = \psi\bar{A} + (1-\psi)\ A_{t-1} + \varepsilon_t$$

其中 $0<\psi<1$，$\bar{A}$ 为非负常数。这样，ε_t 的概率分布需要有下界 $-\psi\bar{A}$，否则，技术将有变为负值的可能。如果是在模拟一个经济体，那么通常说来，界定一个下界并不困难，但是它确实使分析变得复杂。为了避免下界问题，另一种选择是使用随机过程

$$A_t = \bar{A}e^{\varepsilon_t}$$

其中，ε_t 服从均值为 0 的正态分布。这样，A_t 服从以下形式的对数正态分布

$$\ln A_t = \ln\bar{A} + \varepsilon_t$$

我们将应用第二种方法，假设技术遵从随机过程

$$A_t = \bar{A}e^{\varepsilon_t}$$

其中 $\bar{A}>0$，随机项 ε_t 服从均值为 0 的正态分布。注意，刻画本模型时间路径的一阶差分方程是机械的（mechanical）①，也就是说储蓄率是一个常数，方程（1.1）形如

① 动态过程是机械的，其含义是，不存在从技术冲击到储蓄决策的反馈。若模型考虑习惯形成（habit formation），则一个对产出的负冲击将引起储蓄率的下降。而在这里，储蓄率恒为 σ。

$$k_{t+1}=\frac{(1-\delta)\ k_t+\sigma\bar{A}e^{\varepsilon_t}f\ (k_t)}{(1+n)} \tag{1.2}$$

方程两边同时除以 k_t，方程左侧即增长率 $\gamma_t=k_{t+1}/k_t$，重新整理，然后取对数，得到

$$\ln\left[\gamma_t-\frac{1-\delta}{1+n}\right]=\ln\frac{\sigma\bar{A}}{1+n}+\ln\frac{f\ (k_t)}{k_t}+\varepsilon_t \tag{1.3}$$

我们同样采用 Cobb-Douglas 形式的生产函数，故人均生产函数为 $f\ (k_t)\ =k_t^{\theta}$，则方程（1.3）变为

$$\ln\left[\gamma_t-\frac{1-\delta}{1+n}\right]=\varphi-\ (1-\theta)\ \ln k_t+\varepsilon_t$$

其中，常数 $\varphi\equiv\ln\ [\sigma\bar{A}/\ (1+n)]$。它定义了 γ_t 关于 k_t 和 ε_t 的一个非线性函数。人均资本存量的增长率 γ_t 的方差，取决于期初人均资本存量 k_t 的水平，以及冲击 ε_t 的方差。

这个随机 Solow 模型的解析解为方程（1.2）。该方程的各个参数取值为：$\bar{A}=1$，$n=0.02$，$\delta=0.1$，$\theta=0.36$，$\sigma=0.2$，ε_t 的标准差为 0.2，则可以对该模型进行模拟。分别生成三组随机序列，得到的三次模拟如图 1—2 所示。

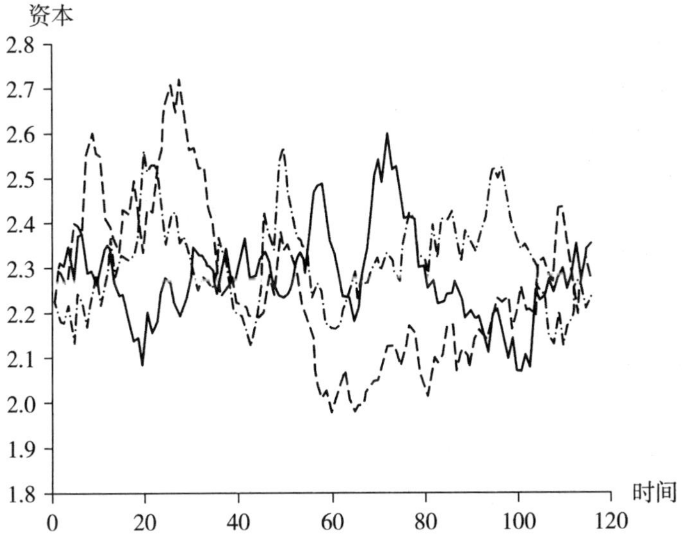

图 1—2　对有解析解的随机 Solow 模型所做的三次模拟

1.5　对数线性形式的 Solow 模型

对于非线性的动态模型，若想用冲击的方差来刻画人均资本存量的方差，通常而言，不仅简单的表达式难以胜任，甚至这样的表达式根本就不存在。解决之道是，在稳态附近对模型进行线性近似，并据此研究模型的某些二阶特征。具体地说，因为模型中技术冲击强度的不同会导致模型模拟结果中产出方差的不同，而现实经济中的产出去除其长期趋势后波动的方差①是知道的，所以研究的任务就是：寻找能够让模拟结果的方差与现实数据的方差最接近的技术冲击。本书后面的章节将多次对模型做对数线性转换，因此本节将详细阐述对一个模型做对数线性转换的过程。

① 之所以这里说“去除其长期趋势后波动的方差”，是因为在这里，模型没有考虑技术进步等趋势因素，所以需要把现实数据中的趋势量先去除。有很多滤波器可以用于这种剥离，最常用的是 Hodrick-Prescott 滤波。

假设某变量在第 t 期的取值为 X_t，且其稳态值为 $\bar{X}$，则定义其对数差分（log differences）① $\tilde{X}_t$ 为

$$\tilde{X}_t=\ln X_t-\ln\bar{X}$$

等价地

$$X_t=\bar{X}e^{\tilde{X}_t}$$

当需要把一个模型变成其对数线性形式时，通常将模型中的变量逐个换成其对应的对数差分形式即可。当 $\tilde{X}_t$ 和 $\tilde{Y}_t$ 都接近于 0 时，下列一阶近似法则也是很常用的。

$$e^{\tilde{X}_t}\approx 1+\tilde{X}_t$$

$$e^{\tilde{X}_t+a\tilde{Y}_t}\approx 1+\tilde{X}_t+a\tilde{Y}_t$$

$$\tilde{X}_t\tilde{Y}_t\approx 0$$

$$E_t\left[ae^{\tilde{X}_{t+1}}\right]\approx E_t\left[a\tilde{X}_{t+1}\right]+\text{常量}$$

1.5.1 资本

首先考虑随机的、Cobb-Douglas 技术的、无技术进步的 Solow 模型，其一阶随机差分方程为

$$(1+n)\ k_{t+1}=(1-\delta)\ k_t+\sigma\bar{A}e^{\varepsilon_t}k_t^{\theta}$$

将 k_j 替换成 $\bar{k}e^{\tilde{k}_j}$，得到

$$(1+n)\ \bar{k}e^{\tilde{k}_{t+1}}=(1-\delta)\ \bar{k}e^{\tilde{k}_t}+\sigma\bar{A}e^{\varepsilon_t}\bar{k}^{\theta}e^{\theta\tilde{k}_j}$$

应用上文的一阶近似法则，得到

$$(1+n)\ \bar{k}\ (1+\tilde{k}_{t+1})=(1-\delta)\ \bar{k}\ (1+\tilde{k}_t)+\sigma\bar{A}\ (1+\varepsilon_t)\ \bar{k}^{\theta}\ (1+\theta\tilde{k}_t)$$

因为非随机版本的模型中，稳态是

$$(1+n)\ \bar{k}=(1-\delta)\ \bar{k}+\sigma\bar{A}\bar{k}^{\theta}$$

从随机差分方程中移除稳态项，得到

$$(1+n)\ \bar{k}\tilde{k}_{t+1}=(1-\delta)\ \bar{k}\tilde{k}_t+\sigma\bar{A}\varepsilon_t\bar{k}^{\theta}+\sigma\bar{A}\bar{k}^{\theta}\theta\tilde{k}_t+\sigma\bar{A}\varepsilon_t\bar{k}^{\theta}\theta\tilde{k}_t$$

因为 $\varepsilon_t\tilde{k}_t\approx 0$，所以

$$(1+n)\ \bar{k}\tilde{k}_{t+1}=(1-\delta)\ \bar{k}\tilde{k}_t+\sigma\bar{A}\varepsilon_t\bar{k}^{\theta}+\sigma\bar{A}\bar{k}^{\theta}\theta\tilde{k}_t$$

合并同类项，得到如下一阶差分方程

$$\tilde{k}_{t+1}=B\tilde{k}_t+C\varepsilon_t \tag{1.4}$$

其中

$$B=\frac{1-\delta}{1+n}+\frac{\theta\sigma\bar{A}\bar{k}^{\theta-1}}{1+n}=\frac{1-\delta}{1+n}+\frac{\theta\ (\delta+n)}{1+n}=\frac{1+\theta n-\delta\ (1-\theta)}{1+n}<1$$

以及

$$C=\frac{\sigma\bar{A}\bar{k}^{\theta-1}}{1+n}=\frac{\delta+n}{1+n}$$

递归代入方程（1.4）中的 $\tilde{k}_{t-j}$ 项（其中 $j=0$，…，∞），得到近似式

$$\tilde{k}_{t+1}=C\sum_{i=0}^{\infty}B^i\varepsilon_{t-i} \tag{1.5}$$

表达式（1.5）可用于计算资本存量在稳态附近 $\tilde{k}_{t+1}$ 的方差

$$\text{var}(\tilde{k}_{t+1})=E[\tilde{k}_{t+1}\tilde{k}_{t+1}]=E\left[\left(C\sum_{i=0}^{\infty}B^i\varepsilon_{t-i}\right)\left(C\sum_{i=0}^{\infty}B^i\varepsilon_{t-i}\right)\right]$$

---

① 更多相关内容可参见 Uhlig［86］以及第 6.2.2 节。

如果技术冲击是独立的，即当 $t \neq s$ 时有 $E[\varepsilon_t \varepsilon_s]=0$，那么上述表达式变为

$$\text{var}(\tilde{k})=C^2\sum_{i=0}^{\infty}B^{2i}\text{var}(\varepsilon)=\frac{C^2}{1-B^2}\text{var}(\varepsilon)$$

其中

$$\frac{C^2}{1-B^2}=\frac{[\delta+n]^2}{[1+n]^2-[1+\theta n-\delta(1-\theta)]^2}$$

令 $\delta=0.1$，$\sigma=0.2$，$n=0.02$，$\theta=0.36$，则资本存量在稳态附近 $\tilde{k}_{t+1}$ 的方差是技术冲击方差的 0.0955 倍。基于对数线性近似的 Solow 模型和基于有解析解的 Solow 模型都可以进行数值模拟，可以对二者设定相同的参数，并将二者的模拟结果表示在同一个坐标系，如图 1—3 所示。

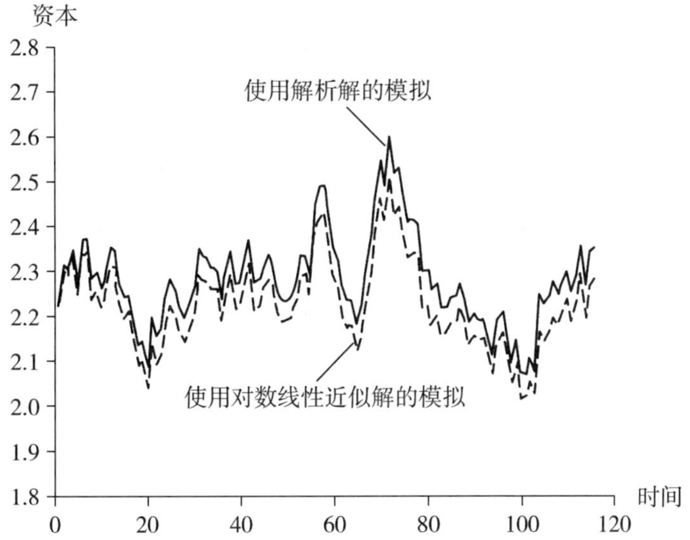

图 1—3　分别使用解析解和对数线性近似解对同一个 Solow 模型的模拟

1.5.2　产出

为了确定产出方差与技术冲击方差的相对大小，首先要找到生产函数的对数线性形式。将函数

$$y_t=\bar{A}e^{\varepsilon_t}k_t^{\theta}$$

中的变量替换成其在稳态附近的偏离值，即

$$\bar{y}e^{\tilde{y}_t}=\bar{A}e^{\varepsilon_t}\bar{k}^{\theta}e^{\theta\tilde{k}_t}$$

应用近似法则，得

$$\bar{y}(1+\tilde{y}_t)=\bar{A}(1+\varepsilon_t)\bar{k}^{\theta}(1+\theta\tilde{k}_t)$$

移除稳态项，得到

$$\bar{y}\tilde{y}_t=\bar{A}\varepsilon_t\bar{k}^{\theta}\theta\tilde{k}_t+\bar{A}\bar{k}^{\theta}\theta\tilde{k}_t+\bar{A}\varepsilon_t\bar{k}^{\theta}$$

由于 $\varepsilon_t\tilde{k}_t\approx 0$，且 $\bar{y}_t=\bar{A}\bar{k}^{\theta}$，故

$$\tilde{y}_t=\varepsilon_t+\theta\tilde{k}_t$$

由方程（1.5）知，$\tilde{k}_t$ 独立于 ε_t，因此

$$\text{var}(\tilde{y}_t)=E[\tilde{y}_t\tilde{y}_t]=E[(\varepsilon_t+\theta\tilde{k}_t)(\varepsilon_t+\theta\tilde{k}_t)]=\text{var}(\varepsilon_t)+\theta^2\text{var}(\tilde{k}_t)$$

仍然使用前文的参数取值，计算得到 $\text{var}(\tilde{y}_t)=1.0123\ \text{var}(\varepsilon_t)$。这表明，对于

Solow 模型，产出的方差与技术冲击的方差几乎完全相等。此外，当前参数值的设定，使得模型中的冲击表现出非常小的持久性。在第 t 期的一个技术冲击只能解释第 $t+1$ 期产出变动的 1.23%。因此，这个 Solow 模型既没有很好地解释产出的方差，也没有很好地解释产出冲击的持久性。

习题 1.3 使用技术冲击的方差，表达第 t 期产出对稳态位置的偏离 $\tilde{y}_t$ 与将第 $t+1$ 期的偏离 $\tilde{y}_{t+1}$ 二者之间的协方差。

1.6 本章回顾

本章介绍的增长模型不是一个最优化模型：储蓄量是外生给定的，而不是由消费者或厂商的决策决定的。尽管如此，模型的内涵也还是很丰富的：关于动态系统的稳定性，关于资本存量的重要性，以及关于如何建模以使得模拟时间序列的特征与观测到的现实经济数据相吻合。Solow 模型在一些重要方面存在不足：它认为，总的来说，穷国的增长速度要快于富国。但是现实数据并没有很好地支持这个预测（参见 Parente and Prescott [67]）。

在本章，为了得到模拟的随机时间序列，并不一定要对模型进行对数线性化转换。但是因为本书后面的部分需要大量使用对数线性化方法，所以本章特意对这一技术做了介绍。

关于 Solow 增长模型，还有大量的文献，对于这一主题格外感兴趣的读者，一本很好的标准参考书是 Barro and Sala-i-Martin [6]。

第 2 章

OLG 模型的储蓄

标准 Solow 增长模型的一个主要缺点是其储蓄率是外生给定的，即储蓄率没有被当做行为人最优化问题的一部分而内生决定。如果模型中的个体是 OLG（overlapping generations，世代交叠）的，即假设他们寿命有限、且代际之间互有交叠的时间区间，则能够提供一种相对简单的建模方法，使储蓄率被内生决定于增长模型的储蓄决策中。

储蓄率是内生的并可以随着经济中的其他参数的变化而改变的思想，由 Samuelson［70］提出，并被 Peter Diamond［38］发展成 OLG 模型。模型中的个体寿命为两期，且行为人必须在生命的第一个时期对两个时期的消费都做出决策。如果行为人毕生收入的大部分在他们生命的第一期获得，那么他们会将第一期的部分收入以资本或借出款项的形式存储起来，从而可以在第二期得到多于当期收入的消费。之所以将行为人寿命设定为两期，是因为这是允许储蓄决策的最小时期数，因此很可能是最简单的形式了。

这个模型的基本原理非常简单。在每个时期都有新的一群人（称为一代人）出生。这些人在他们出生的这一期和下一期生活、工作和消费。在此之后他们死亡并从经济中消失。他们所获得的效用仅来自于生命中两个时期的消费。在他们生命的第二个时期另一代人将出生并且生活在这个时期和下一时期。这个过程无限地延续下去，每个时期存在两代人，刚刚出生的一代人被称为年轻人，处于生命的第二期且是最后一期的一代人被称为老人。尽管模型无限延续，每个人却仅仅需要对两个时期的行为做出决策，因此我们所感兴趣的储蓄问题是相对简单的。

2.1 基本 OLG 模型

首先对模型经济体的场景（physical environment）做出设定。令时期是无穷的离散序列，并使用整数序列来标注，即 $t=1$，2，…，∞。称在时期 t 出生人为第 t 代，称在时期 $t-1$ 或更早期发生的情况为过去，并被当做是给定的。第 t 代有 $N(t)$ 个成员。如上文所假设，行为人的寿命为两期，故第 t 代的成员在时期 t 是年轻人，在时期 $t+1$ 是老年人，到了时期 $t+2$，他们不再存在，因而不再参与到经济中。

令在经济中只有一种商品（它可以是所有商品的加总，aggregate good），每个人的效用来自于他或她在生命的两个时期中对这种商品的消费。第 t 代中的第 h 个成员的效用函数为

$$u_t^h\ (c_t^h\ (t),\ c_t^h\ (t+1))$$

式中 $c_t^h\ (s)$ 是第 t 代的第 h 个人在时期 s 对单一总商品的消费。

生产由多个使用一次齐次生产技术的竞争性企业完成。在 t 时期的总产量为

$$Y\ (t)\ = F\ (K\ (t),\ H\ (t))$$

式中 $H(t)$ 是生产中的总劳动量，$K(t)$ 是总资本存量，而生产函数 $Y(t)=F(K(t),H(t))$ 的性质与我们在第 1 章的假设相同。

个体的劳动禀赋由如下有序二元组给出

$$h_t^h=\ [h_t^h\ (t),\ h_t^h\ (t+1)]$$

式中 $h_t^h\ (s)$ 是第 t 代的第 h 个人在时期 s 的劳动禀赋。假设个人取得竞争性工资，并将其所有劳动禀赋都提供给企业。时期 t 的总劳动使用量是生活在这个时期的所有年轻人和老人所提供的劳动之和。因此，

$$H\ (t)\ =\ \sum_{h=1}^{N(t)} h_t^h(t)\ +\ \sum_{h=1}^{N(t-1)} h_{t-1}^h\ (t)$$

为了方便起见，定义时期 t 的年轻人的总劳动禀赋为

$$H_t(t)\ =\ \sum_{h=1}^{N(t)} h_t^h(t)$$

而时期 t 的老人的总劳动禀赋为

$$H_{t-1}\ (t)\ =\ \sum_{h=1}^{N(t-1)} h_{t-1}^h\ (t)$$

假设时期 t 的资本存量 $K\ (t)$ 是从 $t-1$ 时期继承过来，而且在时期 t 内不能被改变的。但是这部分资本会因为在时期 t 的使用而被完全折旧。这个假设旨在消除不同世代成员间因资本市场的交易而带来的复杂性。

时期 t 的可行性约束包括

$$Y\ (t)\ = F\ (K\ (t),\ H\ (t))\ \geqslant \sum_{h=1}^{N(t)} c_t^h(t)\ +\ \sum_{h=1}^{N(t-1)} c_{t-1}^h(t)\ +K(t+1)$$

即时期 t 的产出有三个用途：年轻人的消费、老年人的消费，以及在 $t+1$ 时期使用的资本。

其次对模型经济体的经济组织（economic organization）做出假设。假设各个市场完全竞争。每个个体都是他们自身劳动的所有者。在时期 t，第 t 代人以市场工资水平向企业提供全部的劳动禀赋从而获得收入，并将收入用于时期 t 的消费、向第 t 代的其他人提供私人借贷以及进行私人资本的积累。他们年轻时的预算约束为

$$w_t h_t^h\ (t)\ = c_t^h\ (t)\ + l^h\ (t)\ + k^h\ (t+1) \tag{2.1}$$

式中 w_t 是时期 t 的市场工资，$l^h\ (t)$ 是他们向第 t 代其他人提供的贷款数量（如果第 h 个人是借款者，则 $l^h\ (t)\ <0$）。由于世代交叠的特性，借贷只能在同代中人发生。

假设在时期 t，一个第 t 代的年轻人借给一个第 $t-1$ 代的老人一些商品，并期望他在 $t+1$ 时期偿还。到了 $t+1$ 时期，这个天真的年轻人寻找那个第 $t-1$ 代的老人来还债。不幸的是，第 $t-1$ 代的所有成员都已去世，而已故的人并不能偿还债务。人们能够认识到这点，因而不会借钱给不同时代的人。而相同世代的人生活在相同的两个时期，所以一个年轻人可以借钱给同代人，并期望在下个时期当借款者与贷款者都变老时，他可以收回贷款。由于人们只向同代人借款，我们可以得到条件

$$0\ =\ \sum_{h=1}^{N(t)} l_h(t)$$

每个世代的净借贷均为0。

在时期 $t+1$，一个第 t 代人的收入来源于他在时期 $t+1$ 提供的劳动，在时期 t 放出贷款的利息，以及时期 t 所积累的资本的租金。由于这是他生命的最后一个时期，所有的收入都将被消费。因此，在 $t+1$ 时期，第 t 代的第 h 个人的预算约束为

$$c_t^h(t+1) = w_{t+1}h_t^h(t+1) + r_t l^h(t) + rental_{t+1}k^h(t+1) \tag{2.2}$$

式中 r_t 是时期 t 与时期 $t+1$ 之间的贷款利息，$rental_{t+1}$ 是时期 $t+1$ 资本的竞争性租金。

假定个体是完美前瞻的（perfect foresight），即个人在年轻时能够完全预见到他们年老时的工资和租金。另外，假设不存在欺诈，即所有贷款都将以商定利息被偿还。

完全竞争的假定意味着，在时期 t，市场工资等于当期的劳动边际产出，租金等于当期的资本边际产出。因此

$$w_t = F_H(K(t), H(t))$$

而

$$rental_t = F_K(K(t), H(t))$$

式中 $F_i(\cdot, \cdot)$ 表示生产函数关于它第 i 个元素的偏导数。

将年轻时的预算约束（方程（2.1））和年老时的预算约束（方程（2.2））合并，带入并消去贷款，可以得到终生的预算约束，

$$c_t^h(t) + \frac{c_t^h(t+1)}{r_t} = w_t h_t^h(t) + \frac{w_{t+1}h_t^h(t+1)}{r_t} - k^h(t+1)\left[1 - \frac{rental_{t+1}}{r_t}\right]$$

无套利条件意味着，在一个完美前瞻的均衡中，

$$rental_{t+1} = r_t$$

为了说明为什么上式是个无套利条件，首先假设上式不成立，而令

$$rental_{t+1} > r_t$$

在一个完美前瞻的均衡中，人们完全知道这点，第 t 代的每个成员都希望在时期 t 无限制地贷款，并持有它们用来做时期 $t+1$ 的资本。因为每单位转化成资本的贷款，会产生利润 $rental_{t+1} - r_t$。由于同代中的所有人都无限制地贷款是不可能的，因此在均衡中这个不等式不能成立。那么我们假设相反的情况，

$$rental_{t+1} < r_t$$

此时每个人都希望借出资金而没人愿意持有资本。由生产函数可知当资本存量为零时资本的边际产出为无穷大，因此，资本在时期 $t+1$ 的租金是无穷大，而这时的产出为零。因为我们禁止欺诈（同样，来自于完美前瞻的假设），而贷款和利息又不能被偿还，所以这不是一个均衡。

综上所述，在均衡中，$rental_{t+1}$ 不大不小正好等于 r_t。

根据这个无套利条件，终生预算约束可以写成

$$c_t^h(t) + \frac{c_t^h(t+1)}{r_t} = w_t h_t^h(t) + \frac{w_{t+1}h_t^h(t+1)}{r_t}$$

或者说一个人终生的消费的现值必须等于他工资收入的现值。

定义 2.1　一个经济中的竞争均衡被定义为两个分向量构成的一个序列：价格分向量的序列

$$\{w_t, rental_t, r_t\}_{t=0}^{\infty}$$

和数量分向量的序列

$$\{\{c_t^h(t)\}_{h=1}^{N(t)}, \{c_{t-1}^h(t)\}_{h=1}^{N(t-1)}, K(t+1)\}_{t=0}^{\infty}$$

这个向量序列，使得每个第 $t>0$ 代的成员 h 都在其终生预算约束

$$c_t^h(t)+\frac{c_t^h(t+1)}{r_t}=w_t h_t^h(t)+\frac{w_{t+1}h_t^h(t+1)}{r_t}$$

的条件下，最大化他的效用函数

$$u_t^h(c_t^h(t),\ c_t^h(t+1))$$

同时各个市场在各个时期都满足如下均衡条件

$$rental_{t+1}=r_t$$

$$w_t=F_H(K(t),\ H(t))$$

$$rental_t=F_k(K(t),\ H(t))$$

$$H(t)=\sum_{h=1}^{N(t)}h_t^h(t)+\sum_{h=1}^{N(t-1)}h_{t-1}^h(t)$$

请注意，在如上的定义中，我们没有对个人持有的是贷款还是资本加以区分。这是因为二者的回报率是相同的，此时，存在无数多种在同代成员间配置贷款和资本的方式，它们都满足均衡条件。例如，假设同代人的个体都相同，考虑如下两种配置方式：1）第$h=1$个人向其他所有人借入款项并持有全部的资本，2）没有人借入款项，且每个人持有$K(t+1)/N(t)$单位的资本。按照前文定义，这两种分配方式将产生相同的总资本存量和同一个均衡。

将终生预算约束带入效用函数，第 t 代的第 h 个人的效用最大化问题可以写成

$$\max_{c_t^h(t)} u(c_t^h(t),\ r_t w_t h_t^h(t)+w_{t+1}h_t^h(t+1)-r_t c_t^h(t))$$

式中，对个人 h 来说，完美前瞻的假设意味着所有其他参数的取值都是已知的。一阶条件为

$$u_1(c_t^h(t),r_t w_t h_t^h(t)+w_{t+1}h_t^h(t+1)-r_t c_t^h(t))=r_t u_2(c_t^h(t),r_t w_t h_t^h(t)+w_{t+1}h_t^h(t+1)-r_t c_t^h(t))\qquad(2.3)$$

式中 $u_i(,)$ 是效用函数关于它的第 i 个元素的偏导数。通过年轻时的预算约束（方程(2.1)），我们可以找到第 t 代第 h 个人的储蓄函数 $s_t^h(\cdot)$，即

$$s_t^h(w_t,\ w_{t+1},\ r_t)=l^h(t)+k^h(t+1)$$

进一步，将第 t 代所有人的储蓄加总，我们可以定义总储蓄函数 $S_t(\cdot)$，它等于

$$S_t(\cdot)=\sum_{h=1}^{N(t)}s_t^h(\cdot)=\sum_{h=1}^{N(t)}l^h(t)+\sum_{h=1}^{N(t)}k^h(t+1)$$

又因为在均衡时有

$$\sum_{h=1}^{N(t)}l^h(t)=0$$

和

$$K(t+1)=\sum_{h=1}^{N(t)}k^h(t+1)$$

成立，故总储蓄方程可以写成

$$S_t(w_t,\ w_{t+1},\ r_t)=K(t+1)$$

用 $rental_{t+1}$替换 r_t，并运用要素市场在时期 t 与时期 $t+1$ 的均衡条件，我们可以将总储蓄方程写成

$$S_t(F_H(K(t),\ H(t)),\ F_H(K(t+1),\ H(t+1))$$

$$F_K(K(t+1),\ H(t+1)))=K(t+1)$$

上面的表达式给出了一个 $K(t+1)$ 的隐函数，它将 $K(t+1)$ 定义为关于每期的劳动供给 $H_t(t)$、$H_{t-1}(t)$、$H_t(t+1)$、$H_{t+1}(t+1)$、效用函数的参数、生产函数以及 $K(t)$ 的函数。根据建模时的设定，随着时间的推移，模型中只有 $K(t)$ 不是常数，因此，我们可

以找到时期 $t+1$ 的资本存量关于时期 t 的资本存量的函数，

$$K(t+1)=G(K(t)) \tag{2.4}$$

这是一个描述经济增长路径的一阶差分方程。

2.1.1 经济体举例

考虑如下经济体，其效用函数具有如下的形式

$$u_t^h=u(c_t^h(t),\ c_t^h(t+1))=c_t^h(t)\ c_t^h(t+1)^{\beta}$$

其生产函数是简单的 Cobb-Douglas 形式

$$Y_t=F(K(t),\ H(t))=K(t)^{\theta}H(t)^{1-\theta}$$

其中 $0<\beta$ 且 $0<\theta<1$，方程（2.4）中的生产函数 $G(\ )$ 可以写成如下的显函数①

$$K(t+1)=G(K(t))=\frac{\theta\beta\dfrac{H_t(t)}{H(t)^{\theta}}}{\left[\dfrac{H_t(t+1)}{H(t+1)}\right]+\dfrac{\theta(1+\beta)}{(1-\theta)}}K(t)^{\theta}=\kappa K(t)^{\theta} \tag{2.5}$$

这里构成 κ 的所有元素都是常数，因此 κ 是一个正的常数。一阶差分方程在 $\bar{K}=0$ 和 $\bar{K}=\kappa^{\frac{1}{1-\theta}}$ 处达到稳态。常数 κ 是一个关于生命第二期消费的指数 β 的函数，且可以写成

$$\kappa=\frac{\beta\psi}{(1+\beta)+\rho}$$

式中 $\psi=(1-\theta)\left[\dfrac{1}{H(t)}\right]^{\theta}H_t(t)$ 和 $\rho=\dfrac{1-\theta}{\theta}\left[\dfrac{H_t(t+1)}{H(t+1)}\right]$ 是正的常数。回想一下，β 越大，在效用决定中赋予第二期消费的权重就越大。对 κ 关于 β 求导得到

$$\frac{d\kappa}{d\beta}=\frac{\psi(1+\rho)}{(1+\beta+\rho)^2}>0$$

可以想见，在稳态取正数 $\kappa^{\frac{1}{1-\theta}}$ 时，储蓄和资本（当我们令资本完全折旧时，二者相等）是关于效用函数中赋予第二期消费的权数 β 的增函数。

习题 2.1 计算上文的经济实例并导出方程（2.5）。

2.2 动态特征

这个模型偏离稳态时的表现同 Solow 模型是相似的。如果初始资本存量在两个稳态之间，即 $0<K(0)<\kappa^{\frac{1}{1-\theta}}$，那么资本存量会增长并向正的稳态收敛。为了说明这一点，可以考察能够满足 $K(t+1)>K(t)$ 的 $K(t)$ 取值范围，或求解

$$K(t+1)-K(t)=\kappa K(t)^{\theta}-K(t)>0$$

对方程进行简单的处理可知，对于正的 $K(t)$，当 $K(t)<\kappa^{\frac{1}{1-\theta}}$ 时这个条件成立。另外，随着资本存量的不断增加，其增长率在不断下降。将总资本增长率定义为 $\Delta K(t)=K(t+1)/K(t)$。这可以写成

$$\Delta K(t)=\frac{\kappa K(t)^{\theta}}{K(t)}$$

对它求关于资本存量的导数可以得到

$$\frac{d\Delta K(t)}{dK(t)}=(\theta-1)\kappa K(t)^{\theta-2}<0$$

① 本模型细节请见 McCandless and Wallace［61］第 9 章。

与之前的 Solow 模型相类似，初始资本存量越大，资本的增长越慢。另外，因为产出被定义为 $Y(t)=K(t)^{\theta}H(t)^{1-\theta}$，产出的复合增长率 $\Delta Y(t)=Y(t+1)/Y(t)$ 等于

$$\Delta Y(t)=\frac{K(t+1)^{\theta}H(t+1)^{1-\theta}}{K(t)^{\theta}H(t)^{1-\theta}}=\frac{K(t+1)^{\theta}}{K(t)^{\theta}}=\Delta K(t)^{\theta}$$

表达式的第二部分能够成立是因为劳动供给是常数。产出的复合增长率关于资本存量的导数为

$$\frac{d\Delta Y(t)}{dK(t)}=\frac{d\left[\frac{\kappa K(t)^{\theta}}{K(t)}\right]^{\theta}}{dK(t)}=\theta\left[\frac{\kappa K(t)^{\theta}}{K(t)}\right]^{\theta-1}(\theta-1)\kappa K(t)^{\theta-2}<0$$

因此，随着资本存量的增加，产出的增长将逐渐放缓。

这个模型的动态特征也可以从描述方程（2.5）的图形中看到。取 $\kappa=4$，$\theta=0.36$，这个方程由图 2—1 中的函数 $G(K(t))$ 表示。另外，图中还画出了一条 45 度线（稳态线）。这个图形表明当 $K(t)$ 的初始值低于稳态（$G(K(t))$ 与 45 度线的交点），$K(t+1)=G(K(t))$的值大于 $K(t)$，因此资本存量是递增的。从图中可以看到，$K(t)$ 越大，$K(t+1)$相应的增加幅度越小。这个图形的例子进一步证实了前面分析得到的动态特征。

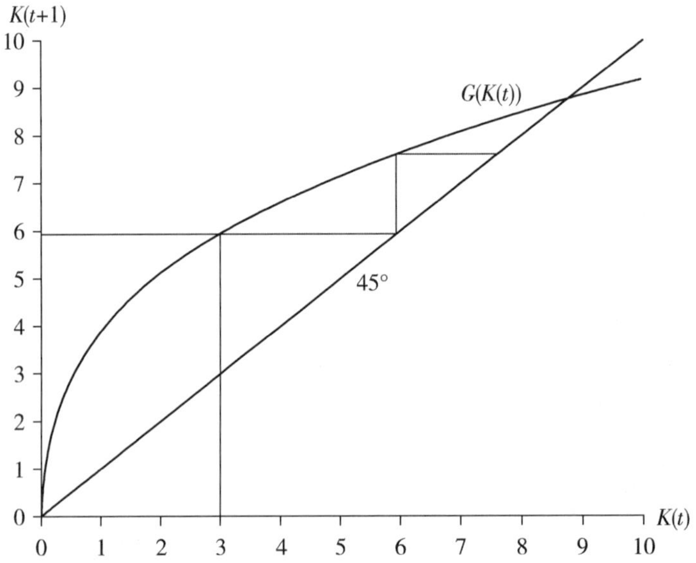

图 2—1　OLG 模型的动态特征

习题 2.2　指出当每期资本折旧为 $0<\delta<1$ 并存在资本的二级市场时，这个模型有什么变化。

习题 2.3　令模型具有完全的资本折旧，而生产函数为 $Y(t)=(1+g)K(t)^{\theta}H(t)^{1-\theta}$，这里 $g>0$ 是技术的净增长。找出这个经济的平衡增长路径。

2.3　随机版本

假设产出

$$Y_t=\lambda_t K(t)^{\theta}H(t)^{1-\theta}$$

遵循一个随机过程

$$\lambda_t=(1-\gamma)+\gamma\lambda_{t-1}+\varepsilon_t$$

其中 $0<\gamma<1$，ε_t 满足 $E_t\varepsilon_{t+1}=0$ 且具有下限$-(1-\gamma)$和上限。注意这些假设意味着技术总是为正并且具有一个稳态值或非随机的取值 1（当所有 $\varepsilon=0$ 时）。

采用与前面相同的效用函数，为了求解方便，我们对其取对数。那么，我们假设一个第 t 代成员最大化的期望效用为

$$\begin{aligned} u_t^h &= E_t u\left(c_t^h(t),\ c_t^h(t+1)\right) \\ &= E_t\left[\ln c_t^h(t) + \beta \ln c_t^h(t+1)\right] \\ &= \ln c_t^h(t) + \beta E_t \ln c_t^h(t+1) \end{aligned}$$

对数的使用，使得效用函数具有可加性，这就简化了计算。在时期 t，当期的技术冲击、产出和消费都是已知的，而时期 $t+1$ 的产出和消费都是未知的，但是可以算出它们的期望值。

个人年轻时的预算约束为

$$c_t^h(t) = w_t h_t^h(t) - k_t^h(t+1)$$

年老时为

$$c_t^h(t+1) = w_{t+1} h_t^h(t+1) + rental_{t+1} k_t^h(t+1)$$

个体的最优化问题就是最大化

$$\ln c_t^h(t) + \beta E_t \ln c_t^h(t+1)$$

服从上述两个预算约束条件。我们可以做拉格朗日函数来求解（对待效用函数中的期望符号时要格外小心）并获得个人最大化问题的一阶条件

$$\frac{1}{c_t^h(t)} = \beta E_t \frac{rental_{t+1}}{c_t^h(t+1)}$$

竞争要素市场意味着工资和租金等于它们的边际产出，因此有

$$w_t = (1-\theta)\lambda_t K(t)^{\theta} H(t)^{-\theta}$$

和

$$rental_{t+1} = \theta \lambda_{t+1} K(t+1)^{\theta-1} H(t+1)^{1-\theta}$$

被带入 $t+1$ 时期的资本在 t 时期被看做是最大化问题的解。年轻和年老时的劳动力数量在这个模型中是固定的，因此在 t 时期它也是已知的。在 t 时期唯一未知的变量就是 $t+1$ 时期技术冲击的取值。有趣的是，是否确切地知道这点对解决 t 时期年轻人的最优化问题并不重要。

求出 t 时期年轻人的一阶条件，带入预算约束，由于所有 t 时期的年轻人都是相同的，我们将一切以总量的形式写出，得到

$$\frac{1}{w_t H_t(t) - K(t+1)} = \beta E_t \frac{rental_{t+1}}{w_{t+1} H_t(t+1) + rental_{t+1} K(t+1)}$$

根据前文，$H_t(s)$ 代表第 t 代的人在时期 $s=t$，$t+1$ 时提供的劳动。将方程右边上下同时除以 $rental_{t+1}$ 得到

$$\frac{1}{w_t H_t(t) - K(t+1)} = \beta E_t \frac{1}{\dfrac{w_{t+1}}{rental_{t+1}} H_t(t+1) + K(t+1)}$$

将工资和租金换成它们的边际产出，得到

$$\frac{1}{(1-\theta)\lambda_t K(t)^{\theta} H(t)^{-\theta} H_t(t) - K(t+1)} = \beta E_t \frac{1}{\dfrac{(1-\theta)\lambda_{t+1} K(t+1)^{\theta} H(t+1)^{-\theta}}{\theta \lambda_{t+1} K(t+1)^{\theta-1} H(t+1)^{1-\theta}} H_t(t+1) + K(t+1)}$$

将式子右边化简得到

$$\frac{1}{(1-\theta)\lambda_t K(t)^{\theta} H(t)^{-\theta} H_t(t) - K(t+1)} = \beta \frac{1}{\left[\dfrac{(1-\theta)}{\theta} \dfrac{H_t(t+1)}{H(t+1)} + 1\right] K(t+1)}$$

期望符号被消掉了，这是因为在最后一步我们将 λ_{t+1} 从等式右边消去了。没有必要通过求

期望来寻找随机的增长路径。通过一些代数处理，这个模型可以写成

$$K(t+1)=\kappa\lambda_t K(t^{\theta})$$

式中

$$\kappa=\frac{\theta\beta\dfrac{H_t(t)}{H(t)^{\theta}}}{\dfrac{H_t(t+1)}{H(t+1)}+\dfrac{\theta(1+\beta)}{(1-\theta)}}$$

并不随时间而改变。注意这里 κ 与在非随机形式的模型中是一样的。给定初始的 $K(0)$，可以通过模拟随机冲击 λ_t 得到这个随机形式经济体的时间路径。

我们以一个 $\beta=0.99$，$\theta=0.36$，$H(t)=65$，$H_t(t)=60.2$，$H_t(t+1)=4.8$ 的经济体为例，可以算得 $\kappa=4.00$。假设 $\gamma=0.6$ 且 ε_t 在 $[-0.02, 0.02]$ 上服从均匀分布，分别以 $K(0)=\{6.9792, 8.7241, 10.4689\}$ 三个值为起始点，我们可以得到如图 2—2 中资本和产出的时间路径。产出通过使用生产函数和劳动供给 $H(t)=65$ 得到。注意当 $\theta=0.36$ 时，初始资本存量的差异相应地迅速消除。由于技术冲击直接进入生产函数，我们发现产出比资本存量有更剧烈的变化。在我们的资本完全折旧的 OLG 模型中，资本的回报就必须要比较高，才能使人们愿意持有它。而只有当资本数量（大约等于 9 单位商品）远远小于产出（在本例中大约等于 32 单位商品）时，资本的边际产出才能足够高。这些结果似乎与文献中通常采用的 2 到 3 之间的资本—产出比不太一致。但是，因为这里生命只有两个时期，因此每个时期大概有 30 年。若使用 30 年的产出同资本存量的比值，那么和我们在模型中得到的大约 1/3 的比率应该差不太多。资本是一个存量，而我们在资本—产出比中使用的产出流的长度是非常重要的。

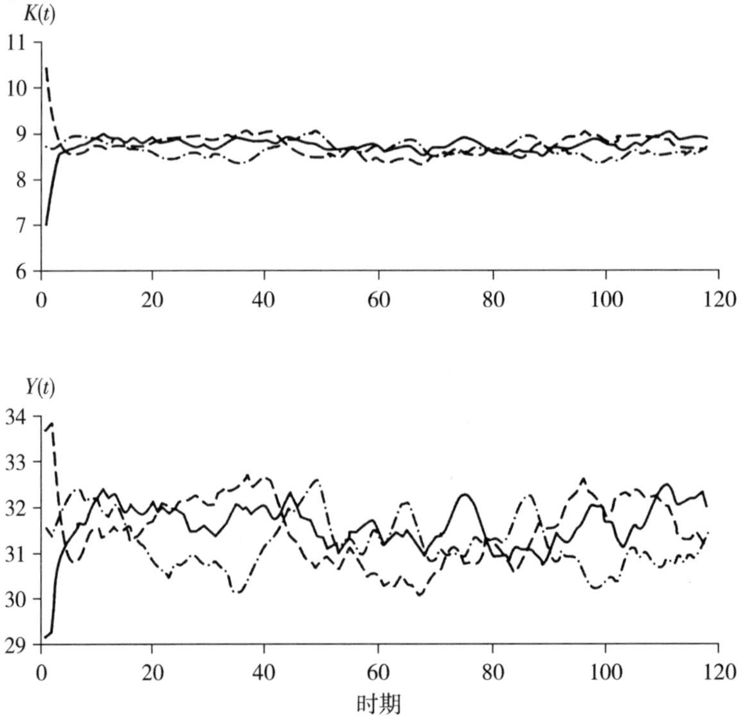

图 2—2　随机 OLG 模型的三次模拟

2.4 本章回顾

OLG 模型使我们得以通过相对简单的方法将储蓄的决策内生化。由于行为人只活两期，他们的最优化问题也只涉及这两个时期。经济体里交叠的性质以及老年人将持有他前一期存储的全部资本这一事实，使这个模型表现出一定的持久性。在本章模型中，我们并没有将劳动供给决策内生化，但这可以比较容易地做到，因为我们只需要再增加两个变量到每个行为人的决策问题中：年轻和年老时的劳动供给。

更多关于 OLG 模型的内容，可以按照由浅入深的顺序查阅：McCandelss and Wallace [61]，Sargent [72]，以及 Azariadis [4]。若想使用 OLG 模型研究货币经济学，则 Champ and Freeman [25] 是很好的入门书。

2.5 生成图 2—2 的 Matlab 代码

如下程序代码可用于模拟 OLG 模型中资本和产出的时间序列。程序很简单，它有助于学习 Matlab。

```
kappa=4;
theta=.36;
roe=.9;
K0=[.8*kappa^(1/(1-theta))
      kappa^(1/(1-theta))
   1.2*kappa^(1/(1-theta))]
lambda(1:3,1)=[1 1 1]';
K(1:3,1)=K0;
Y(:,1)=lambda(:,1).*K(:,1).^theta.*65.^(1-theta);
for k=2:118
    lambda(:,k)=(1-roe)+roe.*lambda(:,k-1)+.02.*(rand(3,1)-.5);
    K(:,k)=kappa.*lambda(:,k).*K(:,k-1).^theta;
    Y(:,k)=lambda(:,k).*K(:,k-1).^theta.*65.^(1-theta);
end
subplot(2,1,1),plot(K')
subplot(2,1,2),plot(Y')
```

第3章

无限期生存的行为人

处理内生储蓄常用的方法是假设行为人永远存活，并且在决策时考虑到未来的消费流。我们可以把这样的行为人看做是一个家族，家族里的人相互关心，当代人在做决策时会考虑到尚未出生的家族成员的福利。而选择无限期生存模型这种结构一个主要原因是出于技术方面考虑。在模型的某些结构（例如效用函数）不随时间推移而变化的情况下，我们可以使用标准变分法或者递归方法求解稳态。

虽然人显然不能永远存活，但是无限期生存模型可以较好地近似刻画年轻人的决策。因为未来的消费要以贴现率$\beta<1$来贴现，当预期死亡的日期还在很遥远的未来，那么预期死亡日期以后的消费对当前效用的影响权重就会很小，从而就不会对当前的经济决策带来影响。如果存在遗产动机，那么在做决策时就会将其子孙后代的消费纳入考虑，则得到无限期界的效用函数。此外，人们更易认为行为人存活多期的模型可以用来描绘商业周期。商业周期一般持续近十年，若 OLG 模型中的行为人只生存两期，那么每期的期限太长，不适合刻画商业周期。无限期存活行为人模型的一个明显缺点是无法讨论退休决策，一般使用第 2 章的 OLG 模型构建退休模型。

本章使用变分法求解稳态，处理的是一个确定性的经济体，其行为人是完美前瞻的。下章使用递归法讨论相同的问题。本章首先考虑鲁宾逊·克鲁索（Robinson Crusoe，简称 RC）类型的经济体，也就是只有一个行为人（或社会计划者）的经济来做储蓄决策。然后讨论由多个个体组成的经济体的稳态，每个个体通过工作以及储蓄获得收入。

3.1 固定劳动投入的 RC 经济

考虑只有一个个体的经济体[①]。在时期t，一个长生不老的个体想要最大化的是毕生效用函数，形如

$$\sum_{i=0}^{\infty}\beta^{i}u(c_{t+i})$$

其中$u(\,)$是子效用函数，它不随时间推移而变化，$0<\beta<1$是未来效用的贴现因子，c_t是

① 前文一直使用小写表示个体变量，大写表示总变量。在 RC 经济里，个体就是整体，到底使用大写还是小写呢？下文将使用小写表示单人经济。

个体在时期 t 的消费。假设函数 $u(\,)$ 是连续递增的凹函数，且可导的阶数满足需要。

在时期 t 开始时，个体的资本存量 k_t 是上期带来的给定值，个体在每期都提供恒为一单位的劳动，并决定每期消费多少，其单期预算约束序列为

$$k_{t+1}=(1-\delta)k_t+i_t$$

以及

$$y_t=f(k_t)\geqslant c_t+i_t$$

在这里，因为是单个体经济体，且假设了 RC 每期只供给一单位劳动，故资本存量 k_t 是人均资本存量。投资 i_t 是没被消费掉的产出的唯一用途。同前文的 Solow 模型一样，δ 是折旧率。

3.1.1 变分法

变分法常被用来求解动态问题的稳态。在后文，这种方法也将用于求解动态模型的一阶条件。其基本技巧是：先假定内生变量在 $s-1$ 和 $s+1$ 期的值都给定，再通过最大化 s 期的目标方程来求解该期内生变量的值。那么，在稳态时，如此得到的一阶条件一定成立，而且内生变量在时期 $s-1$，s 和 $s+1$ 的取值也需要相同。这样，就可以求得稳态。

对于我们正使用的简单 RC 模型来说，最直接的技术，就是通过使用预算约束来替换毕生效用函数中的消费，然后通过选择最优资本存量序列来最大化效用。令两个预算约束都取等号约束，则时期 t 的消费为

$$c_t=f(k_t)-k_{t+1}+(1-\delta)k_t$$

毕生效用函数为

$$\sum_{i=0}^{\infty}\beta^i u(f(k_{t+i})-k_{t+i+1}+(1-\delta)k_{t+i}) \tag{3.1}$$

令 $s\geqslant t$，假设资本存量 k_{s-1} 和 k_{s+1} 都是给定的，则关于资本存量 k_s 的一阶条件是

$$0=\beta^{s-t}u'(f(k_s)-k_{s+1}+(1-\delta)k_s)(f'(k_s)+(1-\delta))-\beta^{s-t-1}u'(f(k_{s-1})-k_s+(1-\delta)k_{s-1})$$

或者

$$f'(k_s)+(1-\delta)=\frac{u'(f(k_{s-1})-k_s+(1-\delta)k_{s-1})}{\beta u'(f(k_s)-k_{s+1}+(1-\delta)k_s)}$$

从这个欧拉（Euler）方程（有时称为一阶条件），我们可以求得资本存量的稳态值。因为在稳态有 $k_{s+1}=k_s=k_{s-1}=\bar{k}$，所以有一阶条件

$$f'(\bar{k})=\frac{1}{\beta}-1+\delta$$

由于参数 β 和 δ 都是已知的，且函数 $f(\,)$ 也已知，就可以用这个方程来求出 $\bar{k}$。该方程表明：稳态的资本存量，其边际产出等于净实际利率加上折旧率，而净实际利率是使用贴现因子隐含表达的。一旦资本存量的稳态确定了，就可以使用预算约束来求出产出和消费的稳态值。

当然，上述最大化问题可以很容易用拉格朗日乘数来处理。此时，某个 s 期的最大化问题可以写成

$$\max_{k_s,c_s,i_s}\sum_{i=0}^{\infty}\beta^i\left[u(c_{t+i})-\lambda_{t+i}^1(k_{t+1+i}-(1-\delta)k_{t+i}-i_{t+i})-\lambda_{t+i}^2(f(k_{t+i})-c_{t+i}-i_{t+i})\right]$$

根据一阶条件得出的稳态和用变分法得到的结果一样。

上述条件只是最优解的必要条件。此外还需要另外的条件：称为横截条件的边界条件或者极限条件。我们接下来在 RC 模型的一般版本中使用这个条件。

可以将 RC 的问题写成如下的一般形式

$$\max_{\{x_x\}_{s=t}^{\infty}} \sum_{i=0}^{\infty} \beta^i F\left(x_{t+i}, x_{t+1+i}\right)$$

其欧拉必要条件可以写成

$$0 = F_2\left(x_{s-1}, x_s\right) + \beta F_1\left(x_s, x_{s+1}\right)$$

其中，$F_j()$ 是函数 $F()$ 对第 j 个组成部分求偏导数。这个一般问题的横截条件是一个极限条件

$$\lim_{s\to\infty} \beta^s F_1\left(x_s, x_{s+1}\right) x_s = 0$$

这个条件的意思是：在最优路径上，被最大化的目标函数中，位于足够遥远未来的 s 期所对应的项 x_s，其权重为零。

对于方程（3.1）所表达的问题而言，横截条件是

$$\lim_{i\to\infty} \beta^i u'\left(f\left(k_{t+i}\right) - k_{t+i+1} + (1-\delta) k_{t+i}\right)\left(f'\left(k_{t+i}\right) + (1-\delta)\right) k_{t+i} = 0$$

这个方程的意思是：随着资本存量的积累而增加的效用，其增速最终会低于 $1/\beta$。否则，无限期地推迟消费将是最优解，则稳态也就不存在了。

举例说明横截条件不成立时的情形。考虑一个经济体，其 $f(k_t) = 0.2k_t$，$u(c_t) = c_t$，即生产函数和效用函数都是线性的。令 $\delta = 0.1$，$\beta = 0.98$。首先考虑经济中的个体将在 T 期死亡的情形。故其欲最大化

$$\sum_{i=0}^{T} \beta^i u\left(f\left(k_{t+i}\right) - k_{t+1+i} + (1-\delta) k_{t+i}\right)$$

把具体的值代入，

$$\sum_{i=0}^{T} (0.98)^i \left((1.1) k_{t+i} - k_{t+1+i}\right)$$

给定初始资本存量 k_0，可以求出最大化的效用，就是角点解：

$$(0.98 \times 1.1)^T k_0$$

即，为了取得这个效用水平，行为人在 T 期以前什么也不消费，在 T 期消费掉所有积累的资本。之所以这样最优，是因为边际储蓄导致下期效用增加的部分大于贴现因子导致的效用减少部分。

现在考虑个体无限期存活的情形。即令总贴现效用表达式中的 $T\to\infty$。效用最大化的途径是无限期地推迟消费，因此，其最大值等于无穷远期资本存量的效用贴现值。横截条件是

$$\lim_{t\to\infty} \left(0.98^t \times 1.1\right)(1.1)^{t-1} k_0$$

且这个式子不等于零。

在本例的经济体中，稳态配置是存在的：令 $c_t = 0.1k_t$，则所有 k_t 就都是 1。但带来效用最大化的路径却不是一个稳态配置。

横截条件的用途，就是要避免上述经济体中此类问题的出现。尽管我们在本书中没有详尽地检验，但研究者必须要确保横截条件成立。当模型中的效用函数和生产函数都是凹的、连续可微的，各期的可行集都是凸的和非空的，那么该经济体被称为是标准的，此时横截条件成立（详见 Stokey，Lucas，and Precsott［83］，第 4.5 节，关于横截条件和欧拉方程的充分性定理）。

变分法的一个主要缺点是，它不便于刻画经济体的动态。为了得到动态过程，必须知

道 $s-1$ 和 $s+1$ 期的值。那么，就必须同时求出由全部资本存量所构成的无穷项序列，一般情况下，这个计算超出了我们的处理能力。而求出稳态，则大大地减少了问题的维数。稳态是易于求出的，因为在稳态，过去和将来的值是相同的。从而，我们把一个无限维的问题转化成一个单期问题。

3.2 可变劳动投入的 RC 经济

让 RC 模型接近现实的第一步，就是允许行为人决定如何在闲暇和工作之间分配时间。

3.2.1 一般形式的模型

RC 对劳动的供给数量也可以被看做是个体的选择。假设效用函数形式为

$$\sum_{i=0}^{\infty}\beta^{i}\bar{u}(c_{t+i},\ l_{t+i})$$

这里，$0<l_{t+i}<1$ 是 RC 在 $t+i$ 期选择的闲暇数量。因为每期都有一单位的时间可以使用，在 $t+i$ 期选择 l_{t+i} 的闲暇，意味着使用 $h_{t+i}=1-l_{t+i}$ 的时间去生产产品。将此时间约束代入到效用函数中，则效用成为产品消费和劳动供给的函数

$$\sum_{i=0}^{\infty}\beta^{i}u(c_{t+i},\ h_{t+i})\equiv\sum_{i=0}^{\infty}\beta^{i}\bar{u}(c_{t+i},\ 1-h_{t+i})=\sum_{i=0}^{\infty}\beta^{i}\bar{u}(c_{t+i},\ l_{t+i})$$

且偏导数 $u_c(c_{t+i},\ h_{t+i})>0$，$u_h(c_{t+i},\ h_{t+i})<0$。另一个预算约束就是和以前一样的资本积累方程

$$k_{t+1}=(1-\delta)k_t+i_t$$

以及一个新的可行性约束，还有一个生产可能性约束，其中的生产函数包含了劳动供给

$$y_t=f(k_t,\ h_t)\geqslant c_t+i_t$$

拉格朗日函数写成

$$\mathcal{L}=\sum_{i=0}^{\infty}\beta^{i}\left[u(c_{t+i},\ h_{t+i})-\lambda_{t+i}^{1}(k_{t+1+i}-(1-\delta)k_{t+i}-i_{t+i})-\lambda_{t+i}^{2}(f(k_{t+i},\ h_{t+i})-c_{t+i}-i_{t+i})\right]$$

四个一阶条件（来自于分别对某 $s\geqslant t$ 期的消费、劳动供给、资本和投资四个变量求最大化）是

$$\frac{\partial\mathcal{L}}{\partial c_s}=0=u_c(c_s,\ h_s)+\lambda_s^2$$

$$\frac{\partial\mathcal{L}}{\partial h_s}=0=u_h(c_s,\ h_s)-\lambda_s^2 f_h(k_s,\ h_s)$$

$$\frac{\partial\mathcal{L}}{\partial k_{s+1}}=0=-\lambda_s^1+\beta\lambda_{s+1}^1(1-\delta)-\beta\lambda_{s+1}^2 f_k(k_{s+1},\ h_{s+1})$$

$$\frac{\partial\mathcal{L}}{\partial i_s}=0=\lambda_s^1+\lambda_s^2$$

再加上两个预算约束，

$$k_{s+1}=(1-\delta)k_s+i_s$$

和

$$f(k_s,\ h_s)=c_s+i_s$$

就得到了整个方程组。加以简化，得到一阶条件

$$u_c(c_s,\ h_s)=\lambda_s^1=-\lambda_s^2,$$

$$\frac{u_h(c_s, h_s)}{u_c(c_s, h_s)} = -f_h(k_s, h_s)$$

$$\frac{u_c(c_s, h_s)}{u_c(c_{s+1}, h_{s+1})} = \beta[f_k(k_{s+1}, h_{s+1}) + (1-\delta)]$$

和预算约束

$$k_{s+1} = (1-\delta)k_s + f(k_s, h_s) - c_s$$

在稳态，第三个条件简化为

$$\frac{1}{\beta} - (1-\delta) = f_k(k, h)$$

第四个条件简化为

$$\delta k = f(k, h) - c$$

稳态的第二个条件变为

$$\frac{u_h(c, h)}{u_c(c, h)} = -f_h(k, h)$$

这样我们就得到含三个未知数 c，h，k 的三个独立方程，一般情况下，就可以求得稳态解。

3.2.2 实例经济的解

考虑一个生产函数是 Cobb-Douglas 形式的实例经济体，

$$y_t = f(k_t, h_t) = k_t^{\theta} h_t^{1-\theta}$$

在文献中，经常使用的两种子效用函数。一种是对消费做对数处理

$$u(c_t, h_t) = \ln(c_t) + v(h_t)$$

另一种是常替代弹性形式的效用函数

$$u(c_t, h_t) = \frac{c_t^{1-\phi}}{1-\phi} v(h_t)$$

其中 $\phi>0$ 但 $\phi \neq 1$，而且 $v(h_t)$ 是凹函数，即当 $h_t \to 1$ 时，$v(h_t) \to -\infty$。经常使用的劳动效用函数是

$$v(h_t) = B\ln(1-h_t)$$

这里 B 是正的常数。不妨令我们实例经济的效用函数形如

$$u(c_t, h_t) = \ln(c_t) + B\ln(1-h_t)$$

有了这些假定后，稳态的条件就是

$$\frac{1}{\beta} - (1-\delta) = \theta \bar{k}^{\theta-1} \bar{h}^{1-\theta}$$

$$\delta \bar{k} = \bar{k}^{\theta} \bar{h}^{1-\theta} - c$$

和

$$B\frac{c}{1-\bar{h}} = (1-\theta)\bar{k}^{\theta} \bar{h}^{-\theta}$$

从这三个条件中的第一个条件，我们可以将稳态的劳动供给表达成稳态资本的函数，

$$\bar{h} = \left[\frac{1}{\beta\theta} - \frac{(1-\delta)}{\theta}\right]^{\frac{1}{1-\theta}} \bar{k} = G\bar{k}$$

这里的 $G = [1/\beta\theta - (1-\delta)/\theta]^{\frac{1}{1-\theta}}$ 是常数。由第一个和第二个条件，可以将稳态的消费表达成稳态资本的表达式，

$$\bar{c} = \left[\frac{1}{\beta\theta} - \frac{(1-\delta)}{\theta} - \delta\right] \bar{k} = J\bar{k}$$

其中 J 是这个方程所定义的常数。通过第二和第三个条件得出

$$B\frac{\bar{c}}{1-\bar{h}}=(1-\theta)\frac{\delta\bar{k}+\bar{c}}{\bar{h}}$$

把这三个式子合在一起可以求出稳态时的资本

$$\bar{k}=\frac{(1-\theta)(\delta+J)}{G(BJ+(1-\theta)(\delta+J))}$$

一旦得到稳态资本的值，稳态时劳动和消费的值也就可以马上求出。

习题 3.1 令实例经济的效用函数采用前文给出的常替代弹性的形式，求解其稳态条件。

3.3 竞争经济

在 RC 经济里，一个人就做出了整个经济的消费和生产决策。在一个竞争性的经济体中，消费者向市场供给劳动，厂商以竞争性的工资 w_t 雇用劳动。在本节，我们假定由许多完全相同的个体构成的行为人总体是总量为一个单位的连续统（continuum），且这个行为人总体向市场供给总量为一个单位的劳动。由于所有个体都是相同的，总体就是将从 0 到 1 上所有相同的个体加总，那么经济体的行为就可以看做是单个行为人的行为了。

和以前一样，个体 i 从消费中得到效用，从工作 h_t^i 中得到负效用。个体 i 在每期的时间禀赋都是一个单位，他在 t 期向市场提供的劳动是 h_t^i，因此他在该期的闲暇是 $l_t^i=1-h_t^i$。子效用函数形式为

$$u(c_t^i,\ h_t^i)=\bar{u}(c_t^i,\ 1-h_t^i)=\bar{u}(c_t^i,\ l_t^i)$$

厂商在各期生产产品的生产函数为 $f(K_t,\ H_t)$，同前文一样，大写字母 K_t 和 H_t 代表社会中用于生产的资本和劳动的总量。厂商向工人支付竞争性的工资 w_t，使用资本则支付租金 r_t，所以劳动的边际产出等于实际工资，资本的边际产出等于付给资本的租金。

个体 i 在 0 时期所面临问题的通用表达就是最大化

$$\sum_{t=0}^{\infty}\beta^t u(c_t^i,\ h_t^i)$$

在一个竞争经济中，受到如下约束

$$c_t^i=w_t h_t^i+r_t k_t^i-I_t^i$$

$$w_t=f_h(K_t,\ H_t)$$

$$r_t=f_k(K_t,\ H_t)$$

$$k_{t+1}^i=(1-\delta)k_t^i+I_t^i$$

这里，I_t^i 表示的是个体 i 在时期 t 的投资，其余变量都已在前文定义。个体的最大化效用问题可以写成拉格朗日方程

$$\mathcal{L}^i=\sum_{t=0}^{\infty}\beta^t\left[u(c_t^i,\ h_t^i)-\lambda_t^1(k_{t+1}^i-(1-\delta)k_t^i-I_t^i)-\lambda_t^2(f_h(K_t,\ H_t)h_t^i+f_k(K_t,\ H_t)k_t^i-c_t^i-I_t^i)\right]$$

受约束于如下加总规则

$$H_t=\int_0^1 h_t^i di \quad 和 \quad K_t=\int_0^1 k_t^i di$$

生产函数中的资本与劳动用大写字母表示，提醒我们它们都是全社会的变量，并且对个人决策来说，它们都是常数。

个体 i 在 t 期的效用最大化问题的一阶条件是

$$\frac{\partial \mathcal{L}^i}{\partial c_s^i}=0=u_c(c_s^i,h_s^i)+\lambda_s^2$$

$$\frac{\partial \mathcal{L}^i}{\partial h_s^i}=0=u_h(c_s^i,h_s^i)-\lambda_s^2 f_h(K_s,H_s)$$

$$\frac{\partial \mathcal{L}^i}{\partial k_{s+1}^i}=0=-\lambda_s^1+\beta\lambda_{s+1}^1(1-\delta)-\beta\lambda_{s+1}^2 f_k(K_{s+1},H_{s+1})$$

$$\frac{\partial \mathcal{L}^i}{\partial I_s^i}=0=\lambda_s^1+\lambda_s^2$$

这些条件可简化为

$$u_c(c_s^i,h_s^i)=\lambda_s^1=-\lambda_s^2$$

$$\frac{u_h(c_s^i,h_s^i)}{u_c(c_s^i,h_s^i)}=-f_h(K_s,H_s) \tag{3.2}$$

$$\frac{u_c(c_s^i,h_s^i)}{u_c(c_{s+1}^i,h_{s+1}^i)}=\beta\left[f_k(K_{s+1},H_{s+1})+(1-\delta)\right] \tag{3.3}$$

为了求解这个方程组，我们加上预算约束

$$k_{t+1}^i=(1-\delta)k_t^i+f_h(K_t,H_t)h_t^i+f_k(K_t,H_t)k_t^i-c_t^i$$

和加总规则

$$H_t=\int_0^1 h_t^i di \quad 和 \quad K_t=\int_0^1 k_t^i di$$

当这个总量为一个单位的总体是由完全相同的个体组成时，加总规则简化为 $H_t=h_t^i$ 和 $K_t=k_t^i$。

在生产函数是一次齐次的（规模报酬不变），以及厂商可以自由进入的完全竞争条件下，厂商取得零利润。运用加总规则，这就意味着

$$f_h(K_t,H_t)H_t+f_k(K_t,H_t)K_t=f(K_t,H_t)$$

前文的预算约束可以写为

$$K_{t+1}=(1-\delta)K_t+f(K_t,H_t)-C_t$$

其中的总消费为

$$C_t=\int_0^1 c_t^i di$$

当所有的家庭都相同时，一阶条件可以写成总量条件

$$\frac{u_h(C_s,H_s)}{u_c(C_s,H_s)}=-f_h(K_s,H_s)$$

$$\frac{u_c(C_s,H_s)}{u_c(C_{s+1},H_{s+1})}=\beta\left[f_k(K_{s+1},H_{s+1})+(1-\delta)\right]$$

这里的结果很有意思。竞争经济的均衡条件最后被证明为是 RC 经济均衡条件的加总形式。当我们求出竞争经济的稳态均衡时，会发现和 RC 经济中的稳态均衡一样。这里，每个个体供给的劳动量与 RC 经济中唯一的个体所供给的劳动量相同，并且每个人拥有数量相同的资本。这样一来，每个个体所拥有的收入以及面临的边际条件就和 RC 经济中相同。

3.4 第二福利定理

代表性行为人的经济体与完全竞争的经济体的均衡结果相同并不令人意外。

MasColell、Whinston and Green [59] 对福利经济学第二基本定理的陈述如下：

福利经济学的第二基本定理。如果消费者的偏好和厂商的生产集是凸的，则市场是完全的，且市场价格是众所周知的，每个行为人都是价格接受者，那么，*只要允许安排适当的一次性财富转移支付，则任何帕累托最优结果都可以通过竞争均衡来实现*。（第 308 页）

对于有限维的经济，上述第二基本福利定理成立。而我们的经济体有着无数的期限，也就有着无数的产品。对一个无限期的经济而言，竞争均衡的存在条件相对有限维经济更加复杂，需要更多的假设条件。详见 Stokey、Lucas and Prescott [83] 第 16 章。这里，我们仅简单地假定竞争均衡存在，并研究这个均衡和社会计划者（RC）经济之间的关系。

RC 经济中的均衡是帕累托最优的。在给定技术约束下，社会计划者寻找能够最大化经济体中单一个体的效用水平的最优生产和消费量，这些最优选择就是这个均衡。

第一基本福利定理告诉我们任何竞争均衡都必然是帕累托最优的，所以有要素和商品市场的分散经济的均衡就也是帕累托最优的。第二福利定理告诉我们，既然两种经济中的生产技术和消费者偏好都是一样的，那么只要初始财富条件选择得当，竞争经济就可以得到和社会计划者经济中一样的均衡。如果初始财富分配选择不得当，那么就会得到一个不同的均衡。在我们的例子中，每个个人都有和鲁宾逊·克鲁索相同的初始财富、相同的偏好，都面临同样的技术约束。这样，初始财富分配就是保证竞争经济和 RC 经济拥有同样均衡结果的充分条件。

正是第二基本福利定理保证了我们可以用代表性行为人经济去模仿一个竞争经济。第二福利定理表述的措辞十分小心，也就是说，使用代表性行为人经济并不总是得到合适的结果。如果经济不是完全竞争的，如果经济中的某部分存在垄断力量或者有外部和内部限制妨碍了行为人的完全竞争行为，那么分散性经济的均衡就无法通过求解一个代表性行为人经济的均衡获得。

只要条件正确，求解一个代表性主体的经济从技术上说通常比求解一个分散性经济容易。此时，第二基本福利定理的意思是，在恰当的初始条件下，代表性行为人经济的均衡解和分散性经济的均衡解是一样的。

3.4.1 代表性行为人经济和分散经济均衡不同的一个例子

如果包含扭曲，那么竞争经济与代表性行为人经济的均衡是不同的。举出这样的一个例子并不难。考虑这样一种经济体，政府对工资收入征收比例税，然后又通过一次性总量转移支付把税收返还给家庭。对工资收入征收比例税改变了原有的均衡，使这个均衡不同于 RC 经济的均衡。

在本例中，假设一个包含政府的简单分散经济，政府的角色很简单：征收工资所得税，然后通过一次性转移支付把税收以相同的数额返还给每个家庭。假设税率为 t_w，t 期的一次性转移总量为 T_t。政府对工资收入征税后除了返还给家庭外再无别的用途，因此预算约束为

$$t_w w_t H_t = T_t$$

对于个体 i 来说，在 0 时期的一般问题就是最大化

$$\sum_{t=0}^{\infty} \beta^t u(c_t^i,\ h_t^i)$$

受约束于下列这些竞争经济中的约束

$$c_t^i=(1-t_w)\ w_t h_t^i+r_t k_t^i+T_t-I_t^i$$

$$w_t=f_h(K_t,\ H_t)$$

$$r_t=f_k(K_t,\ H_t)$$

$$k_{t+1}^i=(1-\delta)\ k_t^i+I_t^i$$

个体的效用最大化问题可写成拉格朗日方程

$$\mathcal{L}^i=\sum_{t=0}^{\infty}\beta^t[u(c_t^i,h_t^i)-\lambda_t^1(k_{t+1}^i-(1-\delta)k_t^i-I_t^i)-\lambda_t^2((1-t_w)f_h(K_t,\ H_t)\ h_t^i+f_k(K_t,\ H_t)\ k_t^i+T_t-c_t^i-I_t^i)]$$

受约束于加总规则

$$H_t=\int_0^1 h_t^i di \quad 和 \quad K_t=\int_0^1 k_t^i di$$

政府的预算约束是一个均衡条件，需要在个体最优化后才能给出。

一阶条件如下

$$\frac{\partial\mathcal{L}^i}{\partial c_s^i}=0=u_c(c_s^i,\ h_s^i)+\lambda_s^2$$

$$\frac{\partial\mathcal{L}^i}{\partial h_s^i}=0=u_h(c_s^i,\ h_s^i)-\lambda_s^2(1-t_w)\ f_h(K_s,\ H_s)$$

$$\frac{\partial\mathcal{L}^i}{\partial k_{s+1}^i}=0=-\lambda_s^1+\beta\lambda_{s+1}^1(1-\delta)-\beta\lambda_{s+1}^2 f_k(K_{s+1},\ H_{s+1})$$

$$\frac{\partial\mathcal{L}^i}{\partial I_s^i}=0=\lambda_s^1+\lambda_s^2$$

它们可被简化为

$$u_c(c_s^i,\ h_s)=\lambda_s^1=-\lambda_s^2$$

$$\frac{u_h(c_s^i,\ h_s^i)}{u_c(c_s^i,\ h_s)}=-(1-t_w)\ f_h(K_s,\ H_s)$$

$$\frac{u_c(c_s^i,\ h_s^i)}{u_c(c_{s+1}^i,\ h_{s+1}^i)}=\beta[f_k(K_{s+1},\ H_{s+1})+(1-\delta)]$$

现在，一阶条件已经得到，我们通过加总来得到均衡条件。生产函数是一次齐次的，所以

$$\begin{aligned} f(K_t,\ H_t)&=f_h(K_t,\ H_t)\ H_t+f_k(K_t,\ H_t)\ K_t\\ &=(1-t_w)\ f_h(K_s,\ H_s)\ H_t+f_k(K_t,\ H_t)\ K_t+t_w f_h(K_s,\ H_s)\ H_t\\ &=(1-t_w)\ f_h(K_s,\ H_s)\ H_t+f_k(K_t,\ H_t)\ K_t+T_t \end{aligned}$$

个体预算约束的总量版本可以写为

$$K_{t+1}=(1-\delta)\ K_t+f(K_t,\ H_t)-C_t$$

这个式子和没有工资税时相同。当所有家庭都相同的时候，一阶条件可以写成总量条件

$$\frac{u_h(C_s,\ H_s)}{u_c(C_s,\ H_s)}=-(1-t_w)\ f_h(K_s,\ H_s)$$

$$\frac{u_c(C_s,\ H_s)}{u_c(C_{s+1},\ H_{s+1})}=\beta[f_k(K_{s+1},\ H_{s+1})+(1-\delta)]$$

在有工资税的经济体的稳态中，模型的方程是

$$\delta\bar{K}=f(\bar{K},\ \bar{H})-\bar{C}$$

$$1=\beta[f_k(\bar{K},\ \bar{H})+(1-\delta)]$$

$$\frac{u_h(\bar{C},\ \bar{H})}{u_c(\bar{C},\ \bar{H})}=-(1-t_w)\ f_h(\bar{K},\ \bar{H})$$

第二个方程中，用到了稳态时的事实，$u_c(C_s, H_s) = u_c(C_{s+1}, H_{s+1}) = u_c(\bar{C}, \bar{H})$。

对比一下上述方程组和没有工资税时经济体的稳态方程组，也就是 $t_w = 0$ 的情况。前两个方程一样，但是后一个却比较简单

$$\frac{u_h(\bar{C}, \bar{H})}{u_c(\bar{C}, \bar{H})} = -f_h(\bar{K}, \bar{H})$$

随着 t_w 取值的不同，稳定状态也会不同。在有工资税的经济中，个人向政府支付工资的一定百分比作为税收，然后又得到政府给予的同样数额的一次性转移支付。这两个数额在预算约束中互相抵消。但是，由于有一个一阶条件发生了变化，所以一般来说稳态也会不一样。

考虑一个经济体实例，采用 Cobb-Douglas 生产函数，

$$f(K_t, H_t) = K_t^{\theta} H_t^{1-\theta}$$

和子效用函数，

$$u(c_t^i, h_t^i) = \ln(c_t^i) + A\ln(1-h_t^i)$$

参数取值为 $\beta = 0.98$，$\delta = 0.1$，$\theta = 0.36$ 以及 $A = 0.5$。分别令税率取不同的值 $t_w = \{0, 0.1, 0.2\}$，使用一个简单的 Matlab 程序求出各个经济体的稳态，如表 3—1。表中的 $\bar{u}$ 代表各期子效用函数的值。

表 3—1　　**实例经济体中的稳态值**

t_w	0	0.1	0.2
$\bar{C}$	0.8387	0.8070	0.7705
$\bar{K}$	3.5770	3.4417	3.2862
$\bar{H}$	0.6461	0.6217	0.5936
$\bar{u}$	−0.6953	−0.7005	−0.7109

表 3—1 显示了当（扭曲）税收增加时效用如何变化。当 $t_w > 0$ 时，稳态的经济显然不是帕累托最优的，因为它们在每一期低于 $t_w = 0$ 时的值。当 $t_w = 0$ 时，子效用值−0.6953 大于任何更高税率时的子效用值。

在所讨论的这个经济中，扭曲税收使竞争均衡经济不同于类似的代表性行为人经济的均衡。因此，在使用代表性行为人的经济模型时应该小心仔细，当我们试图在扭曲经济体中使用这个模型时，则需要更加谨慎。

习题 3.2　求下述经济的稳态均衡：政府对经济中资本收入征收 10% 的税然后把这些税收一次性总额转移给公众。比较这个均衡和无税收时有何不同。比较这个用资本征税的经济与通过工资征税获得等额政府收入的经济中，效用孰多孰少。

3.5　本章回顾

若一个经济体只有单一的、长生不老的且其毕生效用是由子效用贴现加总而成的行为人，求解该经济体的稳态是相对容易的。若市场经济体中的行为人都是完全相同的，则该经济体可被看做是代表性行为人的经济体，进而可以使用单一行为人的经济体来分析。变分法在求解稳态时常常很方便，但是通常不适合用来研究经济中的动态性质。如果我们只是对比较稳定状态或研究稳定状态性质有兴趣，变分法就足够了。在经济学研究中，如果

需要处理不同类型的主体，问题会比较复杂。但是，像前文给出的增长模型一样的简单经济体，即使不同的行为人群体有不同的效用函数，也通常可以用变分法求解。只是在加总过程中应该格外小心。

关于变分法的经典参考是 Hadley and Kemp［46］。

第4章

确定性递归模型

有一些无限期限的经济体，其个体所面临的最优化问题的性质与做决策所处的具体时期是无关的。例如，考虑一个类似 Solow 模型的模型，令其子效用函数在每期都相同，令其贴现因子不随时间变化，令其每个时期的生产函数都相同，则个体所面对的问题在各期也就都相同，即个体所要求解的问题与决策所处的时期是无关的。我们在上一章中使用变分法所求解的模型是需要这些特性的，那是因为我们当时求解的是稳态。然而，满足这些特性的此类模型，即使在其非均衡状态的路径上，问题的性质也不随时间变化。随着时间推移而发生变化的是初始条件，它们的取值是由过去或者由自然所决定的。

此类问题还能用递归方法求解。递归方法的一个优势是，我们能够直接求出非稳态的时间路径。我们在后面的章节将会看到，递归方法还可以很自然地处理随机冲击。使用递归方法时，我们需要寻找的是政策函数（policy function），这是个映射，映射的起点是：由过去或者当前所决定的初始条件；映射的终点是：本期关于可供选择变量的取值决策。因为此类问题常常是无限期限的，所以我们未来欲采取的行动会对当期决策产生影响。一是因为未来的决策对当前很重要，二是因为未来的整个时间路径都可以被决定，所以递归方法又叫做动态规划。

4.1 状态和控制

将变量区分成状态变量（state variable）和控制变量（control variable）是很有用的。时期 t 的状态变量指的是取值已经被确定了的量，其取值或者来自于过去的行为，或者来自于其他过程（例如自然）。对于我们前文讨论的增长模型，一般来说，由上期继承来的资本存量一定会被认为是状态变量。此外，各期的技术水平是由自然决定的（在前文模型中技术可以是随机的），那么，在任何一个时期，该经济体中行为人就必须将技术看做是给定的。

其他变量的历史值可能也很重要。在习惯形成（habit formation）模型[①]中，效用水平会取决于历史消费量，因此时期 t 的子效用函数可被写为：

① 习惯形成模型的例子，见 Amato and Laubach [1]。

$u\ (c_t - \xi c_{t-1})$

此时，个体的效用水平取决于本期消费与上期消费的相对大小。这就是称之为习惯形成模型的原因：由于消费者已经“习惯”于上期的消费数量，那么本期消费量与习惯消费量的相对高低就带来了福利水平的升降。因为时期 $t-1$ 的消费数量已经定了，所以对于第 t 期的决策而言，它必须被当做是状态变量。

时期 t 的控制变量是在那个时期的个人为了最大化某目标函数值而明确选择的那些变量。通常，建模者需要决定：将哪些变量设定为状态变量，哪些变量设定为控制变量。

考虑简单版本的 RC 模型。其中，鲁宾逊·克鲁索要最大化的目标函数是贴现后的毕生效用函数，

$$\max \sum_{i=0}^{\infty} \beta^i u\ (c_{t+i})$$

受约束于预算约束，

$$k_{t+1} = (1-\delta)\ k_t + i_t$$

和

$$y_t = f\ (k_t)\ = c_t + i_t$$

在此，资本存量 k_t 是由时期 $t-1$ 继承而得，它前定（predetermined）而且已知，无疑是个状态变量。但是，对控制变量的选择却有好几个方案。

鲁宾逊·克鲁索可以直接对消费量 c_t 进行选择。消费量直接出现在目标函数里。一旦时期 t 的消费量被决定后，可由第二个预算约束确定投资量 i_t，进而可由第一个预算约束确定时期 $t+1$ 可用的资本存量 k_{t+1}。也就是说，消费是控制变量。

鲁宾逊·克鲁索也可以对时期 $t+1$ 可用的资本存量 k_{t+1} 进行选择。那么，复合预算约束可被写做

$$c_t = f\ (k_t)\ + (1-\delta)\ k_t - k_{t+1}$$

通过替换，目标函数成为

$$\max \sum_{i=0}^{\infty} \beta^i u\ (f\ (k_{t+i})\ + (1-\delta)\ k_{t+i} - k_{t+i+1})$$

此时，时期 t 的控制变量是 k_{t+1}。

无论建模者选择的控制变量是谁，为了确定时期 t 其他相关变量的取值，都必须有足够的预算约束或市场条件。也许让人有些意外的是，对控制变量的不同选择，会导致模型求解难易程度的变化。某些选择将会比其他选择更方便求解。这一论断将在下文得到印证。

4.2 值函数

行为人是在预算约束下最大化其无限期限的目标函数，得到的是贴现后的效用水平。首先假设这个最优效用水平是有可能被计算出来的。对于前文中固定劳动供给的 RC 经济，这个值显然是关于初始人均资本存量 k_t 的函数。如上文所示，我们可以将 RC 问题的控制变量设定为从本期带到下期的资本存量 k_{t+1}。此时，效用的值等于

$$V\ (k_t)\ = \max_{\{k_s\}_{s=t+1}^{\infty}} \sum_{i=0}^{\infty} \beta^i u\ (f\ (k_{t+i})\ - k_{t+1+i} + (1-\delta)\ k_{t+i}) \tag{4.1}$$

其中，贴现后的效用值记做 $V\ (k_t)$，这样标记，是为了表明它是关于初始资本存量 k_t 的

函数。对于符合适当定义域的 k_t 的任意取值，值函数（value function）就是 $V(K_t)$，它是给定初始资本存量 k_t、最大化问题被解出之后所得到的效用贴现值。

因为 $V(k_t)$ 是个函数，所以只要 k_t 在定义域内，函数值就都能够算出来。更具体一点，当自变量是由 t 时期确定的 k_{t+1} 时，函数值也可以计算出来。这是因为前文关于经济体满足递归性的假设。在时期 $t+1$，k_{t+1} 的值（作为状态变量）已经确定，待求解问题无外乎就是从 $t+1$ 时期开始的效用优化问题。最大化问题可以写成

$$V(k_{t+1}) = \max_{\{k_s\}_{s=t+2}^{\infty}} \sum_{i=0}^{\infty} \beta^i u(f(k_{t+1+i}) - k_{t+2+i} + (1-\delta) k_{t+1+i}) \tag{4.2}$$

那么值函数 $V(k_{t+1})$ 也就是时期 $t+1$ 的人均资本存量的函数。

通过将时期 t 的问题从未来期的问题中剥离出来，我们得以将值函数的方程（4.1）整理为

$$V(k_t) = \max_{k_{t+1}} [u(f(k_t) - k_{t+1} + (1-\delta) k_t) + \max_{\{k_s\}_{s=t+2}^{\infty}} \sum_{i=1}^{\infty} \beta^i u(f(k_{t+i}) - k_{t+1+i} + (1-\delta) k_{t+i})]$$

重新整理第二部分中 i 的取值范围，得到

$$V(k_t) = \max_{k_{t+1}} [u(f(k_t) - k_{t+1} + (1-\delta) k_t) + \beta \max_{\{k_s\}_{s=t+2}^{\infty}} \sum_{i=0}^{\infty} \beta^i u(f(k_{t+1+i}) - k_{t+2+i} + (1-\delta) k_{t+1+i})]$$

而方程中最后一部分的求和式正是方程（4.2）的值函数 $V(k_{t+1})$。将其代入，值函数的方程（4.1）可以被写成如下递归形式

$$V(k_t) = \max_{k_{t+1}} [u(f(k_t) - k_{t+1} + (1-\delta) k_t) + \beta V(k_{t+1})] \tag{4.3}$$

形如方程（4.3）的方程被称做 Bellman 方程（Bellman [7]）。它表达的问题与方程（4.1）完全相同，但它是递归的形式。递归地表达问题，会令问题在概念上更加简洁（conceptionally simpler）。此时，选择变量的值 k_{t+1} 只用来最大化单期的目标函数。从而将问题从无穷维简化成为单一维度。但是，简化是有代价的。现在需要解决的问题有两个：一是时期 t 的单期问题，$u(f(k_t) - k_{t+1} + (1-\delta) k_t)$；二是以 k_{t+1} 度量的贴现值函数 $\beta V(k_{t+1})$。而后者尚为未知，这是复杂性所在。若它已知，则 $V(k_t)$ 也就已知了，因为二者本是同一个函数，那么求解 t 时期的最大化问题也就没什么意义了。

接下来，假设值函数 $V(.)$ 是存在的并有一阶导数。我们继续对方程（4.3）关于 k_{t+1} 求导来处理单期最优化问题，得到一阶条件

$$0 = -u'(f(k_t) - k_{t+1} + (1-\delta) k_t) + \beta V'(k_{t+1}) \tag{4.4}$$

不幸的是，看上去我们没有取得太多的进展。一阶条件包含 $V'(k_{t+1})$，这是值函数 $V(.)$ 关于 k_{t+1} 的导数。看来我们为了确定 $V(.)$，还需要知道 $V(.)$ 的导数。这有点麻烦，因为我们并不知道这个导数。

在某些条件满足的前提下（本模型在设定时已满足了这些条件），$V(.)$ 的导数可以通过对方程（4.3）中的值函数关于 k_t 求偏导数得到。包络定理（envelope theorems）① 阐述的就是获得导数的充分条件及其具体操作。该偏导数为

$$V'(k_t) = u'(f(k_t) - k_{t+1} + (1-\delta) k_t)(f'(k_t) + (1-\delta))$$

将此（k_{t+1} 处）导数的定义代入到一阶条件方程（4.4）中，就得到 Euler 方程

① 常见经济体适用的包络定理可见 Benveniste and Scheinkman [8]，其更一般形式可见 Milgrom and Segal [65]。

$$\frac{u'(c_t)}{u'(c_{t+1})}=\beta(f'(k_{t+1})+(1-\delta))$$

因为在稳态时满足 $c_t=c_{t+1}$，故稳态时的 Euler 方程是

$$\frac{1}{\beta}-(1-\delta)=f'(\bar{k})$$

运用递归方法所得到的稳态时的资本租金率等于（暗藏在贴现率中）净利率再加上折旧率。这与使用变分法求解稳态时所得到的条件是一样的。

4.3 一般形式

令 x_t 为 t 时期的状态变量所组成的向量，y_t 为时期 t 的控制变量所组成的向量。具体到上面的例子中，$x_t=[k_t]$，$y_t=[k_{t+1}]$①。令 $F(x_t, y_t)$ 为在 t 时期需要最大化的目标函数值。在上例中，目标函数就是效用函数。给定初始状态变量 x_t 的值，在时期 t 要求解的问题是值函数

$$V(x_t)=\max_{\{y_s\}_{s=t}^{\infty}}\sum_{s=t}^{\infty}\beta^{s-t}F(x_s, y_s)$$

受到的预算约束集为所有 $s\geqslant t$ 时期的

$$x_{s+1}=G(x_s, y_s)$$

在满足 $s\geqslant t$ 的各个时期，其目标函数 $F(.,.)$ 和预算约束 $G(.,.)$ 都是相同的。注意，一般说来，时期 t 的状态变量和控制变量都可以进入时期 t 的目标函数和预算约束。沿用前文对递归的介绍，将值函数写成 Bellman 方程的形式：

$$V(x_t)=\max_{y_t}[F(x_s, y_s)+\beta V(x_{t+1})]$$

满足预算约束

$$x_{s+1}=G(x_s, y_s)$$

或者，将未来期状态变量的值使用预算约束来替代，得到单一方程的表达

$$V(x_t)=\max_{y_t}[F(x_t, y_t)+\beta V(G(x_t, y_t))] \tag{4.5}$$

求解可以得到控制变量关于时期 t 状态变量的函数

$$y_t=H(x_t)$$

由于它表达了控制变量与当前状态变量 x_t 间的函数关系，$H(x_t)$ 被称做政策函数（policy function）。对于 x_t 在其允许的定义域里的任何一个取值，方程（4.5）都要成立，它其实是泛函方程（functional equation）。泛函方程的解，是函数，因此 Bellman 方程的解被叫做政策函数。因为对所有被允许的 x_t 取值，政策函数都可以得到最优的控制变量的值，所以它必须满足

$$V(x_t)=F(x_t, H(x_t))+\beta V(G(x_t, H(x_t))) \tag{4.6}$$

上式中不再出现最大化符号，因为它已暗藏在政策函数 $H(x_t)$ 中。

为了得到政策函数 $H(x_t)$，对方程（4.5）求关于控制变量的导数，得到一阶条件

$$0=F_y(x_t, y_t)+\beta V'(G(x_t, y_t))G_y(x_t, y_t) \tag{4.7}$$

其中，$F_y(x_t, y_t)$ 是目标函数对控制变量求导得到的导数向量，$V'(G(x_t, y_t))$ 是值

① 注意，在本例中，满足 $y_t=x_{t+1}$，也就是说，时期 t 的控制变量到时期 $t+1$ 成为了状态变量。这只是为了计算方便而设定的特例，注意不要将其误认为是存在于状态变量和控制变量之间的普遍关系。

函数对 $t+1$ 时期状态变量求导数得到的导数向量，$G_y(x_t, y_t)$ 是预算约束对控制变量求导得到导数向量。我们遇到的情形和在上文特例中遇到的情形相同：为了得到政策函数，需要知道值函数的导数，可是值函数本身却是未知的。

但是，根据 Benveniste-Scheinkman [8]，可以使用包络定理来找到值函数导数的表达式：对值函数（方程（4.5））求关于时期 t 状态变量 x_t 的导数，就可以得到 Benveniste-Scheinkman 包络定理①：

$$V'(x_t) = F_x(x_t, y_t) + \beta V'(G(x_t, y_t))G_x(x_t, y_t)$$

首先，假设我们可以通过将某些变量设定为控制变量（事实上，这也是一种常用的做法），以达到 $G_x(x_t, y_t) = 0$ 的目的，则上式可以简化为

$$V'(x_t) = F_x(x_t, y_t)$$

一阶条件方程（4.7）可以写做

$$0 = F_y(x_t, y_t) + \beta F_x(G(x_t, y_t), y_{t+1})G_y(x_t, y_t)$$

1）如果函数 $F_x(G(x_t, y_t), y_{t+1})$ 与 y_{t+1} 无关，则通过上式可以获得政策函数 $y_t = H(x_t)$ 的隐函数表达式。将政策函数代入到方程（4.6）中得到值函数 $V(.)$ 的隐函数表达式。2）如果函数 $F_x(G(x_t, y_t), y_{t+1})$ 与 y_{t+1} 有关，那么可以按照前文求解例子那样，使用稳态条件 $y_{t+1} = y_t$ 来求出稳态。

其次，若 $G_x(x_t, y_t) = 0$ 不成立，则需要使用如下方法来求出值函数的数值解②：先给出对值函数的一个初始猜测 $V_0(x_t)$。如何设定初始猜测并不是关键，所以有时干脆令其为常数零。然后使用如下公式来计算出新的值函数 $V_1(x_t)$

$$V_1(x_t) = \max_{y_t}[F(x_t, y_t) + \beta V_0(G(x_t, y_t))]$$

其中的最大化运算，是将 x_t 的定义域用足够密集的离散点代替，再运用计算机最大化算法求出数值。运用这个数值最大化算法就可近似地得到函数 $V_1(x_t)$。新得到的这个函数（必要时加以插值（interpolating））又可继续用于下一轮更新，得到 $V_2(x_t)$，即

$$V_2(x_t) = \max_{y_t}[F(x_t, y_t) + \beta V_1(G(x_t, y_t))]$$

同样是基于 x_t 定义域上足够密集的离散点。反复进行上述操作，就得到了一个向值函数逼近的序列 $\{V_i(x_t)\}_{i=0}^{\infty}$。Bellman 证明，在某些条件满足的前提下，这个序列会收敛到值函数 $V(x_t)$。经济学问题往往是满足这些条件的。

为了理解收敛过程的直觉，我们来考察初始猜测 $V_0(.)$ 的更新过程。在计算 $V_1(.)$ 的过程中，最大化所使用的是真实的目标函数 $F(x_t, y_t)$，而初始猜测 $V_0(.)$ 被以 $0<\beta<1$ 贴现。在计算 $V_2(.)$ 的过程中，最大化所使用的仍然是真实的目标函数 $F(x_t, y_t)$，而初始猜测 $V_0(.)$ 现在是隐身于 $V_1(.)$ 之中，从而被以 $\beta^2<\beta$ 贴现。随着上述操作的不断重复，初始猜测

---

① Benveniste and Scheinkman [8] 中的包络定理提供了一组充分性条件，用于保证值函数的导数是可以计算的。在这里使用的是略有不同的形式

$V(x_t) = \max[F(x_t, y_t) + \beta V(x_{t+1})]$

满足预算约束

$x_{t+1} = G(x_t, y_t)$

其 Benveniste-Scheinkman 导数是

$V'(x_t) = F_x(x_t, y_t) + \beta V'(G(x_t, y_t))G_x(x_t, y_t)$

下列四个假设足以保证 Benveniste-Scheinkman 所要求的条件被满足：

1. $x_t \in X$，其中 X 是个内部非空的凸集
2. $F(.,.)$ 是凹的和可微的
3. $G(.,.)$ 是凹的、可微的，且关于 y_t 可逆
4. $y_t \in Y$，其中 Y 是内部非空的凸集

② 不论何种情况都可以使用逼近法，但当 $G_x(x_t, y_t) = 0$ 成立时，因为可以取得值函数的确切表达，所以就没必要使用逼近法了。

$V_0(.)$的影响力趋近于零，而被保留下来的则是被反复最大化的目标函数的影响力。

在重复计算值函数的过程中，政策函数也被计算出来。在此过程中，每一个给定的 x_t 所对应的序列 y_t 的极限点，精确地刻画了函数 $y_t=H(x_t)$。如上所述的连续逼近的数值方法，不仅得到了值函数，也同时得到了政策函数。

4.4 回到实例经济

为了加深理解，我们将实例经济中的各个组成部分与一般形式经济体的组成部分逐一对照给出。

在本章第 1 节我们使用的实例经济体中，令 t 时期的资本存量作为 t 时期的状态变量，即 $x_t=k_t$，令 $t+1$ 时期的资本存量作为控制变量，即 $y_t=k_{t+1}$。在本例中，时期 t 的控制变量恰好是时期 $t+1$ 的状态变量。注意这并非一般模型的普遍特点。

实例经济体中的目标函数是

$$F(x_t, y_t)=u(f(k_t)-k_{t+1}+(1-\delta)k_t)$$

将预算约束写成如下形式，时期 $t+1$ 的状态变量为

$$k_{t+1}=x_{t+1}=G(x_t, y_t)=y_t=k_{t+1}$$

其含义是，时期 $t+1$ 的状态变量（$k_{t+1}=x_{t+1}$ 部分）等于时期 t 的预算约束，而在本例中，它又恰好是时期 t 的控制变量（$y_t=G(x_t, y_t)=k_{t+1}$）。该经济体的一阶条件为

$$\begin{aligned}0&=F_y(x_t, y_t)+\beta V'(G(x_t, y_t))G_y(x_t, y_t)\\&=-u'(f(k_t)-k_{t+1}+(1-\delta)k_t)+\beta V'(G(x_t, y_t))\end{aligned} \tag{4.8}$$

这种形式的预算约束对于求解模型十分方便。前文说过，Benveniste-Scheinkman 包络定理表明

$$V'(x_t)=F_x(x_t, y_t)+\beta V'(G(x_t, y_t))G_x(x_t, y_t)$$

在本例中，预算约束关于时期 t 的状态变量的导数是

$$G_x(x_t, y_t)=\frac{\partial x_{t+1}}{\partial x_t}=0$$

故包络定理被简化为

$$V'(x_t)=F_x(x_t, y_t)=u'(f(k_t)-k_{t+1}+(1-\delta)k_t)(f'(k_t)+(1-\delta))$$

此时，值函数导数的函数形式就已知了，将其代入方程（4.8）得到

$$0=-u'(f(k_t)-k_{t+1}+(1-\delta)k_t)+\beta[u'(f(k_{t+1})-k_{t+2}+(1-\delta)k_{t+1})(f'(k_{t+1})+(1-\delta))]$$

这个二阶差分方程可用于求解稳态，即令 $\bar{k}=k_t=k_{t+1}=k_{t+2}$，得到

$$f'(\bar{k})=\frac{1}{\beta}-(1-\delta) \tag{4.9}$$

4.4.1 同一经济体的另一个版本

实例经济体中控制变量也可设定为他变量。仍然将 t 时期的资本存量设定为状态变量，$x_t=k_t$，但是将 t 时期的消费设定为控制变量，$y_t=c_t$。这样，我们需要重新定义目标函数和预算约束。此时的目标函数为

$$F(x_t, y_t)=u(c_t)$$

预算约束为

$$k_{t+1}=x_{t+1}=G(x_t, y_t)=f(k_t)+(1-\delta)k_t-c_t$$

那么本模型对应的 Bellman 方程为

$$V(k_t)=\max_{c_t}\left[u(c_t)+\beta V(f(k_t)+(1-\delta)k_t-c_t)\right]$$

上式已使用预算约束替换掉了 Bellman 方程 $V(x_{t+1})$ 部分中时期 $t+1$ 的状态变量 $x_{t+1}=k_{t+1}$。不难看出，上述表达与前文实例经济体的第一个版本所描述的是完全相同的经济问题。

但是这个版本在使用 Benveniste-Scheinkman 包络定理时，不如前面的版本便于处理。求预算约束关于 t 时期状态变量的导数，得到

$$\frac{\partial G(x_t,y_t)}{\partial x_t}=f'(k_t)+(1-\delta)$$

一般来说，它不等于零。写出包络定理条件，得到

$$V'(x_t)=F_x(x_t,y_t)+\beta V'(G(x_t,y_t))G_x(x_t,y_t)$$
$$=\beta V'(f(k_t)+(1-\delta)k_t-c_t)(f'(k_t)+(1-\delta))$$

值函数导数被表达成由值函数导数以及其他项组成的表达式，在这上面没有改进。

处理 Bellman 方程的一个重要技巧（简化方法）是，通过设定目标函数和预算约束，使得包络定理的形式很简单，即 $G_x(x_t,y_t)=0$。为了达到这个目的，就要尽可能多地把模型都放进目标函数里，而让预算约束里不包含时期 t 的状态变量。

4.5 值函数的逼近

上文已提到，对于函数形式给定的经济体，可以使用数值方法来逼近值函数（以及政策函数）。考虑第 3 章实例经济体中的函数形式，其中劳动供给固定为 $h_t=1$，生产函数为

$$f(k_t)=k_t^{\theta}$$

其中 $0<\theta<1$，效用函数为

$$u(c_t)=\ln(c_t)$$

对应的 Bellman 方程是

$$V(k_t)=\max_{k_{t+1}}\left[\ln(k_t^{\theta}-k_{t+1}+(1-\delta)k_t)+\beta V(k_{t+1})\right]$$

为了能够使用递归方法来逼近 $V(.)$，需要为 δ，θ，β 赋值，还要选取 $V_0(.)$ 的函数形式。依据第 1 章的设定，令 $\delta=0.1$，$\theta=0.36$。依据年度数据对贴现率的估计，令 $\beta=0.98$。对值函数初始猜测的最简单形式是常函数，即对于所有的 k_{t+1}，都令 $V_0(k_{t+1})\equiv 0$。由上文（方程（4.9））得到的稳态方程，得到此模型的稳态值是 $k=0$ 以及

$$0.36\cdot\bar{k}^{-0.64}=\frac{1}{0.98}-(1-0.1),$$

解得 $\bar{k}=5.537$。

如图 4—1，经过递归逼近算法的三次迭代（iteration），计算得到的值函数从常数零（标注为 $V_0(k_t)$ 的线）变化成为标注为“第三次迭代”的线。因为贴现率 β 接近于 1，故值函数收敛的速度相对较慢。图 4—2 反映了值函数进行 240 次迭代的过程。在图中，每迭代 48 次做一条线，故图中共做出 6 条线（初始线在零位置，其余 5 条线来自计算结果）。标号为 240 的那条最高线是计算的最终结果。与每条线相联系的数字是迭代的次数。图中可以清楚地看到，随着迭代次数的增加，曲线以越来越小的步伐向上移动。

因为经济体的政策函数表示的是每个 k_t 取值与其对应的最优 k_{t+1} 取值之间的映射关系，所以在求解值函数时也被同时求出。在本例中，经过 240 迭代所得到的政策函数，见图 4—3 中函数 $k_{t+1}=H(k_t)$。注意这个函数在稳态值 5.537 处穿过 45 度线。

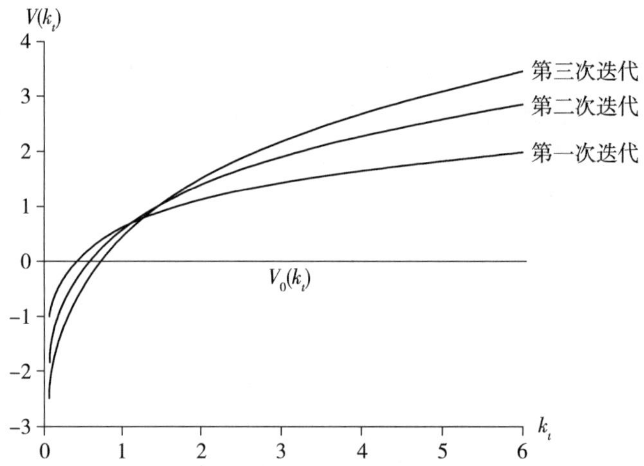

图 4—1　前三次迭代得到的值函数

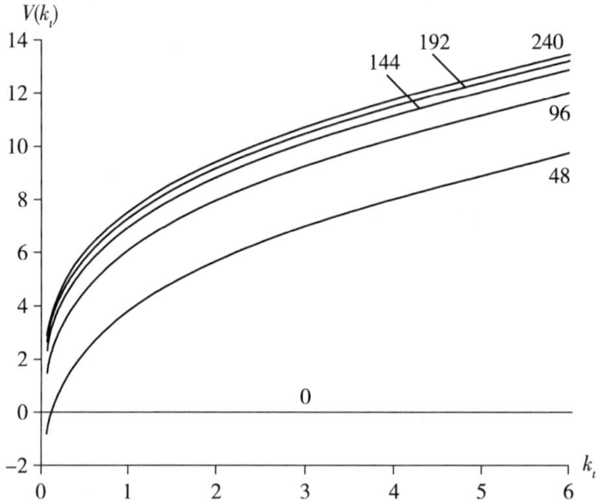

图 4—2　对值函数的逼近

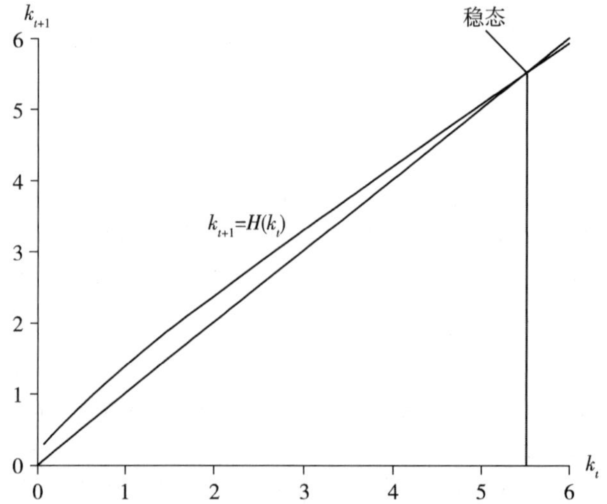

图 4—3　经过 240 次迭代之后的政策函数

4.6 一个可变劳动的例子

本节要说明的是，递归模型也能用于求解第 3 章可变劳动投入的 RC 经济体。该模型的效用函数为

$$\sum_{i=0}^{\infty}\beta^i u(c_{t+i}, h_{t+i})$$

其最大化时受到的约束为

$$k_{t+1}=(1-\delta)k_t+i_t$$

$$y_t=f(k_t, h_t)\geqslant c_t+i_t$$

$$h_t\leqslant 1$$

这个问题能够非常自然地写为 Bellman 方程的形式

$$V(k_t)=\max_{h_t,k_{t+1}}[u(f(k_t, h_t)+(1-\delta)k_t-k_{t+1}, h_t)+\beta V(k_{t+1})]$$

其预算约束是

$$k_{t+1}=G(k_{t+1})=k_{t+1}$$

这说明条件 $G_x(x_t, y_t)=0$ 是满足的，所以 Benveniste-Scheinkman 包络定理条件就有一个简化的表达。

因为现在有两个控制变量 h_t 和 k_{t+1}，所以需要两个一阶条件，分别是

$$\frac{\partial V(k_t)}{\partial h_t}=0=u_c(f(k_t, h_t)+(1-\delta)k_t-k_{t+1}, h_t)f_h(k_t, h_t)+u_h(f(k_t, h_t)+(1-\delta)k_t-k_{t+1}, h_t)$$

和

$$\frac{\partial V(k_t)}{\partial k_{t+1}}=0=-u_c(f(k_t, h_t)+(1-\delta)k_t-k_{t+1}, h_t)+\beta V'(k_{t+1})$$

包络定理条件为

$$V'(k_t)=u_c(f(k_t, h_t)+(1-\delta)k_t-k_{t+1}, h_t)(f_k(k_t, h_t)+(1-\delta))$$

由这些条件得到方程

$$\frac{u_h(f(k_t, h_t)+(1-\delta)k_t-k_{t+1}, h_t)}{u_c(f(k_t, h_t)+(1-\delta)k_t-k_{t+1}, h_t)}=-f_h(k_t, h_t)$$

和

$$\frac{u_c(f(k_t, h_t)+(1-\delta)k_t-k_{t+1}, h_t)}{u_c(f(k_{t+1}, h_{t+1})+(1-\delta)k_{t+1}-k_{t+2}, h_{t+1})}=\beta[f_k(k_{t+1}, h_{t+1})+(1-\delta)]$$

在第 3 章处理该模型时得到的条件（方程（3.2）和（3.3））与上述两式相同，所以二者得到稳态也是相同的。

也可以使用数值算法近似求出该模型的值函数 $V(.)$ 以及两个政策函数 $k_{t+1}=H^k(k_t)$ 和 $h_t=H^h(k_t)$。为了方便求解，往往采取 $V_0(.)=0$ 作为对值函数的初始猜测，并重复如下计算

$$V_{j+1}(k_t)=\max_{h_t,k_{t+1}}[u(f(k_t, h_t)+(1-\delta)k_t-k_{t+1}, h_t)+\beta V_j(k_{t+1})]$$

其中 $j=0$，…代表的是 k_t 定义域上足够密集的离散点。当 $j\to\infty$，函数序列 $V_{j+1}(k_t)$ 收敛到值函数 $V(k_t)$。与固定劳动供给时类似，在可变劳动供给的例子里，这个迭代操作过程可以找到每个 k_t 取值所对应的最优 k_{t+1} 和 h_t。这个函数序列给出了对政策函数的逼近，当 $j\to\infty$，它们分别会收敛到 $H^k(.)$ 和 $H^h(.)$。

与本章前面的例子类似地，我们在这里再次寻找实例经济体的值函数，令参数分别为

$\delta=0.1$，$\theta=0.36$，$\beta=0.98$，$A=0.5$，值函数为

$$u(c_t, h_t) = \ln(c_t) + A\ln(1-h_t)$$

生产函数为

$$f(k_t, h_t) = k_t^{\theta} h_t^{1-\theta}$$

图 4—4 表明，值函数的近似值在逐渐向上收敛。图中曲线分别代表迭代次数为 $m=30, 60, 90, \cdots, 240$ 的值函数 $V_m(k_t)$。图 4—5 中表达的是（经过 240 次迭代后）最终的政策函数：$t+1$ 时期的资本 $k_{t+1}=H^k(k_t)$，以及 t 时期的劳动投入 $h_t=H^h(k_t)$。45 度线标出了 k_t 的稳态值。读者可能会有疑问的是为什么均衡路径上的劳动供给量随着资本存量的增加而下降。

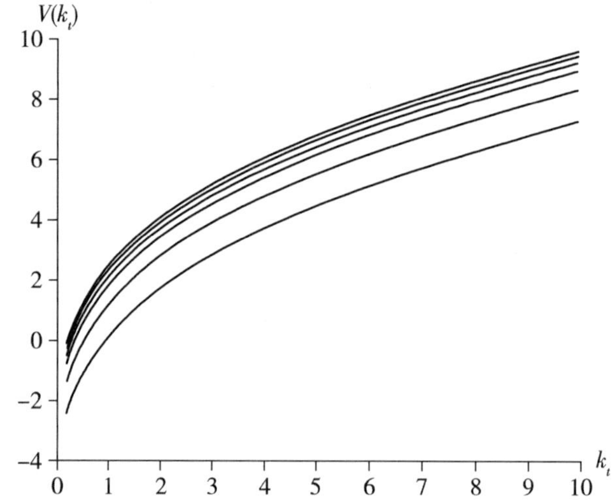

图 4—4　对一对值函数的逼近

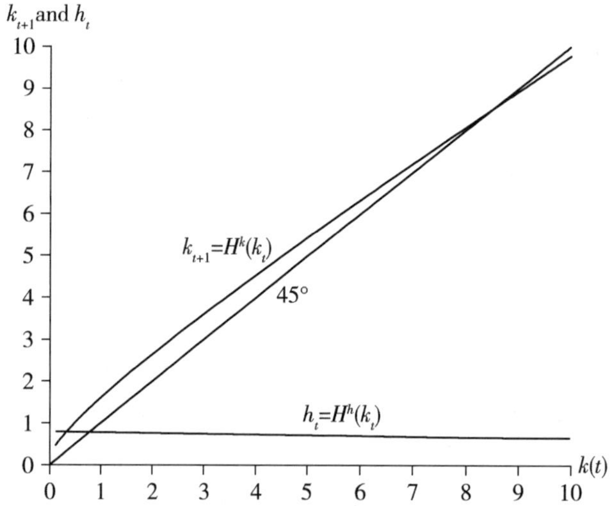

图 4—5　经过 240 次迭代之后的一对政策函数

习题 4.1　考虑一个 RC 经济体，其生产函数为 $y_t=k_t^{\theta}h_t^{\psi}n_t^{1-\theta-\psi}$，其中 n_t 是生产中的人力资本，且 $0<\psi<1$。人力资本随着技术而增长，$n_{t+1}=N(n_t, s_t)=(1-\gamma)n_t+\kappa s_t$，其中 $0<\gamma<1$ 是人力资本的折旧率，$\kappa>0$，$s_t>0$ 是用于学习的时间。个体每期的劳动禀赋是一个单

位，其预算约束是

$$1=l_t+h_t+s_t$$

效用函数是贴现后的无限期形式，子效用函数为 $u(c_t, l_t)=\ln(c_t)+A\ln(l_t)$。写出递归最优化问题及其一阶条件。（附加题：修改本章末的 Matlab 程序，找出本题中值函数和政策函数的近似解。）

习题 4.2 包含习惯养成的效用函数形如 $u(c_t, c_{t-1})=\ln c_t-\xi\ln c_{t-1}$，其中 $0<\xi<1$。将第 4.1 节中实例经济体的效用函数采用如上形式，其他假设不变。定义其状态变量和控制变量。使用 Matlab 求出其近似值。

4.7 本章回顾

递归模型有一个独特和有效的结构。在每一个时期，行为人解决同样的最优化问题：在我们的例子中，被最大化的都是相同的、加性可分的、无限期限的贴现效用函数，都受限制于相同的预算约束。每个时期发生变化的只能是状态变量，它既是上期决策的结果，又是本期决策变量取值所依据的初始条件。这个结构意味着，可能会存在一个（叫做值函数）的函数，它表示的是各期最大化了的贴现效用值。如果它存在，那么无限期限问题就能被写成一个单期问题，即 Bellman 方程。

不幸的是，值函数通常是未知的，但是 Bellman 的研究表明：若问题中的函数形式已知，那么可以通过迭代操作，近似地得到值函数。而近似精度，则取决于计算机的精度和我们的耐心程度。同样也可以使用相同的方法求出政策函数：给定状态变量，这些函数能告诉我们如何确定控制变量的取值。

Bellman 证明了他的结论之后，涌现出了大量动态规划方面的文献。专门供经济学家参考的文献有 Ljungqvist and Sargent [54]，Stokey，Lucas and Pescott [83]。前者更容易理解，它阐述了这些技术所能处理的大量经济问题。后者在技术上更难，提供了这些技术背后的数学基础。两书都只用一小部分篇幅处理确定性问题，因此它们对本书后面的章节同样有参考价值。

4.8 图 4—2 和图 4—3 的 Matlab 代码

主程序

```
global vlast beta delta theta k0 kt
hold off
hold all
% set initial conditions
vlast=zeros(1,100);
k0=0.06:0.06:6;
beta=.98;
delta=.1;
theta=.36;
numits=240;
```

```
% begin the recursive calculations
for k = 1 : numits
     for j = 1 : 100
          kt = j * . 06;
          % find the maximum of the value function
          ktp1 = fminbnd( @ valfun, 0. 01, 6. 2);
          v(j) = -valfun(ktp1);
          kt1(j) = ktp1;
     end
     if k/48 = = round(k/48)
        % plot the steps in finding the value function
        plot(k0, v)
        drawnow
     end
     vlast = v;
end
hold off
%  plot the final policy function
plot(k0, kt1)
```

计算值函数的子程序 valfun

```
function val = valfun(k)
global vlast beta delta theta k0 kt
% smooth out the previous value function
g = interp1(k0, vlast, k, 'linear');
% Calculate consumption with given parameters
kk = kt^theta-k+(1-delta) * kt;
if kk <= 0
     % trick to keep values from going negative
     val = -888-800 * abs(kk);
else
     % calculate the value of the value function at k
     val = log(kk) +beta * g;
end
% change value to negative since "fminbnd" finds minimum
val = -val;
```

第 5 章

随机性递归模型

到目前为止，除了简短的第 1 章和第 2 章外，我们讨论的模型还都是确定的。其中所有参数的取值和函数的形式都是确切知道的。一旦初始条件给定，经济就会沿着指定的路径运行。

模型是对现实的近似（approximation），而但凡估计都或多或少有些瑕疵。即使是一个出色而完整的模型，它做出的预测也不可能同事实完全相符。究其原因，主要来自两个方面。

一个原因在于，一些没考虑到的变量会对模型中变量的取值产生影响。前文中（固然十分简单的）确定性 RC 经济体告诉我们，储蓄和工作决策怎样影响了经济体的产出，却没有解释经济体对天气、鲁宾逊·克鲁索的生理和心理健康状况，甚至一本关于热带园艺的书偶然被冲到岸边等其他因素的反应。这样看来，如果模型的内涵足够丰富，就完全可以很精确地预测未来。然而，除了受到我们智力水平的限制，收集信息能力的不足，构建、检验和求解模型能力的约束都使得我们无法令一个模型包罗万象。既然如此，弥补这一缺憾的方法就是允许模型是随机的。也就是通过让模型里的某些部分（比如每期某些参数的取值）被“自然”所决定，这里的自然包含了一切模型以外的影响因素。

第二个原因在于宇宙本来是随机的，也就是说，即使我们知道宇宙当前状态的所有信息，我们仍不能对未来的某些方面做出绝对确定的预测。在量子物理学中，这种想法已被广泛接受。但是当我们研究一些更加宏观的过程时，依然存在很大的争论空间。很多人不能接受世界本质是随机的这种想法。实际上，数学中“混沌理论”整个分支就是一种基于提高问题的维度消除随机性的理论。也就是说，在低维度上看起来混乱的、随意的行为可以由较高维度上的确定模型来解释。

不论出于何种原因，对于经济学家而言，解决问题最方便的途径就是假设世界是随机的，而且可以用概率来描述随机性进入模型的方式。模型中加入随机因素，对提高预测结果与观察数据的匹配程度有事半功倍的作用。

5.1 概率

在讨论带有随机冲击的模型之前，我们先花点时间简明扼要地说明一下概率和概率空间的含义。一个概率空间（Ω，$\mathcal{F}$，P）由三个要素构成：1）Ω，所有可能发生的自然状态的集合；2）$\mathcal{F}$，Ω 的子集的集合，其中我们称每个子集为一个事件①；3）$\mathcal{F}$的概率测度 P。

首先考虑一下这句话的含义：Ω 是可能发生的自然状态的有限集。举例来说，它可能只包含技术的两个可能取值：A_1 和 A_2。那么$\mathcal{F}$就有四个要素：空集[ ]，A_1，A_2 和集合[A_1，A_2]。对这四个集合的概率的测度分别为：空集为 0；A_1 发生概率为 $0 \leqslant p_1 \leqslant 1$；$A_2$ 发生概率为 $p_2 = 1 - p_1$；[A_1，A_2] 发生的概率为 1。这就是说，不是 A_1 发生就是 A_2 发生。就一个足够大的样本来看，A_1 发生的频率为 p_1。对于自然状态更多的有限集合来说，结构是一样的，只是$\mathcal{F}$会有更多的元素构成。如果 Ω 有三个要素，$A_1 = 0.9$，$A_2 = 1.05$，$A_3 = 1.10$，那么，除了上面给出的集合外，$\mathcal{F}$还将包括 A_3，[A_1，A_3]，[A_2，A_3]，以及[A_1，A_2，A_3]。事件[A_2，A_3]包含的技术水平都比 1 大，发生的概率为 $p_2 + p_3$（当基本事件之间相互独立，A_1 发生概率为 p_1，A_2 发生概率为 p_2，A_3 发生概率为 p_3，且 $p_1 + p_2 + p_3 = 1$）。

看起来，我们大可不必去先界定 Ω 子集的集合$\mathcal{F}$，再界定某个子集发生的概率。在基本事件有限且相互独立的情况下，往往可以直接将概率测度建立在 Ω 的元素上。每个基本事件都有它自己的概率。要想得到一个由多个基本事件构成的子集的概率，只要把它们的概率加总就可以了。

当自然的可能状态为连续时，那么上述界定就很有用。考虑一个增长模型，技术水平 A_t 在集合［0.9，1.2］范围内取值，闭的连续区间包括端点值。假设概率服从均匀分布，也就是说，任何值同集合中其他值发生的概率都相等。这种假设下，举例来说，给定时点 t，$A_t = 1.15565$ 的概率为 0。由于这个原因，在均匀分布或是任何连续分布的条件下，在任一时点，技术水平是某一特定值的概率总是零。

也就是在这种情况下，对子集［0.9，1.2］的定义就有用了。假设我们想知道在时期 t 技术水平值落在 0.97 和 1.03 之间的概率。既然是个均匀分布，这个概率为 $0.06/0.3 = 0.2$，即 20%。虽然在例子中 A_t 取任何具体值的概率总是 0，但对于任一正的值区间，我们总能得到一个正的概率。因此，通过定义自然状态子集上的概率，子集的定义包含了自然可能状态连续区间内的各种情形。

需要注意的是，在自然状态的连续区间内，单值发生的概率并不总是零。考虑一下布宜诺斯艾利斯精确日降雨量的自然状态范围。在过去的 100 年里，这个范围从零到 300 毫米多一点。但是，其中有很多天的降雨量皆为零。所以降雨量为零的概率是一个正值，而其他任何非零值的概率都是零。这个概率分布在零处是不连续的，零值有一个很大的正的概率。

5.2 一个简单的随机增长模型

假定经济体同无限期的 RC 模型十分相似，除了 t 时期的生产函数是

$$y_t = A^t f(k_t)$$

其中，生产函数 $f(k_t)$ 是关于资本存量单调递增的凹函数（假设劳动供给为 1 单位不

---

① 严格地说，Ω 子集的集合$\mathcal{F}$是一个 σ-域。一个 σ-域具有下面的属性：如果子集 A 属于$\mathcal{F}$，那么，A 的补集（Ω 中所有不属于 A 的元素）中的元素也属于$\mathcal{F}$。如果子集 A 和 B 都属于$\mathcal{F}$，那么它们的交集 $A \cap B$ 和并集 $A \cup B$ 也属于$\mathcal{F}$。另外，属于$\mathcal{F}$的无限且可数的子集的并集也属于$\mathcal{F}$。

变)，A^t 可以取两个值（即上文术语中的两种自然状态），意味着技术水平以下面的形式给出

$$A^t=\begin{cases}A_1 \text{ 发生概率为 } p_1\\ A_2 \text{ 发生概率为 } p_2\end{cases}$$

我们假设技术水平只能取 A_1 或 A_2。所以 $p_1+p_2=1$。在任一时期 A_i 的取值同其过去的取值和未来的取值皆无关系，相互独立。概率 p_1 和 p_2 应该这样解释：随着样本量的增加，我们观察到的出现 A_1 的比率向 p_1 靠拢，出现 A_2 的比率向 p_2 靠拢。为了进行区分，假设 $A_1>A_2$，即状态 1 的技术生产率比状态 2 高。就这个模型而言，没有技术进步，只存在两种不同的时期，同样的资本存量在一类时期会比另一类时期带来更大的产出。我们可以想象一个农业经济，技术水平在状态 A_1 取值，意味着这一时期风调雨顺。在状态 A_2 取值，意味着这一时期灾害连绵。这是个很贴切的例子，因为我们经常把状态 1 和状态 2 叫做自然状态，也就是自然以 p_1 和 p_2 的概率选择在任一时期 t 会出现哪种状态。

这个模型的剩余部分同前面的增长模型很相似，但不完全一样。资本存量的增长满足方程：

$$k_{t+1}=A^tf(k_t)+(1-\delta)k_t-c_t$$

在时期 0，鲁宾逊 · 克鲁索欲最大化贴现后的期望效用

$$E_0\sum_{t=0}^{\infty}\beta^t u(c_t)$$

在每一时期选择的消费依赖于这一时期的资本存量以及该时期技术水平的实现值。因为技术水平在未来的实现值是未知的，我们就没法得到完备具体的消费路径（a complete consumption path）。实际上，未来的消费计划可以用一种树形结构来表示。给定初始资本存量 k_0，在时期 0 技术水平有两个可能值，伴随着两个不同的产量，可以用有序偶 $[A_1f(k_0), A_2f(k_0)]$ 表示，发生的概率分别为 $[p_1, p_2]$。根据时期 0 出现的状态，RC 在时期 1 选择的资本存量将为 $[k_1^1, k_1^2]$ 中的一个。同时，时期 1 的产量将会是这四种可能 $[A_1f(k_1^1), A_2f(k_1^1), A_1f(k_1^2), A_2f(k_1^2)]$ 中的一个，这四种产出出现的概率分别为 $[p_1p_1, p_1p_2, p_2p_1, p_2p_2]$。出现这些概率是因为时期 1 的资本存量 k_1^1 的概率是 p_1，资本存量确定后，自然又在时期 1 以 p_1 的概率选择技术水平 A_1。注意，四个概率之和为 1，$p_1p_1+p_1p_2=p_1$ 和 $p_2p_1+p_2p_2=p_2$，而 $p_1+p_2=1$。在时期 1 有四种可能的资本 k_2^i，这就导致了时期 2 有八种可能的产出。按照这种方式，在每个时期可能出现的消费量的个数都会翻一番。虽然我们不能确切地知道到底哪种路径会发生，但我们可以得到每种路径发生的概率。

若已知初始资本存量为 k_0，以及时期 0 所实现的技术水平为 A_1，假设值函数是存在的，即预期贴现效用的最大值为

$$V(k_0, A_1)=\max_{\{c_t\}_{t=0}^{\infty}}E_0\sum_{t=0}^{\infty}\beta^t u(c_t)$$

服从时期 $t=0$ 的预算约束

$$k_1=A_1f(k_0)+(1-\delta)k_0-c_0$$

以及时期 $t\geqslant 1$ 的预算约束

$$k_{t+1}=A^tf(k_t)+(1-\delta)k_t-c_t$$

其中，技术水平的实现值 $A^t=[A_1, A_2]$ 相互独立，且概率为 $[p_1, p_2]$。那么，对于时期 0 的技术水平实现值是 A_2，且初始资本存量仍为 k_0 的情形，其贴现后效用期望的最大值的函数 $V(k_0, A_2)$ 与上述表达几乎完全相同，唯一要做的改动是将第一个预算约束中的 A_1 换成 A_2。

注意，期望效用的值函数有两个状态变量：当期的资本存量和当期技术冲击的实现值。同上章一样，该表达式可以写成递归的形式

$$V(k_0, A^0)=\max_{c_0}[u(c_0)+\beta E_0 V(k_1, A^1)]$$

服从预算约束

$$k_1=A^0 f(k_0)+(1-\delta)k_0-c_0$$

值函数的表达有微小的变化，它现在是时期 0 技术冲击实现值的函数。如上所示，k_0 和 A^0 是状态变量，c_0 是控制变量。值函数的第二部分是期望的形式，这是因为给定 c_0 的选择（通过 k_1 的预算约束），$V(k_1, A_1)$ 会以概率 p_1 出现，$V(k_1, A_2)$ 会以概率 p_2 出现。对于时期 1 资本存量的某一特定值 $\hat{k}_1$，期望的表达式为

$$E_0 V(\hat{k}_1, A^1)=p_1 V(\hat{k}_1, A_1)+p_2 V(\hat{k}_1, A_2)$$

当初始时期为 t 时，问题可以表示

$$V(k_t, A^t)=\max_{c_t}[u(c_t)+\beta E_t V(k_{t+1}, A^{t+1})]$$

服从预算约束

$$k_{t+1}=A^t f(k_t)+(1-\delta)k_t-c_t$$

当然，正如我们前面看到的，还有其他的方法来定义目标函数和预算约束，从而也就有不同的状态变量和控制变量可供选择。当设定 k_{t+1} 作为控制变量时，这个问题就变成

$$V(k_t, A^t)=\max_{k_{t+1}}[u(A^t f(k_t)+(1-\delta)k_t-k_{t+1})+\beta E_t V(k_{t+1}, A^{t+1})] \quad (5.1)$$

预算约束为（沿用第 4 章的记法）

$$k_{t+1}=G(x_t, y_t)=k_{t+1}$$

要想求解形如方程（5.1）的随机递归问题，就需要找到这样一个函数：对于状态变量在其定义域内的每个取值，它都给出能使得值函数最大化的控制变量的取值。因为状态变量既包括以前各期对控制变量的选择，又包括自然对随机状态变量的选择，我们把解函数称为一个方案（plan）并写做（方程（5.1）所刻画的问题）

$$k_{t+1}=H(k_t, A^t)$$

这个方案作为常规状态变量和自然状态的函数，给出了每期控制变量的最优选择。它满足条件

$$V(k_t, A^t)=u(A^t f(k_t)+(1-\delta)k_t-H(k_t, A^t))+\beta E_t V(H(k_t, A^t), A^{t+1})$$

这里不需要最大化的符号，因为方案本身就保证了控制变量是最优的取值。

5.3 一般形式

使用第 4.3 节的符号，我们可以将值函数写成：

$$V(x_t, z_t)=\max_{\{y_s\}_{s=t}^{\infty}} E_t \sum_{s=t}^{\infty} \beta^{s-t} F(x_s, y_s, z_s)$$

服从预算约束集合（$s \geqslant t$）

$$x_{s+1}=G(x_s, y_s, z_s)$$

其中，x_t 是一组“常规”状态变量，z_t 是一组由自然决定的状态变量，即随机状态变量。y_t 是控制变量。这时的目标函数 $F(x_s, y_s, z_s)$ 和预算约束 $G(x_s, y_s, z_s)$ 都有可能是随机状态变量的函数。

这个问题也可以递归地写成 Bellman 方程的形式

$$V(x_t, z_t) = \max_{y_t} [F(x_t, y_t, z_t) + \beta E_t V(x_{t+1}, z_{t+1})] \tag{5.2}$$

服从预算约束

$$x_{t+1} = G(x_t, y_t, z_t)$$

问题的解（在以前被称做政策函数）是形如

$$y_t = H(x_t, z_t)$$

的方案，其中

$$V(x_t, z_t) = F(x_t, H(x_t, z_t), z_t) + \beta E_t V(G(x_t, H(x_t, z_t), z_t), z_{t+1})$$

对状态变量（包括随机状态变量）的所有取值都成立。

将预算约束代入方程（5.2）的一阶条件，得到

$$0 = F_y(x_t, y_t, z_t) + \beta E_t [V_x(G(x_t, y_t, z_t), z_{t+1}) G_y(x_t, y_t, z_t)]$$

其中，$X_q(.)$是函数 $X(.)$关于变量 q 的偏导数，q 可以是一个向量。

另外，对于内点解，可以应用 Benveniste-Scheinkman 包络定理，

$$V_x(x_t, z_t) = F_x(x_t, y_t, z_t) + \beta E_t [V_x(G(x_t, y_t, z_t), z_{t+1}) G_x(x_t, y_t, z_t)]$$

通过对控制变量的设定，使得 $G_x(x_t, y_t, z_t) = 0$，则上式变为

$$V_x(x_t, z_t) = F_x(x_t, y_t, z_t)$$

通过一阶条件得到 Euler 方程（一个随机 Euler 方程）

$$0 = F_y(x_t, y_t, z_t) + \beta E_t [F_x(G(x_t, y_t, z_t), y_{t+1}, z_{t+1}) G_y(x_t, y_t, z_t)]$$

到目前为止，对一般形式的探讨还完全没有涉及随机变量 z_t 的维度问题。在本章开始时提到的例子中，经济体在任一时期受到的随机冲击只有两种可能出现的情况。随机冲击的可能取值越少，运算过程就越简单。理论上并不要求随机冲击的维度很小，我们完全可以描述出随机变量服从连续分布（随机变量的取值有无数种可能）的模型。但在实践中，状态空间的维度和其中的变量却是不可忽视的。

5.3.1 维数问题

从逻辑上看，我们可以运用与确定模型相同的技术来解决问题。从猜想初始值函数 $V_0(x_t, z_t)$ 开始，然后不断地迭代方程

$$V_{j+1}(x_t, z_t) = \max_{y_t} [F(x_t, y_t, z_t) + \beta E_t V_j(G(x_t, y_t, z_t), z_{t+1})]$$

得到能够收敛到真实值函数和方案（政策函数）的近似值函数和方案。的确，当 x_t 和 z_t 的维度不是很大时，通过数值方法可能找到这种近似值。求解确定性模型时，我们在 x_t 的连续定义域上选取了合理密度的离散子集，必要时，可以使用线性插值来算得这些离散点之间的函数值。如果 x_t 的离散定义域维度（记做 $dim(x_t)$）不是很大，而且值函数 $V(x_t)$的曲度也不是很大，上述操作便可行。

一旦我们加入了随机状态变量，最优化问题的维度是要乘上这些随机变量的维度的。如果只增加一个随机变量，这个变量的维度（记做 $dim(z_t)$）就是我们在其定义域上离散取点的个数。对于这个随机性问题来说，其计算维度就是 $dim(x_t)\ dim(z_t)$，即初始状态变量的离散定义域的维度乘以随机变量的维度。如果是使用数值方法来计算值函数的

迭代，我们就会发现每一轮迭代出现的点的数量都多到令人难以承受。

5.4 简单经济的值函数

我们来看一下利用本章第一节建立的模型如何找到值函数和方案。随机变量 A_t 只可能出现两种情况，由有序偶［A_1，A_2］表示，并且其概率为［p_1，p_2］。我们将方程（5.1）写成一对 Bellman 方程，分别对应于时期 t 的 A^t 两个实现值

$$V(k_t, A_1) = \max_{k_{t+1}} [u(A_1 f(k_t) + (1-\delta)k_t - k_{t+1}) + \beta[p_1 V(k_{t+1}, A_1) + p_2 V(k_{t+1}, A_2)]]$$

和

$$V(k_t, A_2) = \max_{k_{t+1}} [u(A_2 f(k_t) + (1-\delta)k_t - k_{t+1}) + \beta[p_1 V(k_{t+1}, A_1) + p_2 V(k_{t+1}, A_2)]]$$

其中用期望的显式表达式 $p_1V(k_{t+1}, A_1) + p_2V(k_{t+1}, A_2)$ 来替代值函数中带有期望的部分 $E_tV(k_{t+1}, A^{t+1})$。在这个经济体中，对于每个 k_{t+1}，期望值 $E_tV(k_{t+1}, A^{t+1})$ 就等于自然在时期 $t+1$ 选择技术冲击 A_1 时的效用贴现值乘以出现该技术冲击的概率与自然选择技术冲击 A_2 时的效用贴现值乘以出现技术冲击 A_2 的概率之和。

迭代的过程要求我们先猜测两个初始函数形式 $V_0(k_t, A_1)$ 和 $V_0(k_t, A_2)$。从这两个初始函数形式开始，经过第一轮迭代，

$$V_1(k_t, A_1) = \max_{k_{t+1}} [u(A_1 f(k_t) + (1-\delta)k_t - k_{t+1}) + \beta[p_1 V_0(k_{t+1}, A_1) + p_2 V_0(k_{t+1}, A_2)]]$$

和

$$V_1(k_t, A_2) = \max_{k_{t+1}} [u(A_2 f(k_t) + (1-\delta)k_t - k_{t+1}) + \beta[p_1 V_0(k_{t+1}, A_1) + p_2 V_0(k_{t+1}, A_2)]]$$

从而同时得到基于 k_t 离散子集取值的 $V_1(k_t, A_1)$ 和 $V_1(k_t, A_2)$。为了得到 $V_2(k_t, A_1)$ 和 $V_2(k_t, A_2)$，需要使用上一轮迭代得到的 $V_1(k_t, A^t)$ 计算

$$V_2(k_t, A_1) = \max_{k_{t+1}} [u(A_1 f(k_t) + (1-\delta)k_t - k_{t+1}) + \beta[p_1 V_1(k_{t+1}, A_1) + p_2 V_1(k_{t+1}, A_2)]]$$

和

$$V_2(k_t, A_2) = \max_{k_{t+1}} [u(A_2 f(k_t) + (1-\delta)k_t - k_{t+1}) + \beta[p_1 V_1(k_{t+1}, A_1) + p_2 V_1(k_{t+1}, A_2)]]$$

经过反复迭代，就会得到一对函数的序列 $\{V_j(k_t, A_1), V_j(k_t, A_2)\}_{j=0}^{\infty}$，它会收敛到我们要求解的值函数对［$V(k_t, A_1)$，$V(k_t, A_2)$］。

5.4.1 计算值函数

参照标准例子中的各个参数和设定，$\delta=0.1$，$\beta=0.98$，$\theta=0.36$，生产函数 $f(k_t) = k_t^{\theta}$，子效用函数 $\ln(c_t)$，加入随机状态变量的值，$A_1=1.75$，$p_1=0.8$，$A_2=0.75$，以及 $p_2=0.2$。选择常数形式的初始函数 $V_0(k_t, A_1) = 20$ 以及 $V_0(k_t, A_2) = 20$。经过第一轮迭代后就能得到 $V_1(k_t, A^t)$ 如下

$$V_1(k_t, A_1=1.75) = \max_{k_{t+1}} \ln(1.75k_t^{0.36} + 0.9k_t - k_{t+1}) + 19.6$$

和

$$V_1(k_t, A_2=0.75) = \max_{k_{t+1}} \ln(0.75k_t^{0.36} + 0.9k_t - k_{t+1}) + 19.6$$

其中 19.6 就是 20 按贴现率 0.98 贴现后的值。这两个方程中的下期贴现值函数是相同的，这是因为我们为二者赋予的初始猜测是相同的。在下一轮中，对应不同的 $A^t=A_1=1.75$ 和 $A^t=A_2=0.75$，$V_1(k_t, A^t)$ 会有不同的值。$V_2(k_t, A^t)$ 函数来自于最大化

$$V_2(k_t, 1.75) = \max_{k_{t+1}} \{\ln(1.75k_t^{0.36} + 0.9k_t - k_{t+1}) + \beta[0.8V_1(k_{t+1}, 1.75) + 0.2V_1(k_{t+1}, 0.75)]\}$$

和

$$V_2(k_t, 0.75) = \max_{k_{t+1}} \{\ln(0.75k_t^{0.36} + 0.9k_t - k_{t+1}) + \beta[0.8V_1(k_{t+1}, 1.75) + 0.2V_1(k_{t+1}, 0.75)]\}$$

经过反复不断地迭代运算就会得如图 5—1 所示的值函数。图中，每迭代 50 次画相应的一对曲线（最后一对是迭代 250 次得到的）。在重复迭代 250 次过后，我们同时会得到由图 5—2 表示的一对政策函数，其中较低的那一条对应于 $A^t = 0.75$。

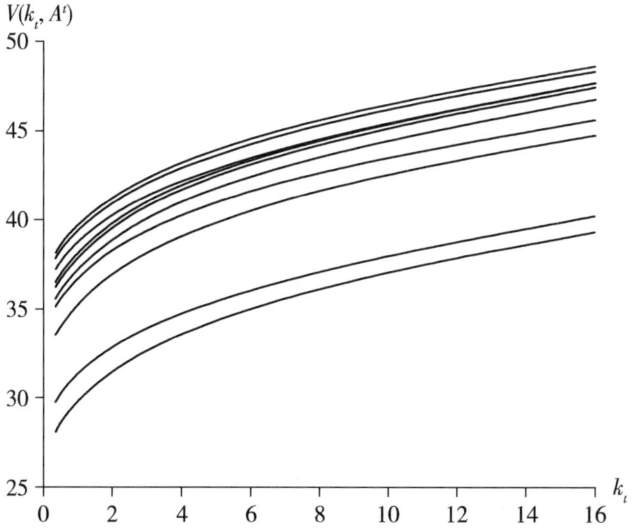

图 5—1　值函数迭代

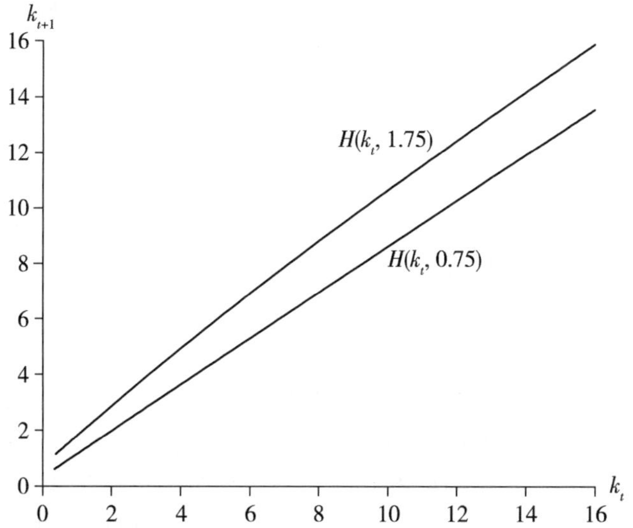

图 5—2　方案

利用刚才求解得到的方案和一个均匀分布随机数发生器，我们就可以模拟出这个经济体的时间路径。图 5—3 就给出了这样一个模拟：从 $k_0 = 1$ 开始，每一期都会有一个 0 和 1 之间的随机数从均匀分布随机数发生器中产生，根据这个值来判断自然选择的是状态 1 还是状态 2。如果随机数值小于等于 0.8，状态 1 出现；不然，状态 2 出现。

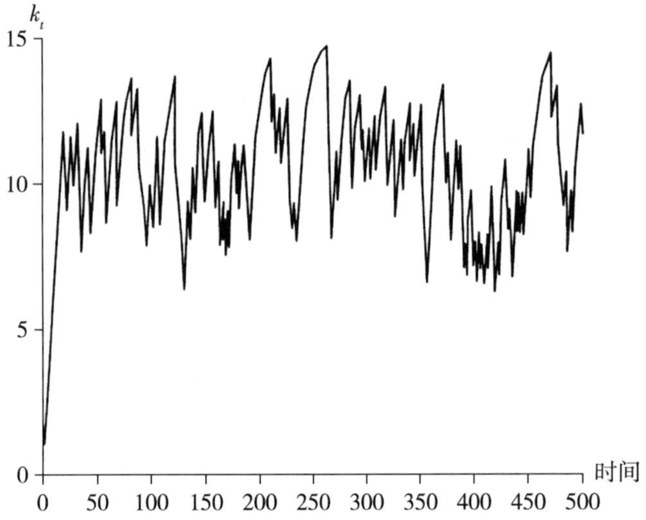

图 5—3　模拟出来的时间路径

5.5　Markov 链

借助于 Markov 链可以得到一个稍微复杂一些的随机过程。在 Markov 链中，时期 t 所出现的自然状态实现值的概率，是且仅是时期 t-1 出现的实现值的函数。为了能够适用递归方法，我们需要 Markov 链是不随时间变动的：概率值取决于上期的实现值，而与所处的具体时期无关。

一个 Markov 链随机过程有三个要素。第一个是自然状态各可能实现值的集合。在上例中，就是变量 A^t 可能取值的集合。集合具有固定、有限的维度 n，即 $\{A^t\}=\{A_1, A_2, \cdots, A_n\}$。维度 n 和 A_i 的取值在每期都相同。在上例中，$n=2$ 且 $\{A^t\}=\{A_1=1.75, A_2=0.75\}$。

Markov 链随机过程的第二个要素是转移概率矩阵 P，矩阵元素 $p_{i,j}$ 的含义是：在上期的自然状态是状态 i 发生的条件下（A^{t-1} 取值 A_i），当期发生状态 j 的概率。举例来说，令前面例子中的状态集为 $A^t=\{1.75, 0.75\}$，且概率矩阵为

$$P=\begin{bmatrix} p_{11} & p_{12} \\ p_{21} & p_{22} \end{bmatrix}=\begin{bmatrix} 0.90 & 0.10 \\ 0.40 & 0.60 \end{bmatrix}$$

这意味着，如果上一期自然状态 A^{t-1} 的实现值是 $A_1=1.75$，那么在时期 t 有 90% 的概率取到相同的值，10% 的概率取到 0.75。如果 A^{t-1} 的实现值是 $A_2=0.75$，那么在时期 t 有 60% 的概率取到相同的值，40% 的概率取到 1.75。同第一个例子相比，Markov 链使随机过程呈现出更强的持续性。本例值得注意的特点是：经济体保持原自然状态的概率要比转向另一状态的概率大。

Markov 链随机过程的第三个要素是时期 $t-1$ 的初始自然状态，它决定了我们从矩阵 P 的哪一行开始（当它不同于 P 的行向量时，则需要给出其概率分布）。在初始分布给定的条件下，我们就能计算出任一可能结果出现的概率分布。

矩阵 P 给出的概率其实是条件概率，因为如果当前经济体的自然状态实现值是 A_1，

那么下一期自然状态的分布就是矩阵 P 的第一行。如果当前经济体的自然状态实现值是 A_2，那么矩阵 P 的第二行描述的就是下一期自然状态是 A_1 或 A_2 的概率。这些都是条件概率，因为它们描述了在现在的特定状态下，经济可能怎样运行下去。我们可能对自然状况出现的非条件概率也同样感兴趣。它们指的是，在完全不知道以前状态的条件下，经济处于自然状态 A_1 或自然状态 A_2 的概率。如果经济运行得足够长，非条件概率就会告诉我们，观察到的自然状态 A_1 发生的频率①与初始状态无关。若矩阵 P 的所有元素都是正值，即 $p_{i,j}>0$ 时，存在唯一不变非条件概率分布（unique invariant unconditional probability distribution）。② 同时这个条件也意味着，从一种自然状态转变为任意另一种自然状态的概率都为正。

我们通过举例来看一下收敛是怎样发生的：假定初始概率分布（时期 1 的概率分布）为 p_0。给定初始分布，时期 2 的非条件概率为 p_0P，即用 p_0 乘以转移概率矩阵。同理，时期 3 的分布为 $p_0P^2=p_0PP$。在任一时期 $n+1$，自然状态的概率分布为 p_0P^n。当 $n\to\infty$ 时，$p_0P^n\to P^\infty$，即此时 $t+1$ 期的概率分布与初始状态无关。

运用上面的 2×2 阶矩阵 P 计算出 P^n 序列，其中 $n=1$，2，…。序列的前几项为

$$P=\begin{bmatrix}0.90 & 0.10\\0.40 & 0.60\end{bmatrix}$$

$$P^2=\begin{bmatrix}0.85 & 0.15\\0.60 & 0.40\end{bmatrix}$$

$$P^3=\begin{bmatrix}0.825 & 0.175\\0.70 & 0.30\end{bmatrix}$$

及其极限，

$$P^\infty=\begin{bmatrix}0.80 & 0.20\\0.80 & 0.20\end{bmatrix}$$

注意这里矩阵 P^∞ 的一个特点：矩阵的所有行向量都一样。每一行都给出了唯一不变非条件概率分布。这是因为经济体最终会收敛到这个分布，而与它的初始状态无关。这就是说，如果经济体的运行开始于状态 1（第一行），它会收敛到分布 [0.80　0.20]，如果经济体的运行开始于状态 2（第二行），它也会收敛到分布 [0.80　0.20]。假设初始概率分布为 p_0，不妨设 $p_0=$ [0.36　0.64]，当然也可以是其他分布。我们用矩阵 P^∞ 乘以这个向量，结果为

$$\begin{aligned}p_0P^\infty &= [0.36\;0.64]\begin{bmatrix}0.80 & 0.20\\0.80 & 0.20\end{bmatrix}\\ &= [0.36\times0.80+0.64\times0.80 \quad 0.36\times0.20+0.64\times0.20]\\ &= [0.80 \quad 0.20]\end{aligned}$$

若一个经济体，其自然（两种可能状态）的初始概率分布由 p_0 给出，遵循转移概率矩阵 P 运行足够久以后，这两种状态的分布极限是唯一不变非条件概率分布。

一个遵循 Markov 链随机过程的经济体，其值函数可以写为

$$V_{j+1}(x_t,z_t)=\max_{y_t}[F(x_t,y_t,z_t)+\beta E_tV_j(G(x_t,y_t,z_t),z_{t+1})\mid z_t]$$

---

① 观察到状态 A_2 发生的频率等于 1 减去观察到状态 A_1 发生的频率。

② 实际上，唯一不变非条件概率的存在条件不必这么强。相关讨论见 Ljungqvist and Sargent [54] 或者 Breiman [16]。

其中多出的部分，“$\mid z_t$”，表示方程中的期望值是在实现值 z_t 状态下的条件期望。对于经济增长模型，经过 Markov 链随机过程表达的值函数为

$$V(k_t, A_1) = \max_{k_{t+1}} [u(A_1 f(k_t) + (1-\delta) k_t - k_{t+1}) + \beta [p_{11} V(k_{t+1}, A_1) + p_{12} V(k_{t+1}, A_2)]]$$

和

$$V(k_t, A_2) = \max_{k_{t+1}} [u(A_2 f(k_t) + (1-\delta) k_t - k_{t+1}) + \beta [p_{21} V(k_{t+1}, A_1) + p_{22} V(k_{t+1}, A_2)]]$$

其中，方程中的概率依赖于 A^t 的实现值。

同前面一样，对于特定的经济体，给定初始值函数 $V_0(k_t, A^t)$，通过不断的反复迭代就会找到真实的值函数。继续使用我们在前文用过的例子，将那里的不变概率换做矩阵 $\boldsymbol{P}$，第 $j+1$ 次迭代使用的值函数为

$$V_{j+1}(k_t, 1.75) = \max_{k_{t+1}} \{\ln(1.75k_t^{0.36} + 0.9k_t - k_{t+1}) + \beta [0.9V_j(k_{t+1}, 1.75) + 0.1V_j(k_{t+1}, 0.75)]\}$$

以及

$$V_{j+1}(k_t, 0.75) = \max_{k_{t+1}} \{\ln(0.75k_t^{0.36} + 0.9k_t - k_{t+1}) + \beta [0.4V_j(k_{t+1}, 1.75) + 0.6V_j(k_{t+1}, 0.75)]\}$$

同以前一样，值函数会收敛到 $V(k_t, A^t)$，由此得到的状态依存方案（contingent plan）如图 5—4 所示。A_1 代表的初始技术水平为 1.75，A_2 代表的初始技术水平为 0.75。这里的政策函数与图 5—2 给出的很相似。这也不难理解：因为两个模型中状态变量的非条件概率分布是一样的。但因为不同的条件概率分布，它们又不完全一致。如果我们对这个经济体进行模拟，就会发现同第一个随机模式相比，此时状态的持续性显著增加。比较图 5—5 与表示简单随机模型时间路径的图 5—3，这两个时间序列使用的都是同一组服从均匀分布的随机数。图中新增的持续性既体现在高技术状态的持久性和向更高技术状态收敛的时期延长，也表现在更长时间的低水平技术状态。

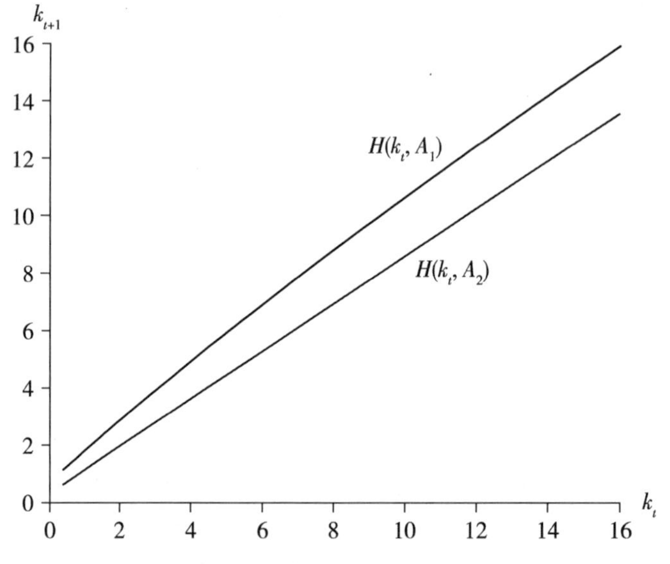

图 5—4　含 Markov 链的方案

将模型大部分持续性加入 Markov 链的主要缺点是这样做不能从经济学的角度解释持续性是怎样产生的。这类模型所生成的时间序列，的确表现出持续性，但是这种持续性缺乏经济学解释。如果只是想简单地复制出某些时间序列的波动性和持续性特点，利用大维

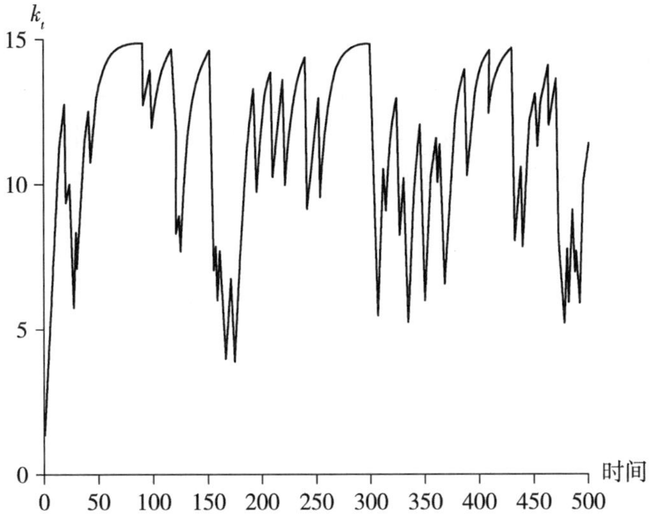

图 5—5　含 Markov 链的模拟

度的 Markov 链就可以做得很好。但是，若目的是使用模型来试图理解持续性发生的原因，则 Markov 链是不能胜任的。

习题 5.1　并不是所有由 Markov 链描述的条件概率最终都会服从唯一不变非条件概率分布。考虑转移概率矩阵为

$$P=\begin{bmatrix}0 & 1 & 0\\0 & 0 & 1\\1 & 0 & 0\end{bmatrix}$$

的 Markov 链，求出 P^3，P^6，P^7，P^8 以及 P^9。这个随机过程有什么性质?

习题 5.2　考虑转移概率矩阵为

$$P=\begin{bmatrix}0.7 & 0.2 & 0.1\\0.3 & 0.4 & 0.3\\0.1 & 0.1 & 0.8\end{bmatrix}$$

的 Markov 链，计算其唯一不变非条件概率分布。（可以考虑使用一种折叠技术（a doubling technique）来计算：定义 $Q=PP$，再定义 $Q=QQ$，然后不断重复这个操作来更新 Q。这样会得到序列 P^2，P^4，P^8，P^{16}，等等。这个序列会收敛得很快。）

5.6　本章回顾

给递归模型加入维度有限的随机冲击是一件很简单的事。逻辑上几乎没有变化，只是运算上稍微复杂一些。每一期出现的随机冲击都被当做是新的状态变量。自然状态及其取值帮助确定了最优化行为人将遵循的行为方式。我们把政策函数称为一个方案，是为了强调这样一个事实：政策函数需要对自然和其他状态变量做出反应，而我们却无法得知自然在未来会出现哪种状态。

在带有随机自然状态变量的 Bellmen 方程中，自然状态的（概率）分布作为权值来确定下一期值函数的期望值。运用同前面一样的技术来求解值函数的近似值，不同的是，对于随机变量的每一个取值，需要分别找到其对应的值函数。一旦得到了值函数（和方

案），给定一些状态变量的初始值，再借助计算机软件包里的随机数发生器，我们就可以模拟出一个经济体的时间路径。

可以通过使用 Markov 链来增加模型中随机过程的持续性（以及其他类似的）特点。在 Markov 链中，自然在下一期出现哪种状态的转移概率依赖于当期的自然状态。虽然它能够让我们模型的时间路径更接近真实世界，但这种方法太过倚重概率理论，而放松了经济学理论层面的考虑。这种持续性是由 Markov 链产生的，而不是来自于我们对持续性存在原因的经济学考察。

第 4 章的参考文献同本章也是相关的，特别是 Ljungqivst and Sargent［54］对 Markov 链做了大量讨论。

5.7 Matlab 代码

对于带有 Markov 链的模型，可以利用如下 Matlab 程序求解值函数和计划（以正文中提到的模型为例）。

主程序

程序首先设定了各个参数，然后使用一个循环来对两个值函数进行迭代。资本存量的范围是从 0.4 到 16，每两个值之间的间隔为 0.4。每迭代 50 次，做一次值函数的图。最后使用 plot 命令画出最终方案的图。

```
global vlast1 vlast2 beta delta theta k0 kt At p1 p2
hold off
hold all
vlast1 = 20 * ones(1,40);
vlast2 = vlast1;
k0 = 0.4:0.4:16;
kt11 = k0;
kt12 = k0;
beta = .98;
delta = .1;
theta = .36;
A1 = 1.75;
p1 = .8;
p2 = 1-p1;
A2 = .75;
numits = 250;
for  k = 1:numits
    for j = 1:40
        kt = k0(j);
        At = A1;
        z = fminbnd(@valfunsto,.41,15.99);
        v1(j) = -valfunsto(z);
```

```
        kt11(j)=z;
        At=A2;
        z=fminbnd(@valfunsto,.41,15.99);
        v2(j)=-valfunsto(z);
        kt12(j)=z;
      end
      if   k/50==round(k/50)
          plot(k0,v1,k0,v2)
          drawnow
      end
      vlast 1=v1;
      vlast 2=v2;
   end
   hold off
   % plot(k0,kt11,k0,kt12)
```

子程序 valfunsto

注意对前一值函数使用的是线性插值。

```
function val=valfun2d(x)
global vlast1 vlast2 beta delta theta k0 kt At p1 p2
k=x;
g1=inter p1(k0,vlast1,k,'linear');
g2=inter p1(k0,vlast2,k,'linear');
kk=At * kt^theta-k+(1-delta) * kt;
if kk<=.001
   val=log(.001)+beta * (p1 * g1+p2 * g2)+200 * (kk-.001);
else
   val=log(kk)+beta * (p1 * g1+p2 * g2);
end
val=-val;
```

第 6 章

Hansen 的 RBC 模型

尽管 Kydland and Prescott［52］发现了真正意义上的 RBC 模型，但是它已经包含了很多复杂的机制，以增加随机技术冲击的持续时间和影响规模。1）模型考虑了投资转化为资本所需要的建设时间，即时期 t 的新增资本是由时期 t 之前的投资转换来的。2）模型考虑了闲暇，即效用函数中包含了现在和过去未投入到劳动中的时间。3）模型考虑了存货，使得在遇到严重的负的技术冲击时，先前的投资承诺依然可以兑现。4）模型中的技术冲击，同时包含了暂时性冲击和永久性冲击两部分。这样，模型就可以生成合意的冲击持续时间和影响规模，然而，这个合意的结果具体应归功于上述哪个因素，模型中难以给出解释。

Gary Hansen［48］所建立的一对模型，如今已经成为 RBC 研究的参考标准。其中的第一个模型和 4. 6 节的模型非常相像，是一个随机、可变劳动的版本。第二个模型和第一个几乎完全相同，变化是其将劳动设定为不可分割的了。Hansen 欲说明，不可分劳动的引入可以使得模型更好地拟合美国现实时间序列数据的二阶矩。

6. 1 节介绍基本模型，求解劳动和资本的一阶条件和稳态值。6. 2 节介绍对数线性化技术，借此求出基本模型的线性版本，从而分析模型的动态特征。为了求解这个线性版本的模型，需要求解矩阵二次方程的根。由于该模型无法求得解析解，就需要通过首先为参数赋值，以得到一个具体形式的模型。为参数选择取值的方法被称为校准。其做法是：从其他研究中拿来一些参数的取值，将这些数据运用到该模型中进行模拟，计算出其他参数的取值。本章中，我们对基本模型进行校准，找到其运行规律（一个线性的相机方案），并且计算出内生变量的方差，把这些方差和 Hansen 在美国数据中得到的方差进行比较。接着，我们对含有不可分割劳动的 Hansen 模型做相同的分析研究，并且将其产生的结果与第一个模型产生的结果进行比较。那么这时，RBC 模型成功与否的度量标准就是：与作为研究对象的特定经济体的宏观经济变量时间序列产生的方差、协方差结构相比较，看模型的结果与之相差多大。

6. 1 Hansen 的基本模型

考虑一个 Robinson Crusoe 型的经济体，唯一的行为人最大化其贴现后效用的函数：

$$\max \sum_{t=0}^{\infty} \beta^t u(c_t, l_t)$$

其中，c_t 是时期 t 的消费量；l_t 是时期 t 的闲暇且 $l_t=1-h_t$；h_t 是时期 t 的劳动。我们使用的效用函数如下：

$$u(c_t, 1-h_t) = \ln c_t + A\ln(1-h_t)$$

其中 $A>0$。令生产函数为包含随机技术的 Cobb-Douglas 形式：

$$f(\lambda_t, k_t, h_t) = \lambda_t k_t^{\theta} h_t^{1-\theta}$$

式中的随机技术变量 λ_t 服从如下随机过程：

$$\lambda_{t+1} = \gamma\lambda_t + \varepsilon_{t+1}$$

其中，$0<\gamma<1$。冲击 ε_t 服从独立同分布、正值、上有界，且其均值为 $1-\gamma$。这些假设保证了 λ_t 的均值为 1 且产出不可能为负值。资本积累满足下式：

$$k_{t+1} = (1-\delta)k_t + i_t$$

在任一时期 t，可行性约束条件为：

$$f(\lambda_t, k_t, h_t) \geqslant c_t + i_t$$

该模型的 Bellman 方程表达为：

$$V(k_t, \lambda_t) = \max_{c_t, h_t}[\ln c_t + A\ln(1-h_t) + \beta E_t[V(k_{t+1}, \lambda_{t+1}) \mid \lambda_t]]$$

受约束于：

$$\lambda_t k_t^{\theta} h_t^{1-\theta} \geqslant c_t + i_t$$

$$\lambda_{t+1} = \gamma\lambda_t + \varepsilon_{t+1}$$

$$k_{t+1} = (1-\delta)k_t + i_t$$

上面值函数当中的期望运算符 $\beta E_t[V(k_{t+1}, \lambda_{t+1}) \mid \lambda_t]$ 表明技术服从于随机过程，而期望值是基于 λ_t 实现值的条件期望值。将以上三式代入 Bellman 方程，Bellman 方程变成如下形式：

$$V(k_t, \lambda_t) = \max_{k_{t+1}, h_t}[\ln(\lambda_t k_t^{\theta} h_t^{1-\theta} + (1-\delta)k_t - k_{t+1}) + A\ln(1-h_t) + \beta E_t[V(k_{t+1}, \lambda_{t+1}) \mid \lambda_t]]$$

其中：k_{t+1} 和 h_t 是控制变量。

一阶条件为：

$$\frac{\partial V(k_t, \lambda_t)}{\partial k_{t+1}} = 0 = -\frac{1}{\lambda_t k_t^{\theta} h_t^{1-\theta} + (1-\delta)k_t - k_{t+1}} + \beta E_t[V_k(k_{t+1}, \lambda_{t+1}) \mid \lambda_t]$$

$$\frac{\partial V(k_t, \lambda_t)}{\partial h_t} = 0 = (1-\theta)\frac{1}{\lambda_t k_t^{\theta} h_t^{1-\theta} + (1-\delta)k_t - k_{t+1}}(\lambda_t k_t^{\theta} h_t^{-\theta}) - A\frac{1}{1-h_t}$$

Benveniste-Scheinkman 包络定理的条件是：

$$\frac{\partial V(k_t, \lambda_t)}{\partial k_t} = \frac{1}{\lambda_t k_t^{\theta} h_t^{1-\theta} + (1-\delta)k_t - k_{t+1}}(\theta\lambda_t k_t^{\theta-1} h_t^{1-\theta} + (1-\delta))$$

这些一阶条件可以写成如下形式：

$$\frac{1}{\lambda_t k_t^{\theta} h_t^{1-\theta} + (1-\delta)k_t - k_{t+1}} = \beta E_t\left[\frac{\theta\lambda_{t+1} k_{t+1}^{\theta-1} h_{t+1}^{1-\theta} + (1-\delta)}{\lambda_{t+1} k_{t+1}^{\theta} h_{t+1}^{1-\theta} + (1-\delta)k_{t+1} - k_{t+2}} \mid \lambda_t\right] \tag{6.1}$$

和

$$(1-\theta)(1-h_t)(\lambda_t k_t^{\theta} h_t^{-\theta}) = A(\lambda_t k_t^{\theta} h_t^{1-\theta} + (1-\delta)k_t - k_{t+1}) \tag{6.2}$$

因为当可行性约束的等号成立时：

$$c_t = \lambda_t k_t^{\theta} h_t^{1-\theta} + (1-\delta)k_t - k_{t+1}$$

又因为要素市场是竞争的，所以要素报酬等于其要素边际产品，即：

$$r_t=\theta\lambda_t k_t^{\theta-1}h_t^{1-\theta}$$

和

$$w_t=(1-\theta)\lambda_t k_t^{\theta}h_t^{-\theta}$$

可以使方程（6.1）和（6.2）分别得到其简化形式：

$$\frac{1}{c_t}=\beta E_t\left[\frac{r_{t+1}+(1-\delta)}{c_{t+1}}\mid\lambda_t\right]$$

和

$$(1-h_t)\ w_t=Ac_t$$

令 $\bar{k}=k_t=k_{t+1}=k_{t+2}$ 以及 $\bar{h}=h_t=h_{t+1}$，可以解出这两个方程的稳态。由于稳态时的期望值等于实现值，因此可以将期望运算符从上式中剔除。这里的稳态和确定性经济是相同的。接下来就只剩下一些代数运算，可以算出 $\bar{h}$ 的稳态值：

$$\bar{h}=\frac{1}{1+\frac{A}{(1-\theta)}\left[1-\frac{\beta\delta\theta}{1-\beta(1-\delta)}\right]}$$

$\bar{k}$ 的稳态值由下式决定：

$$\bar{k}=\bar{h}\left[\frac{\theta\bar{\lambda}}{\frac{1}{\beta}-(1-\delta)}\right]^{\frac{1}{1-\theta}}$$

那么如何确定经济体在稳态以外的运行动态呢？有许多方法可以使用，但它们得出的都是近似解。

随机技术变量的可能取值被称做自然状态的集合，如果这个集合很小，我们就能运用前一章所学过的技术算出值函数及其消费决策的近似表达。然后再借助适当的随机数生成机制进行模拟，从而找出我们关注的经济变量的二阶矩、方差和协方差。以上这种方法有两个优点：第一，它能保留模型的曲度；在曲度不可或缺的情况下，这种方法可以对二阶矩做出较好的近似。第二，它能让我们在模型运行远离稳态的均衡位置时也能对其进行研究。一旦值函数被计算出来，我们就能够令模型的初始资本存量在值函数的定义域内任意取值。

不幸的是，当技术随机过程形如 $\lambda_{t+1}=\gamma\lambda_t+\varepsilon_{t+1}$ 时，即便是给 ε_{t+1} 一个非常小的维数，都会导致 λ_t 的维数巨大。ε_{t+1} 作为一个随机变量所能取的最小维数是 2。假设 ε_{t+1} 可能取的具体值为 $1-\gamma+\Delta$ 和 $1-\gamma-\Delta$，在这里，Δ 取一个非常小的正数，且假设 ε_{t+1} 取以上两值的概率分别为 0.5。同时假设在时期 t，$\lambda_t=1$。则在时期 $t+1$，λ_{t+1} 可能取的值为 $1+\Delta$ 和 $1-\Delta$；在时期 $t+2$，λ_{t+2} 可能取的值为 $1+(1+\gamma)\Delta$、$1-(1-\gamma)\Delta$、$1+(1-\gamma)\Delta$ 和 $1-(1+\gamma)\Delta$。以此类推，在时期 $t+n$，λ_{t+n} 将能取 2^n 个值，当 n 取无穷大时，λ_{t+n} 可能的取值个数也是无穷大的。

当然，对含有 k_t 和 λ_t 两个变量的值函数算出其近似值仍然是可能的。这就要求我们找好这两个自变量的定义域，以保证在模拟过程中 λ_t 不要偏出其定义域。在选好的定义域上，设定足够密集的离散抽样，设定对值函数的初始猜测为 $V_0(k_t,\lambda_t)$，并因此对值函数和相机方案展开迭代运算。在运算过程中，需要对上一次迭代运算得到的函数作二维插值运算。现代计算机强大的运算能力使得这种运算成为可能，尽管需要用户多一点耐心。

但是当状态变量的维数增加并且模型变得更加复杂时，即使最先进的计算机对于直接近似也会无能为力。在这种情况下，就要用到以下两种线性近似①：第一种是对一阶条件与预算约束进行对数线性近似。第二种是对目标函数进行二次近似，同时对预算约束进行线性化，从而得以运用线性二次动态规划。我们接下来在这一章学习对一阶条件的对数线性近似。线性二次动态规划将在第 7 章进行介绍。

在学习对数线性化之前，做一些必要的变量替换将会使 Hansen 模型得到简化。为了让模型的线性化过程容易进行，我们还将增加一些定义和预算约束。另外我们要把该模型看做是一个社会计划者的问题，并且把模型写成总量形式（我们用大写字母来表示总量指标）②。方程（6.1）和（6.2）的一阶条件③为：

$$1=\beta E_t\left[\frac{C_t}{C_{t+1}}\left(r_{t+1}+(1-\delta)\right)\right]$$

和

$$(1-H_t)(1-\theta)\frac{Y_t}{H_t}=AC_t$$

预算约束为：

$$C_t=Y_t+(1-\delta)K_t-K_{t+1}$$

和

$$Y_t=\lambda_t K_t^{\theta}H_t^{1-\theta}$$

资本回报率 r_t 是：

$$r_t=\theta\frac{Y_t}{K_t}$$

其中，r_t 等于单位资本的边际产品。在时期 t 的初期，如果一个人拥有一单位的资本并且将它在完全竞争市场上租出去，r_t 就是这个人在整个时期 t 得到的资本回报。这五个方程就是预算约束和一阶条件的简化形式。

6.2 对数线性化方法

含有许多非线性问题的模型在处理和求解时往往非常困难。像我们前面介绍过的那些相对简单的模型，利用递归求解值函数的方法就可以对其政策函数进行逼近。但是这种方法只在模型相对简单，并且能被写成是单个最优化问题的解时才会起作用。④

线性模型常常很容易求解，并且有很多成熟地解线性模型的方法。现在的关键问题是如何将非线性模型转化为足够好的线性模型，通过它来理解非线性模型的动态。目前，线性逼近的标准方法是对某一模型在其稳态附近做对数线性化。当然这样做的前提是该模型距其稳态不是很远，只有这样，线性的结果才是对原模型较好的逼近。

6.2.1 对数线性化基础

考虑一个非线性模型，它由一组如下形式的方程构成：

$$F(x_t)=\frac{G(x_t)}{H(x_t)}$$

---

① 二次逼近技术是非常成熟的方法，但是它超出了本书的范围。参见例子 Kim，Kim，Schaumburg and Sims [50] 以及 Schmitt-Grohe and Uribe [75]。当模型离稳态值比较远的情况下，二次逼近技术对其基础系统的近似将比其他近似更好。

② 运用福利经济学第二定理。

③ 我们将不再写出包含在期望项 E_t 形成过程中的精确信息，这也是在该项当中没有再出现“$|\lambda_t$”的原因。

④ 虽然包含两个优化问题，但是如果第二个优化问题的简单解可以作为约束放入模型的话，那么也能处理。

其中，x_t 是模型中变量所组成的向量，它包括期望变量、滞后变量以及当期变量。对数线性化处理的第一步是对函数 $F()$，$G()$，$H()$ 取对数。第二步是在第一步的基础上对其进行一阶 Taylor（泰勒）级数展开。对函数取对数：

$$\ln(F(x_t))=\ln(G(x_t))-\ln(H(x_t))$$

对上式在稳态值 $\bar{x}$ 附近做一阶 Taylor（泰勒）级数展开：

$$\ln F((\bar{x}))+\frac{F'(\bar{x})}{F(\bar{x})}(x_t-\bar{x})\approx\ln G((\bar{x}))+\frac{G'(\bar{x})}{G(\bar{x})}(x_t-\bar{x})-\ln H((\bar{x}))-\frac{H'(\bar{x})}{H(\bar{x})}(x_t-\bar{x})$$

符号 $X'(\bar{x})$ 表示模型在稳态点的梯度（gradient）。由于 $F'(\bar{x})/F(\bar{x}),G'(\bar{x})/G(\bar{x})$，$H'(\bar{x})/H(\bar{x}),\ln F((\bar{x}))$，$\ln G((\bar{x}))$，$\ln H((\bar{x}))$ 在这里都是恒定不变的，因此，现在模型关于 x_t 是线性的。模型在稳态点的对数形式是：

$$\ln(F(\bar{x}_t))=\ln(G(\bar{x}_t))-\ln(H(\bar{x}_t))$$

根据该方程，我们能消掉前面方程中含有对数符号 ln（·）的项得到简化形式：

$$\frac{F'(\bar{x})}{F(\bar{x})}(x_t-\bar{x})\approx\frac{G'(\bar{x})}{G(\bar{x})}(x_t-\bar{x})-\frac{H'(\bar{x})}{H(\bar{x})}(x_t-\bar{x})$$

这样做的潜在假设是模型中与 x_t 对应的点非常接近其稳态点 $\bar{x}$，以至于这个接近程度使得二阶或更高阶的 Taylor（泰勒）展开式小到可以忽略的程度。

下面就以在经济学中常常遇到的两个例子来演示一下对数线性化的具体做法。

例 6.1　考虑 Cobb-Douglas 生产函数：

$$Y_t=\lambda_t K_t^{\theta}H_t^{1-\theta}$$

首先我们对函数两边同时取对数得：

$$\ln Y_t=\ln\lambda_t+\theta\ln K_t+(1-\theta)\ln H_t$$

其一阶 Taylor（泰勒）展开式为：

$$\ln\bar{Y}+\frac{1}{\bar{Y}}(Y_t-\bar{Y})\approx\ln\bar{\lambda}+\frac{1}{\bar{\lambda}}(\lambda_t-\bar{\lambda})+\theta\ln\bar{K}+\frac{\theta}{\bar{K}}(K_t-\bar{K})+(1-\theta)\ln\bar{H}+\frac{(1-\theta)}{\bar{H}}(H_t-\bar{H})$$

因为在稳态有：

$$\ln\bar{Y}_t=\ln\bar{\lambda}+\theta\ln\bar{K}+(1-\theta)\ln\bar{H}_t$$

所以上面一阶 Taylor（泰勒）展开式中的零阶条件可以消掉，得：

$$\frac{1}{\bar{Y}}(Y_t-\bar{Y})\approx\frac{1}{\bar{\lambda}}(\lambda_t-\bar{\lambda})+\frac{\theta}{\bar{K}}(K_t-\bar{K})+\frac{(1-\theta)}{\bar{H}}(H_t-\bar{H})$$

整理得：

$$\frac{Y_t}{\bar{Y}}+1\approx\frac{\lambda_t}{\bar{\lambda}}+\frac{\theta K_t}{\bar{K}}+\frac{(1-\theta)H_t}{\bar{H}}$$

这就是原生产函数的线性表示。

例 6.2　考虑如下形式的无穷期 CES 效用函数：

$$\sum_{t=0}^{\infty}\beta^t\left[\frac{C_t^{1-\eta}}{1-\eta}-\frac{H_t^{1-\phi}}{1-\phi}\right]$$

其预算约束为：

$$C_t=\lambda_t K_t^{\theta}H_t^{1-\theta}+(1-\delta)K_t-K_{t+1}$$

且原方程的一阶条件（代入后使用变分法求得）为：

$$\beta[\theta\lambda_{t+1}K_{t+1}^{\theta-1}H_{t+1}^{1-\theta}+(1-\delta)]C_{t+1}^{-\eta}=C_t^{-\eta}$$

和

$$C_t^{-\eta}[(1-\theta)\lambda_t K_t^{\theta}H_t^{-\theta}]=H_t^{-\phi}$$

预算约束和一阶条件的对数形式为：

$$\ln C_t=\ln\left[\lambda_t K_t^{\theta}H_t^{1-\theta}+(1-\delta)K_t-K_{t+1}\right]$$

$$-\eta\ln C_t=\ln\beta+\ln\left[\theta\lambda_{t+1}K_{t+1}^{\theta-1}H_{t+1}^{1-\theta}+(1-\delta)\right]-\eta\ln C_{t+1}$$

$$-\phi\ln H_t=-\eta\ln C_t+\ln(1-\theta)+\ln\lambda_t+\theta\ln K_t-\theta\ln H_t$$

对它们进行 Taylor（泰勒）展开，并且根据稳态点性质进行化简得：

$$\frac{C_t}{\bar{C}}+\frac{\bar{\lambda}\bar{K}^{\theta}\bar{H}^{1-\theta}}{[\bar{\lambda}\bar{K}^{\theta}\bar{H}^{1-\theta}-\delta\bar{K}]}=\frac{(\bar{K}^{\theta}\bar{H}^{1-\theta})}{[\bar{\lambda}\bar{K}^{\theta}\bar{H}^{1-\theta}-\delta\bar{K}]}\lambda_t+\frac{\theta\bar{\lambda}\bar{K}^{\theta-1}\bar{H}^{1-\theta}+(1-\delta)}{[\bar{\lambda}\bar{K}^{\theta}\bar{H}^{1-\theta}-\delta\bar{K}]}K_t+\frac{((1-\theta)\bar{\lambda}\bar{K}^{\theta}\bar{H}^{-\theta})}{[\bar{\lambda}\bar{K}^{\theta}\bar{H}^{1-\theta}-\delta\bar{K}]}H_t-\frac{1}{[\bar{\lambda}\bar{K}^{\theta}\bar{H}^{1-\theta}-\delta\bar{K}]}K_{t+1}$$

$$-\eta\frac{C_t}{\bar{C}}=-\frac{2\theta\bar{\lambda}\bar{K}^{\theta-1}\bar{H}^{1-\theta}}{\theta\bar{\lambda}\bar{K}^{\theta-1}\bar{H}^{1-\theta}+(1-\delta)}+\frac{\theta\bar{K}^{\theta-1}\bar{H}^{1-\theta}}{\theta\bar{\lambda}\bar{K}^{\theta-1}\bar{H}^{1-\theta}+(1-\delta)}\lambda_{t+1}+\frac{(\theta-1)\theta\bar{\lambda}\bar{K}^{\theta-2}\bar{H}^{1-\theta}}{\theta\bar{\lambda}\bar{K}^{\theta-1}\bar{H}^{1-\theta}+(1-\delta)}K_{t+1}+\frac{(1-\theta)\theta\bar{\lambda}\bar{K}^{\theta-1}\bar{H}^{-\theta}}{\theta\bar{\lambda}\bar{K}^{\theta-1}\bar{H}^{1-\theta}+(1-\delta)}H_{t+1}-\eta\frac{C_{t+1}}{\bar{C}}$$

和

$$1-\phi\frac{H_t}{\bar{H}}=-\eta\frac{C_t}{\bar{C}}+\frac{\lambda_t}{\bar{\lambda}}+\theta\frac{K_t}{\bar{K}}-\theta\frac{H_t}{\bar{H}}+(\eta-\phi)$$

虽然上面这三个方程的常数项看起来有些庞杂，但是它们是常量，而且现在这三个方程也都是线性的。

6.2.2 Uhlig 的对数线性化方法

Harald Uhlig [86] 提出了一种更简单的函数对数线性化方法。他的方法不需要求导，并且除了其线性模型是以变量对数偏离的形式表示以外，得出的结论和前面方法得出的一样。

考虑一个包含变量组 X_t 的方程。定义 $\tilde{X}_t=\ln X_t-\ln\bar{X}$。其中变量组 $\tilde{X}_t$ 表示初始的变量组 X_t 对均衡值 $\bar{X}$ 的对数偏离。由于：

$$\bar{X}e^{\tilde{X}_t}=\bar{X}e^{\ln X_t-\ln\bar{X}}=\bar{X}e^{\ln X_t/\bar{X}}=\bar{X}\cdot X_t/\bar{X}=X_t$$

所以我们能将初始变量写成如下形式：

$$X_t=\bar{X}e^{\tilde{X}_t}$$

Uhlig 的方法首先是将所有的变量以乘积形式给出，并且尽可能地将分母中的变量消掉。然后将每一个诸如 X_t 形式的变量用其等价形式 $\bar{X}e^{\tilde{X}_t}$ 替换。至此，在保持所有变量值精确性的情况下，我们已经对变量进行了细微的改变并且所有的等式仍都成立。最后，再将所有能合并的指数项合并在一起。例如：

$$\frac{A_tB_t^{\alpha}}{C_t^{\delta}}=\frac{\bar{A}e^{\tilde{A}_t}\bar{B}^{\alpha}e^{\alpha\tilde{B}_t}}{\bar{C}^{\delta}e^{\delta}\tilde{C}_t}$$

变成

$$\frac{\bar{A}\bar{B}^{\alpha}}{\bar{C}^{\delta}}e^{\tilde{A}_t+\alpha\tilde{B}_t-\delta\tilde{C}_t}\tag{6.3}$$

其中，我们对带波浪号的变量（对数偏离）进行线性逼近。在稳态点附近对其指数项做 *Taylor*（泰勒）展开处理：

$$e^{\tilde{A}_t+\alpha\tilde{B}_t-\delta\tilde{C}_t}\approx e^{\tilde{A}+\alpha\tilde{B}-\delta\tilde{C}}+e^{\tilde{A}+\alpha\tilde{B}-\delta\tilde{C}}(\tilde{A}_t-\tilde{A})+\alpha e^{\tilde{A}+\alpha\tilde{B}-\delta\tilde{C}}(\tilde{B}_t-\tilde{B})-\delta e^{\tilde{A}+\alpha\tilde{B}-\delta\tilde{C}}(\tilde{C}_t-\tilde{C})$$

$$=1+\tilde{A}_t+\alpha\tilde{B}_t-\delta\tilde{C}_t$$

上式中，没有数字下标的项都是带波浪线变量（对数偏离）的稳态值。显然稳态值的对数偏离为零。则（6.3）式的近似表达式为：

$$\frac{\bar{A}\bar{B}^{\alpha}}{\bar{C}^{\delta}}(1+\tilde{A}_t+\alpha\tilde{B}_t-\delta\tilde{C}_t)$$

下面是一个用 Uhlig 方法对我们前面做过的 Cobb-Douglas 生产函数进行数线性逼近的

例子。

例 6.3　有 Cobb-Douglas 生产函数：

$$Y_t=\lambda_t K_t^{\theta} H_t^{1-\theta}$$

对上式中的各变量做形如 $X_t=\bar{X}e^{\tilde{X}_t}$ 的变换得：

$$\bar{Y}e^{\tilde{Y}_t}=\bar{\lambda}\bar{K}^{\theta}\bar{H}^{1-\theta}e^{\tilde{\lambda}_t+\theta\tilde{K}_t+(1-\theta)\tilde{H}_t}$$

通过 Taylor（泰勒）展开（你也可称之为 Uhlig 法则）得：

$$\bar{Y}(1+\tilde{Y}_t)=\bar{\lambda}\bar{K}^{\theta}\bar{H}^{1-\theta}(1+\tilde{\lambda}_t+\theta\tilde{K}_t+(1-\theta)\tilde{H}_t)$$

将均衡点的 $\bar{Y}=\bar{\lambda}\bar{K}^{\theta}\bar{H}^{1-\theta}$ 代入上式，将其简化为：

$$\tilde{Y}_t=\tilde{\lambda}_t+\theta\tilde{K}_t+(1-\theta)\tilde{H}_t$$

这个结果似乎与第一个例子当中直接运用对数线性化得出的结果不同。但其实是相同的。下面是第一种方法得出的结果：

$$\frac{Y_t}{\bar{Y}}+1\approx\frac{\lambda_t}{\bar{\lambda}}+\frac{\theta K_t}{\bar{K}}+\frac{(1-\theta)H_t}{\bar{H}}$$

该式刻画的是水平值而不是变化值。将上式中带数字下标的变量（如：X_t）按对数偏离形式 $X_t\approx\bar{X}(1+\tilde{X}_t)$ 代换，得：

$$\frac{\bar{Y}(1+\tilde{Y}_t)}{\bar{Y}}+1\approx\frac{\bar{\lambda}(1+\tilde{\lambda}_t)}{\bar{\lambda}}+\frac{\theta\bar{K}_t(1+\tilde{K}_t)}{\bar{K}}+\frac{(1-\theta)\bar{H}(1+\tilde{H}_t)}{\bar{H}}$$

化简得：

$$\tilde{Y}_t\approx\tilde{\lambda}_t+\theta\tilde{K}_t+(1-\theta)\tilde{H}_t$$

Uhlig 方法的方便之处是我们不需要明确地求导数。直接做变量替换就可以了，而且这种变量替换易于机械化。对于该方法而言，有许多有用的法则。正是这些法则使得对数线性化过程变得如此简单。然而，当比较使用 Uhlig 法则下对数线性化所得到的结果时，要记住这些结果刻画的是相对稳态的对数偏离。

Uhlig 的定义有：

$$\tilde{X}_t=\ln X_t-\ln\bar{X}$$

和

$$X_t=\bar{X}e^{\tilde{X}_t}$$

他的法则有：

$$e^{\tilde{X}_t+a\tilde{Y}_t}\approx 1+\tilde{X}_t+a\tilde{Y}_t$$

$$\tilde{X}_t\tilde{Y}_t\approx 0$$

$$E_t[ae^{\tilde{X}_{t+1}}]\approx a+aE_t[\tilde{X}_{t+1}]$$

第一个法则是最直接的，最好尽可能多地将方程表达成第一种法则的形式。当你充分利用了第一种形式之后，二阶项近似为零的第二法则往往就不再需要了。另外，一个非常有用的期望法则是：

$$E_t[X_{t+1}]=\bar{X}(1+E_t[\tilde{X}_{t+1}])$$

习题 6.1　运用 Uhlig 法找出前文 6.2 例中一阶条件和预算约束的对数线性近似。

6.3　Hansen 模型的对数线性形式

Hansen 模型的五个方程分别为：

$$1=\beta E_t[\frac{C_t}{C_{t+1}}(r_{t+1}+(1-\delta))]$$

$$AC_t=(1-\theta)(1-H_t)\frac{Y_t}{H_t}$$

$$C_t=Y_t+(1-\delta)K_t-K_{t+1}$$

$$Y_t=\lambda_t K_t^{\theta}H_t^{1-\theta}$$

$$r_t=\theta\frac{Y_t}{K_t}$$

从第一个式子开始，我们依次将该式中的每一个变量用其稳态值（用变量上方一横表示）以及相对稳态值附近的对数偏离进行代换，（用这样的方法）进行线性近似就会得到如下结果：

$$\begin{aligned}1&=\beta E_t\left[\frac{\bar{C}e^{\tilde{C}_t}}{\bar{C}e^{\tilde{C}_{t+1}}}\bar{r}e^{\tilde{r}_{t+1}}+(1-\delta)\frac{\bar{C}e^{\tilde{C}_t}}{\bar{C}e^{\tilde{C}_{t+1}}}\right]\\&=\beta E_t\left[\bar{r}e^{\tilde{C}_t-\tilde{C}_{t+1}+\tilde{r}_{t+1}}+(1-\delta)e^{\tilde{C}_t-\tilde{C}_{t+1}}\right]\\&\approx\beta\left(\bar{r}E_t\left[1+\tilde{C}_t-\tilde{C}_{t+1}+\tilde{r}_{t+1}\right]+(1-\delta)E_t\left[1+\tilde{C}_t-\tilde{C}_{t+1}\right]\right)\\&=E_t\left[1+\tilde{C}_t-\tilde{C}_{t+1}+\beta\bar{r}\tilde{r}_{t+1}\right]\end{aligned}$$

或者

$$0\approx\tilde{C}_t-E_t\tilde{C}_{t+1}+\beta\bar{r}E_t\tilde{r}_{t+1}$$

式中：$\tilde{C}_t=\ln C_t-\ln\bar{C}$。在上式的化简过程中，使用了在稳态均衡时 $1/\beta=\bar{r}+(1-\delta)$ 的条件。

对其他四个方程做和上面第一个方程相同的对数线性处理，会分别得到以下四个（近似）方程：

$$0\approx\tilde{Y}_t-\frac{\tilde{H}_t}{1\ \bar{H}}-\tilde{C}_t$$

$$0\approx\bar{Y}\tilde{Y}_t-\bar{C}\tilde{C}_t+\bar{K}\left[(1-\delta)\tilde{K}_t-\tilde{K}_{t+1}\right]$$

$$0\approx\tilde{\lambda}_t+\theta\tilde{K}_t+(1-\theta)\tilde{H}_t-\tilde{Y}_t$$

$$0\approx\tilde{Y}_t-\tilde{K}_t-\tilde{r}_t,\qquad(\bar{r}=\theta\bar{Y}/\bar{K})$$

随机过程：

$$\lambda_{t+1}=\gamma\lambda_t+\varepsilon_{t+1}$$

可以写成如下形式：

$$\bar{\lambda}e^{\tilde{\lambda}_{t+1}}=\gamma\bar{\lambda}e^{\tilde{\lambda}_t}+\varepsilon_{t+1}$$

做近似处理变为：

$$\bar{\lambda}(1+\tilde{\lambda}_{t+1})=\gamma\bar{\lambda}(1+\tilde{\lambda}_t)+\varepsilon_{t+1}$$

或

$$\tilde{\lambda}_{t+1}=\gamma\tilde{\lambda}_t+\mu_{t+1}$$

上式中：$\bar{\lambda}=1$，$\mu_{t+1}=\varepsilon_{t+1}-(1-\gamma)$。应该注意到通过以上变量变换我们还能得出 $E_t(\mu_{t+1})=0$。

我们把在时期 t 的所有内生变量定义成一个向量形式：

$$x_t=\left[\tilde{K}_{t+1}\quad\tilde{Y}_t\quad\tilde{C}_t\quad\tilde{H}_t\quad\tilde{r}_t\right]'$$

并把外生的随机变量做同样的处理：

$$z_t=\tilde{\lambda}_t$$

那么本节最前面给出的 Hansen 模型就能写成矩阵的形式：

$$0=E_t\left[Fx_{t+1}+Gx_t+Hx_{t-1}+Lz_{t+1}+Mz_t\right]$$

上式中：

$$F=\begin{bmatrix}0&0&-1&0&\beta\bar{r}\\0&0&0&0&0\\0&0&0&0&0\\0&0&0&0&0\\0&0&0&0&0\end{bmatrix}$$

$$G=\begin{bmatrix}0&0&1&0&0\\0&1&-1&-\frac{1}{1-\bar{H}}&0\\-\bar{K}&\bar{Y}&-\bar{C}&0&0\\0&-1&0&1-\theta&0\\0&1&0&0&-1\end{bmatrix}$$

$$H=\begin{bmatrix}0&0&0&0&0\\0&0&0&0&0\\\bar{K}(1-\delta)&0&0&0&0\\\theta&0&0&0&0\\-1&0&0&0&0\end{bmatrix}$$

$$L=[0\quad 0\quad 0\quad 0\quad 0]'$$

$$M=[0\quad 0\quad 0\quad 1\quad 0]'$$

随机过程就可以写成：

$$z_{t+1}=Nz_t+\mu_{t+1}$$

上式中：$E_t(\mu_{t+1})=0$，并且在该式中，矩阵 N 非常简单，为单元素矩阵 $N=[\gamma]$。

欲求解该模型，就需要找出矩阵 P 和 Q，以得到如下均衡运动方程：

$$x_t=Px_{t-1}+Qz_t$$

上式刻画的动态需要是个稳定的均衡。

由 Uhlig［86］中的定理1可知，如果该方程的解存在，那么矩阵P就能够通过解下面这个矩阵二次方程（matrix quadratic equation）而得到，

$$0=FP^2+GP+H$$

系数矩阵 Q 由下式给出：

$$V\text{vec}(Q)=-\text{vec}(LN+M)$$

式中：vec（·）表示将括弧中矩阵的所有列纵向排成一列，且：

$$V=N'\otimes F+I_k\otimes(FP+G)$$

其中：I_k 是一个 k 维的单位向量，并且 k 的取值等于随机变量的个数（也就是 z_t 的维数），$\otimes$表示 Kronecker 积①。将解得的均衡运动方程为：

$$x_t=Px_{t-1}+Qz_t$$

以及期望形式的随机过程：

$$E_tz_{t+1}=Nz_t$$

代入方程：

---

① 若有一个 $k\times l$ 阶矩阵 A 和一个 $m\times n$ 阶矩阵 B，$km\times ln$ 阶 Kronecker 积 $A\otimes B$ 是通过用整个矩阵 A 去乘矩阵 B 的每一元素得到的，例如：$A=\begin{bmatrix}1&2\\3&4\end{bmatrix}$，$B=\begin{bmatrix}5&6\\7&8\end{bmatrix}$，那么 $A\otimes B=\begin{bmatrix}5&6&10&12\\7&8&14&16\\15&18&20&24\\21&24&28&32\end{bmatrix}$。

$$0=E_t\ [Fx_{t+1}+Gx_t+Hx_{t-1}+Lz_{t+1}+Mz_t]$$

整理得：

$$0=[FP^2+GP+H]\ x_{t-1}+[FPQ+FQN+GQ+LN+M]\ z_t$$

由于该方程对向量 x_{t-1} 和 z_t 的所有可能值都必须成立，所以方括号内的项都为零。在解矩阵 Q 的时候 vec 运算和 Kronecker 积运算都是必需的（更详尽的解释参见本章附录 1）。关于 P 二次矩阵方程的根的求解十分复杂并且运算过程非常繁琐，从而使问题的解决变得相对困难，在模型比较大的情况下尤为突出。

6.3.1　运用跳跃变量的解法

如果我们将内生的状态变量放在一起组成一个向量 x_t，将其他由这些状态变量决定的内生变量（这些变量通常被叫做跳跃变量（jump variable））放在一起组成一个向量 y_t，那么对经济体的线性形式求解就通常会变得相对容易。跳跃变量的名称源自连续时间模型的鞍点动态。当系统沿着鞍点路径的脊线（ridge）运行时是稳定（收敛）的。通常，控制变量会沿着脊线运动，但是其他变量需要（同时）跳跃以使得系统调整到稳定的脊线上。在这里以及下文，跳跃变量这个名称可能有些不当（misuse），因为，和我们在前面章节中看到的一样，所有的变量其实都被包含在“控制”向量里。

在上面的例子当中，我们将选定：

$$x_t=[\tilde{K}_{t+1}]$$

作为内生状态变量组成的向量，它是一个单元素向量。并且将

$$y_t=[\tilde{Y}_t,\ \tilde{C}_t,\ \tilde{H}_t,\ \tilde{r}_t]'$$

作为其他内生变量组成的向量。按是否含有期望项将方程分开，模型的线性形式就能写成：

$$0=Ax_t+Bx_{t-1}+Cy_t+Dz_t$$

$$0=E_t\ [Fx_{t+1}+Gx_t+Hx_{t-1}+Jy_{t+1}+Ky_t+Lz_{t+1}+Mz_t]$$

$$z_{t+1}=Nz_t+\varepsilon_{t+1}\qquad E_t\ (\varepsilon_{t+1})=0$$

具体到我们的模型，则有：

$$A=[0\quad -\bar{K}\quad 0\quad 0]'$$

$$B=[0\quad (1-\delta)\ \bar{K}\quad \theta\quad -1]'$$

$$C=\begin{bmatrix} 1 & -1 & -\dfrac{1}{1-\bar{H}} & 0 \\ \bar{Y} & -\bar{C} & 0 & 0 \\ -1 & 0 & 1-\theta & 0 \\ 1 & 0 & 0 & -1 \end{bmatrix}$$

$$D=[0\quad 0\quad 1\quad 0]',$$

$$F=[0],\ G=[0],\ H=[0]$$

$$J=[0\quad -1\quad 0\quad \beta\bar{r}]$$

$$K=[0\quad 1\quad 0\quad 0]$$

$$L=[0],\ M=[0],\ N=[\gamma]$$

该经济模型的解是一组矩阵 P、Q、R 和 S，它们描述了经济的均衡运动方程：

$$x_t=Px_{t-1}+Qz_t$$

和

$$y_t=Rx_{t-1}+Sz_t$$

注意，在模型当中，C 是一个满秩矩阵①并且其逆矩阵为 C^{-1}。② 由 Uhlig［86］推论 1 可知，如果均衡运动方程存在，那么必有：

$$0=(F-JC^{-1}A)P^2-(JC^{-1}B-G+KC^{-1}A)P-KC^{-1}B+H$$

$$R=-C^{-1}(AP+B)$$

同时含矩阵 Q 的方程满足：

$$(N'\otimes(F-JC^{-1}A)+I_k\otimes(JR+FP+G-KC^{-1}A))\ \mathrm{vec}(Q)=\mathrm{vec}((JC^{-1}D-L)N+KC^{-1}D-M)$$

并且有：

$$S=-C^{-1}(AQ+D)$$

其中，I_k 是 $k\times k$ 型单位矩阵，同时矩阵 Q 有 k 列。

这里，矩阵二次方程是非常简单的，由于矩阵 P 中仅有一个元素，所以我们要解的是一个标准二次方程。剩余的问题就只涉及矩阵的代数运算了。

6.3.2 对数线性模型的校准

为了能够运用数值方法找到模型的运动方程，我们需要校准模型的参数值并且确定变量的稳态值（因为在运用矩阵将模型线性化的过程中，这些矩阵包含了很多的稳态值）。确定这些值的依据是各不相同的。对于有些参数，比如 θ，其经济意义是非常明确的；在 Cobb-Douglas 生产函数当中，θ 就是国民收入中资本收入的占比，它的具体值也很容易通过总量数据来确定。像 β 和 δ 这些参数，作为很多微观经济基础研究的对象，它们有一组或多或少被普遍接受的值。但是，像 A、γ 以及 u_{t+1} 的概率分布则常常是存在争议的，需要一些规则来帮助我们确定它们。这里我们采用的方法是校准。因为我们不能直接观察到这些变量，所以在选择这些变量值时要符合这样的条件：使得模型中其他相关的变量由此得到的推算值近似于实际数据中的观测值。例如，在确定 A 的值时，给定各个参数的取值，应该让 A 的取值能够导致模型产生的劳动时间占总时间的 1/3（每天大约 8 个小时）。在确定 γ 的值和 u_{t+1} 的概率分布时，要使得通过多次模拟之后产生的 y_t 的方差和协方差与现实数据中观察到的值相匹配。

Hansen 模型是通过季度数据来校准的。因此，我们采用的参数值会和前面章节使用的有所不同。在此有 $\beta=0.99$，$\delta=0.025$，$\theta=0.36$。由前面我们得到关于 $\bar{H}$ 和 $\bar{K}$ 稳态值的方程：

$$\bar{H}=\frac{1}{1+\frac{A}{(1-\theta)}\left[1-\frac{\beta\delta\theta}{1-\beta(1-\delta)}\right]} \tag{6.4}$$

和

$$\bar{K}=\bar{H}\left[\frac{\theta\bar{\lambda}}{\frac{1}{\beta}-(1-\delta)}\right]^{\frac{1}{1-\theta}} \tag{6.5}$$

选择特定的技术随机过程使得 $\bar{\lambda}=1$。A 和 γ 的值也有待确定。Hansen 根据其他参数的取值，将参数 A 的值确定为 2，这样一来，$\bar{H}$ 的值将是 1/3，换句话说，就是在均衡状态下，人们投入他们总时间的 1/3 用来工作。图 6—1 结合上面的参数展示了（6.4）式中 A 和 $\bar{H}$ 的关系。在方程（6.4）中，除了 A 和 $\bar{H}$ 以外，所有的参数都已经确定，这样图 6—1

① 在大多数情况下是这样，不过也会有一组参数值为零的量使得该矩阵为非满秩矩阵。
② 即使在矩阵 C 不是满秩矩阵的情况下，也能解出其逆矩阵，但是在一定程度上会很复杂。Uhlig［86］也考虑到了这种情况。

才能展示单纯的 A 和 $\bar{H}$ 值的关系。对于参数值的选择，当 $A=1.72$ 时，就会又导致人们利用 1/3 的可用时间投入到工作当中去。所以我们将用该值进行运算。

γ 的值来自于使用美国实际数据对生产函数的对数形式进行的估计，即

$$\ln\lambda_t=\ln Y_t-\theta\ln K_t-(1-\theta)\ H_t$$

得到序列 $\{\lambda_t\}$ 的一阶滞后自相关系数约为 0.95。所以我们就确定 $\gamma=0.95$。

对 μ_{t+1} 分布的确定较为复杂。一般情况下，我们令该分布方差的选择要使得模型模拟出的产出 Y_t 的方差与我们在美国数据中观察到的非常接近。然而，这一过程只有在确定了模型运动方程之后才能进行，因此，我们稍后再确定该值。

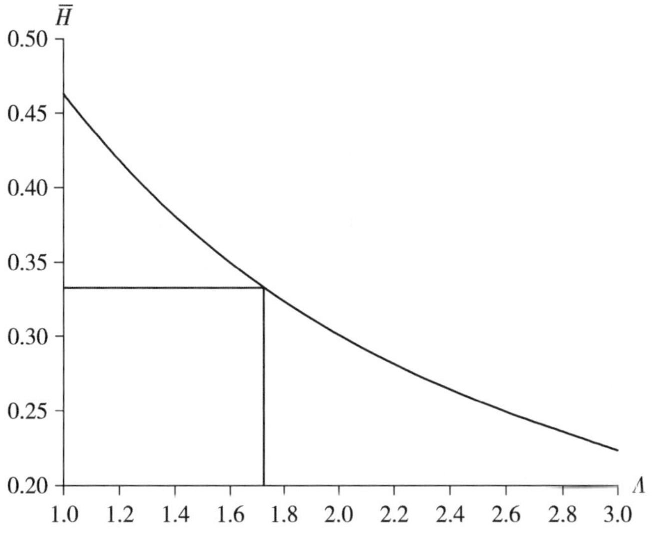

图 6—1　A 值的确定

当 $A=1.72$ 时，$\bar{H}=0.3335$。将它们代入方程（6.5），我们会得出 $\bar{K}=12.6695$。当资本和劳动的稳态值都近似出来后，总产出的稳态值 $\bar{Y}$ 自然也就得以确定，为：

$$\bar{Y}=\bar{K}^{\theta}\bar{H}^{(1-\theta)}=(12.6695)^{0.36}(0.3335)^{0.64}=1.2353$$

消费的稳态值 $\bar{C}$ 也能够通过预算约束的稳态表示形式：

$$\bar{Y}+(1-\delta)\ \bar{K}=\bar{C}+\bar{K}$$

求得，有：

$$\bar{C}=\bar{Y}-\delta\bar{K}=1.2353-0.025\times12.6695=0.9186$$

运用 $\bar{Y}$ 和 $\bar{K}$ 的值，可以得出我们在求矩阵时要用到的 $\bar{Y}/\bar{K}$ 的值为 0.0975。最终我们还需要 $\bar{r}$ 的稳态值，由前面已经得出的式子：

$$\frac{1}{\beta}=\bar{r}+(1-\delta)=\theta\frac{\bar{Y}}{\bar{K}}+(1-\delta)$$

可以得出关于 $\bar{r}$ 的两个计算结果，同时通过两结果的比对，可以核对我们前面所做计算的正确性：

$$\bar{r}=\frac{1}{\beta}-(1-\delta)=\frac{1}{0.99}-1+0.025=0.0351$$

和

$$\bar{r}=\theta\frac{\bar{Y}}{\bar{K}}=0.36\times\frac{1.2353}{12.6695}=0.0351$$

将前面算出的所有值代入矩阵 $A \sim N$，则有：

$A=[0 \quad -12.6698 \quad 0 \quad 0]'$

$B=[0 \quad 12.3530 \quad 0.36 \quad -1]'$

$$C=\begin{bmatrix} 1 & -1 & -1.5004 & 0 \\ 1.2353 & -0.9186 & 0 & 0 \\ -1 & 0 & 0.64 & 0 \\ 1 & 0 & 0 & -1 \end{bmatrix}$$

$D=[0 \quad 0 \quad 1 \quad 0]'$

$F=[0]$，$G=[0]$，$H=[0]$

$J=[0 \quad -1 \quad 0 \quad 0.0348]$

$K=[0 \quad 1 \quad 0 \quad 0]$，

$L=[0]$，$M=[0]$，$N=[0.95]$

通过这些矩阵，可以解出一个关于 P 的二次方程：

$$0=7.0734 \cdot P^2-14.2376 \cdot P+7.1448$$

解方程得：$P=1.0592$ 和 $P=0.9537$。由于 P 在取第二个值（其绝对值小于1）的情况下，能够达到稳定的均衡状态，所以它就是我们所要的值。通过进一步计算我们可以求出 $Q=0.1132$，

$$R=[0.2045 \quad 0.5691 \quad -0.2430 \quad -0.7955]'$$

和

$$S=[1.4523 \quad 0.3920 \quad 0.7067 \quad 1.4523]'$$

从而得到稳态附近的五个运动方程：

$$\tilde{K}_{t+1}=0.9537\tilde{K}_t+0.1132\tilde{\lambda}_t$$

$$\tilde{Y}_t=0.2045\tilde{K}_t+1.4523\tilde{\lambda}_t$$

$$\tilde{C}_t=0.5691\tilde{K}_t+0.3920\tilde{\lambda}_t$$

$$\tilde{H}_t=-0.2430\tilde{K}_t+0.7067\tilde{\lambda}_t$$

$$\tilde{r}_t=-0.7955\tilde{K}_t+1.4523\tilde{\lambda}_t$$

在本章的最后，我们附有求解上述运动方程的 Matlab 代码。

6.3.3 模型中变量的方差

我们需要为技术冲击确定一个与实际数据拟合很好的方差。Hansen 使用的数据集是美国从 1955 年第三季度到 1984 年第一季度的季度数据，他的调查报告显示：其中产出的标准差为 1.76%。由于在模型当中我们所要求解的变量是其靠近稳态附近的对数偏离 $\tilde{Y}_t=\ln Y_t-\ln\bar{Y}$的形式，所以，产出对数的标准差为 1.76%，也就是 $\tilde{Y}_t$ 的标准差为 0.0176。

我们运用两个运动方程：

$$\tilde{K}_{t+1}=a\tilde{K}_t+b\tilde{\lambda}_t$$

$$\tilde{Y}_t=c\tilde{K}_t+d\tilde{\lambda}_t$$

和技术的随机过程：

$$\tilde{\lambda}_t=\gamma\tilde{\lambda}_{t-1}+\varepsilon_t$$

来求一个关于 $\tilde{Y}_t$ 标准差的方程，以把 $\tilde{Y}_t$ 的标准差表示成 ε_t 的标准差的函数。目的是确定 ε_t 的标准差 σ_ε：将 a，b，c，d，γ 这些在运动方程中已经确定了的数值代入后，我们要找的标准差 σ_ε 就是能使 $\tilde{Y}_t$ 的标准差为 0.0176 的值。

首先，将技术随机过程代入到资本运动方程中：

$$\tilde{K}_{t+1}=a\tilde{K}_t+b\gamma\tilde{\lambda}_{t-1}+b\varepsilon_t$$

然后递归代入该方程的滞后项和技术随机过程，就将资本表达为关于技术冲击历史值的表达式，

$$\tilde{K}_{t+1}=b\sum_{i=0}^{\infty}\sum_{j=0}^{i}a^j\gamma^{i-j}\varepsilon_{t-i}$$

注意，在时期 t 时，当前的技术水平为 $\tilde{\lambda}_t$，能写成递归的形式：

$$\tilde{\lambda}_t=\sum_{i=0}^{\infty}\gamma^i\varepsilon_{t-i}$$

其次，将这两个式子（资本滞后了一期）代入产出的运动方程里得：

$$\tilde{Y}_t=d\varepsilon_t+\sum_{i=0}^{\infty}\left[cb\sum_{j=0}^{i}a^j\gamma^{i-j}+d\gamma^{i+1}\right]\varepsilon_{t-1-i}$$

由于技术冲击相互独立，所以产出的方差就等于：

$$\mathrm{var}\tilde{Y}_t=\left(d^2+\sum_{i=0}^{\infty}\left[cb\sum_{j=0}^{i}a^j\gamma^{i-j}+d\gamma^{i+1}\right]^2\right)\mathrm{var}\varepsilon_t \tag{6.6}$$

表 6—1　　**模型中的标准差（标准差，及其产出标准差的相对大小）**

	$\tilde{Y}_t$	$\tilde{C}_t$	$\tilde{H}_t$	$\tilde{r}_t$	$\tilde{I}_t$
标准差	$5.484\sigma_\varepsilon$	$4.065\sigma_\varepsilon$	$1.640\sigma_\varepsilon$	$3.492\sigma_\varepsilon$	$11.742\sigma_\varepsilon$
占产出的百分比	100%	74.12%	29.90%	63.67%	214.1%

上式中括号里的这一项很难求解，但由于该序列是收敛的，从而就能够在我们想要的任何精确程度下对其作出近似。对此，本章的结尾专门有一个 Matlab 程序。引用前面运动方程中的值和 $\gamma=0.95$，上式中括号里的项就等于 30.0757。

由于产出的标准差为 0.0176，可以得出 $\mathrm{var}\tilde{Y}_t=0.00030976$，这也就意味着技术冲击的方差 $\mathrm{var}\varepsilon_t=0.000010299$，或者标准差为 0.0032。

分别令 c 和 d 取不同的值，通过方程（6.6）能求出消费、工作时间和资本租金的方差。例如，除了用 a，b，γ 原来的值和我们刚刚求出的技术冲击的方差外，运用 $c=0.5691$ 和 $d=0.3920$，就能求出消费的方差。这样得出的标准差由表 6—1 给出。投资的标准差也可以求出，通过预算约束：

$$\bar{I}\tilde{I}_t=\bar{Y}\tilde{Y}_t-\bar{C}\tilde{C}_t$$

得到运动方程：

$$\tilde{I}_t=\hat{c}\tilde{K}_t+\hat{d}\tilde{\lambda}_t$$

其中，$\hat{c}=0.2045\bar{Y}/\bar{I}-0.5691\bar{C}/\bar{I}=-0.8530$，$\hat{d}=1.4523\bar{Y}/\bar{I}-0.3920\bar{C}/\bar{I}=4.5277$。现在我们将这些值代入方程（6.6），就可以求得投资的方差。

Hansen 通过观察美国 1955 年第三季度到 1984 年第一季度的季度数据，计算出了这一时间段美国滞后的、去除了趋势值之后的序列方差。如前面提到过，他求得产出的方差为 1.76%。他认为技术冲击的标准差应该在区间［0.007，0.01］以内。显然，我们求出的标准差太小了，仅为 0.0032。在 Hansen 的数据中，他将消费、工作时间，以及投资的标准差以产出标准差百分比的形式给了出来，见表 6—2。[①] 可以看出，基本 Hansen 模型对消费的近似是非常成功的，然而其对投资和工作时间的近似却相当离谱。

① 该表的数据来自 Hansen［48］，321 页。

表 6—2　　来自 Hansen 观测值的标准差（各项与产出标准差的相对大小）

	$\tilde{Y}_t$	$\tilde{C}_t$	$\tilde{H}_t$	$\tilde{I}_t$
占产出的百分比	100%	73.30%	94.32%	488.64%

6.4 含有不可分劳动的 Hansen 模型

在现实世界中，工业生产的组织结构决定了一组工人必须同时出现在生产线上才能使生产线良好运行。这样就使得劳动组织通过合同将一周的工作时间确定在一个固定数量上。通常周工作时被确定在 40 小时，这样就有相对更少的工人能够平滑地调节他们的工作时间。工人们要么工作满满的一个工作周时，要么工作时间为零。Hansen［48］将这一特点引入简单的动态模型当中。

居民户和厂商签订合同，在时期 t 由居民户以 α_t 的概率向厂商提供 h_0 单位的劳动。居民在时期 t 是否工作是由随机过程决定的。在每一期，占居民总数 α_t 比率的人工作 h_0 小时，而另外 $1-\alpha_t$ 的人根本不工作。所有的居民无论其工作与否都能得到相同的工资，从而该合同就像一份完全的失业保险。由于有 $\alpha_t h_0$ 小时的工作被提供到市场上，从而厂商的劳动力需求为 $h_t=\alpha_t h_0$，并且厂商付 w_t 的工资，这一工资是由 h_t 单位劳动的边际产品决定的。

之所以在模型中引入此类失业保险型的合同，是出于技术上的考虑。如果没有这些合同，一个家庭将必须决定是否工作。在一个很低的工资水平下，该家庭可能会选择不工作，并且以其持有的资本收入来维持生活。每一个家庭总会有一个 w^* 的报酬底线，低于这一报酬水平，他们将不会提供劳动力，从而也没有劳动收入。如果家庭的商品消费在 w^* 工资处会有一个跳跃，那么家庭的闲暇消费在该处也将急剧下降。商品消费的急剧上升和闲暇消费的急剧下降使得消费集不再是凸的。凸集是指：连接集内任意两点的线段仍在该集内则称该集为凸集。图 6—2 中阴影部分是商品消费的集合。该消费在 w^* 点处出现跳跃。注意：连接 A、B 两点的线段有一部分露在了该集的外面。因此，这个商品消费集是非凸的。在 w^* 这一点，由于消费的增加带来的正效用会被闲暇减少所带来的负效用抵消，从而效用是连续的。

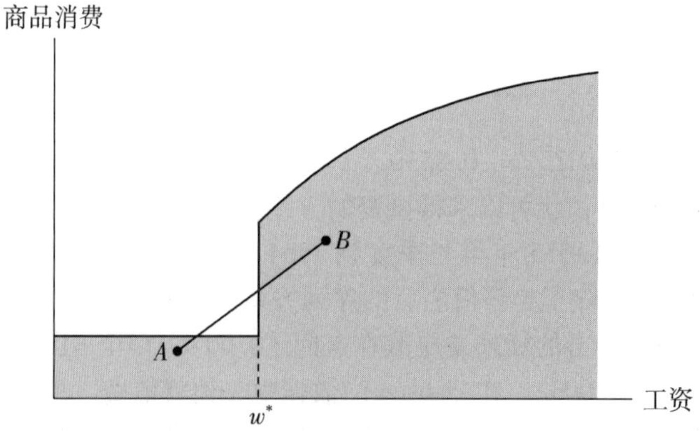

图 6—2　非凸集

在上述劳动合同的情况下，所有的家庭都能得到工资，但是仅有一部分家庭（从所有的家庭集合里随机选择 α_t 比例的家庭）参与劳动。通过引入劳动合同，最终的商品消费集是平滑和凸的，并且他们的工作时间也是他们期望的工作时间。当目标函数是凹的，并且最优化点在凸集上时，最优化问题就能得到性状良好的解。引入失业保险合同使得我们的最优化问题得到了很好的表达。

每一个家庭的预算约束是：

$$c_t+i_t=w_t h_t+r_t k_t$$

时期 t 的期望效用是：

$$u(c_t, \alpha_t)=\ln c_t+h_t\frac{A\ln(1-h_0)}{h_0}+A\left(1-\frac{h_t}{h_0}\right)\ln(1)$$

其中，$\frac{h_t}{h_0}=\alpha_t$ 为被选择提供劳动的特定居民的概率。由于 $\ln(1)=0$，时期 t 的期望效用简化为：

$$u(c_t, \alpha_t)=\ln c_t+h_t\frac{A\ln(1-h_0)}{h_0}$$

为了使式子进一步简化，我们定义常量

$$B=\frac{A\ln(1-h_0)}{h_0}$$

给定初始值，k_0 和 λ_0，一个无限期存活的居民最大化效用为：

$$\max\sum_{t=0}^{\infty}\beta^t[\ln c_t+Bh_t]$$

其服从预算约束：

$$c_t+i_t=w_t h_t+r_t k_t$$

和

$$k_{t+1}=(1-\delta)k_t+i_t$$

在这个经济体中，生产函数除了 $h_t=\alpha_t h_0$ 以外和前面一样。技术变动的随机过程也一样，$\ln\lambda_{t+1}=\gamma\ln\lambda_t+\varepsilon_{t+1}$。

社会计划者的问题（其解集与竞争均衡的解集相同）是：

$$\max\sum_{t=0}^{\infty}\beta^t[\ln c_t+Bh_t]$$

受约束于：

$$\lambda_t k_t^{\theta}h_t^{1-\theta}=c_t+k_{t+1}-(1-\delta)k_t$$

和

$$\ln\lambda_{t+1}=\gamma\ln\lambda_t+\varepsilon_{t+1}$$

因为市场是完全竞争的，企业的所有收入都以工资或租金形式付了出去，企业没有额外利润。从而也就有：

$$\lambda_t k_t^{\theta}h_t^{1-\theta}=w_t h_t+r_t k_t$$

这个问题以 Bellman 方程的形式写为：

$$V(k_t, \lambda_t)=\max_{c_t,h_t}[\ln[c_t]+Bh_t+\beta E_t V(k_{t+1}, \lambda_{t+1})]$$

受约束于：

$$\lambda_t k_t^{\theta}h_t^{1-\theta}=c_t+k_{t+1}-(1-\delta)k_t$$

和

$$\ln\lambda_{t+1}=\gamma\ln\lambda_t+\varepsilon_{t+1}$$

为了使求解更加容易，将上式中的部分变量进行代换，得到 Bellman 方程的另一种形式：

$$V(k_t, \lambda_t) = \max_{k_{t+1}, h_t} \{\ln[\lambda_t k_t^\theta h_t^{1-\theta} - k_{t+1} + (1-\delta) k_t] + Bh_t + \beta E_t V(k_{t+1}, \lambda_{t+1})\}$$

求出上式的一阶条件，并把一阶条件中的 $\lambda_t k_t^\theta h_t^{1-\theta} - k_{t+1} + (1-\delta) k$ 用 c_t 代换，得：

$$0 = \frac{1}{c_t}((1-\theta) \lambda_t k_t^\theta h_t^{-\theta}) + B$$

$$0 = -\frac{1}{c_t} + E_t\left[\frac{1}{c_{t+1}} \theta \lambda_{t+1} k_t^{\theta-1} h_t^{1-\theta} + (1-\delta)\right]$$

我们运用要素市场的条件：工资等于劳动的边际产品以及资本回报率等于资本的边际产品。另外，由于家庭间是完全同质的并且是一个总量单位，我们可以将小写字母表示的单个家庭变量用大写字母表示的总量替换。这样的话，一阶条件可以简化为：

$$1 = \beta E_t\left[\frac{C_t}{C_{t+1}} (r_{t+1} + (1-\delta))\right]$$

$$C_t = -\frac{(1-\theta) Y_t}{BH_t}$$

为了完成整个模型，我们增加以下总量方程：流量预算约束、生产函数和两个要素市场条件为：

$$C_t + K_{t+1} = Y_t + (1-\delta) K_t$$

$$r_t = \theta \lambda_t K_t^{\theta-1} H_t^{1-\theta}$$

$$Y_t = \lambda_t K_t^\theta H_t^{1-\theta}$$

在第一个预算约束式中，零利润的条件使得我们可以用 Y_t 代换 $w_t H_t + r_t K_t$。这一方程组与前面含有可分劳动的模型相同，唯一的区别在于第二个一阶条件。

6.4.1 稳态

对于所有的 t 和每一个变量 $\bar{X}$，假设模型当中所有的变量是以实际值衡量的（在以后的章节中，一旦我们将货币引入模型，这一假设将不再成立），当有 $\bar{X} = X_t = X_{t+1}$ 时，我们称模型处于稳态，技术的稳态值为 $\bar{\lambda} = 1$。一阶条件的稳态形式为：

$$\frac{1}{\beta} = \bar{r} + (1-\delta)$$

和

$$\bar{C} = -\frac{(1-\theta) \bar{Y}}{B\bar{H}} \tag{6.7}$$

资本市场的条件和生产函数分别为：

$$\bar{r} = \theta \bar{K}^{\theta-1} \bar{H}^{1-\theta}$$

$$\bar{Y} = \bar{K}^\theta \bar{H}^{1-\theta}$$

流量预算约束条件在稳态下为：

$$\bar{C} = \bar{Y} - \delta \bar{K}$$

将这些方程联立求解，得到：

$$\bar{H} = -\frac{(1-\theta)}{B\left(1 - \frac{\delta\theta\beta}{1-\beta(1-\delta)}\right)} \tag{6.8}$$

从第一个方程当中已经知道资本回报率，从而也能算出稳态的资本存量：

$$\bar{K} = \left[\frac{\theta\beta}{1-\beta(1-\delta)}\right]^{\frac{1}{1-\theta}} \bar{H}$$

同理也可逐一算出其他变量的稳态值。

在我们继续求解运动方程之前，有几点需要指出。B 是被抽到参加工作的居民需要工作的小时数 h_0 的函数。劳动 $\bar{H}$ 的稳态量等于 $\bar{\alpha}h_0$。我们要确定 $\bar{\alpha}$ 和 h_0 的值使得 $\bar{\alpha}h_0=\bar{H}$，其中，$\bar{H}$ 的值和第一个 Hansen 模型中的值是相同的。从第二个方程可以看出，在 $\bar{H}$ 的值与第一个 Hansen 模型的值一样的情况下，资本存量的稳态值 $\bar{K}$ 也与第一个 Hansen 模型中的资本存量的稳态值相同。那么由生产函数和预算约束可知，稳态产出 $\bar{Y}$、稳态消费 $\bar{C}$ 将与前面模型当中的稳态值相同。我们待求的是 $\bar{\alpha}$ 和 h_0 的值。方程（6.4）为：

$$\bar{H}=\frac{1}{1+\frac{A}{(1-\theta)}\left[1-\frac{\beta\delta\theta}{1-\beta(1-\delta)}\right]}$$

我们要使方程（6.8）中的 $\bar{H}$ 与上式相同。由 B 的定义可知：

$$\bar{H}=-\frac{(1-\theta)}{B\left(1-\frac{\delta\theta\beta}{1-\beta(1-\delta)}\right)}=-\frac{(1-\theta)}{\frac{A\ln(1-h_0)}{h_0}\left(1-\frac{\delta\theta\beta}{1-\beta(1-\delta)}\right)}$$

用 $\bar{H}$ 联立以上两个方程：

$$\frac{1}{1+\frac{A}{(1-\theta)}\left[1-\frac{\beta\delta\theta}{1-\beta(1-\delta)}\right]}=-\frac{(1-\theta)}{\frac{A\ln(1-h_0)}{h_0}\left(1-\frac{\delta\theta\beta}{1-\beta(1-\delta)}\right)}$$

简化记做：

$$\frac{h_0}{\ln(1-h_0)}=-\frac{\frac{A}{(1-\theta)}\left[1-\frac{\beta\delta\theta}{1-\beta(1-\delta)}\right]}{1+\frac{A}{(1-\theta)}\left[1-\frac{\beta\delta\theta}{1-\beta(1-\delta)}\right]}=G \tag{6.9}$$

其中，常量 G 由该模型的参数组成，由于这些参数的值我们在第一个 Hansen 模型中已经得出并使用过，从而可以得出 $G=-0.6665$。如图 6—3 所示，图中的两条线代表方程（6.9）的左右两边，并且两条线在 $h_0=0.583$ 点处相交，我们将在练习当中使用 $h_0=0.583$ 这个值。由在第一个 Hansen 模型中得出的 $\bar{H}=0.3335$，可得 $\bar{\alpha}=\bar{H}/h_0=0.3335/0.583=0.572$。对于这些在时期 t 工作的人，$h_t=0.583$，特定的家庭将有 57.2% 的机会在时期 t 提供劳动。表 6—3 基于模型上述 h_0 和 $\bar{\alpha}$ 的值给出了经济体所有核心变量的稳态值。

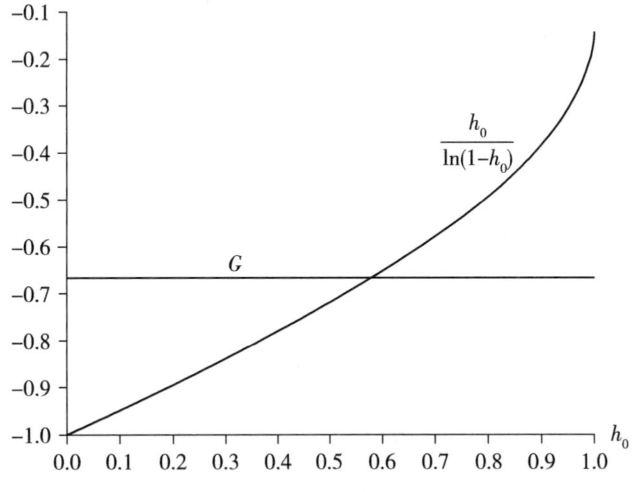

图 6—3　h_0 的确定

表 6—3　　各变量的稳态值

变量	$\bar{H}$	$\bar{K}$	$\bar{Y}$	$\bar{C}$	$\bar{w}$	$\bar{r}$
值	0.3335	12.6698	1.2353	0.9186	2.3706	0.0351

6.4.2　不可分劳动模型的对数线性形式

含有不可分劳动的 Hansen 模型的对数线性形式是：

$$0 \approx \tilde{C}_t - E_t\tilde{C}_{t+1} + \beta\bar{r}E_t\tilde{r}_{t+1}$$

$$0 \approx \tilde{C}_t + \tilde{H}_t - \tilde{Y}_t$$

$$0 \approx \bar{Y}\tilde{Y}_t - \bar{C}\tilde{C}_t + (1-\delta)\bar{K}\tilde{K}_t - \bar{K}\tilde{K}_{t+1}$$

$$0 \approx \tilde{Y}_t - \tilde{\lambda}_t - \theta\tilde{K}_t - (1-\theta)\tilde{H}_t$$

和

$$0 \approx \tilde{Y}_t - \tilde{K}_t - \tilde{r}_t$$

由于仅有一个条件（第一个）包含期望，我们能够将模型的对数线性形式写成：

$$0 = Ax_t + Bx_{t-1} + Cy_t + Dz_t$$

$$0 = E_t[Fx_{t+1} + Gx_t + Hx_{t-1} + Jy_{t+1} + Ky_t + Lz_{t+1} + Mz_t]$$

$$z_{t+1} = Nz_t + \varepsilon_{t+1} \qquad E_t(\varepsilon_{t+1}) = 0$$

其中，$x_t = [\tilde{K}_{t+1}]$，$y_t = [\tilde{Y}_t, \tilde{C}_t, \tilde{H}_t, \tilde{r}_t]$，$z_t = [\tilde{\lambda}_t]$。对于我们的模型就有：

$$A = [0 \quad -\bar{K} \quad 0 \quad 0]'$$

$$B = [0 \quad \bar{K}(1-\delta) \quad \theta \quad -1]'$$

$$C = \begin{bmatrix} 1 & -1 & -1 & 0 \\ \bar{Y} & -\bar{C} & 0 & 0 \\ -1 & 0 & (1-\theta) & 0 \\ 1 & 0 & 0 & -1 \end{bmatrix}$$

$$D = [0 \quad 0 \quad 1 \quad 0]'$$

$$F = [0],\ G = [0],\ H = [0]$$

$$J = [0 \quad -1 \quad 0 \quad \beta\bar{r}]$$

$$K = [0 \quad 1 \quad 0 \quad 0]$$

$$L = [0],\ M = [0],\ N = [\gamma]$$

和前面一样，该经济体的解是一个矩阵集 P，Q，R，S。它们共同描述了经济的均衡运动方程：

$$x_t = Px_{t-1} + Qz_t$$

和

$$y_t = Rx_{t-1} + Sz_t$$

给定 h_0 和 $\bar{\alpha}$ 的值，同上一个模型相比，只有矩阵 C 的第一行第三个元素发生了改变。用与之完全相同的方式解该模型得：

$$\tilde{K}_{t+1} = 0.9418\tilde{K}_t + 0.1552\lambda_t$$

和

$$y_t = R\tilde{K}_t + S\lambda_t$$

其中：

$$R = [0.0550,\ 0.5316,\ -0.4766,\ -0.9450]'$$

且

$$S = [1.9418,\ 0.4703,\ 1.4715,\ 1.9417]'$$

通过以上运动方程的这些系数，我们就能以之前相同的方式计算出向量 y_t 当中所有变量的标准差。表6—4 已经给出了相应的计算结果。

表6—4　　不可分劳动模型的标准差（各项与产出标准差的相对大小）

	$\tilde{Y}_t$	$\tilde{C}_t$	$\tilde{H}_t$	$\tilde{r}_t$	$\tilde{I}_t$
标准差	$6.431\sigma_\varepsilon$	$4.081\sigma_\varepsilon$	$3.444\sigma_\varepsilon$	$4.514\sigma_\varepsilon$	$15.722\sigma_\varepsilon$
产出的百分比	100%	63.46%	53.55%	70.19%	244.55%

表6—4 显示出与该模型基本形式相比，这里的劳动供给相对于产出的标准差变大了。但与数据进行比较可以看出，消费、投资甚至劳动的相对标准差仍然都太低了，当然这里的投资标准差相对于基本模型而言变得更加理想了。但是这里消费的标准差却比基本模型当中更糟糕了。由产出的标准差是 $6.431\sigma_\varepsilon=0.0176$，得 σ_ε 仅为 0.0027，可以看出，这里技术冲击的标准差 σ_ε 与其基础模型值相比，也变小了。本节的模型与其基本形式相比，放大功能①被加强了，因此，为了得到产出的标准差，本节模型所需要的技术冲击仅是劳动可分模型中的 85%。

6.5　脉冲响应函数

将模型的标准差及相关系数与相应现实数据中的标准差及相关系数加以比较是评估模型性能的一种方法。从一个层面上说，如果以上统计特征值（无论是像本章这样通过分析获得的，还是像将要学习的第 7 章那样通过模拟获得的）和经济中产生的相应值非常相近的话，我们就能够说该模型很好地描绘了这一经济体。实际上，如果某一模型在模拟经济统计数据方面做得比其他模型更好的话，那么我们就认为该模型比其他模型好。

不论是研究模型还是现实经济，评估经济动态运行特性的另一种方法是研究其脉冲响应函数。这个名称很形象：当给模型（或经济）的某随机误差项一个冲击时，该模型（或经济）会做出相应的反应，而这种反应过程正是我们所需要观察的。经济开始处在稳态上，此时经济没有随机冲击（即，随机过程都取其均值），所有的变量初值为零（因为这是一个从稳态开始的对数偏离形式的模型）。然后，给模型中我们所要研究的随机过程施加一个小的单期正向冲击，计算出经济体对这一冲击的反应过程。在对数线性形式的 Hansen 模型中，仅包含技术上的随机冲击，

$$\tilde{\lambda}_t=\gamma\tilde{\lambda}_{t-1}+\varepsilon_t \tag{6.10}$$

其中：随机冲击是 ε_t。经济遵循的时间路径由运动方程（线性政策函数）：

$$\tilde{K}_{t+1}=P\tilde{K}_t+Q\tilde{\lambda}_t \tag{6.11}$$

和

$$y_t=R\tilde{K}_t+S\tilde{\lambda}_t \tag{6.12}$$

限定，其中，$y_t=[\tilde{Y}_t,\ \tilde{C}_t,\ \tilde{H}_t,\ \tilde{r}_t]'$。将 $\gamma=0.95$ 与一个一期的技术冲击 $\varepsilon_t=0.01$ 代入

① 放大功能可以看成是模型当中重要（产出、价格等）变量的方差与冲击方差的比率。

方程（6.10）将会生成如图6—4的技术变动的时间路径。这一技术变动的时间路径将生成如图6—5中$\tilde{K}_t$和向量y_t的时间路径。通过将方程（6.11）递归运算可以找出资本的时间路径。然后利用技术变动和资本变动的时间路径，将它们代入方程（6.12）就能找出向量y_t的时间路径。以上这些时间路径就是模型对技术冲击ε_t发生一期脉冲的反应。

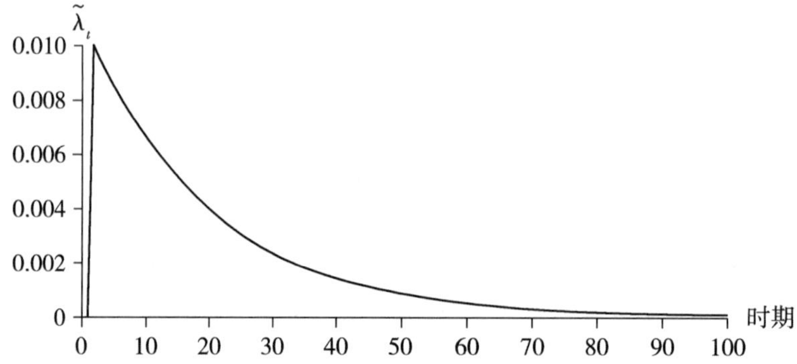

图6—4　技术对0.01脉冲的响应

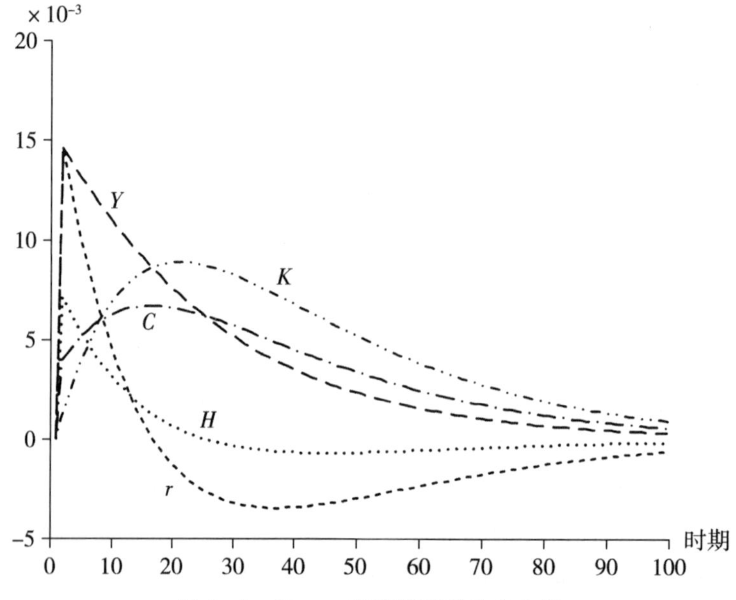

图6—5　Hansen基础模型的响应曲线

图6—6显示了含不可分劳动的Hansen模型中相应的变量对这一冲击的反应曲线。可以很清楚地看到，加进不可分劳动的Hansen模型比基本模型反应得更加强烈。

当比较两个模型对相同的脉冲的反应曲线时，有一个很有用但不很常用的方法就是将第一个模型每个变量的反应曲线与第二个模型每一对应的变量的反应曲线绘制在一起。试想一下，将图6—5和图6—6绘制在同一张三维坐标图中，在该图中它们具有相同的时间轴。图6—7展示了这个三维图形。该图中，左后方的轴是时间轴，右边的水平轴测定基础模型随时间变动其反应变动的曲线，垂直轴测定不可分劳动模型随时间变动其反应变动的曲线。现在，我们将这个三维图形进行转动，使得时间轴背对着我们，这样时间轴就会从我们的视线消失，自然我们就仅仅看到一个两维的图形。该图中，基础模型每一变量的反应曲线由横轴测定，含不可分劳动的模型中每一个相应变量的反应曲线由纵轴测定，如图6—8所示。我们能够通过观察每一变量的反应曲线与45°线（图中已经画出）的位置来比较其相对反应程度。如果一条反应曲线在45°线的上方说明在不可分劳动模型中与该反应曲线相对应变量的反应程度比可分劳动模型中强烈。如果一条反应曲线在第二或第四象限，那么相应的变量对同一脉冲的反应方向在两个模型当中将是相反的。在本例中，（从图中可以看出）所有的变量对这一脉冲的反应方向是相同的，但在不可分劳动模型当中，这些变量的反应程度比基础模型中的反应程度更加强烈。图6—8阐明了我们的观察：与基础模型相比，不可分劳动模型的所有变量对技术冲击的反应更强烈并且在这两个模型中劳动对冲击反应程度的差别最大。

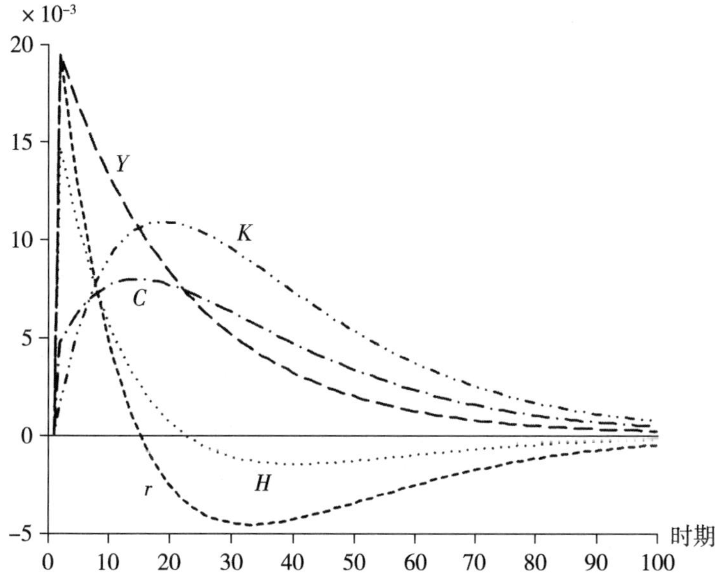

图6—6　不可分劳动 Hansen 模型的响应曲线

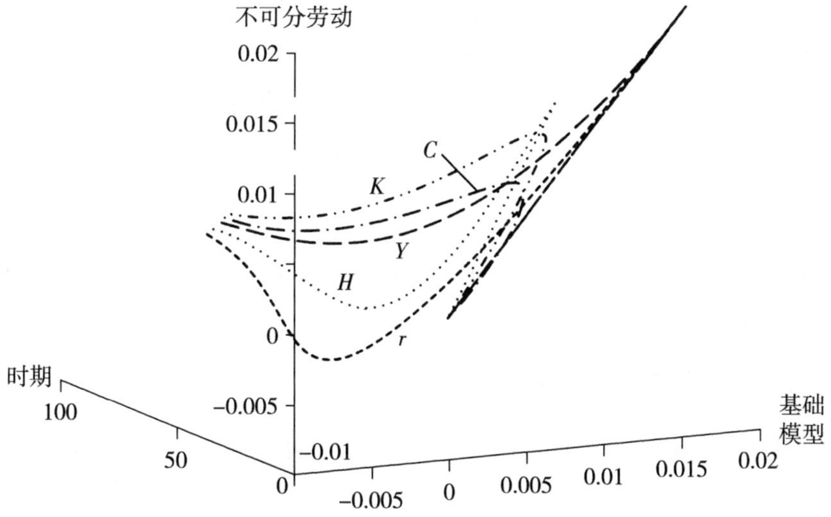

图6—7　两个 Hansen 模型的响应曲线

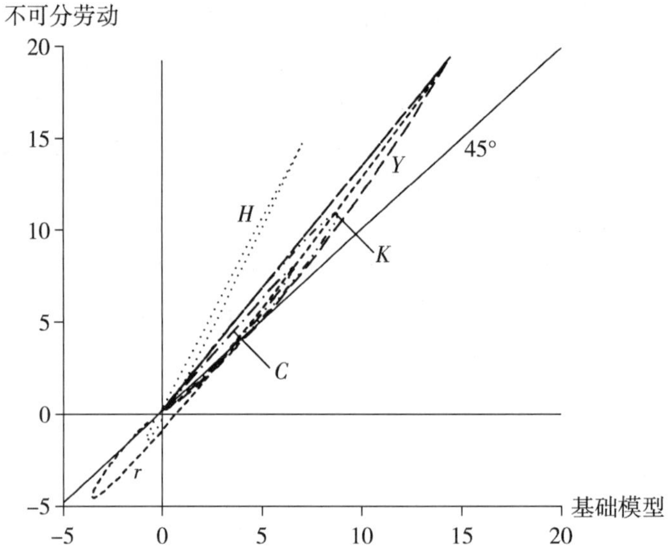

图 6—8　两个 Hansen 模型的响应程度对比

6.6　本章回顾

在基本版本的 Hansen 增长模型中加入不可分劳动这一条件后使得劳动的方差和现实数据（美国）拟合得更好了。将劳动的不可分这一条件加进基础模型有很多优点，其中让人感兴趣的一个优点是，它可以用于考虑失业问题以及政策的变化如何影响失业。将不可分劳动引入模型，带来技术方面的一个变化（效用函数中的劳动变成了线性的），及其对数线性形式的一个变化（第二个一阶条件中的劳动系数由 $1/(1-\bar{H})$ 变为 1）。这一系数的变化使得劳动对经济冲击的反应程度加强，并且增加了其与产出的相对方差。

我们本章使用模型的一阶（线性）近似来对经济动态进行模拟。如果我们认为经济十分接近稳态并且技术冲击非常小以至于小到经济受到该冲击后绝不会偏离稳态太远，那么上述一阶线性近似就是适用的。本章介绍的对数线性化技巧尽管在代数运算方面非常麻烦，但它的操作还是非常简单的。一旦找到模型的线性形式，因为只有一个方程里含有预期项，这也就意味着二次方程（关于矩阵 P 的）的解不用通过矩阵运算就能确定。在后面的章节当中我们将展示当含有预期项的方程多于一个的情况下，如何运用矩阵算法求解。

在一个理性预期的世界里，解线性差分方程的基本原理是由 Blanchard and Kahn［14］提出的。本章附录 2 是对其解法的一个解释。从文献 Uhlig［86］和 Christiano［28］中能够得到更多本章内容的扩展及其细节。

6.7　附录 1：对数线性模型的求解

在本附录中，将详细介绍如何求解对数线性形式的模型条件，模型将被分成不含期望的方程组以及包含了期望的方程组。

模型被分成的两组矩阵方程为：

$$0=Ax_t+Bx_{t-1}+Cy_t+Dz_t$$

$$0=E_t\ [Fx_{t+1}+Gx_t+Hx_{t-1}+Jy_{t+1}+Ky_t+Lz_{t+1}+Mz_t]$$

以及一个随机过程：

$$z_{t+1}=Nz_t+\varepsilon_{t+1}\quad E_t\ (\varepsilon_{t+1})\ =0$$

模型的这种分割是非常重要的，因为我们需要设法将第二个方程（即包含期望的方程）的维数保持在尽可能小的范围内。如果可能的话，还要尽量使得矩阵 C 为满秩矩阵，即 C 是可逆的。

我们求解模型需要得到如下形式的线性运动方程：

$$x_t=Px_{t-1}+Qz_t$$

$$y_t=Rx_{t-1}+Sz_t$$

现在面临的问题是解出矩阵 P，Q，R，S。我们首先将这两个运动方程代入上面的两个方程（在有些情况下可以分两次代入），每一个方程就将化为仅含两个变量 x_{t-1}，z_t 的方程。在含期望的方程中，我们需要运用随机过程将 z_{t+1} 用 $Nz_t+\varepsilon_{t+1}$ 替换。当取期望值时，$\varepsilon_{t+1}=0$（由上面 E_t（ε_{t+1}）$=0$ 得出），从而不再出现在方程当中。经过这样替换以后，这两个方程变为：

$$0=[AP+B+CR]\ x_{t-1}+[AQ+CS+D]\ z_t$$

和

$$0=[FPP+GP+H+JRP+KR]\ x_{t-1}+[FPQ+FQN+GQ+JRQ+JSN+KS+LN+M]\ z_t$$

对于任何初始条件 x_{t-1} 和任何随机冲击 z_t，这两个方程都必须等于零。由于 t 时期的随机冲击和时期 $t-1$ 的内生变量相互独立，所以这两个方程是否等于零就取决于方程中方括号内的部分是否为零。这样就可以得到方括号中的项都为零，从而就能得到关于我们正在求的四个矩阵的四个等式：

$$0=AP+B+CR$$

和

$$0=AQ+CS+D$$

这两个等式来自于第一个方程。有：

$$0=FP^2+GP+H+JRP+KR$$

和

$$0=FPQ+FQN+GQ+JRQ+JSN+KS+LN+M$$

这两个等式来自于第二个方程。

利用第一个等式将矩阵 R 表示出来：

$$R=-C^{-1}\ [AP+B]$$

通过第二个等式得到 S：

$$S=-C^{-1}\ [AQ+D]$$

将上述 R 代入第三个等式有：

$$0=FP^2+GP+H-J\ [C^{-1}\ [AP+B]]\ P-K\ [C^{-1}\ [AP+B]]$$

经过一系列的矩阵运算，该式将变成一个矩阵的二次方程

$$0=[F-JC^{-1}A]\ P^2-[JC^{-1}B-G+KC^{-1}A]\ P-KC^{-1}B+H$$

解该矩阵的二次方程就能得出 P，这样可以通过 P 和上面的等式解出 R。

再将上述的 S 代入第四个等式，并经过处理可得其最终形式为：

$$0=FPQ+FQN+GQ+JRQ-J\ [C^{-1}\ [AQ+D]]\ N-K\ [C^{-1}\ [AQ+D]]\ +LN+M$$

化简，得：

$$[(F-JC^{-1}A)Q]N+[FP+G+JR-KC^{-1}A]Q=[JC^{-1}D-L]N+KC^{-1}D-M$$

这个方程给我们提出了一个问题：我们旨在解出矩阵 Q，也就是把 Q 表达成已知矩阵的一个线性函数，但是在出现 Q 的这个方程中，我们要想运用简单直接的矩阵运算解出该矩阵是不可能的。（但由于）在该方程第一行的第一部分（左边第一项中）中，Q 是倒数第二个矩阵，在这一行的第二部分（项）中，Q 是最后一项。从而，我们可以通过下面的张量代数①（tensor algebra）定理来解矩阵 Q。

定理 6.1 规定矩阵 A，B，C 为其阶数满足积 ABC 存在的矩阵。那么：

$$\text{vec}(ABC)=(C'\otimes A)\cdot\text{vec}(B)$$

其中：符号⊗表示 Kronecker 积。

矩阵 X 的运算符 vec（X）是指如下形式的矩阵列向量化：

$$\text{vec}\left(\begin{bmatrix}a_{11} & a_{12} & a_{13}\\ a_{21} & a_{22} & a_{23}\end{bmatrix}\right)=\begin{bmatrix}a_{11}\\ a_{21}\\ a_{12}\\ a_{22}\\ a_{13}\\ a_{23}\end{bmatrix}$$

Kronecker 积被定义为（在下式中，A 是 2×2 阶矩阵；B 是 3×2 阶矩阵）：

$$A\otimes B=\begin{bmatrix}a_{11} & a_{12}\\ a_{21} & a_{22}\end{bmatrix}\otimes\begin{bmatrix}b_{11} & b_{12}\\ b_{21} & b_{22}\\ b_{31} & b_{32}\end{bmatrix}=\begin{bmatrix}a_{11}B & a_{12}B\\ a_{21}B & a_{22}B\end{bmatrix}$$

$$=\begin{bmatrix}a_{11}b_{11} & a_{11}b_{12} & a_{12}b_{11} & a_{12}b_{12}\\ a_{11}b_{21} & a_{11}b_{22} & a_{12}b_{21} & a_{12}b_{22}\\ a_{11}b_{31} & a_{11}b_{32} & a_{12}b_{31} & a_{12}b_{32}\\ a_{21}b_{11} & a_{21}b_{12} & a_{22}b_{11} & a_{22}b_{12}\\ a_{21}b_{21} & a_{21}b_{22} & a_{22}b_{21} & a_{22}b_{22}\\ a_{21}b_{31} & a_{21}b_{32} & a_{22}b_{31} & a_{22}b_{32}\end{bmatrix}$$

上面的这个定理有个非常有用的推论，该推论是指在矩阵 B 为 $n\times r$ 阶矩阵，矩阵 C 是 n 阶单位矩阵I_n 的特殊情形下，有：

推论 6.1

$$\text{vec}(AB)=(I_n\otimes A)\,\text{vec}(B)$$

该推论可以通过简单地将定理中的矩阵 C 用单位矩阵I_n 代换得到证明。

通过这一定理以及推论，我们就能将$[(F-JC^{-1}A)Q]N$ 写成：

$$\text{vec}([(F-JC^{-1}A)Q]N)=(N'\otimes(F-JC^{-1}A))\text{vec}(Q)$$

将 $[FP+G+JR-KC^{-1}A]Q$ 写成：

$$\text{vec}([FP+G+JR-KC^{-1}A]Q)=(I_k\otimes(FP+G+JR-KC^{-1}A))\,\text{vec}(Q)$$

其中：k 等于矩阵 Q 的列数。

① 该定理的陈述引自 Hamilton［47］，第 265 页。

运用这个以上结果，对于方程

$$[(F-JC^{-1}A)Q]N[FP+G+JR-KC^{-1}A]Q=[JC^{-1}D-L]N+KC^{-1}D-M$$

两边同时取 vec 运算符，就能得出关于 vec（Q）的方程：

$$(N'\otimes(F-JC^{-1}A)+I_k\otimes(FP+G+JR-KC^{-1}A))\ \mathrm{vec}(Q)=\mathrm{vec}((JC^{-1}D-L)N+KC^{-1}D-M)$$

矩阵 Q 由在 vec（Q）中分割出来的列向量组成，上式中：

$$\mathrm{vec}(Q)=(N'\otimes(F-JC^{-1}A)+I_k\otimes(FP+G+JR-KC^{-1}A))^{-1}\times\mathrm{vec}((JC^{-1}D-L)N+KC^{-1}D-M)$$

这样通过 vec（Q）我们确定了 Q，一旦 Q 被确定，矩阵 S 自然也就通过下式确定了，

$S=-C^{-1}[AQ+D]$。

6.8 附录 2：Blanchard 和 Kahn 的解法

在本书中，我们解线性动态随机一般均衡模型时运用的方法叫做待定系数法。它最初由 McCallum［60］提出，后来经 Christiano［28］进一步发展。对待定系数法最清晰的阐述应该是 Uhlig［86］，Uhlig 的方法与 Christiano 有所不同。大致说来，待定系数法就是先假设模型的解是一个线性形式，然后再找到这种线性形式解的系数。由于线性模型的解通常是线性的，从而这种解是线性形式的假设不会造成很大的偏差。

文献中求解理性预期模型的最早方法并不是待定系数法。在经济学里，最早求解这些线性理性预期模型的方法来自 Blanchard 和 Kahn［14］，他们将曾出现在工学文献（Vaughan［88］）中的方法运用到宏观经济学模型中。① Christiano 也曾使用了与 Blanchard 和 Kahn 相似的求解法来解其有关待定系数的问题。Blake 和 Fernandez-Corugedo［12］对有关于这种方法的解释更为详细。

6.8.1 一般形式

一个线性模型可以被表达成如下形式（被称做状态空间表示法）：

$$B\begin{bmatrix}x_{t+1}\\E_ty_{t+1}\end{bmatrix}=A\begin{bmatrix}x_t\\y_t\end{bmatrix}+G\varepsilon_t \tag{6.13}$$

其中，x_t 是一个由时期 t 的所有前定变量组成的（$n\times1$）维列向量，y_t 是一个由时期 t 的所有非前定变量组成的（$m\times1$）维列向量，E_ty_{t+1} 是时期 $t+1$ 的所有非前定变量的（$m\times1$）维期望向量，ε_t 是随机冲击的（$k\times1$）维向量，A 和 B 是$((n+m)\times(n+m))$阶矩阵，G 是$((n+m)\times k)$阶矩阵。前定变量和非前定变量的区别是 $t+1$ 时期的前定变量的值和 $t+1$ 时期的冲击无关，而 $t+1$ 时期的非前定变量的值则取决于该期冲击的值。这也是为什么在时期 t 我们仅仅只能考虑非前定变量在时期 $t+1$ 的期望值。而非前定变量的真实值将取决于时期 $t+1$（在时期 t 为未知）的冲击。通常对这一组方程中的矩阵 A，B 和 G 做出调整，我们使得含期望值的项放在最后（在矩阵的最后一行给出）。

如果矩阵 B 可逆，那么一阶差分方程组（6.13）就可写成：

$$\begin{bmatrix}x_{t+1}\\E_ty_{t+1}\end{bmatrix}=B^{-1}A\begin{bmatrix}x_t\\y_t\end{bmatrix}+B^{-1}G\varepsilon_t \tag{6.14}$$

矩阵 $Z=B^{-1}A$，也能被变换成 $Z=M\Lambda M^{-1}$，其中 Λ 是由 Z 矩阵的特征值组成的对角矩阵，M 为 Z 中与特征值对应的特征向量组成的矩阵。沿着 Λ 的对角线重新将特征值按从小到

① 感谢 Andrew P. Blake 和 Emilio Fernandez-Corugedo 告诉了我这里给出的结论。

大的顺序排列得到新的对角矩阵 $\bar{\Lambda}$，相应地将特征值对应的特征向量也重新排列得到矩阵 $\bar{M}$（由于做了相同的调整，所以每一个特征向量仍旧与之前同样的特征值相关）。用 Blanchard 和 Kahn 解法解出这一问题的条件是单位圆以外（表示特征值的绝对值大于 1）特征值的个数要等于期望变量的个数 m。

当期望方程的数量等于非稳定根（explosive roots）的数量（单位圆以外特征值的数量）时，我们就能将这些条件应用到均衡当中，来确保经济存在稳定解。

首先，我们只考虑模型确定的部分，并将方程（6.14）写成：

$$\begin{bmatrix} x_{t+1} \\ E_t y_{t+1} \end{bmatrix} = \bar{M}\bar{\Lambda}\bar{M}^{-1}\begin{bmatrix} x_t \\ y_t \end{bmatrix}$$

或者经过两边同左乘 $\bar{M}^{-1}$ 后为：

$$\bar{M}^{-1}\begin{bmatrix} x_{t+1} \\ E_t y_{t+1} \end{bmatrix} = \bar{\Lambda}\bar{M}^{-1}\begin{bmatrix} x_t \\ y_t \end{bmatrix} \tag{6.15}$$

将矩阵 $\bar{M}^{-1}$ 分割为：

$$\bar{M}^{-1} = \begin{bmatrix} \hat{M}_{11} & \hat{M}_{12} \\ \hat{M}_{21} & \hat{M}_{22} \end{bmatrix}$$

矩阵 $\bar{\Lambda}$ 为：

$$\bar{\Lambda} = \begin{bmatrix} \bar{\Lambda}_{11} & 0_{12} \\ 0_{21} & \bar{\Lambda}_{22} \end{bmatrix}$$

其中，$\hat{M}_{11}$ 是 $n \times n$ 阶矩阵，$\hat{M}_{12}$ 是 $n \times m$ 阶矩阵，$\hat{M}_{21}$ 是 $m \times n$ 阶矩阵，$\hat{M}_{22}$ 是 $m \times m$ 阶矩阵。0_{ij} 矩阵表示 ij 位置对应阶数的零矩阵。$\bar{\Lambda}_{11}$ 是一个对角矩阵，其对角线上包含了模型的所有稳定特征值，$\bar{\Lambda}_{22}$ 也是一个对角矩阵，其对角线上的元素包含了所有不稳定的特征值（这些值在单位圆以外）。运用这些分块矩阵，方程（6.15）就能够写成两个矩阵方程：

$$[\hat{M}_{11}x_{t+1} + \hat{M}_{12}E_t y_{t+1}] = \bar{\Lambda}_{11}\ [\hat{M}_{11}x_t + \hat{M}_{12}y_t] \tag{6.16}$$

和

$$[\hat{M}_{21}x_{t+1} + \hat{M}_{22}E_t y_{t+1}] = \bar{\Lambda}_{22}\ [\hat{M}_{21}x_t + \hat{M}_{22}y_t]$$

给定对角矩阵 $\bar{\Lambda}_{22}$ 中的元素都大于 1，一旦 $[\hat{M}_{21}x_t + \hat{M}_{22}y_t]$ 是非零，该模型就会发散。因为我们寻找的是稳定解，所以必有 $[\hat{M}_{21}x_t + \hat{M}_{22}y_t] = 0$，那么也必有 $[\hat{M}_{21}x_{t+1} + \hat{M}_{22}y_{t+1}] = 0$。由于上面这些都成立，则在每一期，非前定变量 y_t 必等于：

$$y_t = -(\hat{M}_{22})^{-1}\hat{M}_{21}x_t$$

这个方程将每一期的非前定变量表示成前定变量的一个线性函数。由于此处的模型是确定性的：

$$E_t y_{t+1} = y_{t+1} = -(\hat{M}_{22})^{-1}\hat{M}_{21}x_{t+1}$$

将这两个结果代入方程（6.16），经过代数化简可得：

$$x_{t+1} = [\hat{M}_{11} - \hat{M}_{12}(\hat{M}_{22})^{-1}\hat{M}_{21}]^{-1}\bar{\Lambda}_{11}\ [\hat{M}_{11} - \hat{M}_{12}(\hat{M}_{22})^{-1}\hat{M}_{21}]\ x_t$$

6.8.2 随机冲击

当经济中有随机冲击时，结果就会有所不同。我们仍然仅考虑矩阵 B 可逆的情形，这样我们就能将包含随机项的模型写成如下形式：

$$\begin{bmatrix} x_{t+1} \\ E_t y_{t+1} \end{bmatrix} = B^{-1}A\begin{bmatrix} x_t \\ y_t \end{bmatrix} + B^{-1}G\ [\varepsilon_t]$$

运用和前面完全相同的特征值—特征向量分解，我们得到：

$$\bar{M}^{-1}\begin{bmatrix}x_{t+1}\\E_t y_{t+1}\end{bmatrix}=\bar{\Lambda}\bar{M}^{-1}\begin{bmatrix}x_t\\y_t\end{bmatrix}+\bar{M}^{-1}B^{-1}G\ [\varepsilon_t]$$

或者：

$$\begin{bmatrix}\hat{M}_{11} & \hat{M}_{12}\\ \hat{M}_{21} & \hat{M}_{22}\end{bmatrix}\begin{bmatrix}x_{t+1}\\E_t y_{t+1}\end{bmatrix}=\begin{bmatrix}\bar{\Lambda}_{11} & 0_{12}\\ 0_{21} & \bar{\Lambda}_{22}\end{bmatrix}\begin{bmatrix}\hat{M}_{11} & \hat{M}_{12}\\ \hat{M}_{21} & \hat{M}_{22}\end{bmatrix}\begin{bmatrix}x_t\\y_t\end{bmatrix}+\begin{bmatrix}\hat{G}_1\\ \hat{G}_2\end{bmatrix}\ [\varepsilon_t]$$

其中，除了我们下面定义的分块矩阵外，其余的每一项都与前面的一样。

$$\begin{bmatrix}\hat{G}_1\\ \hat{G}_2\end{bmatrix}=\bar{M}^{-1}B^{-1}G$$

$\hat{G}_1$ 是 $k\times n$ 阶矩阵，$\hat{G}_2$ 是 $k\times m$ 阶矩阵。矩阵方程中下面的分块矩阵与单位圆以外的（发散）特征值对应，能写成：

$$\hat{M}_{21}x_{t+1}+\hat{M}_{22}E_t y_{t+1}=\bar{\Lambda}_{22}\ [\hat{M}_{21}x_t+\hat{M}_{22}y_t]\ +\hat{G}_2\ [\varepsilon_t]$$

或者，令 $\lambda_t=\hat{M}_{21}x_t+\hat{M}_{22}y_t$ 时，可以写成：

$$E_t\lambda_{t+1}=\bar{\Lambda}_{22}\lambda_t+\hat{G}_2\ [\varepsilon_t]$$

由于 $\bar{\Lambda}_{22}$ 中的每一元素都大于1，从而将这一等式前向求解（例如，见 Sargent［71］）能够得到：

$$\lambda_t=-\sum_{i=0}^{\infty}\bar{\Lambda}_{22}^{-i-1}\hat{G}_2E_t\ [\varepsilon_{t+i}]$$

给定未来冲击的期望值，那么 λ_t 的当前值就能通过上面的收敛序列求得。如果照我们通常设定模型的情形，令未来冲击的期望值是零，那么上面这个等式就可以写成：

$$\lambda_t=-\bar{\Lambda}_{22}^{-1}\hat{G}_2\ [\varepsilon_t]$$

或者，消掉 λ_t，就有：

$$y_t=-\hat{M}_{22}{}^{-1}\hat{M}_{21}x_t-\hat{M}_{22}{}^{-1}\bar{\Lambda}_{22}^{-1}\hat{G}_2\ [\varepsilon_t]$$

在这里，运用上式，可以得到 $t+1$ 时期的前定变量的值，取期望得到：

$$E_t y_{t+1}=-\hat{M}_{22}{}^{-1}\hat{M}_{21}x_{t+1}$$

运用模型（运动过程）中稳定的部分，经过一系列运算后，可得到方程：

$$x_{t+1}=[\hat{M}_{11}-\hat{M}_{12}\hat{M}_{22}{}^{-1}\hat{M}_{21}]^{-1}\bar{\Lambda}_{11}[\hat{M}_{11}-\hat{M}_{12}\hat{M}_{22}{}^{-1}\hat{M}_{21}]x_t-[\hat{M}_{11}-\hat{M}_{12}\hat{M}_{22}{}^{-1}\hat{M}_{21}]^{-1}[\bar{\Lambda}_{11}\hat{M}_{12}\hat{M}_{22}{}^{-1}\bar{\Lambda}_{22}^{-1}\hat{G}_2-\hat{G}_1][\varepsilon_t]$$

可以看出，x_t 的系数和确定情况下完全一样，有所不同的是添加了一个相当复杂的有关冲击向量的项。

6.8.3 Hansen 模型与 Blanchard-Kahn

在这里我们需要将含不可分劳动的 Hansen 模型的对数线性形式（期望变量排在最后）以状态空间的形式给出。该模型为：

$$\bar{K}\tilde{K}_{t+1}=\bar{Y}\tilde{Y}_t-\bar{C}\tilde{C}_t+\ (1-\delta)\ \bar{K}\tilde{K}_t$$

$$\tilde{\lambda}_t=\gamma\tilde{\lambda}_{t-1}+\varepsilon_t$$

$$0=\tilde{\lambda}_t-\theta\tilde{Y}_t+\theta\tilde{K}_t-\ (1-\theta)\ \tilde{C}_t$$

$$0=\tilde{K}_t+\tilde{r}_t-\tilde{Y}$$

$$E_t\tilde{C}_{t+1}-\beta\bar{r}E_t\tilde{r}_{t+1}=\tilde{C}_t$$

在此，我们通过代换消掉了 $\tilde{H}_t$，使得该模型在一定程度上比在 6.4.2 节开头的形式更加简单。将 $t+1$ 时期变量的向量形式写成：

$$\begin{bmatrix} x_{t+1} \\ E_t y_{t+1} \end{bmatrix} = \begin{bmatrix} \tilde{K}_{t+1} \\ \tilde{\lambda}_t \\ \tilde{Y}_t \\ E_t \tilde{C}_{t+1} \\ E_t \tilde{r}_{t+1} \end{bmatrix}$$

其中，$\tilde{K}_{t+1}$，$\tilde{\lambda}_t$ 和 $\tilde{Y}_t$ 是前定变量，$\tilde{C}_t$ 和 $\tilde{r}_t$ 是跳跃（非前定）变量。该模型写成状态空间的形式为：

$$B\begin{bmatrix} x_{t+1} \\ E_t y_{t+1} \end{bmatrix} = A\begin{bmatrix} x_t \\ y_t \end{bmatrix} + G\ [\varepsilon_t] \tag{6.17}$$

其中，

$$B = \begin{bmatrix} \bar{K} & 0 & -\bar{Y} & 0 & 0 \\ 0 & 1 & 0 & 0 & 0 \\ 0 & -1 & \theta & 0 & 0 \\ 0 & 0 & 1 & 0 & 0 \\ 0 & 0 & 0 & 1 & -\bar{r}\beta \end{bmatrix}$$

$$A = \begin{bmatrix} (1-\delta)\ \bar{K} & 0 & 0 & -\bar{C} & 0 \\ 0 & \gamma & 0 & 0 & 0 \\ \theta & 0 & 0 & -(1-\theta) & 0 \\ 1 & 0 & 0 & 0 & 1 \\ 0 & 0 & 0 & 1 & 0 \end{bmatrix}$$

和

$$G = \begin{bmatrix} 0 \\ 1 \\ 0 \\ 0 \\ 0 \end{bmatrix}$$

这样模型就写成与前面一样的形式了。但我们现在遇到的根本问题是在这个模型状态空间形式中，矩阵 B 是不可逆的。从而 Blanchard 和 Kahn 运用特征值的方法不能解决 Hansen 模型的这一形式。

6.8.4 广义 Schur 法

幸运的是，我们能通过分解矩阵 B 和 A 的方法来解上面（指（6.17））这一矩阵方程组。广义 Schur 分解法正是我们所需要的。我们依旧按照上面 Blanchard 和 Kahn 阐述（解方程）问题的基本逻辑进行求解，但是需要运用不同的方法来处理矩阵 B 和 A。运用 Schur 分解法有一个额外的好处就是所有通过运用 Schur 分解法得到的矩阵都是实值矩阵。而若使用上节的方法求解，则完全有可能得到复数的特征值及其对应的特征向量。虽然复数的向量对于像 Matlab 这样的计算机程序来说，一般不会有太大问题，但是它们的确让问题复杂化了。在本节中，所有的矩阵都是实值矩阵。

广义 Schur 分解法将一对方阵（B 和 A）分解成了（通常被称做 QZ 算法）矩阵 T，S，Q 和 Z，其中：

$$B = QTZ'$$

$$A = QSZ'$$

并且 Q 和 Z 有以下特性：

$QQ'=Q'Q=I=ZZ'=Z'Z$

其中，T 和 S 都是上三角矩阵。[①] 该模型矩阵方程组的特征值就由 $\lambda_{ii}=s_{ii}/t_{ii}$ 给出，其中 s_{ii} 和 t_{ii} 分别是矩阵 S 和 T 对应的对角线上的元素。我们假设，进行广义 Schur 分解的程序输出的矩阵 Q，Z，S 和 T 是已被排好顺序了的：行数越小，特征值越大[②]。

确定性模型[③]的方程（6.17）可写成：

$$QTZ'\begin{bmatrix} x_{t+1} \\ E_t y_{t+1} \end{bmatrix}=QSZ'\begin{bmatrix} x_t \\ y_t \end{bmatrix}$$

给方程两边同时左乘 Q'（这样就能消掉 Q，因为 $Q'Q=I$）并且将 Z' 写成分块矩阵的形式，上式变为：

$$\begin{bmatrix} T_{11} & T_{12} \\ 0_{21} & T_{22} \end{bmatrix}\begin{bmatrix} Z'_{11} & Z'_{12} \\ Z'_{21} & Z'_{22} \end{bmatrix}\begin{bmatrix} x_{t+1} \\ E_t y_{t+1} \end{bmatrix}=\begin{bmatrix} S_{11} & S_{12} \\ 0_{21} & S_{22} \end{bmatrix}\begin{bmatrix} Z'_{11} & Z'_{12} \\ Z'_{21} & Z'_{22} \end{bmatrix}\begin{bmatrix} x_t \\ y_t \end{bmatrix}$$

或者，只考虑含有非稳定特征值的方程就有：

$$T_{22}\ [Z'_{21}x_{t+1}+Z'_{22}E_t y_{t+1}]\ =S_{22}\ [Z'_{21}x_t+Z'_{22}y_t]$$

我们使用符号 Z'_{ij} 表示分块 Z' 矩阵的第 ij 分块。为了保证上面这个方程不会产生发散的路径，我们需要有以下条件：

$$Z'_{21}x_t+Z'_{22}y_t=0$$

为了保证这一条件始终成立，时期 t 的跳跃变量 y_t 就必须等于：

$$y_t=-(Z'_{22})^{-1}Z'_{21}x_t=-Nx_t$$

其中，我们规定 $N\equiv(Z'_{22})^{-1}Z'_{21}$。注意，这一结果的形式和最初我们求出的 Blanchard-Kahn 的特征值—特征向量形式完全相同，不同的是在这里我们使用的是经过 Schur 分解法得到的子矩阵。

将上式代回到最初的模型，模型写成：

$$\begin{bmatrix} B_{11} & B_{12} \\ B_{21} & B_{22} \end{bmatrix}\begin{bmatrix} x_{t+1} \\ -Nx_{t+1} \end{bmatrix}=\begin{bmatrix} A_{11} & A_{12} \\ A_{21} & A_{22} \end{bmatrix}\begin{bmatrix} x_t \\ -Nx_t \end{bmatrix}$$

这一矩阵等式的上半部分可以写成：

$$[B_{11}-B_{12}N]\ x_{t+1}=\ [A_{11}-A_{12}N]\ x_t$$

解这一方程可得：

$$x_{t+1}=[B_{11}-B_{12}N]^{-1}\ [A_{11}-A_{12}N]\ x_t$$

求解确定性的 Hansen 模型

在含不可分劳动的 Hansen 模型中，为了把跳跃变量表达成状态变量的线性函数，运用我们在本章得出的稳态值可以得到：

$$B=\begin{bmatrix} 12.6695 & 0 & -1.2353 & 0 & 0 \\ 0 & 1 & 0 & 0 & 0 \\ 0 & -1 & 0.36 & 0 & 0 \\ 0 & 0 & 1 & 0 & 0 \\ 0 & 0 & 0 & 1 & -0.03475 \end{bmatrix}$$

---

① 上三角矩阵对角线以下的元素都为零。例如，$A=\begin{bmatrix} a_{11} & a_{12} & a_{13} & a_{14} \\ 0 & a_{22} & a_{23} & a_{24} \\ 0 & 0 & a_{33} & a_{34} \\ 0 & 0 & 0 & a_{44} \end{bmatrix}$ 是一个上三角矩阵。

② 软件 Scilab 中的 schurg 函数自动完成这个排序，但是它将单位根放在了最底下一行。

③ 随机形式的模型随后给出。

和

$$A=\begin{bmatrix}12.353 & 0 & 0 & -0.9186 & 0\\ 0 & 0.95 & 0 & 0 & 0\\ 0.36 & 0 & 0 & -0.64 & 0\\ 1 & 0 & 0 & 0 & 1\\ 0 & 0 & 0 & 1 & 0\end{bmatrix}$$

通过矩阵 A 和 B 的广义 *Schur* 分解①，可以得到矩阵 S，T，Q，Z。其中：

$$S=\begin{bmatrix}0 & -6.0713 & 2.5534 & -5.6797 & -0.4798\\ 0 & 5.2880 & -3.3924 & 6.2982 & 0.1563\\ 0 & 0 & 0.7200 & 0.6793 & -0.0954\\ 0 & 0 & 0 & 0.9103 & 0.5953\\ 0 & 0 & 0 & 0 & 0.8228\end{bmatrix}$$

$$T=\begin{bmatrix}1.6296 & -6.5107 & 3.6395 & -6.0515 & -0.1748\\ 0 & 5.6147 & -2.9158 & 5.2866 & -0.2383\\ 0 & 0 & 0.7579 & 0.6832 & -0.9014\\ 0 & 0 & 0 & 0.8488 & 0.7907\\ 0 & 0 & 0 & 0 & 0\end{bmatrix}$$

$$Q=\begin{bmatrix}-0.758 & 0.6507 & 0.0124 & 0.0427 & 0\\ 0 & 0 & -0.6993 & 0.2034 & 0.6853\\ 0.2209 & 0.2562 & 0.624 & -0.1633 & 0.6853\\ 0.6137 & 0.7116 & -0.2093 & 0.1115 & -0.2467\\ 0 & 0.0682 & -0.2786 & -0.958 & 0\end{bmatrix}$$

和

$$Z=\begin{bmatrix}0 & 0.6779 & -0.3668 & 0.6371 & 0\\ 0 & 0 & -0.53 & -0.3051 & 0.7912\\ 1 & 0 & 0 & 0 & 0\\ 0 & 0.3604 & -0.4318 & -0.6321 & -0.533\\ 0 & -0.6407 & -0.631 & 0.3185 & -0.2998\end{bmatrix}$$

注意，S 和 T 矩阵正是所要求的上三角矩阵。通过将矩阵 S 的对角线上的元素除以矩阵 T 对角线上的对应元素可以求得该模型的特征值：

$$\text{特征值}=\begin{bmatrix}0/1.6296\\ 5.2880/5.6147\\ 0.7200/0.7579\\ 0.9103/0.8488\\ 0.8228/0\end{bmatrix}=\begin{bmatrix}0\\ 0.9418\\ 0.9500\\ 1.0725\\ \infty\end{bmatrix}$$

可以看出，在这个特征值向量中前三个元素的绝对值都小于 1，说明这三个特征值在单位圆内，代表模型的稳定根。余下的两个根都大于 1，在单位圆以外，是不稳定的。

运用这些矩阵，t 时期对于非前定变量的值就为：

$$\begin{bmatrix}\tilde{C}_t\\ \tilde{r}_t\end{bmatrix}=-N\begin{bmatrix}\tilde{K}_t\\ \tilde{\lambda}_{t-1}\\ Y_{t-1}\end{bmatrix}=\begin{bmatrix}0.5317 & 0.4468 & 0\\ -0.9452 & 1.8445 & 0\end{bmatrix}\begin{bmatrix}\tilde{K}_t\\ \tilde{\lambda}_{t-1}\\ Y_{t-1}\end{bmatrix}$$

① 有关包含矩阵排序的 Schur 分解的 Matlab 程序，见 Anderson et. al. [2]。这一程序可以在 Evan Anderson 的主页下载到，地址是：www. math. niu. edu/ ~ anderson。

对于前定变量的确定性运动方程为：

$$[B_{11}-B_{12}N]\begin{bmatrix}\tilde{K}_{t+1}\\ \tilde{\lambda}_t\\ Y_t\end{bmatrix}=[A_{11}-A_{12}N]\begin{bmatrix}\tilde{K}_t\\ \tilde{\lambda}_{t-1}\\ Y_{t-1}\end{bmatrix}$$

将模型当中的相关矩阵代入，可得：

$$\left[\begin{bmatrix}12.67 & 0 & -1.24\\ 0 & 1 & 0\\ 0 & -1 & 0.36\end{bmatrix}-\begin{bmatrix}0 & 0\\ 0 & 0\\ 0 & 0\end{bmatrix}\begin{bmatrix}-0.53 & -0.447 & 0\\ 0.945 & -1.845 & 0\end{bmatrix}\right]\begin{bmatrix}\tilde{K}_{t+1}\\ \tilde{\lambda}_t\\ Y_t\end{bmatrix}$$

$$=\left[\begin{bmatrix}12.353 & 0 & 0\\ 0 & 0.95 & 0\\ 0.36 & 0 & 0\end{bmatrix}-\begin{bmatrix}-0.919 & 0\\ 0 & 0\\ -0.64 & 0\end{bmatrix}\begin{bmatrix}-0.532 & -0.447 & 0\\ 0.9452 & -1.845 & 0\end{bmatrix}\right]\begin{bmatrix}\tilde{K}_t\\ \tilde{\lambda}_{t-1}\\ Y_{t-1}\end{bmatrix}$$

或者

$$\begin{bmatrix}\tilde{K}_{t+1}\\ \tilde{\lambda}_t\\ Y_t\end{bmatrix}=\begin{bmatrix}12.669 & 0 & -1.235\\ 0 & 1 & 0\\ 0 & -1 & 0.36\end{bmatrix}^{-1}\begin{bmatrix}11.865 & -0.410 & 0\\ 0 & 0.95 & 0\\ 0.0197 & -0.286 & 0\end{bmatrix}\begin{bmatrix}\tilde{K}_t\\ \tilde{\lambda}_{t-1}\\ Y_{t-1}\end{bmatrix}$$

$$=\begin{bmatrix}0.9418 & 0.1475 & 0\\ 0 & 0.95 & 0\\ 0.0548 & 1.8446 & 0\end{bmatrix}\begin{bmatrix}\tilde{K}_t\\ \tilde{\lambda}_{t-1}\\ Y_{t-1}\end{bmatrix}$$

包含随机项的模型

含随机冲击的模型形式为：

$$B\begin{bmatrix}x_{t+1}\\ E_t y_{t+1}\end{bmatrix}=A\begin{bmatrix}x_t\\ y_t\end{bmatrix}+G\,[\varepsilon_t]$$

运用上面已经求得的矩阵 B 和 A 的 Schur 分解形式，可得：

$$QTZ'\begin{bmatrix}x_{t+1}\\ E_t y_{t+1}\end{bmatrix}=QSZ'\begin{bmatrix}x_t\\ y_t\end{bmatrix}+G\,[\varepsilon_t]$$

再对该式两边同时左乘矩阵 Q'，得：

$$\begin{bmatrix}T_{11} & T_{12}\\ 0_{21} & T_{22}\end{bmatrix}\begin{bmatrix}Z'_{11} & Z'_{12}\\ Z'_{21} & Z'_{22}\end{bmatrix}\begin{bmatrix}x_{t+1}\\ E_t y_{t+1}\end{bmatrix}=\begin{bmatrix}S_{11} & S_{12}\\ 0_{21} & S_{22}\end{bmatrix}\begin{bmatrix}Z'_{11} & Z'_{12}\\ Z'_{21} & Z'_{22}\end{bmatrix}\begin{bmatrix}x_t\\ y_t\end{bmatrix}+\begin{bmatrix}Q'_{11} & Q'_{12}\\ Q'_{21} & Q'_{22}\end{bmatrix}\begin{bmatrix}G_1\\ G_2\end{bmatrix}[\varepsilon_t]$$

式中，这些子矩阵的顺序和前面的一样，并且发散特征值对应的子矩阵在底行。为了保证该模型是不发散的，则有：

$$0=S_{22}Z'_{21}x_t+S_{22}Z'_{22}y_t+[Q'_{21}G_1+Q'_{22}G_2]\,[\varepsilon_t]$$

或者

$$y_t=-[S_{22}Z'_{22}]^{-1}S_{22}Z'_{21}x_t-[S_{22}Z'_{22}]^{-1}[Q'_{21}G_1+Q'_{22}G_2]\,[\varepsilon_t]$$

$$=-(Z'_{22})^{-1}Z'_{21}x_t-(Z'_{22})^{-1}S_{22}^{-1}[Q'_{21}G_1+Q'_{22}G_2]\,[\varepsilon_t]$$

上面最后一行来自于 $[S_{22}Z'_{22}]^{-1}=(Z'_{22})^{-1}S_{22}^{-1}$ 的变换。为了简化符号，令 $L=(Z'_{22})^{-1}S_{22}^{-1}[Q'_{21}G_1+Q'_{22}G_2]$。那么非前定变量的解就可以写成：

$$y_t=-Nx_t-L\,[\varepsilon_t]$$

因为随机冲击的期望值被假设为零，那么非前定变量的期望就等于：

$$E_t y_{t+1}=-(Z'_{22})^{-1}Z'_{21}x_{t+1}=-Nx_{t+1}$$

这样模型就可以变为：

$$\begin{bmatrix} B_{11} & B_{12} \\ B_{21} & B_{22} \end{bmatrix} \begin{bmatrix} I \\ -N \end{bmatrix} x_{t+1} = \begin{bmatrix} A_{11} & A_{12} \\ A_{21} & A_{22} \end{bmatrix} \begin{bmatrix} x_t \\ y_t \end{bmatrix} + \begin{bmatrix} G_1 \\ G_2 \end{bmatrix} [\varepsilon_t]$$

再将 y_t 用 $-Nx_t-L[\varepsilon_t]$ 代换，可得：

$$\begin{bmatrix} B_{11} & B_{12} \\ B_{21} & B_{22} \end{bmatrix} \begin{bmatrix} I \\ -N \end{bmatrix} x_{t+1} = \begin{bmatrix} A_{11} & A_{12} \\ A_{21} & A_{22} \end{bmatrix} \begin{bmatrix} I \\ -N \end{bmatrix} x_t + \begin{bmatrix} G_1-A_{12}L \\ G_2-A_{22}L \end{bmatrix} [\varepsilon_t]$$

利用这一矩阵方程组的稳定部分（分块矩阵的上半部分）可得：

$$[B_{11}-B_{12}N]\ x_{t+1} = [A_{11}-A_{12}N]\ x_t + [G_1-A_{12}L]\ [\varepsilon_t]$$

或

$$\begin{aligned} x_{t+1} &= [B_{11}-B_{12}N]^{-1}\ [A_{11}-A_{12}N]\ x_t + [B_{11}-B_{12}N]^{-1}\ [G_1-A_{12}L]\ [\varepsilon_t] \\ &= Cx_t + D\ [\varepsilon_t] \end{aligned}$$

其中，$C=[B_{11}-B_{12}N]^{-1}\ [A_{11}-A_{12}N]$，$D=[B_{11}-B_{12}N]^{-1}\ [G_1-A_{12}L]$。这就是此问题的稳定解：将前定变量表达为随机冲击和前定变量前一期值的函数。

求解随机 Hansen 模型

我们正在找这样两个方程，第一个方程给出了 t 时期非前定变量的值作为 t 时期的前定变量和冲击的函数，即这样一个方程：

$$y_t = -Nx_t - L\ [\varepsilon_t]$$

第二个方程给出了 $t+1$ 时期前定变量的值作为 t 时期前定变量和冲击的函数。即这样一个方程：

$$x_{t+1} = Cx_t + D\ [\varepsilon_t]$$

运用上节的结论来求解 Hansen 模型的这一特定形式得出 $N=(Z'_{22})^{-1}Z'_{21}$，这与该模型确定解中的 N 相同：

$$N=\begin{bmatrix} -0.5317 & -0.4468 & 0 \\ 0.9452 & -1.8445 & 0 \end{bmatrix}$$

并且 $L=(Z'_{22})^{-1}S_{22}^{-1}\ [Q'_{21}G_1+Q'_{22}G_2]$ 为：

$$L=\begin{bmatrix} -0.4704 \\ -1.9416 \end{bmatrix}$$

$C=[B_{11}-B_{12}N]^{-1}\ [A_{11}-A_{12}N]$ 的值和该模型确定形式中 C 的值相同：

$$C=\begin{bmatrix} 0.9418 & 0.1474 & 0 \\ 0 & 0.95 & 0 \\ 0.0548 & 1.8445 & 0 \end{bmatrix}$$

从 $D=[B_{11}-B_{12}N]^{-1}\ [G_1-A_{12}L]$ 这一结果可知：

$$D=\begin{bmatrix} 0.1552 \\ 1 \\ 1.9416 \end{bmatrix}$$

我们还可以将模型写成：

$$\begin{bmatrix} x_{t+1} \\ y_t \end{bmatrix} = \hat{R}x_t + \hat{S}\varepsilon_t$$

其中，

$$\hat{R}=\begin{bmatrix}0.9418 & 0.1474\\ 0 & 0.95\\ 0.0548 & 1.8445\\ 0.5317 & 0.4468\\ -0.9452 & 1.8445\end{bmatrix}$$

$$\hat{S}=\begin{bmatrix}0.1552\\ 1\\ 1.9416\\ 0.4704\\ 1.9416\end{bmatrix}$$

将其与以下 Uhlig 方法得出的结果进行比较。前面 Uhlig 方法得出：

$$\tilde{K}_{t+1}=0.9418\tilde{K}_t+0.1552\lambda_t$$

且对于 $y_t=[\tilde{Y}_t, \tilde{C}_t, \tilde{H}_t, \tilde{r}_t]'$，有：

$$y_t=R\tilde{K}_t+S\lambda_t,$$

其中，

$$R=\begin{bmatrix}0.0550\\ 0.5316\\ -0.4766\\ -0.9450\end{bmatrix}$$

$$S=\begin{bmatrix}1.9418\\ 0.4703\\ 1.4715\\ 1.9417\end{bmatrix}$$

可以看出，对于所有的共享变量，$\tilde{K}_t$ 的系数是相同的。$\hat{S}$ 中的共享变量的系数和 S 中共享变量的系数相同。考虑到技术随机冲击过程中系数 γ 的值（0.95），相应地，$\hat{R}$ 中的 λ_{t-1} 的系数值是其对应的 $\hat{S}$ 中的系数值的 0.95 倍。

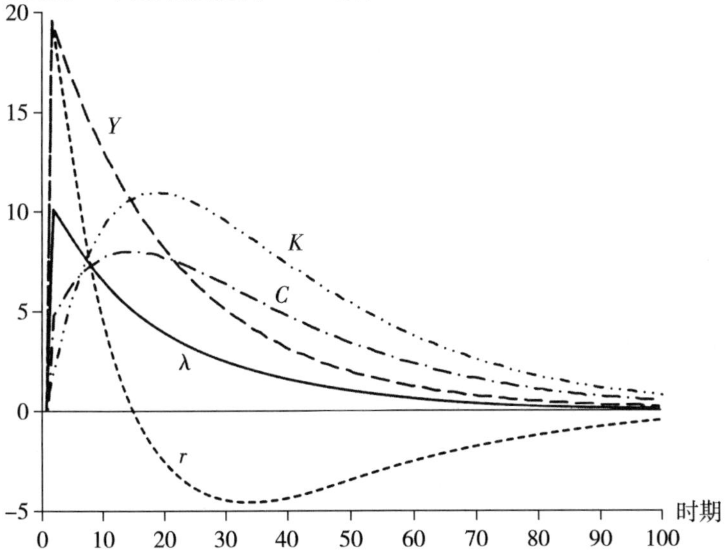

图 6—9　运用 Schur 解得到的 Hansen 模型的脉冲响应图

图6—9展示了技术冲击为0.01的脉冲响应函数。对比这些脉冲响应与用Uhlig法得出模型的脉冲响应（图6—6），可以很自然地看出，共享变量的脉冲响应完全相同。

6.9 Matlab 代码

在这里提供了三组程序。第一组程序是用来解只有一个状态变量的线性模型的基本程序。给出的例子适用于基本Hansen模型，但只要改变一下相应矩阵，就可以用于求解不可分劳动的Hansen模型。第二组程序是用来计算由运动方程产生的模型方差的程序。第三组程序是一个函数，它是一个用Blanchard和Kahn的方法来解一个线性模型的状态空间形式的函数，这一程序也是非常一般的。

6.9.1 解基础 Hansen 模型

下面的代码是解基本Hansen模型用的。它与解含不可分劳动的Hansen模型的程序是相似的。由于二次方程是一个标量，所以其解不需要用到矩阵技术。其中变量名：kbar = $\bar{K}$。为了找到线性政策函数，我们需要找出二次方程的稳定根（这些根的值小于1）。

```
% stationary state values are found in another program
A=[0 - kbar 0 0]';
B=[0(1-delta) * kbar theta -1]';
C=[1 -1 -1/(1-hbar)0
   ybar - cbar 0 0
   -1 0 1-theta 0
   1 0 0 -1];
D=[0 0 1 0]';
F=[0];
G=F;
H=F;
J=[0 -1 0 beta * rbar];
K=[0 1 0 0];
L=F;
M=F;
N=[.95]
Cinv=inv(C);
a=F-J * Cinv * A;
b=-(J * Cinv * B-G+K * Cinv * A);
c=-K * Cinv * B+H;
P1=(-b+sqrt(b^2-4 * a * c))/(2 * a);
P2=(-b-sqrt(b^2-4 * a * c))/(2 * a);
If abs(P1)<1
P=P1;
else
P=P2;
```

```
end
R=-Cinv * (A * B+B);
Q=(J * Cinv * D-L) * N+K * Cinv * D-M;
QD=kron(N',(F-J * Cinv * A))+(J * R+F * P+G-K * Cinv * A);
Q=Q/QD;
S=-Cinv * (A * Q+D);
```

6.9.2 方差的逼近

下面的程序代码，给出了一个关于计算运动方程的相对方差的函数。

```
%function to approximate the ratio of the variance of a jump
%variable in the Hansen model to the variance of the shock
%to the technology process. The iteration limit is 1 000.
function vr=varratio(a,b,c,d,roe,tol)
vr=0;
for i=1:1 000
   shortsum=0;
   if i==1
       shortsum=1;
   else
       for j=1:(i+1)
           shortsum=shortsum+a^(j-1) * roe^(i+1-j);
       end
   end
   increment=c * b * shortsum+d * roe^i;
   vr=vr+increment * increment;
   if abs(increment)<tol
       'tol achieved'
       increment
           i
           break
        end
end
vr=vr+d * d;
```

6.9.3 附录2的代码

以下是在已知 A，B，G 矩阵和含 nx 个期望变量的情况下，求 N，L，C，D 矩阵的程序代码。用来求解 Schur 分解式的函数 Schurg 来自 Anderson 程序①。下面的程序获取了 Anderson 程序的输出结果，然后构建了对应的解矩阵。

```
Function [N,L,C,D,alphabeta]=modelschur(A,B,G,nx)
```

① 该程序下载网址：www. math. niu. edu/ ~ anderson。

```
% This program solves a model of the form
% [ xt+1 ] [xt]
% B[ ] = A[ ]+G[et]
% [Etyt+1] [yt]
% using a Schur decomposition of the matrices B and A
% nx is the number of expecational variables in Etyt+1
% if plotcode = 1, impulse response is plotted
% solution is yt = -N xt - L et
% and xt+1 = C xt + D et
[Z,TT,SS,alpha,beta,info,Q] = schurg(B,A);
Alphabeta = [alpha beta];
Zp = Z';
Qp = Q';
[a,b] = size(Z);
N = inv(Zp(a-nx+1:a,a-nx+1:a)) * Zp(a-nx+1:a,1:a-nx);
L = inv(Zp(a-nx+1:a,a-nx+1:a)) * inv(SS(a-nx+1:a,a-nx+1:a));
L = L * (Qp(a-nx+1:a,1:a-nx) * G(1:a-nx,1)+Qp(a-nx+1:a,a-nx+1:a)
 * G(a-nx+1:a,1));
invBBN = inv(B(1:a-nx,1:a-nx)-B(1:a-nx,a-nx+1:a) * N);
C = invBBN * (A(1:a-nx,1:a-nx)-A(1:a-nx,a-nx+1:a) * N);
D = invBBN * (G(1:a-nx,1)-A(1:a-nx,a-nx+1:a) * L);
```

第7章

线性二次动态规划

在上一章里，我们解出了 Hansen 模型的一阶条件，然后使用对数线性法将模型从一般形式转化为其线性近似。其中的一阶条件来自于非线性的动态优化问题，所以需要被线性化。

在本章，我们将介绍求解模型的另一种方法。在此，我们首先做无穷期动态优化问题目标函数的二次逼近，接着在线性预算约束下，求解其政策函数，这个政策函数是一个关于状态变量的线性函数，它给出了控制变量的最优值。注意，在这里建模者将面临两个问题：一是预算约束必须是线性（一次的）的；二是目标函数必须是二次的。通过适当的变量变换和（或）将所有的非线性预算约束代入目标函数，初始（非线性）预算约束常常就能转换成线性的。

由于我们关注的是模型的动态过程，因此我们需要将目标函数至少近似成二次的。目标函数的一次（线性）近似会使得一阶条件成为常数，这就无法得到令人满意的动态过程了。对目标函数的更高阶近似在获得动态过程方面效果更好，但解起来会比较复杂。

我们要找的贴现二次目标函数的形式如下：

$$\sum_{t=0}^{\infty}\beta^{t}[x'_{t}Rx_{t}+y'_{t}Qy_{t}+2y'_{t}Wx_{t}] \tag{7.1}$$

受约束于线性约束条件：

$$x_{t+1}=Ax_{t}+By_{t}$$

其中，x_t 是 $n\times1$ 阶状态变量的向量，y_t 是 $m\times1$ 阶控制变量的向量，R 和 A 是 $n\times n$ 阶矩阵，Q 是 $m\times m$ 阶矩阵，W 是 $m\times n$ 阶矩阵，B 是 $n\times m$ 阶矩阵。

解目标函数的二次近似最常用的方法是二阶 Taylor 展开。

7.1 目标函数的 Taylor 近似

Brook Taylor（1685—1731）提出了著名的 Taylor 定理来用多项式逼近连续可微的函数。Taylor 定理的内容如下：

假设 f 是一个定义域 D 为 R^p 和值域为 R 的函数，对于连接定义域 D 内 u、v 两点得到的线段上的所有点，在其邻域内，函数 f 都有 n 阶连续偏导数。那么，这个线段上就存在点 $\bar{u}$ 使得：

$$f(v)=f(u)+\frac{1}{1!}Df(u)(v-u)+\frac{1}{2!}D^2f(u)(v-u)^2$$
$$+\cdots+\frac{1}{(n-1)!}D^{n-1}f(u)(v-u)^{n-1}+\frac{1}{n!}D^nf(\tilde{u})(v-u)^n$$

由于该多项式的误差项：

$$\frac{1}{n!}D^nf(\tilde{u})(v-u)^n$$

在（$v-u$）非常小时会随着 n 的增大急剧减小，因此通常仅用该多项式的一阶或者二阶展开（取到二次）来近似靠近已知点的函数值。

我们所用到的已知点就是稳态，和前面章节一样，我们要运用 Euler 方程来对其进行计算。注意，我们所需要的是稳态下目标函数的值。为了得到该值，我们需要找到状态变量和控制变量在稳态下的值，然后将这些值代入目标函数。另外，我们（还需要）求出目标函数的一阶和二阶导数式，再将上面找出的状态变量和控制变量的值代入这些导数式中求出一阶和二阶导数的值。例如，如果效用函数的贴现式为：

$$\sum_{t=0}^{\infty}\beta^t u(c_t,\ h_t)\ =\ \sum_{t=0}^{\infty}\beta^t[\ln c_t + A\ln(1-h_t)]$$

目标函数是：

$$\ln c_t+A\ln(1-h_t)$$

目标函数的一阶导数是向量：

$$\left[\frac{1}{c_t}-\frac{A}{1-h_t}\right]$$

目标函数的二阶导数是矩阵：

$$\begin{bmatrix}-\frac{1}{c_t^2} & 0\\ 0 & \frac{A}{(1-h_t)^2}\end{bmatrix}$$

令稳态下该目标函数及其一阶导数及二阶导数中 c_t 和 h_t 分别为 $\bar{c}$ 和 $\bar{h}$，那么由 Taylor 展开式我们就可以得出目标函数的近似为：

$$u(c_t,\ h_t)\approx\ln\bar{c}+A\ln(1-\bar{h})+\left[\frac{1}{\bar{c}}-\frac{A}{1-\bar{h}}\right]\begin{bmatrix}c_t-\bar{c}\\ h_t-\bar{h}\end{bmatrix}$$
$$+\frac{1}{2}[c_t-\bar{c}\quad h_t-\bar{h}]\begin{bmatrix}-\frac{1}{\bar{c}^2} & 0\\ 0 & \frac{A}{(1-\bar{h})^2}\end{bmatrix}\begin{bmatrix}c_t-\bar{c}\\ h_t-\bar{h}\end{bmatrix}$$

注意，Taylor 展开式中有一项（和二阶导数相连的）是控制变量的矩阵。它在方程（7.1）中，是目标函数二次形式中矩阵 S 的一部分。然而，仍有些问题比较麻烦。Taylor 展开式中其余的部分：常数项 $\ln\bar{c}+A\ln(1-\bar{h})$，以及一次项

$$\left[\frac{1}{\bar{c}}-\frac{A}{1-\bar{h}}\right]\begin{bmatrix}c_t-\bar{c}\\ h_t-\bar{h}\end{bmatrix}$$

都是常数。我们需要找到可以将这两项都包含在目标函数二次型中的方法，从而能通过线性动态规划技术求解模型。

7.2 Kydland 和 Prescott 解法

Kydland 和 Prescott［52］将二阶 Taylor 级数近似作为其模型的贴现二次目标函数。为了阐明他们采用的技术（包括处理 Taylor 级数的常数项和一次项），我们选取了第 6 章讨论过的 Hansen 模型。①

这一模型的一般形式是最大化：

$$\sum_{t=0}^{\infty}\beta^t F(x_t,\ y_t)$$

受到预算约束：

$$x_{t+1}=G\ (x_t,\ y_t)\ =Ax_t+By_t$$

其中，x_t 是时期 t 的状态变量，y_t 是时期 t 的控制变量。在这里，我们假设预算约束 $G\ (x_t,\ y_t)$是线性的，或者通过将所有的非线性预算约束代入目标函数 $F\ (x_t,\ y_t)$ 将预算约束转化成线性的。

函数 $F\ (x_t,\ y_t)$ 的二阶 Taylor 展开式是：

$$F\ (x_t,\ y_t)\ \approx F\ (\bar{x},\ \bar{y})\ +\left[F_x\ (\bar{x},\ \bar{y})'\quad F_y\ (\bar{x},\ \bar{y})'\right]\begin{bmatrix}x_t-\bar{x}\\ y_t-\bar{y}\end{bmatrix}$$
$$+\left[\ (x_t-\bar{x})'\ (y_t-\bar{y})'\right]\begin{bmatrix}\dfrac{F_{xx}\ (\bar{x},\ \bar{y})}{2} & \dfrac{F_{xy}\ (\bar{x},\ \bar{y})}{2}\\ \dfrac{F_{yx}\ (\bar{x},\ \bar{y})}{2} & \dfrac{F_{yy}\ (\bar{x},\ \bar{y})}{2}\end{bmatrix}\begin{bmatrix}x_t-\bar{x}\\ y_t-\bar{y}\end{bmatrix}$$

为了能将该 Taylor 展开式写成二次形式，我们要定义向量 z_t 为：

$$z_t=\begin{bmatrix}1\\ x_t\\ y_t\end{bmatrix}$$

并且其在稳态时的值为：

$$\bar{z}=\begin{bmatrix}1\\ \bar{x}\\ \bar{y}\end{bmatrix}$$

由于向量 x_t 是一个 k 维向量，y_t 是一个 l 维向量，z_t 是一个 $1+k+l$ 维向量，考虑一个 $(1+k+l)\times\ (1+k+l)$ 阶矩阵：

$$M=\begin{bmatrix}m_{11} & m_{12} & m_{13}\\ m_{21} & m_{22} & m_{23}\\ m_{31} & m_{32} & m_{33}\end{bmatrix}$$

其中，m_{11}是 1×1 阶矩阵，m_{22}是 $k\times k$ 阶矩阵，m_{33}是 $l\times l$ 阶矩阵，其余的矩阵在其相应的位置上恰好使得矩阵 M 为方阵，从而乘积为：

$$z_t'Mz_t=m_{11}+\ (m_{12}+m_{21}')\ x_t+\ (m_{13}+m_{31}')\ y_t+x_t'm_{22}x_t+x_t'\ (m_{23}+m_{32}')\ y_t+y_t'm_{33}y_t \tag{7.2}$$

注意，在方程（7.2）中除了二次项以外，还有一个常数项、两个一次项。令：

$$m_{11}=F\ (\bar{x},\ \bar{y})\ -\bar{x}'F_x\ (\bar{x},\ \bar{y})\ -\bar{y}'F_y\ (\bar{x},\ \bar{y})\ +\frac{\bar{x}'F_{xx}\ (\bar{x},\ \bar{y})\ \bar{x}}{2}+\bar{x}'F_{xy}\ (\bar{x},\ \bar{y})\ \bar{y}+\frac{\bar{y}'F_{yy}\ (\bar{x},\ \bar{y})\ \bar{y}}{2}$$

① Kydland 和 Prescott 采用的实际模型是相当复杂的。不过使用 Hansen 模型讨论他们的方法比较方便。

即 Taylor 展开式中所有的常数项都包含在 m_{11} 中。再令：

$$m_{12}=m_{21}'=\frac{F_x(\bar{x},\ \bar{y})'-\bar{x}'F_{xx}(\bar{x},\ \bar{y})-\bar{y}'F_{yx}(\bar{x},\ \bar{y})}{2}$$

和

$$m_{13}=m_{31}'=\frac{F_y(\bar{x},\ \bar{y})'-\bar{x}'F_{xy}(\bar{x},\ \bar{y})-\bar{y}'F_{yy}(\bar{x},\ \bar{y})}{2}$$

这样，Taylor 展开式中所有的一次项都包含在矩阵 M 中，并且矩阵 M 也变成对称矩阵。Taylor 展开式中的二次项能通过下列各式得出：

$$m_{22}=\frac{F_{xx}(\bar{x},\ \bar{y})}{2}$$

$$m_{23}=m'_{32}=\frac{F_{xy}(\bar{x},\ \bar{y})}{2}$$

和

$$m_{33}=\frac{F_{yy}(\bar{x},\ \bar{y})}{2}$$

这样一来，我们建立了一个对称矩阵 M 并且给出了完整的二次 Taylor 展开式 z'_tMz_t。从而解决了二次贴现动态规划的问题，

$$\sum_{t=0}^{\infty}\beta^t z'_t M z_t$$

其中，$z'_t=[1\quad x_t\quad y_t]$，服从预算约束：

$$\begin{bmatrix}1\\x_{t+1}\end{bmatrix}=A\begin{bmatrix}1\\x_t\end{bmatrix}+By_t$$

7.2.1 经济体举例

在这个例子中，待解模型为：

$$\sum_{t=0}^{\infty}\beta^t u(c_t,\ h_t)$$

其预算约束为：

$$c_t=f(k_t,\ h_t)+(1-\delta)k_t-k_{t+1}$$

这一预算约束是非线性的，给定其所用的生产函数是 Cobb-Douglas 生产函数，将该预算约束代入效用函数可以得到如下最大化问题：

$$\sum_{t=0}^{\infty}\beta^t u(f(k_t,\ h_t)+(1-\delta)k_t-k_{t+1},\ h_t)$$

其中，在该模型的确定形式中，k_t 是状态变量，h_t 和 k_{t+1} 是控制变量。线性预算约束可以简化为：

$$k_{t+1}=k_{t+1}$$

其中，该式右边的 k_{t+1} 是时期 t 的一个控制变量，左边的 k_{t+1} 是时期 $t+1$ 的一个状态变量。

令函数 $u(c_t,\ h_t)$ 的函数形式为：

$$u(c_t,\ h_t)=\ln c_t+A\ln(1-h_t)$$

或者，将预算约束代入，得到下式：

$$u(k_t,\ k_{t+1},\ h_t)=\ln(f(k_t,\ h_t)+(1-\delta)k_t-k_{t+1})+A\ln(1-h_t)$$

其中，k_t 是时期 t 的状态变量，k_{t+1} 和 h_t 是该时期的控制变量。生产函数 $f(k_t,\ h_t)$ 是 Cobb-Douglas 生产函数，则：

$$f(k_t, h_t) = k_t^{\theta} h_t^{1-\theta}$$

目标函数的二阶 Taylor 展开式为：

$$\begin{aligned} u(k_t, k_{t+1}, h_t) \approx & \ln(f(\bar{k}, \bar{h}) - \delta\bar{k}) + A\ln(1-\bar{h}) \\ & + \frac{1}{\bar{c}}\left[\theta\frac{\bar{y}}{\bar{k}} + (1-\delta)\right](k_t - \bar{k}) - \frac{1}{\bar{c}}(k_{t+1} - \bar{k}) \\ & + \left[(1-\theta)\frac{1}{\bar{c}}\frac{\bar{y}}{\bar{h}} - \frac{A}{1-\bar{h}}\right](h_t - \bar{h}) \\ & + \begin{bmatrix} (k_t - \bar{k}) \\ (k_{t+1} - \bar{k}) \\ (h_t - \bar{h}) \end{bmatrix}' \begin{bmatrix} a_{11} & a_{12} & a_{13} \\ a_{21} & a_{22} & a_{23} \\ a_{31} & a_{32} & a_{33} \end{bmatrix} \begin{bmatrix} (k_t - \bar{k}) \\ (k_{t+1} - \bar{k}) \\ (h_t - \bar{h}) \end{bmatrix} \end{aligned}$$

其中，矩阵的常数项元素为：

$$a_{11} = -\frac{1}{2\bar{c}^2}\left[\theta\frac{\bar{y}}{\bar{k}} + (1-\delta)\right]^2 - \frac{1}{2\bar{c}}\theta(1-\theta)\frac{\bar{y}}{\bar{k}^2}$$

$$a_{12} = a_{21} = \frac{1}{2\bar{c}^2}\left[\theta\frac{\bar{y}}{\bar{k}} + (1-\delta)\right]$$

$$a_{13} = a_{31} = -\frac{1}{2\bar{c}^2}\left[\theta\frac{\bar{y}}{\bar{k}} + (1-\delta)\right](1-\theta)\frac{\bar{y}}{\bar{h}} + \frac{1}{2\bar{c}}\theta(1-\theta)\frac{\bar{y}}{\bar{k}\,\bar{h}}$$

$$a_{22} = -\frac{1}{2\bar{c}^2}$$

$$a_{23} = a_{32} = \frac{1}{2\bar{c}^2}(1-\theta)\frac{\bar{y}}{\bar{h}}$$

$$a_{33} = -\frac{1}{2\bar{c}^2}\left[(1-\theta)\frac{\bar{y}}{\bar{h}}\right]^2 - \frac{1}{2\bar{c}}\theta(1-\theta)\frac{\bar{y}}{\bar{h}^2} - \frac{A}{2(1-\bar{h})^2}$$

为了解出矩阵 M，我们首先要定义四元素向量 z_t 为 $z_t = [1 \quad k_t \quad k_{t+1} \quad h_t]'$，4×4 阶矩阵 M 为

$$M = \begin{bmatrix} m_{11} & m_{12} & m_{13} & m_{14} \\ m_{21} & a_{11} & a_{12} & a_{13} \\ m_{31} & a_{21} & a_{22} & a_{23} \\ m_{41} & a_{31} & a_{32} & a_{33} \end{bmatrix}$$

其中，元素 a_{ij} 的下标与目标函数的二阶 Taylor 展开式一致，并且有：

$$\begin{aligned} m_{11} = & \ln(f(\bar{k}, \bar{h}) - \delta\bar{k}) + A\ln(1-\bar{h}) \\ & - \frac{1}{\bar{c}}\left[\theta\frac{\bar{y}}{\bar{k}} + (1-\delta) - 1\right]\bar{k} - \left[(1-\theta)\frac{1}{\bar{c}}\frac{\bar{y}}{\bar{h}} - \frac{A}{1-\bar{h}}\right]\bar{h} \\ & + \begin{bmatrix} \bar{k} \\ \bar{k} \\ \bar{h} \end{bmatrix}' \begin{bmatrix} a_{11} & a_{12} & a_{13} \\ a_{21} & a_{22} & a_{23} \\ a_{31} & a_{32} & a_{33} \end{bmatrix} \begin{bmatrix} \bar{k} \\ \bar{k} \\ \bar{h} \end{bmatrix} \end{aligned}$$

$$m_{12} = m_{21} = \frac{1}{\bar{c}}\left[\theta\frac{\bar{y}}{\bar{k}} + (1-\delta)\right] - [\bar{k} \quad \bar{k} \quad \bar{h}]\begin{bmatrix} a_{11} \\ a_{21} \\ a_{31} \end{bmatrix}$$

$$m_{13} = m_{31} = -\frac{1}{\bar{c}} - [\bar{k} \quad \bar{k} \quad \bar{h}]\begin{bmatrix} a_{12} \\ a_{22} \\ a_{32} \end{bmatrix}$$

和

$$m_{14}=m_{41}=\left[(1-\theta)\ \frac{1}{\bar{c}}\ \frac{\bar{y}}{\bar{h}}-\frac{A}{1-\bar{h}}\right]-[\bar{k}\quad \bar{k}\quad \bar{h}]\begin{bmatrix}a_{13}\\a_{23}\\a_{33}\end{bmatrix}$$

则待解模型就是要最大化：

$$\sum_{t=0}^{\infty}\beta^{t}z'_{t}Mz_{t}$$

其满足的预算约束为：

$$\begin{bmatrix}1\\k_{t+1}\end{bmatrix}=A\begin{bmatrix}1\\k_{t}\end{bmatrix}+B\begin{bmatrix}k_{t+1}\\h_{t}\end{bmatrix}$$

对于这一特定问题，有：

$$A=\begin{bmatrix}1&0\\0&0\end{bmatrix}\text{和}B=\begin{bmatrix}0&0\\1&0\end{bmatrix}$$

注意，矩阵 A 和 B 的第一行和 x_t 向量第一行元素为 1 意味着向量 x_{t+1} 的第一行元素也为 1。在我们解这一特定问题之前，需要介绍一下一般贴现线性二次动态规划模型的解法。

7.2.2 解 Bellman 方程

令向量

$$z_t\equiv\begin{bmatrix}x_t\\y_t\end{bmatrix}$$

为了保证和上面的表达一致，令向量 x_t 的第一个元素恒等于 1。考虑更加一般的贴现最优化问题，即最大化：

$$\sum_{t=0}^{\infty}\beta^{t}z'_{t}Mz_{t}$$

其满足线性预算约束：

$$x_{t+1}=Ax_t+By_t$$

为了保证向量 x_t 的第一个元素恒等于 1，要求矩阵 A 中第一行的第一个元素为 1，该行的其他元素都为 0，并且矩阵 B 中第一行的所有元素都为 0。只有这样，矩阵相乘后才能保证向量 x_{t+1} 的第一个元素恒等于 1。

目标函数的矩阵二次型为：

$$z'_{t}Mz_{t}=[x'_{t}\quad y'_{t}]\begin{bmatrix}R&W'\\W&Q\end{bmatrix}\begin{bmatrix}x_t\\y_t\end{bmatrix}$$

其中，x_t 是 n 维列向量，y_t 是 m 维列向量，从而 z_t 是（$n+m$）维列向量。R 是 $n\times n$ 阶矩阵，Q 是 $m\times m$ 阶矩阵，W 是 $m\times n$ 阶矩阵。R 和 Q 是半正定对称矩阵。因为 $x'_{t}W'y_{t}=y'_{t}Wx_{t}$，① 这一目标函数就可以写成：

$$x'_{t}Rx_{t}+y'_{t}Qy_{t}+2y'_{t}Wx_{t} \tag{7.3}$$

我们现在要找的是该模型的值函数，表达这一值函数要用到一个待定矩阵 P（该矩阵为正值的、对称的、半正定的）。给定状态变量 x_t，$x'_{t}Px_{t}$ 就是最大化了的贴现最优问题的值。如果这一矩阵 P 存在，Bellman 方程将是：

① 根据矩阵转置法则 $(ABC)'=C'B'A'$。乘积的结果为一个数值，其转置亦是其本身。

$$x'_t P x_t = \max_{y_t} \left[z'_t M z_t + \beta x'_{t+1} P x_{t+1} \right]$$

服从线性预算约束：

$$x_{t+1} = A x_t + B y_t$$

将方程（7.3）中目标函数的形式和这一预算约束代入 Bellman 方程，可得：

$$x'_t P x_t = \max_{y_t} [x'_t R x_t + y'_t Q y_t + 2y'_t W x_t + \beta (A x_t + B y_t)' P (A x_t + B y_t)]$$

其一阶条件①为：

$$[Q + \beta B' P B] y_t = -[W + \beta B' P A] x_t$$

通过这一式子可以得出政策函数（矩阵）F，且：

$$y_t = F x_t = -[Q + \beta B' P B)^{-1} [W + \beta B' P A] x_t \tag{7.4}$$

在此，矩阵 P 仍然未能确定。将上面这一政策函数代入 Bellman 方程，将 Bellman 方程中的 y_t 消掉，再经过大量的矩阵运算，我们能够得到表达式：

$$P = R + \beta A' P A - (\beta A' P B + W') [Q + \beta B' P B]^{-1} (\beta B' P A + W)$$

这样，我们就能给矩阵 P 猜测一个初值，例如，我们猜测初始的 P 为 P_0，等于单位矩阵，再将这一初始猜测在矩阵 Ricotti 方程中进行迭代来得到矩阵 P：

$$P_{k+1} = R + \beta A' P_k A - (\beta A' P_k B + W') [Q + \beta B' P_k B]^{-1} (\beta B' P_k A + W) \tag{7.5}$$

得到 $\{P_k\}$ 的序列，当 $k \to \infty$ 时，这一序列收敛到我们所要求的矩阵 P 上。一旦近似出了矩阵 P，那么政策函数 F 也就通过方程（7.4）随之确定。矩阵 F 给出的是稳态邻域内最优计划的线性近似。

7.2.3 举例经济体的校准

和前面学过的 Hansen 模型一样，我们使用了这样一个经济体，其参数 $\beta = 0.99$，$\delta = 0.025$，$\theta = 0.36$，$A = 1.72$。对应这些参数值，稳态时有 $\bar{h} = 0.3335$，$\bar{k} = 12.6695$，$\bar{y} = 1.2353$，$\bar{c} = 0.9186$。运用这些值可以得出矩阵 a 为：

$$a = \begin{bmatrix} -0.6056 & 0.5986 & -1.3823 \\ 0.5968 & -0.5926 & 1.4048 \\ -1.3823 & 1.4048 & -6.6590 \end{bmatrix}$$

从而矩阵 M 也就能被求出：

$$M = \begin{bmatrix} -1.6374 & 1.0996 & -1.0886 & 1.9361 \\ 1.0996 & -0.6056 & 0.5986 & -1.3823 \\ -1.0886 & 0.5986 & -0.5926 & 1.4048 \\ 1.9361 & -1.3823 & 1.4048 & -6.6590 \end{bmatrix}$$

由于矩阵 R、Q 和 W 都出自矩阵 $M = \begin{bmatrix} R & W' \\ W & Q \end{bmatrix}$，因此就有：

$$R = \begin{bmatrix} -1.6374 & 1.0996 \\ 1.0996 & -0.6056 \end{bmatrix}$$

$$Q = \begin{bmatrix} -0.5926 & 1.4048 \\ 1.4048 & -6.6590 \end{bmatrix}$$

---

① 为了得到该一阶条件，我们运用了 Ljungqvist 和 Sargent [54] 第 71 页中的矩阵微分法则。这些法则指出：$\frac{\partial x' A x}{\partial x} = (A + A') x$，$\frac{\partial y' B x}{\partial y} = B x$，$\frac{\partial y' B x}{\partial x} = B' y$。

$$W=\begin{bmatrix}-1.0886 & 0.5986\\ 1.9361 & -1.3823\end{bmatrix}$$

根据以上得到的结果，我们首先将单位矩阵

$$P_0=\begin{bmatrix}1 & 0\\ 0 & 1\end{bmatrix}$$

在方程（7.5）中进行反复迭代，这样就能得出：

$$P_1=\begin{bmatrix}-0.7515 & 0.9987\\ 0.9987 & -0.4545\end{bmatrix}$$

$$P_2=\begin{bmatrix}-1.6909 & 0.8247\\ 0.8247 & -0.1924\end{bmatrix}$$

经过 200 次迭代后，矩阵 P 的值就趋于稳定到：

$$P=\begin{bmatrix}-96.3615 & 0.8779\\ 0.8779 & -0.0259\end{bmatrix}$$

利用矩阵 P，可以求出政策函数为：

$$F=\begin{bmatrix}0.5869 & 0.9537\\ 0.4146 & -0.0064\end{bmatrix}$$

回顾一下控制变量是 $y_t=[k_{t+1} \quad h_t]'$ 且状态变量是 $x_t=[1 \quad k_t]'$。最后，赋予 k_t 其稳态值并且运用

$$\begin{bmatrix}k_{t+1}\\ h_t\end{bmatrix}=F\begin{bmatrix}1\\ k_t\end{bmatrix}$$

或者

$$\begin{bmatrix}12.6695\\ 0.3335\end{bmatrix}=\begin{bmatrix}0.5869 & 0.9537\\ 0.4146 & -0.0064\end{bmatrix}\begin{bmatrix}1\\ 12.6695\end{bmatrix}$$

可以检验我们对线性形式模型的计算是否正确。政策矩阵 F 的值还表明，与时期 t 的资本大于稳态时的数量相对应，时期 $t+1$ 的资本也将大于稳态的资本并且时期 $t+1$ 的劳动供给将低于其稳态值。

在本节中，我们找到了二次形式的简单 Hansen 模型的解。为了得到该解，我们将所有的非线性预算约束放入目标函数，从而运用非常简单的预算约束（和前一章我们使用过的预算约束相同），得到了简单的 Euler 方程。这样就使得目标函数的求导以及矩阵 M 的计算变得相当复杂繁琐。我们还可以选择该模型目标函数和预算约束的其他可行线性形式，并将在下一节使用目标函数和预算约束的另一种分解来进行求解。

7.3 加入随机冲击

求解含随机冲击模型最简单的方法是将所有的随机项放在线性预算约束中。由于我们要求自己采用线性预算约束，因此冲击将出现在下式：

$$x_{t+1}=Ax_t+By_t+C\varepsilon_{t+1}$$

其中，ε_t 是一个独立同分布的随机变量，且 $E_t(\varepsilon_{t+1})=\vec{0}$,①，并且有一个有界的对

① 在这里，$\vec{0}$ 是一个与向量 ε_{t+1} 维数相同的零向量。

角方差矩阵 $\sum$ 。C 是 $m \times n$ 阶矩阵，其中 m 是状态变量的数量，n 是冲击向量 ε_{t+1} 的长度。和前面介绍的一样，x_t 是时期 t 的状态变量，y_t 是该期的控制变量。模型中所有的非线性预算约束都放在目标函数 $F(x_t, y_t)$ 中。那么，代表性行为人目标函数的最大贴现期望值就为（也就是值函数）：

$$\max_{y_t} E_0 \sum_{t=0}^{\infty} \beta^t F(x_t, y_t)$$

其中之所以包含期望符号，是因为目标函数的未来值受未来随机冲击的影响是不确定的。尽管冲击同目标函数的未来值有关，但从上式可以看出随机变量不会直接出现在目标函数当中。

我们首先找到目标函数的二次近似，在稳态（$\bar{x}$，$\bar{y}$）的邻域内为：

$$F(x_t, y_t) = F(z_t) \approx z_t' M z_t = [1 \quad x_t'] R \begin{bmatrix} 1 \\ x_t \end{bmatrix} + y_t' Q y_t + 2 y_t' W \begin{bmatrix} 1 \\ x_t \end{bmatrix}$$

其中，$z_t = [1 \quad x_t \quad y_t]'$，矩阵 M 能从该函数 F 的二阶 Taylor 近似中得出。从而待解模型就为：

$$E_0 \sum_{t=0}^{\infty} \beta^t z_t' M z_t$$

服从线性预算约束为：

$$x_{t+1} = A x_t + B y_t + C \varepsilon_{t+1}$$

首先定义：存在一个矩阵 P 使得 $x_t' P x_t + c$ 是该模型的值函数。该模型就能写成递归形式：

$$x_t' P x_t + c = \max_{\{y_s\}_{s=t}^{\infty}} E_0 \sum_{s=t}^{\infty} \beta^{s-t} z_s' M z_s$$

它同样需要满足上面的预算约束。这一值函数与前面的值函数不同，它包含一个潜在常数项 c。这一递归形式（Bellman 方程形式）也可以写成：

$$x_t' P x_t + c = \max_{y_t} \{ z_t' M z_t + \beta E_0 [x'_{t+1} P x_{t+1} + c] \}$$

预算约束为：

$$x_{t+1} = A x_t + B y_t + C \varepsilon_{t+1}$$

将预算约束等号右边的部分代入 Bellman 方程的期望项中，可得：

$$x_t' P x_t + c = \max_{y_t} [z_t' M z_t + \beta x_t' A' P A x_t + 2 x_t' A' P B y_t + \beta y'_t B' P B y_t + \beta E_0 [\varepsilon'_{t+1} C' P C \varepsilon_{t+1}] + \beta c] \quad (7.6)$$

令方阵 $G = [g_{jk}] = C'PC$。那么就有：

$$E_t[\varepsilon'_{t+1} C' P C \varepsilon_{t+1}] = \sum_j \sum_k E_t[\varepsilon^j_{t+1} g_{jk} \varepsilon^k_{t+1}] = \sum_j g_{jj} E_t[\varepsilon^j_{t+1} \varepsilon^j_{t+1}]$$

由于在该式中恒有当 $k \neq j$ 时，$E_t[\varepsilon^k_{t+1} \varepsilon^j_{t+1}] = 0$，因此，

$$E_t[\varepsilon'_{t+1} C' P C \varepsilon_{t+1}] = \text{trace}[C' P C \sum]$$

该式是一个常数。① 将该式代入方程（7.6）中，可得：

$$x'_t P x_t + c = \max_{y_t} \{ z'_t M z_t + \beta x_t' A' P A x_t + 2 x_t' A' P B y_t + \beta y_t' B' P B y_t + \beta \, \text{trace}[C' P C \sum] \} + \beta c$$

从而有，

① 方阵 A 的迹 trace（A）是矩阵 A 的对角线上的元素之和。

$$c=\frac{\beta \text{trace}\left[C'PC\sum\right]}{1-\beta}$$

和

$$x'_tPx_t=\max_{y_t}\left[z'_tMz_t+\beta x'_tA'PAx_t+\beta y'_tB'PBy_t\right]$$

$$=\max_{y_t}\left[x'_tRx_t+y'_tQy_t+2y'_tWx_t+\beta x'_tA'PAx_t+2x'_tA'PBy_t+\beta y'_tB'PBy_t\right]$$

这一问题的一阶条件为：

$$[Q+\beta B'PB]\ y_t=-[W+\beta B'PA]\ x_t$$

可以看出，该一阶条件和非随机模型中的一阶条件完全相同。从而可得出政策函数 F，且有

$$y_t=Fx_t=-[Q+\beta B'PB]^{-1}\ [W+\beta B'PA]\ x_t$$

也和无冲击模型中的完全相同。

当 $k\to\infty$时，矩阵 $P=\lim P_k$ 可以通过先给其随意赋一个初始值 P_0，然后将其在 Ricotti 方程

$$P_{k+1}=R+\beta A'P_kA-(\beta A'P_kB+W')\ [Q+\beta B'P_kB]^{-1}\ (\beta B'P_kA+W)$$

中反复迭代以最终获得。上面这一 Ricotti 方程是通过将政策函数代入方程（7.7）得到的，同样可以看出，这一 Ricotti 方程也和非随机模型中的形式完全相同。

为了模拟本节研究的随机经济的时间路径，我们首先要有状态变量的初值 x_0，然后再利用政策函数 F 找到相应的控制变量的值 y_0。接下来，我们再从相应的随机变量分布中获得一组随机变量 ε_1 的观测值。这样，状态变量在时期 1 的值就能从下式：

$$x_1=Ax_0+By_0+C\varepsilon_1$$

中得到。不断重复这一计算过程，就会产生一个时间序列（也就是时间路径）。这一过程还能在已知序列 $\{\varepsilon_{t+1}\}$ 时，使用运动方程：

$$x_{t+1}=[A+BF]\ x_t+C\varepsilon_{t+1}$$

求出序列 $\{x_t\}$。

7.3.1 经济体举例

以第 6 章中的经济体为例，技术的随机过程为：

$$\lambda_{t+1}=\gamma\lambda_t+\hat{\varepsilon}_{t+1}$$

其中，$\hat{\varepsilon}_{t+1}$的均值为 $1-\gamma$。生产函数为：

$$y_t=\lambda_tk_t^{\theta}h_t^{1-\theta}$$

在此，我们令 k_t 和 λ_t 为基本 Hansen 模型的状态变量，k_{t+1}和 h_t 为基本 Hansen 模型的控制变量。我们想要误差 ε_{t+1}的均值为零，从而我们给技术的随机过程添加一个常数项，并且这一随机过程可以写成：

$$\lambda_{t+1}=(1-\gamma)+\gamma\lambda_t+\varepsilon_{t+1}$$

其中，ε_{t+1}的均值为零，并且方差有界。

代表性行为人要最大化目标函数：

$$u(k_t,\lambda_t,k_{t+1},h_t)=\sum_{t=0}^{\infty}\beta^t\left[\ln(\lambda_tk_t^{\theta}h_t^{1-\theta}+(1-\delta)k_t-k_{t+1})+A(1-h_t)\right]$$

服从预算约束：

$$k_{t+1}=k_{t+1}$$

和

$$\lambda_{t+1}=(1-\gamma)+\gamma\lambda_t+\varepsilon_{t+1}$$

我们定义 $z_t=[x_t' \quad y_t']'$，其中状态变量是 $x_t=[1 \quad k_t \quad \lambda_t]'$，控制变量是 $y_t=[k_{t+1} \quad h_t]'$。之所以向量 x_t 的第一行取“1”是出于以下两个原因：第一个原因是为了使含 λ_{t+1} 的这一预算约束（第二个预算约束）的矩阵形式中出现常数项，第二个原因是就像上面阐述的，为了包含目标函数 Taylor 近似的常数项和一次项。利用这些定义，预算约束可以写成：

$$x_{t+1}=Ax_t+By_t+C\varepsilon_{t+1}$$

或者

$$\begin{bmatrix}1\\k_{t+1}\\\lambda_{t+1}\end{bmatrix}=\begin{bmatrix}1&0&0\\0&0&0\\1-\gamma&0&\gamma\end{bmatrix}\begin{bmatrix}1\\k_t\\\lambda_t\end{bmatrix}+\begin{bmatrix}0&0\\1&0\\0&0\end{bmatrix}\begin{bmatrix}k_{t+1}\\h_t\end{bmatrix}+\begin{bmatrix}0\\0\\1\end{bmatrix}\varepsilon_{t+1}$$

目标函数的二阶 Taylor 级数为：

$$\begin{aligned}u(\cdot)\approx&\ln(\bar{\lambda}\bar{k}^{\theta}\bar{h}^{1-\theta}-\delta\bar{k})+A\ln(1-\bar{h})\\&+\frac{1}{\bar{c}}\left[\theta\frac{\bar{y}}{\bar{k}}+(1-\delta)\right](k_t-\bar{k})\\&+\frac{\bar{y}}{\bar{c}}(\lambda_t-\bar{\lambda})-\frac{1}{\bar{c}}(k_{t+1}-\bar{k})\\&+\left[(1-\theta)\frac{1}{\bar{c}}\frac{\bar{y}}{\bar{h}}-\frac{A}{1-\bar{h}}\right](h_t-\bar{h})\\&+\begin{bmatrix}(k_t-\bar{k})\\(\lambda_t-\bar{\lambda})\\(k_{t+1}-\bar{k})\\(h_t-\bar{h})\end{bmatrix}'\begin{bmatrix}a_{11}&\hat{a}_{1\lambda}&a_{12}&a_{13}\\\hat{a}_{\lambda1}&\hat{a}_{\lambda\lambda}&\hat{a}_{\lambda2}&\hat{a}_{\lambda3}\\a_{21}&\hat{a}_{2\lambda}&a_{22}&a_{23}\\a_{31}&\hat{a}_{3\lambda}&a_{32}&a_{33}\end{bmatrix}\begin{bmatrix}(k_t-\bar{k})\\(\lambda_t-\bar{\lambda})\\(k_{t+1}-\bar{k})\\(h_t-\bar{h})\end{bmatrix}\end{aligned}$$

其中，a_{ij}和 7.2.1 节例子中的矩阵元素相同（下标相同），而下标中的 i 或 j 为 λ 的元素 $\hat{a}_{ij}$是与新变量 λ_t 相关的新元素。这一 Taylor 展开式和之前 7.2.1 节例子中的 Taylor 展开式的不同之处是增加了 $(\lambda_t-\bar{\lambda})$ 项。“$\hat{a}_{ij}$” 元素为：

$$\hat{a}_{1\lambda}=\hat{a}_{\lambda1}=-\frac{\bar{y}}{\bar{c}^2}\left[\theta\frac{\bar{y}}{\bar{k}}+(1-\delta)\right]+\theta\frac{1}{\bar{c}}\frac{\bar{y}}{\bar{k}}$$

$$\hat{a}_{\lambda\lambda}=-\frac{\bar{y}^2}{\bar{c}^2}$$

$$\hat{a}_{2\lambda}=\hat{a}_{\lambda2}=\frac{\bar{y}}{\bar{c}^2}$$

和

$$\hat{a}_{3\lambda}=\hat{a}_{\lambda3}=-(1-\theta)\frac{1}{\bar{c}^2}\frac{\bar{y}^2}{\bar{h}}+(1-\theta)\frac{1}{\bar{c}}\frac{\bar{y}}{\bar{h}}$$

这一目标函数的矩阵二次型为 $z_t'Mz_t$。待解的动态规划模型就变为：

$$\max_{\{y_t\}}\sum_{t=0}^{\infty}z_t'Mz_t$$

服从预算约束为：

$$x_{t+1}=Ax_t+By_t+C\varepsilon_{t+1}$$

二次目标函数的5×5阶矩阵 M 为：

$$M=\begin{bmatrix} m_{11} & m_{12} & m_{13} & m_{14} & m_{15} \\ m_{21} & a_{11} & \hat{a}_{1\lambda} & a_{12} & a_{13} \\ m_{31} & \hat{a}_{\lambda 1} & \hat{a}_{\lambda\lambda} & \hat{a}_{\lambda 2} & \hat{a}_{\lambda 3} \\ m_{41} & a_{21} & \hat{a}_{2\lambda} & a_{22} & a_{23} \\ m_{51} & a_{31} & \hat{a}_{3\lambda} & a_{32} & a_{33} \end{bmatrix}$$

其中，a_{ij}和 $\hat{a}_{ij}$元素与之前求出的结果相同，并且由此还有：

$$\begin{aligned} m_{11}= & \ln\left(f\left(\bar{k},\ \bar{h}\right)-\delta\bar{k}\right)+A\ln\left(1-\bar{h}\right) \\ & -\frac{1}{\bar{c}}\left[\theta\frac{\bar{y}}{\bar{k}}+\left(1-\delta\right)-1\right]\bar{k}-\frac{\bar{y}}{\bar{c}}\lambda \\ & -\left[\left(1-\theta\right)\frac{1}{\bar{c}}\frac{\bar{y}}{\bar{h}}-\frac{A}{1-\bar{h}}\right]\bar{h} \\ & +\begin{bmatrix} \bar{k} \\ \bar{\lambda} \\ \bar{k} \\ \bar{h} \end{bmatrix}'\begin{bmatrix} a_{11} & \hat{a}_{1\lambda} & a_{12} & a_{13} \\ \hat{a}_{\lambda 1} & \hat{a}_{\lambda\lambda} & \hat{a}_{\lambda 2} & \hat{a}_{\lambda 3} \\ a_{21} & \hat{a}_{2\lambda} & a_{32} & a_{32} \\ a_{31} & \hat{a}_{3\lambda} & a_{32} & a_{33} \end{bmatrix}\begin{bmatrix} \bar{k} \\ \bar{\lambda} \\ \bar{k} \\ \bar{h} \end{bmatrix} \end{aligned}$$

$$m_{12}=m_{21}=\frac{1}{\bar{c}}\left[\theta\frac{\bar{y}}{\bar{k}}+\left(1-\delta\right)\right]-\left[\bar{k}\quad\bar{\lambda}\quad\bar{k}\quad\bar{h}\right]\begin{bmatrix} a_{11} \\ \hat{a}_{\lambda 1} \\ a_{21} \\ a_{31} \end{bmatrix}$$

$$m_{13}=m_{31}=\frac{\bar{y}}{\bar{c}}-\left[\bar{k}\quad\bar{\lambda}\quad\bar{k}\quad\bar{h}\right]\begin{bmatrix} \hat{a}_{1\lambda} \\ \hat{a}_{\lambda\lambda} \\ \hat{a}_{2\lambda} \\ \hat{a}_{3\lambda} \end{bmatrix}$$

$$m_{14}=m_{41}=-\frac{1}{\bar{c}}-\left[\bar{k}\quad\bar{\lambda}\quad\bar{k}\quad\bar{h}\right]\begin{bmatrix} a_{12} \\ \hat{a}_{\lambda 2} \\ a_{22} \\ a_{32} \end{bmatrix}$$

和

$$m_{15}=m_{51}=\left[\left(1-\theta\right)\frac{1}{\bar{c}}\frac{\bar{y}}{\bar{h}}-\frac{A}{1-\bar{h}}\right]-\left[\bar{k}\quad\bar{\lambda}\quad\bar{k}\quad\bar{h}\right]\begin{bmatrix} a_{13} \\ \hat{a}_{\lambda 3} \\ a_{23} \\ a_{33} \end{bmatrix}$$

7.3.2 举例经济体的校准

我们校准的这一经济体含有和我们在7.2.3节中使用过的相同的参数值，另外还要增加参数 $\gamma=0.95$。由于在稳态时，这一经济体的技术冲击是零，并且技术参数的稳态值为 $\bar{\lambda}=1$，因此这一经济体的稳态就和7.2.3节中经济体的稳态相同。

我们再运用方程：

$$P_{k+1}=R+\beta A'P_kA-\left(\beta A'P_kB+W'\right)\left[Q+\beta B'P_kB\right]^{-1}\left(\beta B'P_kA+W\right)$$

进行反复迭代，就能得出矩阵 P：

$$P=\begin{bmatrix}-124.0532 & 1.0657 & 15.6762\\ 1.0657 & -0.0259 & -0.1878\\ 15.6762 & -0.1878 & -1.9963\end{bmatrix}$$

然后再运用

$$y_t=Fx_t=-\left[Q+\beta B'PB\right]^{-1}\left[W+\beta B'PA\right]x_t$$

来求出政策函数 F：

$$F=\begin{bmatrix}-0.8470 & 0.9537 & 1.4340\\ 0.1789 & -0.0064 & 0.2357\end{bmatrix}$$

联合这一政策函数和预算约束，最后我们得出运动方程：

$$\begin{bmatrix}1\\ k_{t+1}\\ \lambda_{t+1}\end{bmatrix}=\begin{bmatrix}1 & 0 & 0\\ 0 & 0 & 0\\ 0.05 & 0 & 0.95\end{bmatrix}\begin{bmatrix}1\\ k_t\\ \lambda_t\end{bmatrix}+\begin{bmatrix}0 & 0\\ 1 & 0\\ 0 & 0\end{bmatrix}\begin{bmatrix}-0.8470 & 0.9537 & 1.4340\\ 0.1789 & -0.0064 & 0.2357\end{bmatrix}\begin{bmatrix}1\\ k_t\\ \lambda_t\end{bmatrix}+\begin{bmatrix}0\\ 0\\ 1\end{bmatrix}\varepsilon_{t+1}$$

或者，上面运动方程的简化形式为：

$$\begin{bmatrix}1\\ k_{t+1}\\ \lambda_{t+1}\end{bmatrix}=\begin{bmatrix}1 & 0 & 0\\ -0.8470 & 0.9537 & 1.4340\\ 0.05 & 0 & 0.95\end{bmatrix}\begin{bmatrix}1\\ k_t\\ \lambda_t\end{bmatrix}+\begin{bmatrix}0\\ 0\\ 1\end{bmatrix}\varepsilon_{t+1}$$

我们可以将这一矩阵方程看成如下形式：

$$x_{t+1}=\Psi x_t+C\varepsilon_{t+1}$$

并且将方程右边的滞后性递归代入，得到 x_{t+1} 的移动平均表达式：

$$x_{t+1}=\sum_{i=0}^{\infty}\Psi^i C\varepsilon_{t-i}+\Psi^{\infty}x_{-\infty}$$

其中，我们定义 Ψ^{∞} 为 $i\to\infty$ 时 Ψ^i 的极限。可以得出：

$$\Psi^{\infty}=\begin{bmatrix}1 & 0 & 0\\ \bar{k} & 0 & 0\\ \bar{\lambda} & 0 & 0\end{bmatrix}=\begin{bmatrix}1 & 0 & 0\\ 12.6695 & 0 & 0\\ 1 & 0 & 0\end{bmatrix}$$

当用任意的 $x_{-\infty}$ 与上式相乘时，上式就会等于 $\bar{x}$。之所以会这样，是因为每一个向量 x_t 的第一个元素都恒等于 1。利用这一方程，我们就能算出 x 的协方差矩阵为：

$$\begin{aligned}\text{var}(x)&=E(x_{t+1}-\bar{x})(x_{t+1}-\bar{x})'\\ &=E\left[x_{t+1}x'_{t+1}-x_{t+1}\bar{x}'-\bar{x}x'_{t+1}+\bar{x}\bar{x}'\right]\\ &=E\left[x_{t+1}x'_{t+1}\right]-\bar{x}\bar{x}'\end{aligned}$$

将其代入 x_{t+1} 的移动平均表达式，可得：

$$\begin{aligned}\text{var}(x)&=E\Big[\Big(\sum_{i=0}^{\infty}\Psi^i C\varepsilon_{t-i}\Big)\Big(\sum_{i=0}^{\infty}\varepsilon'_{t-i}C'(\Psi')^i\Big)+\Psi^{\infty}x_{-\infty}x'_{-\infty}(\Psi^{\infty})'\Big]-\bar{x}\bar{x}'\\ &=\sum_{i=0}^{\infty}\Psi^i C\text{var}(\varepsilon_t)C'(\Psi')^i\end{aligned}$$

其中，$E[\Psi^{\infty}x_{-\infty}x'_{-\infty}(\Psi^{\infty})']=\bar{x}\bar{x}'$。因为 ε_t 是一个 1×1 维向量，var（ε_t）是一个标量，所以 var（x）可以被写成：

$$\text{var}(x)=\text{var}(\varepsilon_t)\sum_{i=0}^{\infty}\Psi^i CC'(\Psi')$$

再利用上面定义的 Ψ 和 C 矩阵，可以得到：

$$\mathrm{var}(x)=\mathrm{var}\begin{bmatrix}1\\k_{t+1}\\\lambda_{t+1}\end{bmatrix}=\mathrm{var}(\varepsilon_t)\begin{bmatrix}0&0&0\\0&4\,728.5&148.7\\0&148.7&10.3\end{bmatrix}$$

由 $y_t=Fx_t$，可以解出控制变量的方差（这里，实际上只增加了一项劳动时间的方差）：

$$\mathrm{var}(y)=\mathrm{var}\begin{bmatrix}k_{t+1}\\h_t\end{bmatrix}=F\mathrm{var}(x)F'=\begin{bmatrix}4\,728.2&6.7\\6.7&0.3\end{bmatrix}$$

由于在这一模型中变量间的关系是非线性的，如产出为 $y_t=\lambda_t k_t^{\theta}h_t^{1-\theta}$，这样即使是生产函数的二阶 Taylor 近似也是一个二次方程，从而使得求解模型中其他变量的方差变得更加困难。

习题 7—1 运用本章使用的稳态值，求出含随机技术冲击的 Cobb-Douglas 生产函数 $y_t=\lambda_t k_t^{\theta}h_t^{1-\theta}$ 的二阶 Taylor 展开式。

为了得到其他变量的方差，我们需要进行模拟。由于 Hansen 报告的数据来源于一个含 115 个观测值的样本，因此我们将使用上面给出的参数来进行 100 次时长为 115 期的模拟。还剩下参数 var（ε）没有赋值。我们令它取值为 0.0000105，从而随机冲击的标准差就为 0.0032。之所以选择这个值，是因为我们想要在下一节含不可分劳动的 Hansen 模型中，使得产出的标准差是产出均值的 1.76%。模拟运行该模型（随机冲击是一个正态分布），可以得出产出、消费、投资、劳动、资本以及技术过程的平均标准差，见表 7—1。标准差以稳态值百分比的形式给出。

表 7—1 **来自模拟的统计数据**

	产出	消费	投资	劳动	资本	技术
标准差	1.42%	0.91%	3.60%	0.54%	1.20%	0.88%
y 相关性	100%	84%	93%	82%	63%	90%

7.4 含不可分劳动的 Hansen 模型

Hansen 在其论文中，使用了我们本章介绍的方法来求解基本模型和含不可分劳动的 Hansen 模型。含不可分劳动的 Hansen 模型假设在某一时期参加工作的个人提供一个事先确定的劳动量 h_0，但是在每一期仅有占总人口 α_t 比例的人参加工作。决定劳动者工作与否的过程是完全随机的，从而每个人都有一个期望效用函数：

$$E\sum_{t=0}^{\infty}\beta^t\left[\ln(c_t)+\alpha_t A\ln(1-h_0)\right]$$

时期 t（每个人）提供给厂商的劳动总量为 $\alpha_t h_0$，令资本量 k_t 由其前一期的资本转换而来。时期 t 的产量就为：

$$y_t=\lambda_t f(k_t,\alpha_t h_0)=\lambda_t k_t^{\theta}(\alpha_t h_0)^{1-\theta}$$

该期的预算约束是：

$$c_t=y_t+(1-\delta)k_t-k_{t+1}$$

和

$$\lambda_{t+1}=(1-\gamma)+\gamma\lambda_t+\varepsilon_{t+1}$$

该模型还假设存在一个互助保险计划以保证每一个人无论他/她工作与否都有相同的消费量。这一模型和基本 Hansen 模型相比，仅有的变化发生在居民效用函数与劳动负效用相联系的部分。在这里，劳动的期望负效用和劳动供给量的改变相关，并且以线性形式显示在效用函数中（当 $A\ln(1-h_0)$ 是常量时，由变量 α_t 的变化导致）。在该模型的基本形式中，个人提供劳动量的变化对效用水平的影响会随着其对数形式的变化而变化。

由于我们要使用前面讨论的线性二次动态规划方法来求解这一模型，因此就需要我们将所有的非线性成分置入目标函数，得到线性预算约束。我们再选择 $x_t=[1\quad k_t\quad \lambda_t]'$ 为状态变量（这里常数 1 的选取和前面的目的相同，即为了包含 Taylor 展开式的常数项和一次项），$y_t=[k_{t+1}\quad \alpha_t]'$ 为控制变量。我们使用目标函数：

$$E\sum_{t=0}^{\infty}\beta^t\left[\ln\left(\lambda_t k_t^{\theta}(\alpha_t h_0)^{1-\theta}+(1-\delta)k_t-k_{t+1}\right)+\alpha_t A\ln(1-h_0)\right]$$

服从的预算约束是：

$$k_{t+1}=k_{t+1}$$

$$\lambda_{t+1}=(1-\gamma)+\gamma\lambda_t+\varepsilon_{t+1}$$

该目标函数的二阶 Taylor 展开式为：

$$\begin{aligned}u(\cdot)\approx&\ln\left(\bar{\lambda}\bar{k}^{\theta}(\bar{\alpha}h_0)^{1-\theta}-\delta\bar{k}\right)+\bar{\alpha}A\ln(1-h_0)\\&+\frac{1}{\bar{c}}\left[\theta\frac{\bar{y}}{\bar{k}}+(1-\delta)\right](k_t-\bar{k})\\&+\frac{\bar{y}}{\bar{c}}(\lambda_t-\bar{\lambda})-\frac{1}{\bar{c}}(k_{t+1}-\bar{k})\\&+\left[(1-\theta)\frac{1}{\bar{c}}\frac{\bar{y}}{\bar{\alpha}}+A\ln(1-h_0)\right](\alpha_t-\bar{\alpha})\\&+\begin{bmatrix}(k_t-\bar{k})\\(\lambda_t-\bar{\lambda})\\(k_{t+1}-\bar{k})\\(\alpha_t-\bar{\alpha})\end{bmatrix}'\begin{bmatrix}a_{11}&\hat{a}_{1\lambda}&a_{12}&a_{13}\\\hat{a}_{\lambda1}&\hat{a}_{\lambda\lambda}&\hat{a}_{\lambda2}&\hat{a}_{\lambda3}\\a_{21}&\hat{a}_{2\lambda}&a_{22}&a_{23}\\a_{31}&\hat{a}_{3\lambda}&a_{32}&a_{33}\end{bmatrix}\begin{bmatrix}(k_t-\bar{k})\\(\lambda_t-\bar{\lambda})\\(k_{t+1}-\bar{k})\\(\alpha_t-\bar{\alpha})\end{bmatrix}\end{aligned}$$

其中，除了 $\alpha=0.5721$，$h_0=5.83$ 外，这一模型所有的参数和该模型的基本形式均相同。a 矩阵的下列元素变为：

$$a_{13}=a_{31}=-\frac{1}{\bar{c}^2}\left[\theta\frac{\bar{y}}{\bar{k}}+(1-\delta)\right]\left[(1-\theta)\frac{\bar{y}}{\bar{\alpha}}\right]+\frac{1}{\bar{c}}\theta(1-\theta)\frac{\bar{y}}{\bar{k}\,\bar{\alpha}}$$

$$\hat{a}_{\lambda3}=\hat{a}_{\lambda3}=-\frac{\bar{y}}{\bar{c}^2}\left[(1-\theta)\frac{\bar{y}}{\bar{\alpha}}\right]+(1-\theta)\frac{\bar{y}}{\bar{c}\,\bar{\alpha}}$$

$$a_{32}=a_{23}=\frac{1}{\bar{c}^2}\left[(1-\theta)\frac{\bar{y}}{\bar{\alpha}}\right]$$

和

$$a_{33}=-\frac{1}{\bar{c}^2}\left[(1-\theta)\frac{\bar{y}}{\bar{\alpha}}\right]^2-\frac{1}{\bar{c}}\theta(1-\theta)\frac{\bar{y}}{\bar{\alpha}^2}$$

运用 Kydland 和 Prescott 方法，我们令目标函数二次型 z'_tMz_t（其中，$z_t=[x_t\quad y_t]$）的二次矩阵 M 为：

$$
M=\begin{bmatrix} m_{11} & m_{12} & m_{13} & m_{14} & m_{15} \\ m_{21} & a_{11} & \hat{a}_{1\lambda} & a_{12} & a_{13} \\ m_{31} & \hat{a}_{\lambda 1} & \hat{a}_{\lambda\lambda} & \hat{a}_{\lambda 2} & \hat{a}_{\lambda 3} \\ m_{41} & a_{21} & \hat{a}_{2\lambda} & a_{22} & a_{23} \\ m_{51} & a_{31} & \hat{a}_{3\lambda} & a_{32} & a_{33} \end{bmatrix}
$$

其中，

$$
\begin{aligned}
m_{11} = & \ln\left(f(\bar{k}, \bar{h})-\delta\bar{k}\right)+\bar{\alpha}A\ln(1-h_0) \\
& -\frac{1}{\bar{c}}\left[\theta\frac{\bar{y}}{\bar{k}}+(1-\delta)-1\right]\bar{k}-\frac{\bar{y}}{\bar{c}}\bar{\lambda} \\
& -\left[(1-\theta)\frac{1}{\bar{c}}\frac{\bar{y}}{\bar{\alpha}}+A\ln(1-h_0)\right]\bar{\alpha} \\
& +\begin{bmatrix} \bar{k} \\ \bar{\lambda} \\ \bar{k} \\ \bar{\alpha} \end{bmatrix}'\begin{bmatrix} a_{11} & \hat{a}_{1\lambda} & a_{12} & a_{13} \\ \hat{a}_{1\lambda} & \hat{a}_{\lambda\lambda} & \hat{a}_{\lambda 2} & \hat{a}_{\lambda 3} \\ a_{21} & \hat{a}_{2\lambda} & a_{22} & a_{23} \\ a_{31} & \hat{a}_{3\lambda} & a_{32} & a_{33} \end{bmatrix}\begin{bmatrix} \bar{k} \\ \bar{\lambda} \\ \bar{k} \\ \bar{\alpha} \end{bmatrix}
\end{aligned}
$$

$$
m_{12}=m_{21}=\frac{1}{\bar{c}}\left[\theta\frac{\bar{y}}{\bar{k}}+(1-\delta)\right]-\left[\bar{k} \quad \bar{\lambda} \quad \bar{k} \quad \bar{\alpha}\right]\begin{bmatrix} a_{11} \\ \hat{a}_{\lambda 1} \\ a_{21} \\ a_{31} \end{bmatrix}
$$

$$
m_{13}=m_{31}=\frac{\bar{y}}{\bar{c}}-\left[\bar{k} \quad \bar{\lambda} \quad \bar{k} \quad \bar{\alpha}\right]\begin{bmatrix} \hat{a}_{1\lambda} \\ \hat{a}_{\lambda\lambda} \\ \hat{a}_{2\lambda} \\ \hat{a}_{3\lambda} \end{bmatrix}
$$

$$
m_{14}=m_{41}=-\frac{1}{\bar{c}}-\left[\bar{k} \quad \bar{\lambda} \quad \bar{k} \quad \bar{\alpha}\right]\begin{bmatrix} a_{12} \\ \hat{a}_{\lambda 2} \\ a_{22} \\ a_{32} \end{bmatrix}
$$

和

$$
m_{15}=m_{51}=\left[(1-\theta)\frac{1}{\bar{c}}\frac{\bar{y}}{\bar{\alpha}}+A(1-h_0)\right]-\left[\bar{k} \quad \bar{\lambda} \quad \bar{k} \quad \bar{h}\right]\begin{bmatrix} a_{13} \\ \hat{a}_{\lambda 3} \\ a_{23} \\ a_{33} \end{bmatrix}
$$

得到矩阵 M 后，接着就需要确定序列 $\{y_t\}$ 来最大化下式：

$$
E_0\sum_{t=0}^{\infty}\beta^t z'_t M z_t = E_0\sum_{t=0}^{\infty}\beta^t\left[x'_t \quad y'_t\right]\begin{bmatrix} R & W' \\ W & Q \end{bmatrix}\begin{bmatrix} x_t \\ y_t \end{bmatrix}
$$

服从预算约束为：

$$
\begin{bmatrix} 1 \\ k_{t+1} \\ \lambda_{t+1} \end{bmatrix}=A\begin{bmatrix} 1 \\ k_t \\ \lambda_t \end{bmatrix}+B\begin{bmatrix} k_{t+1} \\ \alpha_t \end{bmatrix}+C\varepsilon_{t+1}
$$

其中，

$$A=\begin{bmatrix}1 & 0 & 0\\ 0 & 0 & 0\\ 1-\gamma & 0 & \gamma\end{bmatrix}$$

$$B=\begin{bmatrix}0 & 0\\ 1 & 0\\ 0 & 0\end{bmatrix}$$

$$C=\begin{bmatrix}0\\ 0\\ 1\end{bmatrix}$$

我们要通过值函数 P，来求解政策函数 F，这里有：

$$x'_tPx_t=\max_{k_{t+1},\alpha_t}\left[z'_tMz_t+\beta E_t(Ax_t+By_t+C\varepsilon_t)'P(Ax_t+By_t+C\varepsilon_t)\right]$$

和之前一样，我们要给 P 先任意附一个初值 P_0，然后在下式：

$$P_{k+1}=R+\beta A'P_kA-(\beta A'P_kB+W')\left[Q+\beta B'P_kB\right]^{-1}(\beta B'P_kA+W)$$

进行反复迭代以求出 P。一旦 P 被求出，政策函数也就能够通过下式：

$$y_t=Fx_t=-\left[Q+\beta B'PB\right]^{-1}\left[W+\beta B'PA\right]x_t$$

求得。

我们要想使得该模型的稳态与基本模型相同，就要使用 6.4 节中求出的相同参数值 $\bar{\alpha}=572, h_0=583$。其他所有的稳态值和前面的相同，将这些值代入稳态变量，得到：

$$P=\begin{bmatrix}-139.5224 & 1.0816 & 14.9763\\ 1.0816 & -0.0245 & -0.2215\\ 14.9763 & -0.2215 & -0.8695\end{bmatrix}$$

和

$$F=\begin{bmatrix}-1.2295 & 0.9418 & 1.9667\\ 0.0029 & -0.0215 & 0.8418\end{bmatrix}$$

我们再通过将预算约束中的 y_t 用 Fx_t 代换就得到了该经济体的变动方程：

$$\begin{bmatrix}1\\ k_{t+1}\\ \lambda_{t+1}\end{bmatrix}=\begin{bmatrix}1 & 0 & 0\\ -1.2295 & 0.9418 & 1.9667\\ 0.05 & 0 & 0.95\end{bmatrix}\begin{bmatrix}1\\ k_t\\ \lambda_t\end{bmatrix}+\begin{bmatrix}0\\ 0\\ 1\end{bmatrix}\varepsilon_{t+1}$$

我们想要将该模型的模拟结果同基本模型进行比较，就要和求解基本模型一样（利用 $Var(\varepsilon)=0.0000105$，得出误差项的标准差为 0.0032。再通过这一误差项的标准差得出产出的标准差为 1.76%——这一值和 Hansen 发现的 1955 年第三季度到 1984 年第一季度美国 115 个产出的季度观测数据相同)，要对该模型误差项的方差进行反复校准从而使得模型的产出也有与基本模型相同的标准差。表 7—2 给出了产出、消费、投资、劳动、资本以及技术变动的标准差（以及它们同产出的相关程度)。

不可分劳动模型的使用改善了模型中投资和劳动时间对现实数据的拟合程度，并且降低了技术在解释产出变动时的重要性。表 7—3 同时列示了基本模型和含不可分劳动模型中的变量标准差（以产出标准差的百分比形式给出)。注意其中的投资、劳动以及技术的标准差。

表 7—2 **美国数据的标准差和相关性**

	产出	消费	投资	劳动	资本	技术
标准差	1.76%	1.06%	4.96%	1.08%	1.45%	0.88%
与 Y 的百分比	100%	60%	266%	61%	82%	50%
与 Y 的相关性	100%	82%	93%	84%	61%	91%

表 7—3 **模型的标准差**

	产出	消费	投资	劳动	资本	技术
基础模型	100%	63.91%	253.06%	38.06%	84.45%	62.10%
不可分劳动模型	100%	60.31%	265.89%	61.11%	82.28%	50.14%

通过观察该模型和基本模型目标函数的 Taylor 展开式以及计算劳动相关变量的微小变化对效用的影响程度，我们就能够窥见加进不可分劳动这样一个相对微小的变化将导致劳动相对标准差发生如此巨大变化的原因。定义向量χ_h 和χ_α，$\chi_h=\bar{z}_h+[0\quad 0\quad 0\quad 0\quad 0.01*\bar{h}]$，$\chi_\alpha=\bar{z}_\alpha+[0\quad 0\quad 0\quad 0\quad 0.01*\bar{\alpha}]$。向量$\chi_i$ 表示劳动时间在其稳态处 1% 的移动。两个稳态分别由不同的向量（在基本模型中是 $\bar{h}$，不可分劳动模型中是 $\bar{\alpha}$）表示。基本模型中劳动供给增加 1% 将导致 -7.3691×10^{-5} 单位效用的变化，即效用比稳态减少了 0.0094613%。含不可分劳动模型中劳动供给增加 1% 将导致 -5.2556×10^{-5} 单位效用的变化，即效用比稳态减少了 0.0055559%。可以看出，不可分劳动的引入使得效用对劳动变化的敏感性降低，因此含不可分劳动的模型比基本模型更能鼓励代表性行为人更大幅度地改变劳动供给（期望劳动供给）。

7.5 脉冲响应函数

利用线性政策函数 F 和一个这样刻画技术的向量：该向量包含在第 2 期发生的单期技术冲击，$\varepsilon_2=0.01$，并且技术的变动方程为：

$$\lambda_t=(1-\gamma)+\gamma\lambda_{t-1}+\varepsilon_t$$

我们能够找到资本和劳动时间（状态变量）的时间路径，再利用生产函数和预算约束，我们能够计算出产出和消费的时间路径。本章使用的求解方法得到的变量结果是水平值，由此生成的脉冲响应函数如图 7—1 所示。为了能将这一脉冲响应函数和前一章进行对比，我们还要找到变量在稳态附近的对数偏离值。图 7—2 展示了用本章方法解出的基本 Hansen 模型的最终响应函数。

这些脉冲响应函数看着应该很眼熟。它们和我们在第 6 章使用对数线性化法求出的脉冲响应函数非常相近。图 7—3 展示了上面的脉冲响应函数和同一模型用 Uhlig 方法得出的脉冲响应函数的对比。图中的 45°线稍稍有些宽度，也就是说，使用这两种解法没能得出完全相同的脉冲响应函数，但是它们是非常接近的。由于在取近似时的阶数限制，我们估计二者会有一点微小的差别，但如图 7—3 所示，对大多数研究而言，二者是等价的。

将这两种不同的方法运用到含不可分劳动的 Hansen 模型当中得出各自的脉冲响应函数，如果画出上述脉冲响应函数，就能得到一个与图 7—3 本质上相同的图形。对于和本节模型一样简单（即含有对数效用函数和 Cobb-Douglas 生产函数形式）的模型，在模型

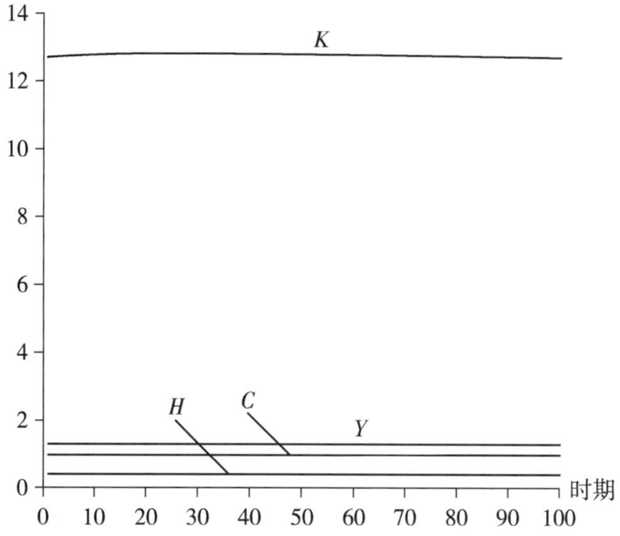

图 7—1　水平值的脉冲响应函数

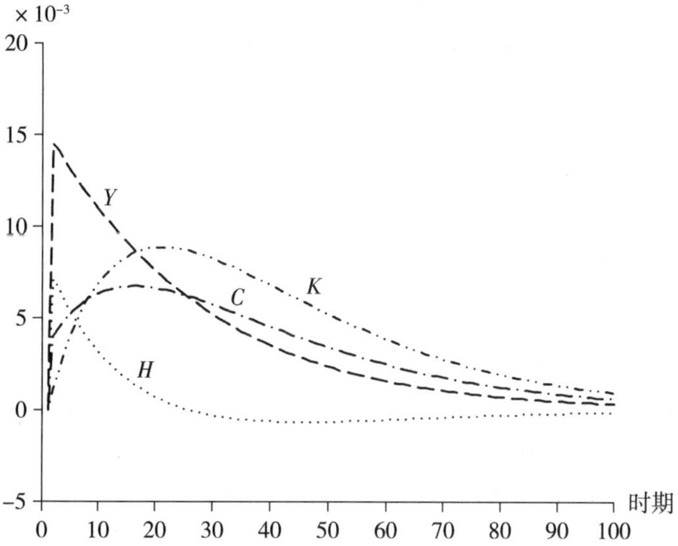

图 7—2　利用线性二次解法得出的脉冲响应函数

参数的不确定性给定的情况下，使用两种方法中的任意一种都会得到相同的结果。

7.5.1　向量自回归

将由模型产生的脉冲响应函数和由现实数据产生的脉冲响应函数进行对比，是评估模型是否刻画了重要经济特征的一个方法。同时，还有一种评估模型的常用方法是比较模型模拟结果的方差和观测数据的方差。相比之下，脉冲响应函数对模型要求更高，并且更加精确。

我们通常用向量自回归（VARs）估计的方法来求数据的脉冲响应函数。这种方法是非常著名的。首先我们估计如下形式的线性方程：

$$y_t = A(L)\ y_{t-1} + A_2 y_{t-2} + \cdots + A_n y_{t-n} + \varepsilon_t = A(L)\ y_t + \varepsilon_t$$

其中，y_t 是由变量元素组成的向量，$A(L)$ 是在滞后算子中的一个 n 阶矩阵多项式，

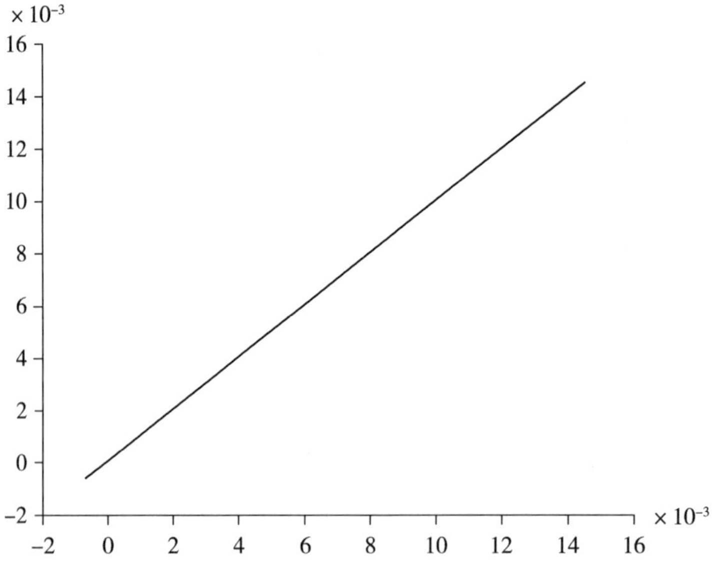

图 7—3 将两种解法运用到 Hansen 模型中的比较

ε_t 是误差向量，我们通常认为其均值为零并且有一个对角方差矩阵。利用滞后算子 L 使得变量 X_t 有：

$$LX_t=X_{t-1}$$

将滞后算子使用两次，变为：

$$L^2X_t=LX_{t-1}=X_{t-2}$$

那么，滞后算子多项式 $A(L)$ 就能写成：

$$A(L)=A_1L+A_2L^2+\cdots+A_nL^n$$

在一个 VAR 中，一组变量中每一个变量的当期值都是该组变量中所有变量往期值的函数。因为通过 VARs 我们能利用当期值和往期值得到这一组变量的（预测）未来值，然后递归地解出越来越远的未来预测值，所以 VARs 做预测的效果是非常好的。在做这些预测的时候，冲击常常被设定为零。

令 $B(L)=1-A(L)$，则前面的方程变为：

$$B(L)\ y_t=\varepsilon_t$$

再令 $C(L)=(B(L))^{-1}$，即矩阵多项式 $B(L)$ 的逆。将这一逆矩阵同时左乘上式的两边，得到向量自回归的移动平均表达式：

$$y_t=(B(L))^{-1}B(L)\ y_t=C(L)\ B(L)\ y_t=C(L)\ \varepsilon_t$$

即 $y_t=C(L)\ \varepsilon_t$。现在，我们就能够利用矩阵多项式 $C(L)$ 去求这一向量自回归方程组的脉冲响应函数。除了想要研究的误差项外，将所有其他误差项都设为零。例如，如果我们想研究对第二个变量的冲击对 y_t 的影响，我们可以利用：

$$\hat{y}_1=C(L)\begin{bmatrix}0\\ \varepsilon_1\\ 0\\ \vdots\\ 0\end{bmatrix}$$

得到 y_t 中所有变量第一期的脉冲响应函数。由于所有的冲击在第二期及以后各期都重新返回到零，因此我们就能利用矩阵 $A(L)$ 进行递归求出其他各期（对这一冲击）的脉冲响应函数：

$$\hat{y}_2 = A(L)\hat{y}_1$$

$$\hat{y}_3 = A(L)\hat{y}_2$$

$$\vdots$$

在此，求解矩阵多项式 $B(L)$ 的逆通常很复杂，建议有兴趣的读者参考诸如 Hamilton［47］等有关时间序列的书。

不幸的是，要想在现实经济中识别出对于特定经济模型所使用的冲击，有时候（比如在本书这里）是非常困难的。在现实世界中，什么构成了对技术的冲击，冲击有多大以及冲击可能的持续过程是怎样的，都是非常难以确定的。如果经济中的某一冲击在模型中模拟得非常好，而我们在现实经济中却找不到其对应的冲击，那么比较脉冲响应函数也将是不可能的。如果可能的话，我们需要尽量使用现实数据中有自然对应物的随机冲击来建模。例如，有些包含货币的模型将短期利率未预期到的变动视为金融冲击的代表。短期利率在向量自回归方程中的残差提供了有关这一冲击的数据。

Sims［77］提出了另一种利用向量自回归来比较脉冲响应函数的方法。首先使用上文的方法得出现实数据的脉冲响应函数。然后再使用模型进行模拟以生成大量的时间序列。其中，对模型冲击的方差需要经过合理的校准。然后对模拟时间序列进行 VARs 估计，并且将其与现实数据时间序列进行比较。由于数据的时间序列和模拟经济的时间序列有着相同的变量，因此其脉冲响应函数是可以比较的。

7.6　另一种刻画技术的随机过程

我们有时希望使用的随机过程不会变为负的。例如，我们曾经一直使用的技术随机过程的形式如下：

$$\lambda_{t+1} = (1-\gamma) + \gamma\lambda_t + \varepsilon_{t+1}$$

其中，$\varepsilon_{t+1} \sim N(0, \sigma_\varepsilon^2)$，可能会出现 λ_t 为负的情形。由于这一正态分布没有下界（和上界），因此存在一个非常小但有限的概率使得某一 ε_{t+1} 有一个非常小的负值，从而导致与其对应的 λ_{t+1} 的值也为负。然而，负的技术水平是没有任何经济（工程学）意义的。

为了确保技术不会为负，我们使用一个与上式不同的随机过程，在这一随机过程中，λ_{t+1} 绝不会为负。除了 λ_{t+1} 的无条件期望 $E\lambda_{t+1}$ 等于 1 之外，这一随机过程还有下列特点：

$$\ln(\lambda_{t+1}) = \gamma\ln(\lambda_t) + \varepsilon_{t+1}$$

其中，$\varepsilon_{t+1} \sim N(0, \sigma_\varepsilon^2)$。在这一过程中，$\varepsilon_{t+1}$ 一个非常大的负值，意味着 λ_{t+1} 将非常接近零但其仍为正，从而保证了 $\{\lambda_t\}$ 的整个序列为正。通过求解能够得到 λ_{t+1} 的均值为 1。

给这一随机过程的两边取无条件期望，得：

$$E\ln(\lambda_{t+1}) = \gamma E\ln(\lambda_t) + E\varepsilon_{t+1} = \gamma E\ln(\lambda_t) + 0$$

经过简化，可得：

$$E\ln(\lambda_{t+1}) - \gamma E\ln(\lambda_t) = (1-\gamma)\ln(\lambda) = 0$$

在稳态时有，$E\ln(\lambda)=0$，所以 $\lambda=1$。

如果想要把这一过程运用到我们的基本 Hansen 模型当中，就会存在一个问题，即我们拥有的技术预算约束是非线性的。这样我们就不能直接使用线性二次动态规划，我们需要对模型做出轻微的修改使我们能够继续使用这些技术。

我们定义 $\hat{\lambda}_t=\ln(\lambda_t)$，且状态变量的向量为 $x_t=[1 \quad k_t \quad \hat{\lambda}_t]'$。然后就能将预算约束的变动法则写成：

$$\begin{bmatrix}1\\k_{t+1}\\\hat{\lambda}_{t+1}\end{bmatrix}=\begin{bmatrix}1&0&0\\0&0&0\\0&0&\gamma\end{bmatrix}\begin{bmatrix}1\\k_t\\\hat{\lambda}_t\end{bmatrix}+\begin{bmatrix}0&0\\1&0\\0&0\end{bmatrix}\begin{bmatrix}k_{t+1}\\h_t\end{bmatrix}+\begin{bmatrix}0\\0\\1\end{bmatrix}\varepsilon_{t+1}$$

在这一方法中，尽管预算约束的变量是以对数形式给出的，但它们是线性的。

同时，还需要对目标函数做一些改变以配合这一随机过程。这样目标函数就变为：

$$u(c_t, h_t)=\ln(e^{\hat{\lambda}_t}k_t^{\theta}h_t^{1-\theta}+(1-\delta)k_t-k_{t+1})+A\ln(1-h_t)$$

在这里，由于 $e^{\ln(\lambda_t)}=\lambda_t$，因此我们将上式中的 λ_t 用 $e^{\hat{\lambda}_t}$ 替换。这将使二阶 Taylor 展开式变得有点复杂，但一般情况下还是可以处理的。

7.7 本章回顾

线性二次动态规划法可以代替在第 6 章我们所介绍的模型的线性近似。这一方法有它的优点和局限性。优点是一旦线性二次模型建立后，该模型的解将变得相对简单。局限性是在求解 Taylor 近似的许多导数时，以及模型中包含总体经济变量时，使用这一方法的难度将有所增大，同时求解过程也需更加谨慎。大部分有关 RBC 的早期论文都使用这一方法来求解。

有关线性二次动态规划更详尽的阐述，及其大量的应用，参见 Ljungqvist 和 Sargent [54]。另一个含有线性二次模型应用的动态规划文献综述是 Bertsekas [10]。

7.8 Matlab 代码

应用下面的 Matlab 程序可得出标准基本 Hansen 模型的线性二次问题的解。大部分程序涉及矩阵的设定。程序尾部的循环可用于寻找值函数矩阵，并且它也被用来寻找政策函数。

```
% this program finds the value function (P matrix) for the linear
% quadratic optimal regulator problem and also calculates the
% resulting policy function
theta=0.36;
beta=0.99;
delta=0.025;
A=1.72;
kbar=12.6695;
hbar=0.3335;
ybar=kbar^theta * hbar^(1-theta);
```

```
cbar=ybar-delta * kbar;
aa=(theta * ybar/kbar+1-delta);
a(1,1)= -1/(2 * cbar * cbar) * aa * aa-1/(2 * cbar) * theta * (1-theta) * ybar/ (kbar
* kbar);
a(1,2)= 1/(2 * cbar * cbar) * aa;
a(2,1)= 1/(2 * cbar * cbar) * aa;
a(1,3)= -1/(2 * cbar * cbar) * aa * (1-theta) * ybar/hbar;
a(1,3)=  a(1,3)+1/(2 * cbar) * theta * (1-theta) * ybar/(kbar * kbar);
a(3,1)=  a(1,3);
a(2,2)=  -1/(2 * cbar * cbar);
a(2,3)= 1/(2 * cbar * cbar) * (1-theta) * ybar/hbar;
a(3,2)=a(2,3);
a(3,3)= -1/(2 * cbar * cbar) * (1-theta) * ybar/hbar * (1-theta) * ybar/hbar;
a(3,3)=a(3,3)-1/(2 * cbar) * theta * (1-theta) * ybar/(hbar * hbar);
a(3,3)=a(3,3)-A/(2 * (1-hbar) * (1-hbar));
x=[kbar kbar hbar]';
m(1,1)=log(kbar^theta * hbar^(1-theta)-delta * kbar)+A * log(1-hbar);
mm1=1/cbar * (theta * ybar/kbar+1-delta);
mm2=(1-theta) * ybar/(cbar * hbar)-A/(1-hbar);
m(1,1)=m(1,1)-mm1 * kbar+kbar/cbar  mm2 * hbar;
m(1,1)=m(1,1)+(x') * a * x;
m(1,2)=mm1/2-1 * a(1:3,1)' * x;
m(2,1)=m(1,2);
m(1,3)=-1/(2 * cbar)-1 * a(1:3,2)' * x;
m(3,1)=m(1,3);
m(1,4)=mm2/2-1 * a(1:3,3)' * x;
m(4,1)=m(1,4);
m(2:4,2:4)=a;
AA=[1 0
      0 1]
B=[0 0
     1 0];
R=m(1:2,1:2);
Q=m(3:4,3:4);
W=m(1:2,3:4)';
P=[1 0
     0 1];
% iterating the Ricotti equation
for i=1:1000
```

```
  zinv=inv(Q+beta * B' * P * B);
  z2=beta * AA' * P * B+W';
  P=R+beta * AA' * P * AA-z2 * zinv * z2'
end
% finding the policy function
F=-zinv * (W+beta * B' * P * AA)
```

第二部分　对基本 RBC 模型的扩展

第 8 章

货币：CIA 模型

Cooley and Hansen［36］将货币引入劳动力不可分割的 Hansen 模型［48］当中。他们构造的是一个 CIA（cash in advance，预先持有货币，或者现金先行）模型（参见 Clower［35］或 Lucas and Stokey［58］），但现金在模型中的作用仅限于购买消费品。购买投资品不需要使用上一期持有到当期的货币，但是要受到总量的预算约束流的限制。消费品需要用上一期持有到现在的货币购买，而资本品则使用当期的收入购买。这个模型比前面的模型多了两个新特征：货币和经济总体（economy-wide）变量。为了处理这两个新特点，我们在技术上也要随之做一些改变。

CIA 模型要求行为人在当期购买全部或者部分物品所使用的货币是他从上一期带来的。我们通常用这样一个故事来描述 CIA 模型：一个家庭有两名成员，一名是购物者，另一名是生产者。在每期开始的时候，购物者带着家庭拥有的货币（包括从政府拿到的转移支付）去市场购物。经济中通常有一系列的市场，首先是金融资产市场，接下来还有产品市场。生产者去家庭工厂，用资本和劳动生产物品，然后把它们卖给来自其他家庭的购物者。家庭不能消费自己生产的物品。到了期末，两位家庭成员聚在一起消费买来的物品。生产者把本期通过销售得到的货币带回家交给购物者，这笔钱连同本期购物余下的货币在下一期购物时使用。

物品的购买，或至少一部分物品的购买，需要使用货币，这只是来自于模型的假设。至于为什么要使用货币，或者说使用货币有什么特别的好处，模型并未具体说明。其实在日常生活中，我们之所以每天都要使用货币，也不需要太多理由，只是因为雇主给我们的劳动报酬是货币，而且我们买食品也需要货币。其实有这条理由也就够了，它也可以作为本章如此设定货币的一个根据。①

CIA 模型通常只包含一种商品。这也是我们设定家庭不得消费自己生产物品的原因。在真实世界中，大多数家庭只生产一种物品或提供一种服务，它们只占家庭消费的一篮子物品中的一小部分。设定家庭不消费自产物品是一种处理方法，它可以使单一物品模型同多样化物品模型一样有效运行，却没有那么复杂。我们不为自己生产物品，而是使用货币

---

① 这个问题在有些国家就没有那么清楚了。在这类国家中，可能会用某种货币，比方说比索进行小额交易，而用美元进行大额交易。利用货币搜寻模型试图解决有关内生货币问题的研究很多，也很有趣。这方面最新的研究可参见 Lagos and Wright［53］，Zhu and Wallace［91］的论文。

购买消费品。

模型中加入货币使得求解难度增加。因为对货币的这种设定实则是经济中的一种摩擦，使得均衡不再是无摩擦状态下的竞争性均衡。根据福利经济学第二定理，在没有摩擦的条件下，多行为人经济体的竞争性均衡，同单行为人的 RC 经济体（代表性行为人）的竞争均衡相同，因此，可以通过求解后者得到前者的结果。而在这里，我们没有了捷径，只能逐一显式地处理多行为人、市场以及货币带来的摩擦。经济体中的每个家庭都会对市场变量（价格水平）或预期的经济总量（下一期总的资本存量）做出反应，它们需要使用这些变量做出每一期的决策。所谓均衡是指，家庭所使用的变量值恰是其实际（actual）值（就价格而言）或恰是经济总体实现（realization）值的期望值（就下一期的资本总量而言）。这种复杂性增加了求解均衡的难度，不过还是可以处理的。

8.1 Cooley-Hansen 的模型

为了在基本的 Hansen 模型中引入货币，模型要做出一些修改。这带来最重要的变化是，不能再用 RC 模型中的代表性行为人方法求解模型了。模型中要显式地包含劳动市场和资本市场，其中工资和资本租金率由劳动和资本供给总量决定。单个行为人（家庭）将工资和资本租金率视为给定的，他认为自己的行为不会影响现在或未来的工资和资本租金率，虽然在均衡中劳动的供给量和资本存量是由家庭决策决定的，但在家庭的最优化决策中并不会考虑这种反作用。模型中假设所有的家庭都是同质的，因此最后做出的决策也都一样，但每一个家庭相对于总体都很小，即便它选择不同的决策也不会对劳动供给总量和资本存量产生影响。可以这样认为，组成经济体的行为人群体是一个连续统（continuum），由 i 代表，$i=[0, 1]$。经济体中的行为人总体是一个单位（a unit mass of agents）（从 0 到 1 的所有点），每一个行为人是其中的一个点。所有的行为人都是相同的，所以把他们的行为加总之后同其中任何一个人的行为都相同（既然是一个连续统一体，总体行为就是将 i 从 0 到 1 积分）。任何一点的度量都是 0，所以即便一个行为人有不同的举动也对总体不造成影响。

每个家庭 i 想要最大化贴现后的预期效用函数

$$E_0 \sum_{t=0}^{\infty} \beta^t u(c_t^i, h_t^i)$$

效用水平随消费增加而上升，随劳动时间增加而下降。同前面一样，家庭每期最多有 1 单位的劳动，所以他们拥有的能够带来正效用的闲暇为 $1-h_t^i$。按照 Cooley-Hansen 的处理方法，我们运用的子效用函数（subutility function）中劳动是不可分割的，每个家庭签订这样一个合同：以 α_t^i 的概率提供 h_0 的单位的劳动[①]。对于所有家庭，不可分割的劳动都是 h_0。令 h_t^i 为在时期 t 预期提供的劳动量，$h_t^i=\alpha_t^i h_0$，由此，子效用函数就可以写成如下形式：

$$u(c_t^i, h_t^i) = \ln c_t^i + \left[A \frac{\ln(1-h_0)}{h_0}\right] h_t^i$$

经济体中的生产遵循 Cobb-Douglas 形式的总量生产函数：

① 我们在第 6 章已经讨论过这条假设如何保证了使最优化决策集成为一个凸集。

$$y_t=\lambda_t K_t^{\theta} H_t^{1-\theta}$$

技术服从随机过程：

$$\ln(\lambda_{t+1})=\gamma\ln(\lambda_t)+\varepsilon_{t+1}$$

其中，误差项服从独立同分布 $\varepsilon_{t+1}\sim N(0,\sigma_{\varepsilon}^2)$。这一假设意味着 $\ln(\lambda_t)$ 的非条件期望值为 0。在稳态，随机变量的值等于其非条件期望值，$\ln(\bar{\lambda})=0$，即稳态时的技术水平为 $\bar{\lambda}=1$。

在完全竞争条件下，时期 t 的工资率为：

$$w_t=(1-\theta)\lambda_t K_t^{\theta} H_t^{-\theta}$$

资本租金率为：

$$r_t=\theta\lambda_t K_t^{\theta-1} H_t^{1-\theta}$$

需要注意，是劳动和资本的总量决定了工资率和资本租金率。给定生产函数的规模报酬不变，企业得到的所有收入都要以工资和资本租金的形式支出，从而没有额外的利润分配。时期 t 可获得的劳动总量为，

$$H_t=\int_0^1 h_t^i di$$

时期 t 可获得的资本总量为

$$K_t=\int_0^1 k_t^i di$$

家庭 i 将一定的货币量 m_{t-1}^i 从上期持有至本期，并接受来自政府的转移支付 $(g_t-1)M_{t-1}$。其中 M_{t-1} 是 $t-1$ 期的人均货币存量。因为在这个模型中有 1 个计量单位的家庭，所以人均量值与对应变量的总量值相等①。需要注意，该模型中一个家庭的货币持有量并不决定它能拿到多少政府的转移支付。购买消费品的 CIA 约束条件为：

$$p_t c_t^i\leqslant m_{t-1}^i+(g_t-1)M_{t-1}$$

其中，p_t 是时期 t 的价格水平，g_t 是时期 t 总的货币增长率（等于 1 加上净货币增长率）。可以据此分别考察货币增长率为常数时的稳态以及货币增长率服从一个随机过程时的动态两种情形。下文我们将分别举例说明。

需要注意，家庭收到的货币转移支付是货币总供给的函数，而不是家庭自有货币的函数。如果它依赖于家庭自有的货币，模型的结果就会有所不同，因为那样的话，家庭在做持有货币的决策时就会考虑到其决策对能够获得的转移支付的影响了。

为了简化求解技术，我们需要一个使 CIA 约束（中的等号）能够成立的条件。Cooley-Hansen 给出了如下的条件：预期的货币总增长率 g_t 一定要大于贴现因子 β。如果不是这样的话，将上期获得的货币保留至下一期，就可以通过增加消费（增加的比例大于贴现率）提高贴现后的效用水平。所以，我们只限于讨论 $g_t\geqslant\beta$ 的情形，即在每一时期 t，购物者将家庭持有的所有货币用于这一时期 t 的消费品。

在时期 t，家庭持有资本量 k_t^i 和货币量 m_{t-1}^i。除了消费品购买的 CIA 约束，家庭还面临流量预算约束：

$$c_t^i+k_{t+1}^i+\frac{m_t^i}{p_t}=w_t h_t^i+r_t k_t^i+(1-\delta)k_t^i+\frac{m_{t-1}^i+(g_t-1)M_{t-1}}{p_t}$$

① 这是因为总共有 1 单位的个人，所以用 1 去除某一变量的总量得到的人均量值也就和总量值相同。这也是定义人口总量为 1 单位的连续统的好处。

该预算约束的右边是一些项的加总：从劳动（根据劳动合约，不论工作与否，都能得到工资收入）和持有的资本中获得的收入；折旧后的资本量；在本期开始时持有货币量的实际值（包括了政府的转移支付）。该式左边则是另一些项的加总：消费、新持有的资本量、准备保留至下期的货币量的实际值。注意预算约束中的变量都采用的是实际量（就经济体中唯一的一种产品而言）。

为了求解这个模型，我们需要确定一个稳态。当 $\bar{g}=1$ 时，所有 t 时期的货币存量是常数，这符合所谓稳态的自然定义。当 $\bar{g}\neq 1$ 时，货币存量会随时间增加或减少，在这种情况下我们一般找不到 p_t，m_t^i，或者 M_t 的稳态值。以下有两种方法可以解决这个问题。

一种是 Cooley-Hansen 的方法，将每一期的三个名义变量标准化（用 M_t 去除这些变量），定义 $\hat{p}_t=p_t/M_t$，$\hat{m}_t^i=m_t^i/M_t$ 和 $M_t/M_t=1$，运用这些定义，CIA 约束就变成为：

$$\frac{p_t}{M_t}c_t^i=\frac{m_{t-1}^i+(g_t-1)M_{t-1}}{M_t}$$

这个可以写成：

$$\hat{p}_t c_t^i=\frac{m_{t-1}^i+(g_t-1)M_{t-1}}{g_t M_{t-1}}$$

$$\hat{p}_t c_t^i=\frac{\hat{m}_{t-1}^i+(g_t-1)}{g_t}$$

用 M_t 去除每一个名义变量，家庭的预算约束可以写成

$$c_t^i+k_{t+1}^i+\frac{\hat{m}_t^i}{\hat{p}_t}=w_t h_t^i+r_t k_t^i+(1-\delta)k_t^i+\frac{\hat{m}_{t-1}^i+(g_t-1)}{g_t\hat{p}_t}$$

将模型写成这种形式能够让名义变量在净货币增长非零的经济体中拥有稳态值，也可以求出动态形式模型的稳定解。

第二种求解稳态时名义变量的标准化方法是用它们除以价格，即用实际货币余额来描述模型。这样的话，我们将家庭的实际货币余额定义为：

$$\overline{m/p}=\frac{m_t^i}{p_t}$$

经济体的实际货币余额为：

$$\overline{M/p}=\frac{M_t}{p_t}$$

我们格外说明一下对滞后期货币变量的处理。在稳态时，货币增长和（稍后我们就会看到）通货膨胀不随时间变化，且两者相等，即 $\bar{g}=\bar{\pi}$。将 $t-1$ 期到 t 期的总通货膨胀率定义为 π_{t-1}，在 t 期开始时家庭持有货币量的稳态值为

$$\frac{m_{t-1}^i}{p_t}=\frac{m_{t-1}^i}{\pi_{t-1}p_{t-1}}=\frac{\overline{m/p}}{\bar{\pi}}=\frac{\overline{m/p}}{\bar{g}}$$

对于 M_{t-1} 则有类似的条件同样成立。

既然我们正在讨论 Cooley-Hansen 的模型，在这一章就采用他们的方法。在后面的章节中使用第二种方法（使用实际余额）来处理会更方便（对经济学家来说也更自然）。

利用这些变量，通过求解下面的最大化问题就可以得到我们想要的均衡：

$$\max E_0\sum_{t=0}^{\infty}\left(\beta^t\ln c_t^i+\left[A\frac{\ln(1-h_0)}{h_0}\right]h_t^i\right)$$

预算约束条件是：

$$c_t^i=\frac{\hat{m}_{t-1}^i+(g_t-1)}{g_t\hat{p}_t}$$

和

$$c_t^i+k_{t+1}^i+\frac{\hat{m}_t^i}{\hat{p}_t}=((1-\theta)\lambda_t K_t^{\theta}H_t^{-\theta})h_t^i+(\theta\lambda_t K_t^{\theta-1}H_t^{1-\theta})k_t^i+(1-\delta)k_t^i+\frac{\hat{m}_{t-1}^i+(g_t-1)}{g_t\hat{p}_t}$$

随机冲击的动态方程为：

$$\ln\lambda_{t+1}=\gamma\ln\lambda_t+\varepsilon_{t+1}^{\lambda}$$

货币增长率或者处于稳态，

$$g_t=\bar{g}$$

或者遵循一个随机过程

$$\ln g_{t+1}=(1-\pi)\ln\bar{g}+\pi\ln g_t+\varepsilon_{t+1}^{g}$$

最后这个表达式是货币增长的动态方程，其中包含的一项$(1-\pi)\ln\bar{g}$使得过程g_t的稳态值为$\bar{g}$（当设定冲击为ε_{t+1}^{g}并令其等于0，令$g_t=g_{t+1}$即可得到这个结果）。

均衡的全部总量条件为：

$$K_t=k_t^i$$

$$H_t=h_t^i$$

$$C_t=c_t^i$$

以及

$$\hat{M}_t=\hat{m}_t^i=1$$

在求解模型的动态形式之前，我们需要找到它的稳态。

习题 8.1 写出描述下面经济体的方程：货币进入模型时，政府给予每个家庭的转移支付是家庭持有货币的函数，其余部分同前面的模型相同。

8.2 求解稳态

对于前文讨论过的用于得到模型动态方程近似值的两种方法来说，找到模型的稳态都是第一步。正如前面提到的，找稳态可以使用变分法①，在这里我们就使用变分法来求解家庭的一阶条件。稍后在求解模型的对数线性近似（一阶约束、预算约束和均衡条件）时也还会用到本节的结果。当然使用 Bellman 方程的方法也会得到同样的一阶条件。

以拉格朗日形式给出家庭需要解决的问题：

$$L=\max_{\{c_t^i,k_{t+1}^i,h_t^i,\hat{m}_t^i\}}E_0\sum_{t=0}^{\infty}\beta^t\left[\ln c_t^i+Bh_t^i+\chi_t^1\left(\hat{p}_tc_t^i-\frac{\hat{m}_{t-1}^i+g_t-1}{g_t}\right)+\chi_t^2\left(k_{t+1}^i+\frac{\hat{m}_t^i}{\hat{p}_t}-(1-\delta)k_t^i-w_th_t^i-r_tk_t^i\right)\right]$$

因为稳态时随机变量g_t和λ_t将会是常数，这样就可以去掉期望符号。由于后面对数线性模型的求解过程中要用到以下这些一阶条件，所以我们仍然将这些期望符号保留下来。解得该拉格朗日方程一阶条件为：

$$\frac{\partial L}{\partial c_t^i}=\frac{1}{c_t^i}+\chi_t^1\hat{p}_t=0$$

$$\frac{\partial L}{\partial h_t^i}=B-\chi_t^2w_t=0$$

① 虽然在这里没有明确写出，但横截条件必须成立。

$$\frac{\partial L}{\partial k_{t+1}^i}=\chi_t^2-\beta E_t\chi_{t+1}^2\,[\,(1-\delta)\;+r_{t+1}]\;=0$$

$$\frac{\partial L}{\partial \hat{m}_t^i}=\chi_t^2\;\frac{1}{\hat{p}_t}-\beta E_t\chi_{t+1}^1\frac{1}{g_{t+1}}=0$$

通过前两个一阶条件得到拉格朗日乘数：

$$\chi_t^1=-\frac{1}{\hat{p}_t c_t^i}$$

$$\chi_t^2=\frac{B}{w_t}$$

利用这两个等式将后两个一阶条件中的拉格朗日乘数消掉。得到的两个方程再加上家庭的两个预算约束，给出了模型的四个方程如下：

$$\frac{1}{\beta}=E_t\,\frac{w_t}{w_{t+1}}[\,(1-\delta)\;+r_{t+1}]$$

$$\frac{B}{w_t\hat{p}_t}=-\beta E_t\,\frac{1}{\hat{p}_{t+1}c_{t+1}^i g_{t+1}}$$

$$\hat{p}_t c_t^i=\frac{\hat{m}_{t-1}^i+g_t-1}{g_t}$$

$$k_{t+1}^i+\frac{\hat{m}_t^i}{\hat{p}_t}=\;(1-\delta)\;k_t^i+w_t h_t^i+r_t k_t^i$$

另外，由要素市场的完全竞争假设，得出以下条件：

$$w_t=\;(1-\theta)\;\lambda_t\left[\frac{K_t}{H_t}\right]^{\theta}$$

和

$$r_t=\theta\lambda_t\left[\frac{K_t}{H_t}\right]^{\theta-1}$$

稳态时随机技术参量 $\lambda_t=1$，从而退出方程。

因为所有的家庭都相同，均衡时个量值就等于总量值，即

$$C_t=c_t^i$$

$$H_t=h_t^i$$

$$K_{t+1}=k_{t+1}^i$$

$$\hat{M}_t=\hat{m}_t^i$$

稳态时有 $\bar{K}=K_t=K_{t+1}$，$\bar{H}=H_t=H_{t+1}$，$\bar{C}=C_t=C_{t+1}$，$\bar{w}=w_t=w_{t+1}$，$\bar{r}=r_t=r_{t+1}$，$\hat{p}_t=\hat{p}_{t+1}=\hat{p}$，和 $\hat{M}_t=\hat{M}_{t+1}=1$。这时模型的六个方程变为：

$$\frac{1}{\beta}=\;(1-\delta)\;+\bar{r}$$

$$\frac{B}{\bar{w}}=-\frac{\beta}{g\bar{C}}$$

$$\hat{p}\bar{C}=1$$

$$\frac{1}{\hat{p}}=\;(\bar{r}-\delta)\;\bar{K}+\bar{w}\bar{H}$$

$$\bar{w}=\;(1-\theta)\;\left[\frac{\bar{K}}{\bar{H}}\right]^{\theta}$$

$$\bar{r}=\theta\left[\frac{\bar{K}}{\bar{H}}\right]^{\theta-1}$$

第一个方程给出了资本租金率：

$$\bar{r}=\frac{1}{\beta}-(1-\delta)$$

接下来通过两个要素市场方程，用资本租金率表示实际工资，得到：

$$\bar{w}=(1-\theta)\left[\frac{\bar{K}}{\bar{H}}\right]^{\theta}=(1-\theta)\left[\frac{\bar{r}}{\theta}\right]^{\frac{\theta}{\theta-1}}$$

消费水平是

$$\bar{C}=-\frac{\beta\bar{w}}{\bar{g}B} \tag{8.1}$$

价格水平是

$$\hat{p}=\frac{1}{\bar{C}}$$

由要素市场方程可得

$$\bar{H}=\left(\frac{\bar{r}}{\theta}\right)^{\frac{1}{1-\theta}}\bar{K}$$

再通过家庭的预算约束可得

$$\bar{K}=\frac{\bar{C}}{\frac{\bar{r}}{\theta}-\delta}$$

既然得到了稳态时的消费水平，同时也得到了稳态时的资本存量水平和劳动供给水平，再根据家庭的预算约束就可以得到产出水平：

$$\bar{Y}=\bar{C}+\delta\bar{K}$$

对于一般的以季度数据反映的经济体，我们一直使用下面的参数值：$\beta=0.99$，$\delta=0.025$，$\theta=0.36$，$A=1.72$，$h_0=0.583$，因此 $B=-2.5805$。表 8—1 给出了对应这些参数值的变量的稳态值。需要注意的是，货币供给的增长率不影响实际工资和资本租金率，但其会影响稳态消费量、价格水平、资本存量、工作时间和产出水平。

Cooley-Hansen 在论文中用一个表来反映稳态时不同的通货膨胀水平是如何影响实际变量的值的。同时，他们也计算了由通货膨胀带来的福利损失。由于稳态时的贴现效用为：

$$\sum_{i=0}^{\infty}\beta^{i}(\ln\bar{C}+B\bar{H})=\frac{\ln\bar{C}+B\bar{H}}{1-\beta}$$

我们可以很容易地利用我们得到的稳态结果构造出一个与 Cooley-Hansen 所得到的类似的表（Cooley and Hansen [36]，第 743 页），见表 8—2。

前文说过，我们要求 $\bar{g}\geqslant\beta$ 来保证 CIA 约束条件成立，这也说明了为什么表中可能的最低通货膨胀率是−4%（当 $\bar{g}=0.99$ 时）。我们把通货膨胀率等于贴现率时的效用水平作为基准来衡量通货膨胀的福利损失，以不同货币增长率计算得到的毕生总效用贴现值占该基准值的百分比来度量通货膨胀带来的福利损失。

该表中有趣的一点是，通货膨胀率为−4%时的稳态值同没加入货币且劳动力不可分割的 Hansen 模型（第 6 章中的第二个模型，参见表 6—3）所得到的稳态值几乎完全相同，两者的均衡状态只有细微的差别。比较一下劳动不可分割的 Hansen 模型和没有通胀的 Cooley-Hansen 模型：对于后者，家庭需要在时期 t 保留一笔用于时期 $t+1$ 消费的货币，所以时期 $t+1$ 的消费会因贴现因子 β 有所减少。这一点可以在一阶条件中得到体现：与没有通货膨胀的情形相比，唯一的区别就是在将消费和通货膨胀联系起来的方程中多了一个 β（参见方程（6.7）和（8.1））。

表 8—1　　以 g 为自变量的函数的稳态

变量	稳态值
$\bar{r}$	0.0351
$\bar{w}$	2.3706
$\bar{C}$	$0.9095/\bar{g}$
$\hat{p}$	$1.0995\bar{g}$
$\bar{K}$	$12.544/\bar{g}$
$\bar{H}$	$0.3302/\bar{g}$
$\bar{Y}$	$1.2231/\bar{g}$

表 8—2　　Cooley and Hansen 论文中的表格

年通胀率	-4%	0%	10%	100%	400%
对应的 g	β	1	1.024	1.19	1.41
产出	1.2355	1.2231	1.1944	1.0278	0.8674
消费	0.9187	0.9095	0.8882	0.7643	0.6450
投资	0.3168	0.3136	0.3063	0.2635	0.224
资本存量	12.6707	12.544	12.2500	10.541	8.8965
工作小时	0.3335	0.3302	0.3225	0.2775	0.2342
福利损失	0	0.15%	0.55%	4.16%	10.29%

习题 8.2　求解下面经济体的稳态（货币增长率的函数）：货币进入模型时，政府给予每个家庭的转移支付是家庭持有货币的函数，其余部分同前面的模型相同。

8.3　利用线性二次方法求解模型

我们先利用 Cooley-Hansen 使用的线性二次方法求解模型。同第 7 章相比，这里要更复杂一些，因为家庭的决策要依赖于一些总体经济变量值，K_t 和 $\hat{p}_t$。家庭在每一期做最优决策时都将这些变量值视为给定的（因为每个家庭都很小，不足以对这些变量值产生直接影响），但所有家庭的加总行为却决定了这些变量值的大小。因此本节讨论最优化问题时暂且抛开加总问题，建立最优化模型方程组，并说明怎样找到动态模型的近似，但不进一步计算求解。

还有一种更简单的求解方法，即第 6 章使用的对数线性方法。两种方法解出的结果很相近，下一节我们会用该方法考察该模型的动态特性。

给定经济体的稳态值，我们要求解的是对模型二次形式的近似。求解均衡要经过两步：首先，在给定经济体中加总变量的情况下，找出家庭的最优化行为方式。接着，加总家庭的最优决策得到加总变量值（给定所有家庭都相同，家庭的总体为 1 单位）。利用政策函数的总量形式，我们要找到时期 $t+1$ 的资本总量的不动点：使得家庭预期的时期 $t+1$

的资本总量等于时期 $t+1$ 经济体中所有家庭实际拥有的资本量总和。与此同时，也可以得到对应的价格水平。

优化问题和加总问题需要分开进行，因此我们首先解决优化问题。如果先解决加总问题，最优化得到的结果就会与小的经济决策单元（单个家庭）得出的最优化结果有所不同。福利经济学第二定理在这里并不成立，因为货币创造的加入意味着均衡不再是一个纯粹的竞争性均衡。

8.3.1　构建二次目标函数

由于我们所使用的方法是在线性预算约束的条件下求解二次目标函数，为了确保我们能够使用这一方法，要把所有的非线性约束代入目标函数。利用约束：

$$c_t^i=\frac{\hat{m}_{t-1}^i+(g_t-1)}{g_t\hat{p}_t}$$

首先消掉目标函数和第二个预算约束中的 c_t，使得目标函数变为：

$$\max E_0\sum_{t=0}^{\infty}\left(\beta^t\ln\left[\frac{\hat{m}_{t-1}^i+(g_t-1)}{g_t\hat{p}_t}\right]+\left[A\frac{\ln(1-h_0)}{h_0}\right]h_t^i\right)$$

剩下的预算约束：

$$k_{t+1}^i+\frac{\hat{m}_t^i}{\hat{p}_t}=((1-\theta)\lambda_tK_t^{\theta}H_t^{-\theta})h_t^i+(\theta\lambda_tK_t^{\theta-1}H_t^{1-\theta})k_t^i+(1-\delta)k_t^i$$

化简该预算约束得：

$$k_{t+1}^i-(1-\delta)k_t^i+\frac{\hat{m}_t^i}{\hat{p}_t}=(\lambda_tK_t^{\theta}H_t^{1-\theta})\left[(1-\theta)\frac{h_t^i}{H_t}+\theta\frac{k_t^i}{K_t}\right]\tag{8.2}$$

对家庭加总，个量被总量替换，预算约束变为：

$$K_{t+1}+\frac{1}{\hat{p}_t}=\lambda_tK_t^{\theta}H_t^{1-\theta}+(1-\delta)K_t$$

从而解出总量劳动供给为：

$$H_t=\left[\frac{K_{t+1}-(1-\delta)K_t+\frac{1}{\hat{p}_t}}{\lambda_tK_t^{\theta}}\right]^{\frac{1}{1-\theta}}$$

将其代入个体的预算约束（方程（8.2）），得到个体的劳动供给为：

$$h_t^i=\frac{k_{t+1}^i-(1-\delta)k_t^i+\frac{\hat{m}_t^i}{\hat{p}_t}-\theta\left[K_{t+1}-(1-\delta)K_t+\frac{1}{\hat{p}_t}\right]\frac{k_t^i}{K_t}}{(1-\theta)\left[K_{t+1}-(1-\delta)K_t+\frac{1}{\hat{p}_t}\right]^{-\frac{\theta}{1-\theta}}[\lambda_tK_t^{\theta}]^{\frac{1}{1-\theta}}}$$

利用上式消掉目标函数中的劳动，可以得到：

$$\max_{k_{t+1}^i,\hat{m}_t^i}E_0\sum_{t=0}^{\infty}\left(\beta^t\ln\left[\frac{\hat{m}_{t-1}^i+(g_t-1)}{g_t\hat{p}_t}\right]\right.$$
$$\left.+\left[A\frac{\ln(1-h_0)}{h_0}\right]\left[\frac{k_{t+1}^i-(1-\delta)k_t^i+\frac{\hat{m}_t^i}{\hat{p}_t}-\theta\left[K_{t+1}-(1-\delta)K_t+\frac{1}{\hat{p}_t}\right]\frac{k_t^i}{K_t}}{(1-\theta)\left[K_{t+1}-(1-\delta)K_t+\frac{1}{\hat{p}_t}\right]^{-\frac{\theta}{1-\theta}}[\lambda_tK_t^{\theta}]^{\frac{1}{1-\theta}}}\right]\right)\tag{8.3}$$

时期 t 的状态变量为 $x_t=[1\quad\lambda_t\quad k_t^i\quad\hat{m}_{t-1}^i\quad g_t\quad K_t]'$。家庭选择 $y_t=[k_{t+1}^i\quad\hat{m}_t^i]'$ 以最大化其目标函数，且其预算约束是：

$$\ln(\lambda_{t+1})=\gamma\ln(\lambda_t)+\varepsilon_{t+1}^{\lambda}$$

$$k_{t+1}^{i}=k_{t+1}^{i}$$

$$\hat{m}_t^{i}=\hat{m}_t^{i}$$

和

$$\ln g_{t+1}=(1-\pi)\bar{g}+\pi\ln g_t+\varepsilon_{t+1}^{g}$$

此外，总量或市场变量的集合为 $Z_t=[K_{t+1}\quad \hat{p}_t]'$，

其中，$K_{t+1}=\int_0^1 k_{t+1}^{i}di$

$\hat{p}_t$ 是 t 时期的价格水平与货币供给量之比。

首先，运用第 7 章 Kydland 和 Prescott 的方法对方程（8.3）进行二阶泰勒展开，得到近似的目标函数，

$$[x'_t\quad y'_t\quad Z'_t]\,Q\begin{bmatrix}x_t\\ y_t\\ Z_t\end{bmatrix}$$

已知目标函数，我们要求解如下形式的 Bellman 方程：

$$x'_tPx_t=\max_{y_t}\left[[x'_t\quad y'_t\quad Z'_t]\,Q\begin{bmatrix}x_t\\ y_t\\ Z_t\end{bmatrix}+\beta E_0[x'_{t+1}Px_{t+1}]\right]$$

预算约束条件是：

$$x_{t+1}=Ax_t+By_t+CZ_t+D\varepsilon_{t+1}$$

我们可以将矩阵 Q 改写成：

$$Q=\begin{bmatrix}R & W' & X'\\ W & T & N'\\ X & N & S\end{bmatrix}$$

从而将

$$[x'_t\quad y'_t\quad Z'_t]\,Q\begin{bmatrix}x_t\\ y_t\\ Z_t\end{bmatrix}$$

写成：

$$x'_tRx_t+y'_tTy_t+Z'_tSZ_t+2y'_tWx_t+2Z'_tXx_t+2Z'_tNy_t$$

Bellman 方程右边的第二部分可以写成：

$$\beta E_0[x'_{t+1}Px_{t+1}]=\beta E_0[(Ax_t+By_t+CZ_t+D\varepsilon_{t+1})'P(Ax_t+By_t+CZ_t+D\varepsilon_{t+1})]$$

将展开的 Bellman 方程右边的第一部分对 y_t 求导，得

$$(T+T')y_t+2Wx_t+2N'Z_t$$

对第二部分求导，得

$$\beta[2B'PAx_t+2B'PBy_t+2B'PCZ_t]$$

将两式合并，考虑到是对称矩阵，我们得到一阶条件（系数 2 被消掉）：

$$0=Ty_t+Wx_t+N'Z_t+\beta[B'PAx_t+B'PBy_t+B'PCZ_t]$$

或

$$(T+\beta B'PB)y_t=-(W+\beta B'PA)x_t-(N+\beta B'PC)Z_t$$

当 $(T+\beta B'PB)$ 是可逆矩阵时，可以得出如下线性的政策函数：

$$y_t=-(T+\beta B'PB)^{-1}(W+\beta B'PA)x_t-(T+\beta B'PB)^{-1}(N+\beta B'PC)Z_t$$

我们可以将其写成

$$y_t = F_1 x_t + F_2 Z_t$$

其中

$$F_1 = -(T+\beta B'PB)^{-1}(W+\beta B'PA)$$

$$F_2 = -(T+\beta B'PB)^{-1}(N+\beta B'PC)$$

当 $(T+\beta B'PB)$ 是不可逆矩阵时，需要用别的方法求解，其中一种就是 6.8.4 节提到的 Schur 分解法。

值函数中的矩阵 P 满足下面的方程：

$$x'_t P x_t = [x'_t \ (F_1 x_t + F_2 Z_t)' \ Z'_t] \ Q \begin{bmatrix} x_t \\ F_1 x_t + F_2 Z_t \\ Z_t \end{bmatrix}$$

$$+\beta((A+BF_1)x_t + (BF_2+C)Z_t)'P((A+BF_1)x_t + (BF_2+C)Z_t)$$

8.3.2 引入经济总体变量

上面的值函数矩阵表达形式依然包含总量变量 $Z_t = [K_{t+1} \quad \hat{p}_t]'$，我们需要把 Z_t 表示成 x_t 的函数。首先注意到，将总体为一的家庭加总其个体政策变量 y_t 可以得到时期 t 的货币存量和时期 $t+1$ 的资本总量。给定 $y_t^i = [k_{t+1}^i \quad \hat{m}_t^i]'$，则总量形式的资本和货币存量为

$$\int_0^1 y_t^i di = \begin{bmatrix} \int_0^1 k_{t+1}^i di \\ \int_0^1 \hat{m}_t^i di \end{bmatrix} = \begin{bmatrix} K_{t+1} \\ 1 \end{bmatrix}$$

其中，$1 = M_t / M_t$ 为变量 $\hat{m}_t^i$ 的加总值。如果政策函数

$$y_t = F_1 x_t + F_2 Z_t$$

存在，且 F_1 和 F_2 都是线性函数，则方程两边都按照总体为一的家庭加总，得到总量形式的政策函数：

$$\begin{bmatrix} K_{t+1} \\ 1 \end{bmatrix} = F_1 \int_0^1 x_{t+1}^i di + F_2 Z_t \tag{8.4}$$

根据前文，

$$x_t^i = [1 \quad \lambda_t \quad k_t^i \quad \hat{m}_{t-1}^i \quad g_t \quad K_t]'$$

这一向量积分后得

$$\hat{x}_t = \int_0^1 x_{t+1}^i di = [1 \quad \lambda_t \quad K_t \quad 1 \quad g_t \quad K_t]$$

我们可以构造一个矩阵，

$$G = \begin{bmatrix} 1 & 0 & 0 & 0 & 0 & 0 \\ 0 & 1 & 0 & 0 & 0 & 0 \\ 0 & 0 & 0 & 0 & 0 & 1 \\ 1 & 0 & 0 & 0 & 0 & 0 \\ 0 & 0 & 0 & 0 & 1 & 0 \\ 0 & 0 & 0 & 0 & 0 & 1 \end{bmatrix}$$

即对于所有的家庭 i 有 $\hat{x}_t = G x_t^i$。除了第 3 行和第 4 行（分别将 k_t^i 和 m_t^i 转换为 K_t 和 1）以外，矩阵 G 是一个对角阵。

运用这个总量矩阵 G，方程（8.4）可以写成：

$$\begin{bmatrix} K_{t+1} \\ 1 \end{bmatrix} = F_1 G x_t^i + F_2 \begin{bmatrix} K_{t+1} \\ \hat{p}_t \end{bmatrix}$$

如果矩阵 F_2 是可逆的，我们就可以得到总量变量的值：

$$\begin{bmatrix} K_{t+1} \\ \hat{p}_t \end{bmatrix} = F_2^{-1} \begin{bmatrix} K_{t+1} \\ 1 \end{bmatrix} - F_2^{-1} F_1 G x_t^i$$

或者

$$\begin{bmatrix} K_{t+1} \\ \hat{p}_t \end{bmatrix} = J \begin{bmatrix} K_{t+1} \\ 1 \end{bmatrix} + H x_t^i$$

其中，$J=[J_{ij}]$ 是一个 2×2 阶矩阵，$H=[H_{ij}]$ 是一个 2×6 阶矩阵。考虑到 x_t^i 的第一个要素总是 1，通过上面方程的矩阵运算，我们就能得出 K_{t+1} 和 $\hat{p}_t$

$$Z_t = F_3 x_t^i$$

其中，

$$F_3 = \begin{bmatrix} \dfrac{H_{11}+J_{12}}{1-J_{11}} & \dfrac{H_{12}}{1-J_{11}} & \dfrac{H_{13}}{1-J_{11}} & \dfrac{H_{14}}{1-J_{11}} & \dfrac{H_{15}}{1-J_{11}} & \dfrac{H_{16}}{1-J_{11}} \\ H_{21}+J_{22}+\dfrac{J_{21}(H_{11}+J_{12})}{1-J_{11}} & H_{22}+\dfrac{J_{21}H_{12}}{1-J_{11}} & H_{23}+\dfrac{J_{21}H_{13}}{1-J_{11}} & H_{24}+\dfrac{J_{21}H_{14}}{1-J_{11}} & H_{25}+\dfrac{J_{21}H_{15}}{1-J_{11}} & H_{26}+\dfrac{J_{21}H_{16}}{1-J_{11}} \end{bmatrix}$$

虽然矩阵 F_3 的表达式很繁琐，它却清晰地给出了求解变量 K_{t+1} 和 $\hat{p}_t$ 的方法。这两个变量包含在由两个线性方程组成的方程组中，其中，已知 x_t^i，Hx_t^i 以常数形式给出并且 J_{12} 和 J_{22} 在各自的方程当中也是常量。

给定矩阵 F_3，我们可以得到用下式表示的总体变量：

$$P = [I_x \quad F'_1+F'_3F'_2 \quad F'_3]\ Q \begin{bmatrix} I_x \\ F_1+F_2F_3 \\ F_3 \end{bmatrix}$$
$$+\beta\left((A+BF_1)+(BF_2+C)F_3\right)'P\left((A+BF_1)+(BF_2+C)F_3\right)$$

其中，I_x 是单位矩阵，维数和状态变量 x_t 的维数相同。

我们需要通过一个迭代过程求解 P。首先猜一个矩阵初值 P_0，利用 P_0 计算出初始的政策函数 F_1^0 和 F_2^0，然后再利用 F_1^0 和 F_2^0 计算出求解整体性经济变量的 F_3^0。把这三个矩阵代入上面的方程（P_0 在方程的右边），就得到了用于下一次迭代的矩阵 P_1。再用 P_1 计算出 F_1^1、F_2^1 和 F_3^1，代入上式就得到了 P_2。不停地迭代，直到 P_j 和 P_{j+1} 的差别处于期望限度之内。一旦得到了矩阵 P，我们就找到了政策函数的线性近似 F_1 和 F_2，还有用来计算整体经济变量的 F_3。

8.4 利用对数线性方法求解模型

运用二阶 Taylor 展开求解均衡，求导的工作非常繁重，原因在于我们不得不用手工计算的方式求得包含所有非线性的目标函数的二阶偏导数。经济总体变量又使问题进一步复杂化。其实，有一个更简单的办法可以得到模型的线性形式，那就是我们在第 6 章介绍过的对数线性方法。通过对模型中的一阶条件、预算约束、随机过程和加总规则的对数线性化，我们就能解出这个线性系统的线性政策函数，这也是我们在本节要做的事情。

8.4.1 对数线性化

为了获得模型的对数线性形式，我们要用到在求解稳态时得到的一阶条件、预算约束、均衡条件。有关家庭决策的两个一阶条件为：

$$\frac{1}{\beta}=E_t\frac{w_t}{w_{t+1}}\left[(1-\delta)+r_{t+1}\right]$$

$$\frac{B}{w_t\hat{p}_t}=-\beta E_t\frac{1}{\hat{p}_{t+1}c_{t+1}^i g_{t+1}}$$

CIA 约束为：

$$\hat{p}_t c_t^i=\frac{\hat{m}_{t-1}^i+g_t-1}{g_t}$$

流量预算约束为：

$$k_{t+1}^i+\frac{\hat{m}_t^i}{\hat{p}_t}=(1-\delta)k_t^i+w_t h_t^i+r_t k_t^i$$

有关完全竞争要素市场的两个方程：

$$w_t=(1-\theta)\lambda_t\left[\frac{K_t}{H_t}\right]^{\theta}$$

和

$$r_t=\theta\lambda_t\left[\frac{K_t}{H_t}\right]^{\theta-1}$$

均衡和加总条件为：

$$C_t=c_t^i$$

$$H_t-h_t^i$$

$$K_{t+1}=k_{t+1}^i$$

和

$$\hat{M}_t=\hat{m}_t^i=1$$

前文曾经将经济体标准化为 $\hat{M}_t=1$。此外，还有两个随机过程：

$$\ln\lambda_{t+1}=\gamma\ln\lambda_t+\varepsilon_{t+1}^{\lambda}$$

和

$$\ln g_{t+1}=(1-\pi)\ln\bar{g}+\pi\ln g_t+\varepsilon_{t+1}^{g}$$

将上面的两个一阶条件加以对数线性化，得到：

$$-\tilde{w}_t=\beta E_t\left[\bar{r}(\tilde{r}_{t+1}-\tilde{w}_{t+1})-(1-\delta)\tilde{w}_{t+1}\right] \tag{8.5}$$

和

$$-\frac{B}{\bar{C}\bar{w}}\left[\tilde{p}_t+\tilde{w}_t\right]=\beta E_t\left[\frac{1}{\bar{g}}\tilde{g}_{t+1}\right] \tag{8.6}$$

这个对数线性化的过程用到了 CIA 约束，其形式为：

$$g_t\hat{p}_t c_t^i=\hat{m}_{t-1}^i+g_t-1$$

对总量形式的 CIA 约束对数线性化，（对于所有的 t）得到 $\tilde{p}_t+\tilde{C}_t=0$。这样，我们就可以将方程中的这两个变量去掉，从而得出上面的式子。将实际预算约束写为：

$$\bar{k}\tilde{k}_{t+1}+\frac{\bar{m}}{\bar{p}}\left[\tilde{m}_t-\tilde{p}_t\right]=\bar{w}\bar{h}\left[\tilde{w}_t+\tilde{h}_t\right]+\bar{r}\bar{k}\left[\tilde{r}_t+\tilde{k}_t\right]+(1-\delta)\bar{k}\tilde{k}_t \tag{8.7}$$

完全竞争的要素市场条件的对数线性形式是：

$$\bar{r}\tilde{r}_t=\theta\bar{K}^{\theta-1}\bar{H}^{1-\theta}\left[\tilde{\lambda}_t+(\theta-1)\left[\tilde{K}_t-\tilde{H}_t\right]\right] \tag{8.8}$$

和

$$\bar{w}\tilde{w}_t = (1-\theta)\ \bar{K}^{\theta}\bar{H}^{-\theta}\ [\tilde{\lambda}_t+\theta\ [\tilde{K}_t-\tilde{H}_t]] \tag{8.9}$$

技术和货币供给的随机冲击过程[①]的对数线性化为：

$$\tilde{\lambda}_{t+1}=\gamma\tilde{\lambda}_t+\varepsilon_{t+1}^{\lambda} \tag{8.10}$$

和

$$\tilde{g}_{t+1}=\pi\tilde{g}_t+\varepsilon_{t+1}^{g} \tag{8.11}$$

加总条件为：

$$\tilde{K}_t=\tilde{k}_t \tag{8.12}$$

$$\tilde{H}_t=\tilde{h}_t \tag{8.13}$$

和

$$\tilde{m}_t=0 \tag{8.14}$$

最后一项约束条件成立是因为 $\hat{M}_t=1=\bar{m}\ (1+\tilde{m}_t)\ =1\ (1+\tilde{m}_t)$。

消掉模型中的一些变量，从而减少期望变量的个数对模型的求解是很有帮助的。将货币增长过程

$$\tilde{g}_{t+1}=\pi\tilde{g}_t+\varepsilon_{t+1}^{g}$$

代入方程：

$$-\frac{B}{\bar{C}\bar{w}}\ [\tilde{p}_t+\tilde{w}_t]\ =\beta E_t\left[\frac{1}{\bar{g}}\tilde{g}_{t+1}\right]$$

因为误差项的期望为 0，我们就可以把期望符号去掉，得到：

$$-\frac{B}{\bar{C}\bar{w}}\ [\tilde{p}_t+\tilde{w}_t]\ =\frac{\beta\pi}{\bar{g}}\tilde{g}_t \tag{8.15}$$

我们将个量用总量替换掉（它们在均衡时相等），即用 $\tilde{K}_t$ 替换 $\tilde{k}_t$，用 $\tilde{H}_t$ 替换 $\tilde{h}_t$。由于货币总量为 1（这意味着总有 $\tilde{m}_t=0$），我们还能将货币存量消掉。经过上面的调整得到一个含有四个不包含期望项的方程的模型方程组：

$$0=\bar{K}\tilde{K}_{t+1}-\frac{1}{\bar{p}}\tilde{p}_t-\bar{w}\bar{H}\tilde{w}_t-\bar{w}\bar{H}\tilde{H}_t-\bar{r}\bar{K}\tilde{r}_t-\bar{r}\bar{K}\tilde{K}_t-\ (1-\delta)\ \bar{K}\tilde{K}_t$$

$$0=\tilde{r}_t-\tilde{\lambda}_t-\ (\theta-1)\ \tilde{K}_t+\ (\theta-1)\ \tilde{H}_t$$

$$0=\tilde{w}_t-\tilde{\lambda}_t-\theta\tilde{K}_t+\theta\tilde{H}_t$$

$$0=\tilde{p}_t+\tilde{w}_t-\pi\tilde{g}_t$$

一个带有期望的方程：

$$0=\tilde{w}_t+\beta\bar{r}E_t\tilde{r}_{t+1}-E_t\tilde{w}_{t+1}$$

和两个分别为技术和货币增长的随机冲击过程：

$$\tilde{\lambda}_{t+1}=\gamma\tilde{\lambda}_t+\varepsilon_{t+1}^{\lambda}$$

$$\tilde{g}_{t+1}=\pi\tilde{g}_t+\varepsilon_{t+1}^{g}$$

8.4.2 求解对数线性模型

首先，将模型写为以下形式：

$$0=Ax_t+Bx_{t-1}+Cy_t+Dz_t$$

$$0=E_t\ [Fx_{t+1}+Gx_t+Hx_{t-1}+Jy_{t+1}+Ky_t+Lz_{t+1}+Mz_t]$$

$$z_{t+1}=Nz_t+\varepsilon_{t+1}$$

---

① 货币的随机过程，$\ln g_{t+1}\ (1-\pi)\ \ln\bar{g}+\pi\ln g_t+\varepsilon_{t+1}^{g}$，可以写为 $\ln g_{t+1}-\ln\bar{g}=\pi\ (\ln g_t-\ln\bar{g})\ +\varepsilon_{t+1}^{g}$。又由 $\tilde{g}_t=\ln g_t-\ln\bar{g}$，进一步交换为 $\tilde{g}_{t+1}=\pi\tilde{g}_t+\varepsilon_{t+1}^{g}$。

其中，$x_t=[\tilde{K}_{t+1}]'$，$y_t=[\tilde{r}_t \quad \tilde{w}_t \quad \tilde{H}_t \quad \tilde{p}_t]'$，$z_t=[\tilde{\lambda}_t \quad \tilde{g}_t]'$，

$$A=\begin{bmatrix}\bar{K}\\0\\0\\0\end{bmatrix}$$

$$B=\begin{bmatrix}-(\bar{r}+1-\delta)\bar{K}\\(1-\theta)\\-\theta\\0\end{bmatrix}$$

$$C=\begin{bmatrix}-\bar{r}\bar{K} & -\bar{w}\bar{H} & -\bar{w}\bar{H} & -\frac{1}{\bar{p}}\\1 & 0 & (\theta-1) & 0\\0 & 1 & \theta & 0\\0 & -1 & 0 & -1\end{bmatrix}$$

$$D=\begin{bmatrix}0 & 0\\-1 & 0\\-1 & 0\\0 & \pi\end{bmatrix}$$

$F=[0]$

$G=[0]$

$H=[0]$

$J=[\beta\bar{r} \quad -1 \quad 0 \quad 0]$

$K=[0 \quad 1 \quad 0 \quad 0]$

$L=[0 \quad 0]$

$M=[0 \quad 0]$

$$N=\begin{bmatrix}\gamma & 0\\0 & \pi\end{bmatrix}$$

线性运动方程由矩阵 P，Q，R，和 S 给出，其中

$$x_{t+1}=Px_t+Qz_t$$

$$y_t=Rx_t+Sz_t$$

根据 Uhlig 的方法和第 6 章的附录 1，我们知道 P 是下面这个二次方程的解（一般来说，应该是一个方程矩阵，但因为在这里资本是唯一的状态变量，所以只是一个二次方程）。

$$(F-JC^{-1}A)P^2-(JC^{-1}B-G+KC^{-1}A)P-KC^{-1}B+H=0$$

并且有：

$$R=-C^{-1}(AP+B)$$

$$vec(Q)=(N'\otimes(F-JC^{-1}A)+I_k\otimes(FP+G+JR-KC^{-1}A))^{-1}\times vec((JC^{-1}D-L)N+KC^{-1}D-M)$$

和

$$S=-C^{-1}(AQ+D)$$

该模型的解为 $P=[0.9418]$，$Q=[0.1552 \quad 0.0271]$，

$$R=\begin{bmatrix}-0.9450\\0.5316\\-0.4766\\-0.5316\end{bmatrix}$$

$$S=\begin{bmatrix} 1.9418 & -0.0555 \\ 0.4703 & 0.0312 \\ 1.4715 & -0.0867 \\ -0.4703 & 0.4488 \end{bmatrix}$$

表 8—3 和表 8—4 给出了模拟的结果。稳态的通货膨胀率在这里设定为 0（$\bar{g}=1$）。除了误差项的标准差被设定为 $\sigma_\lambda=0.0036$ 以及 $\sigma_g=0.00$，0.01 或 0.02 之外，其余的部分参照标准经济体。从表中可以看出，加强货币增长冲击对同生产相关的变量（$\tilde{Y}$，$\tilde{K}$，$\tilde{H}$，$\tilde{r}$ 和 $\tilde{w}$）影响相对较小，而对消费和投资的影响相对较大。不难想到，价格水平的标准差会随着货币增长标准差的增大而迅速增大。由于产出对货币增长的冲击很不敏感，那么不难推出，随着货币增长冲击的加强，各变量与产出的相关系数会下降。

表 8—3 **CIA 模型中变量的标准差**

变量	$\sigma_\lambda=0.0036$ $\sigma_g=0$	$\sigma_\lambda=0.0036$ $\sigma_g=0.01$	$\sigma_\lambda=0.0036$ $\sigma_g=0.02$
$\tilde{Y}$	0.0176	0.0176	0.0178
$\tilde{C}$	0.0098	0.0119	0.0168
$\tilde{I}$	0.0478	0.0496	0.0535
$\tilde{K}$	0.0130	0.0129	0.0130
$\tilde{r}$	0.0147	0.0147	0.0148
$\tilde{w}$	0.0098	0.0098	0.0098
$\tilde{H}$	0.0110	0.0110	0.0112
$\tilde{p}$	0.0098	0.0109	0.0138

表 8—4 **CIA 经济体中各变量与产出的相关系数**

变量	$\sigma_\lambda=0.0036$ $\sigma_g=0$	$\sigma_\lambda=0.0036$ $\sigma_g=0.01$	$\sigma_\lambda=0.0036$ $\sigma_g=0.02$
$\tilde{Y}$	1.0000	1.0000	1.0000
$\tilde{C}$	0.8234	0.6666	0.5094
$\tilde{I}$	0.9472	0.9060	0.8030
$\tilde{K}$	0.6166	0.6106	0.5966
$\tilde{r}$	0.7149	0.7173	0.7161
$\tilde{w}$	0.8234	0.8186	0.8045
$\tilde{H}$	0.8753	0.8758	0.8715
$\tilde{p}$	-0.8234	-0.7291	-0.5993

模型中一个特别值得注意的特征是，模型的动态性并不依赖于稳态时的通货膨胀率。我们在 A 到 M 一系列的矩阵中看不见 $\bar{g}$，不过它暗含在 $\bar{K}$，$\bar{H}$，和 $1/\bar{p}$ 的稳态值中，这是因为 $\bar{K}$ 和 $\bar{H}$ 是用 $\bar{g}$ 除以一个常量得到的，而 $\bar{p}$ 是可以用一个常量乘以 $\bar{g}$ 得到的。但是这些稳态值都只出现在一个方程中，方程中每个系数都被 $\bar{g}$ 所除。这样一来，方程中变量之间

的关系不会随 $\bar{g}$ 的变化而变化，模型的对数线性形式对于所有可能的 $\bar{g}$ 都是一样的。

习题 8.3 写出具有下面特性的 CIA 模型：货币用于家庭购买消费品和企业支付工资。在每种情况下都是 $t-1$ 期保留的货币，经时期 t 的政府转移支付或税收调整，用于时期 t 的各种支付。

8.4.3 脉冲响应函数

通过脉冲响应函数可以很清楚地了解到模型的一些特性。对于技术冲击，该经济体的反应与第 6 章讨论的 Hansen 的劳动不可分割模型相同。图 8—1 表示的是无货币的 Hansen 模型的脉冲响应函数（同图 6—5 相同），图 8—2 则表示 Cooley-Hansen 模型对同样冲击的反应。两个图形的不同之处在于各自想要求解的变量是不同的，Hansen 劳动不可分割模型给出的是变量 $\tilde{K}$，$\tilde{Y}$，$\tilde{C}$，$\tilde{H}$，和 $\tilde{r}$ 的响应，而 Cooley-Hansen 模型给出的是 $\tilde{K}$，$\tilde{r}$，$\tilde{w}$，$\tilde{H}$，和 $\tilde{p}$ 的响应。

当 Cooley-Hansen 模型中只存在一个技术冲击时，根据 CIA 约束的对数线性化形式，我们得知价格水平和消费的变动方向恰好相反。而根据第二个一阶条件的对数线性形式（方程（8.15）），一个技术冲击带来价格和工资的变动方向恰好相反。这也就是说，工资和消费对技术冲击的反应方向相同。

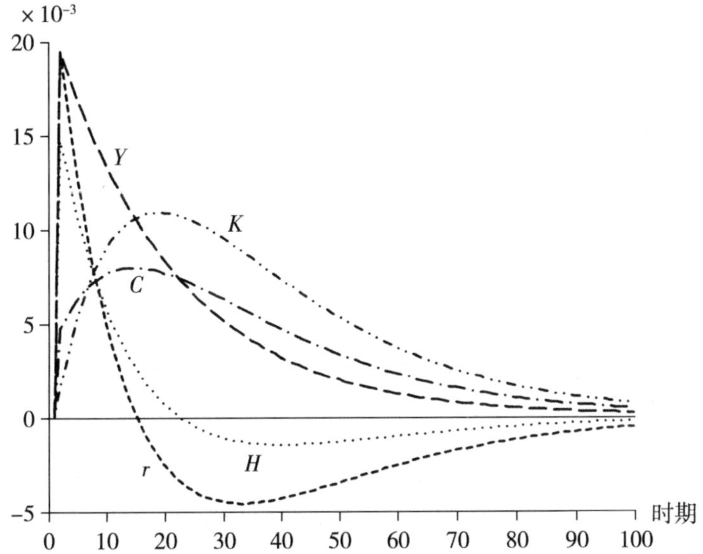

图 8—1 Hansen 模型对技术冲击的反应

图 8—3 表示的是 Cooley-Hansen 模型对货币增长冲击 $\sigma_g=0.01$ 的反应。很清楚地看到，价格迅速对其做出程度相当的反应。因为我们已经假设同技术相比，货币增长的序列相关性要弱一些（货币的第一滞后期相关系数是 0.48 而技术的相关系数是 0.95），所以该冲击的衰减速度会比技术冲击相对快得多。注意这仅是由随机过程的序列相关程度决定的，与模型本身的传导性质无关。从资本和劳动的反应来看，货币冲击确实会有实际影响，但相对较弱。这些与我们的观察相一致：当货币冲击增强时，实际变量的标准差变化较小，其中产出的变化格外小。

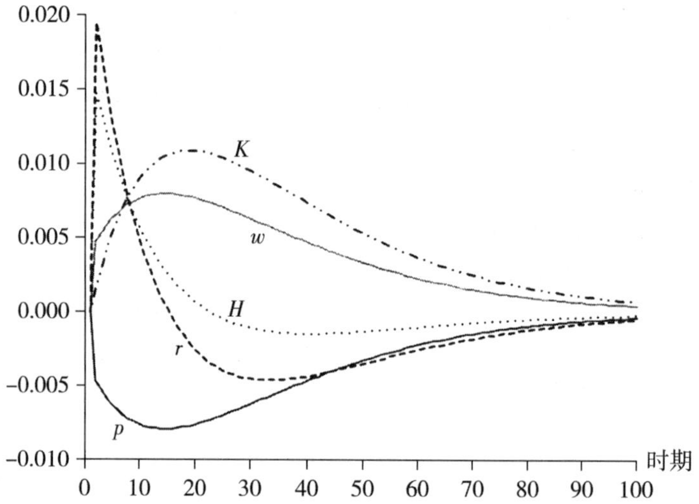

图 8—2　Cooley-Hansen 模型对技术冲击的反应

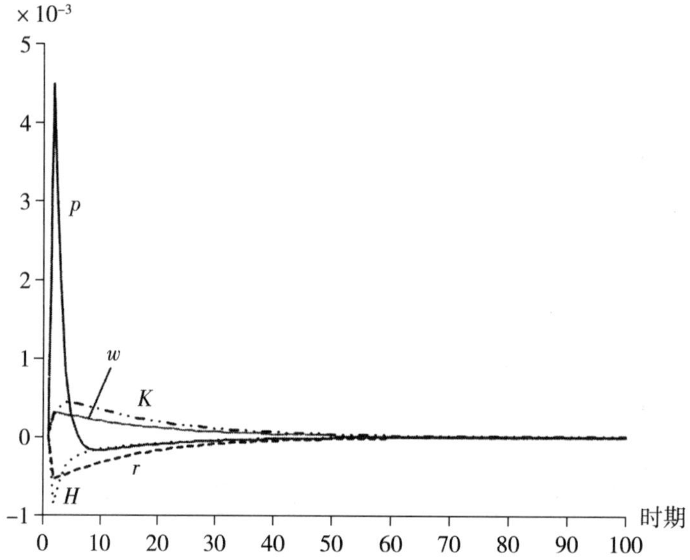

图 8—3　Cooley-Hansen 模型对货币增长冲击的反应

8.5　铸币税

上面提到的货币政策运作方式并不常见。政府的确会以各种方式直接提供转移支付给居民，如失业保险金、社会保障金。在一些体制不健全的国家，政客甚至会直接提供转移支付给他们的朋友和家人。尽管这些占政府预算的比重相对较大，但通常并不通过直接发现货币来为此融资。此外，这些支付同上个模型中一次性的货币转移支付有所不同。

在本节，我们假设政府不再简单地将货币分发给每个家庭，而采取发行新货币的方式来填补财政赤字。政府以新发行货币购买的产品的实际价值称为铸币税（seigniorage）。通过铸币税这种方式引入货币发行，需要对模型作两点变动。

第一，模型中需要加入政府预算约束。新发行的货币量要依据每一期的政府赤字而定。政府消费产品后会导致可供私人消费的产品相应减少，这样看来，铸币税像税收一样发挥作用。为了简化政府的预算约束，我们假设铸币税是政府支付其消费的唯一方式。一般来说，政府会利用很多种税收收入为其支出买单，只有当收不抵支时才会求助于铸币税。这里我们不考虑其他税收，认为政府支出就会带来赤字，要由铸币税偿付。

第二，不再需要假定货币直接转移支付给家庭（这种转移支付的理由本身有时很难解释得通）。在这个模型里，政府本身会有花销，而且每一期进入经济体的货币量依赖于政府花销的多少。正如前面提到的，很难在现实世界中看到直接将货币作为转移支付提供给家庭的经济体，却不难看到政府通过铸币税为其花销买单的例子。顺便提一下，当经济体中非正规经济部分（informal sector）占很大比例时，铸币税作为一种税收方式会格外有效。在逃税的同时大规模地使用现金，这恰是非正规经济的根本特征。铸币税，它相当于对现金的使用征税，政府借此就可以实现对非正规经济的征税。Nicolini［66］表明非正规经济占较大比重的经济体会更广泛地使用铸币税。

8.5.1 模型

政府的预算约束为：

$$g_t=\hat{g}_t\bar{g}=\frac{M_t-M_{t-1}}{p_t}$$

其中，$g_t=\hat{g}_t\bar{g}$ 是在时期 t 政府消费的实际产品量。$\bar{g}$ 是政府赤字的平均水平，而政府赤字面对的冲击，$\hat{g}_t$，服从如下随机过程：

$$\ln\hat{g}_t=\pi\ln\hat{g}_{t-1}+\varepsilon_t^g$$

其中，ε_t^g 服从分布 $\varepsilon_t^g\sim N(0,\ \sigma_g^2)$。这个随机过程意味着 $\hat{g}_t$ 的稳态值为 1。M_t-M_{t-1} 为时期 t 政府为了填补该时期的赤字新发行的货币量。

为了求解模型，我们需要一个稳态的存在。到目前为止，只要 $\bar{g}$ 是正的，货币和价格就能不受限制地增长。这是因为平均而言，政府在每一期都不得不新增发一定量的货币。我们用 M_t 去除 t 时期的货币量和价格水平（以对它们进行标准化），并且定义 φ_t 为 t 时期的货币增长率①，于是我们有 $M_t=\varphi_t M_{t-1}$。令 $\hat{m}_t^i=m_t^i/M_t$，以及 $\hat{p}_t=p_t/M_t$。给出这些定义后，政府的预算约束写为：

$$g_t=\hat{g}_t\bar{g}=\frac{\frac{M_t}{M_t}-\frac{M_{t-1}}{M_t}}{\frac{p_t}{M_t}}=\frac{1-\frac{1}{\varphi_t}}{\hat{p}_t}$$

模型余下的部分同前面的 CIA 模型很相似。家庭通过选择序列 $\{c_t^i,\ h_t^i,\ k_{t+1}^i,\ \hat{m}_t^i\}_{t=0}^{\infty}$ 以最大化贴现后效用

$$E_0\sum_{t=0}^{\infty}\beta^t u(c_t^i,\ 1-h_t^i)$$

CIA 的约束序列是：

$$\hat{p}_t c_t^i\leqslant\frac{\hat{m}_{t-1}^i}{\varphi_t}$$

家庭实际预算约束序列是：

① 变量 φ_t 充当上一节中变量 g_t 的角色。

$$k_{t+1}^i+\frac{\hat{m}_t^i}{\hat{p}_t}=w_t h_t^i+r_t k_t^i+(1-\delta)k_t^i$$

由于货币是以政府支出的形式进入经济体，所以在家庭的 CIA 约束中不再出现货币的转移支付。我们假设模型满足使得 CIA 约束等号成立的一些必要条件。

由于货币只用于家庭购买产品进行消费或填补政府赤字，因此整体经济的 CIA 约束为：

$$p_t C_t+p_t g_t=p_t C_t+p_t\hat{g}_t\bar{g}=M_t$$

或

$$\hat{p}_t C_t+\hat{p}_t\hat{g}_t\bar{g}=1$$

以及

$$p_t C_t=M_{t-1}$$

或者两边同除以 M_t

$$\hat{p}_t C_t=\frac{1}{\varphi_t}$$

其中，将总量消费定义为 $C_t=\int_0^1 c_t^i di$。经济体的实际预算约束为：

$$C_t+K_{t+1}+\hat{g}_t\bar{g}=w_t H_t+r_t K_t+(1-\delta)K_t$$

经济体总量的第一个 CIA 约束表明加总的消费和政府支出是用货币支付的。第二个则表明加总消费是用家庭从上期保留至本期的货币支付的。每一期期末，所有的货币都在家庭手中（劳动者将销售产品的收入带回家）。第三个约束是说总量实际产出

$$Y_t=\lambda_t K_t^{\theta}H_t^{1-\theta}=w_t H_t+r_t K_t$$

等于总量消费、总量投资（其等于 $K_{t+1}-(1-\delta)K_t$）和实际政府支出之和。这第三个约束来自于完全竞争要素市场和 Cobb-Douglas 生产函数的假设。完全竞争要素市场的假设意味着：

$$r_t=\theta\lambda_t K_t^{\theta-1}H_t^{1-\theta}$$

和

$$w_t=(1-\theta)\lambda_t K_t^{\theta}H_t^{-\theta}$$

以及企业获得零利润。

单个家庭将总产量、工资和资本租金率当做是给定的，而这些总产量、工资和资本租金率取决于资本总量和总的工作时间。在这个经济体中，对彼此完全相同的个体家庭加总等于一个单位，故资本和劳动的总体条件如下：

$$K_{t+1}=k_{t+1}^i$$

$$H_t=h_t^i$$

家庭视工资水平 w_t、资本租金率 r_t、价格水平 $\hat{p}_t$ 以及上一期留下的资本存量 k_t^i 为既定的。同其他的劳动力不可分割模型一样，时期 t 的子效用函数为：

$$u(c_t^i,1-h_t^i)=\ln c_t^i+Bh_t^i$$

其中，$B=A\ln(1-h_0)/h_0$。将家庭的预算约束代入子效用函数，得到家庭 i 的最大化效用决策问题为：

$$\max_{\{\hat{m}_t^i,k_{t+1}^i\}} E_0\sum_{t=0}^{\infty}\beta^t\left[\ln\left(\frac{\hat{m}_{t-1}^i}{\varphi_t\hat{p}_t}\right)+B\left(\frac{k_{t+1}^i+\frac{\hat{m}_t^i}{\hat{p}_t}-r_t k_t^i-(1-\delta)k_t^i}{w_t}\right)\right]$$

这一模型可以写成递归的形式为：

$$V(k_t^i, \hat{m}_{t-1}^i, \lambda_t, \hat{g}_t, K_t) = \max_{\hat{m}_t^i, k_{t+1}^i}\left[\ln\left(\frac{\hat{m}_{t-1}^i}{\varphi_t \hat{p}_t}\right)\right.$$

$$\left. +B\left(\frac{k_{t+1}^i+\frac{\hat{m}_t^i}{\hat{p}_t}-r_t k_t^i-(1-\delta)k_t^i}{w_t}\right)+\beta E_t V(k_{t+1}^i, \hat{m}_{t-1}^i, \lambda_{t+1}, \hat{g}_{t+1}, K_{t+1})\right]$$

满足如下（退化了的）预算约束①：

$$k_{t+1}^i = k_{t+1}^i$$

和

$$\hat{m}_t^i = \hat{m}_t^i$$

这个问题的一阶条件为：

$$\frac{1}{w_t} = \beta E_t\left[\frac{r_{t+1}+1-\delta}{w_{t+1}}\right]$$

和

$$-\frac{B}{\hat{p}_t w_t} = \frac{\beta}{\hat{m}_t}$$

8.5.2 稳态

我们在找稳态之前，需要先设定一些变量的值：$\hat{g}_t=1$、$\lambda_t=1$ 以及 φ_t，还需要将其他的实际和标准化的名义变量，$\hat{p}$ 和 $\hat{m}$，视为常量。模型一阶条件的稳态形式如下：

$$\frac{1}{\beta} = \bar{r} + (1-\delta)$$

和

$$-\frac{\beta \bar{w}}{B} = \frac{\hat{m}}{\hat{p}}$$

后一个条件看起来似乎很奇怪。正如我们将要看到的，实际工资并不依赖于通货膨胀率，所以家庭在每一期期末需要的实际货币余额皆为常量，也就是说，实际货币余额并不依赖于通货膨胀率。模型的这一特性来自于对数效用函数的运用②。在本章的附录 1 中，我们会求解一个消费常替代效用弹性（CES）的经济体的稳态值，在那里通货膨胀确实会对实质货币余额有所影响。

由于在总量上 $\int_0^1 \hat{m} di = 1$，由第二个条件可以得到：

$$-\frac{B}{\beta \bar{w}} = \hat{p}$$

通过完全竞争要素市场条件和资本的一阶条件，我们能求出常量的实际工资率：

$$\bar{w} = (1-\theta)\left[\frac{\theta}{\frac{1}{\beta}-(1-\delta)}\right]^{\frac{\theta}{1-\theta}}$$

由此可以得出模型中价格水平对货币的比率为常量的结论（独立于通货膨胀率）。政府的预算约束写为：

---

① 我们这样描述问题是为了能够利用 Benveniste-Scheinkman 包络定理条件得到一阶条件。

② 将 $\ln\left(\frac{\hat{m}_{t-1}^i}{\varphi_t \hat{p}_t}\right)$ 对货币求偏导，得 $\frac{\varphi_t \hat{p}_t}{\hat{m}_{t-1}^i}\frac{1}{\varphi_t \hat{p}_t} = \frac{1}{\hat{m}_{t-1}^i}$，价格水平和货币增长率从中退出。对数效用函数有这样的特性：对每一产品支付独立于价格水平的固定比例收入。

$$\bar{g}\hat{p}=1-\frac{1}{\varphi}$$

用$-B/\beta\bar{w}$（=1.0995，来自于前文给定的各个参量的取值）将上式中的$\hat{p}$替换掉，我们会得到货币增长率（也就是通货膨胀率，因为价格水平$\hat{p}$对货币的比率为常量）的表达式：

$$\varphi=\frac{\beta\bar{w}}{B\bar{g}+\beta\bar{w}}$$

对于标准的校准经济体，$\beta=0.99$、$B=-2.5805$、$\delta=0.025$和$\theta=0.36$，由此得出$\bar{w}=2.3706$和

$$\varphi=\frac{2.3469}{2.3469-2.5805\bar{g}}$$

该经济体中政府可能获得的最大的稳态铸币税为0.90947。要实现这个数量，政府要在每一期创造无限的货币增长，征走所有个体的消费。此时，上式的分母等于零，φ趋于无穷。以 Martin Bailey 命名的 Bailey 曲线表明实际铸币税是不同稳态通货膨胀率的函数（Bailey［5］首次将此种曲线应用于分析铸币税）。本节所述经济体对应的 Bailey 曲线如图 8—4 所示。

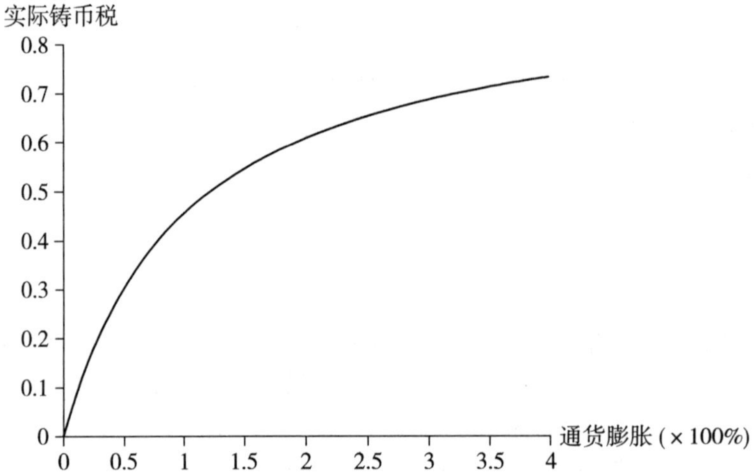

图 8—4 Bailey 曲线

我们需要$\bar{C}$、$\bar{K}$和$\bar{H}$的值作为模型对数线性形式中的系数。从上面已经知道：

$$\hat{p}_t C_t+\hat{p}_t\hat{g}_t\bar{g}=1$$

或者稳态时有：

$$\bar{C}+\bar{g}=\frac{1}{\hat{p}}$$

或

$$\bar{C}=-\frac{\beta\bar{w}}{B}-\bar{g}=0.90947-\bar{g}$$

上式对应了铸币税可能取的最大值（因为$\bar{g}$的最大可能取值是0.90947）。同时也说明了为什么可以把铸币税看做是对消费的征税，因为稳态时政府赤字越大，相应的消费就越小。由稳态时的完全竞争要素市场条件，我们得到：

$$\bar{r}=\frac{1}{\beta}-(1-\delta)=\theta\left[\frac{\bar{K}}{\bar{H}}\right]^{\theta-1}$$

对于标准经济体有 $\bar{r}=0.035101$、$\bar{K}/\bar{H}=(\theta/\bar{r})^{1/(1-\theta)}=37.99$。从稳态时总量形式的家庭实际预算约束，能够得到：

$$\bar{K}+\frac{1}{\hat{p}}=\bar{w}\bar{H}+\bar{r}\bar{K}+(1-\delta)\bar{K}$$

或

$$\frac{1}{\hat{p}}=\left[\bar{w}+(\bar{r}-\delta)\frac{\bar{K}}{\bar{H}}\right]\bar{H}$$

因此，

$$\bar{H}=\frac{\beta\bar{w}}{-B\left[\bar{w}+(\bar{r}-\delta)\frac{\bar{K}}{\bar{H}}\right]}=0.33020$$

所以 $\bar{K}=(\bar{K}/\bar{H})\bar{H}=12.544$。

8.5.3 模型的对数线性形式

该模型是包含 9 个变量 w_t，r_t，p_t，C_t，K_t，H_t，φ_t，$\hat{g}_t$ 和 λ_t（其中 $\hat{m}_t^i$、k_t^i 和 h_t^i 已分别用其总量值替换）的 9 个方程，分别是：一阶条件

$$\frac{1}{w_t}=\beta E_t\left[\frac{r_{t+1}+1-\delta}{w_{t+1}}\right]$$

和

$$-\frac{B}{\beta w_t}=\hat{p}_t$$

家庭的 CIA 约束（这个我们在模型的对数线性形式中省略了，因为它只把消费作为其他变量的函数）：

$$\hat{p}_t C_t=\frac{1}{\varphi_t}$$

政府的 CIA 约束：

$$\hat{p}_t\hat{g}_t\bar{g}=1-\frac{1}{\varphi_t}$$

家庭的实际预算约束：

$$K_{t+1}+\frac{1}{\hat{p}_t}=w_t H_t+r_t K_t+(1-\delta)K_t$$

完全竞争要素市场的均衡条件：

$$r_t=\theta\lambda_t K_t^{\theta-1}H_t^{1-\theta}$$

和

$$w_t=(1-\theta)\lambda_t K_t^{\theta}H_t^{-\theta}$$

随机变量的运动方程：

$$\ln\hat{g}_t=\pi\ln\hat{g}_{t-1}+\varepsilon_t^g$$

和

$$\ln\lambda_t=\gamma\ln\lambda_{t-1}+\varepsilon_t^{\lambda}$$

定义一个对数差分变量，$\tilde{X}_t=\ln X_t-\ln\bar{X}$，该模型的方程组能在其稳态值附近（稳态用变量上方加横线表示）写成对数线性形式，为：

$$0=\tilde{w}_t+\bar{r}\beta E_t\tilde{r}_{t+1}-E_t\tilde{w}_{t+1}$$

$$0=\tilde{w}_t+\tilde{p}_t$$

$$0=\bar{p}\bar{g}\ [\tilde{p}_t+\tilde{g}_t]\ -\frac{1}{\bar{\varphi}}\tilde{\varphi}_t$$

$$0=\bar{K}\tilde{K}_{t+1}-\frac{1}{\bar{p}}\tilde{p}_t-\bar{w}\bar{H}\ [\tilde{w}_t+\tilde{H}_t]\ -\bar{r}\bar{K}\ [\tilde{r}_t+\tilde{K}_t]\ -(1-\delta)\ \bar{K}\tilde{K}_t$$

$$0=\tilde{r}_t-\tilde{\lambda}_t-(\theta-1)\ \tilde{K}_t-(1-\theta)\ \tilde{H}_t$$

$$0=\tilde{w}_t-\tilde{\lambda}_t-\theta\tilde{K}_t+\theta\tilde{H}_t$$

令 $x_t=[\tilde{K}_{t+1}]$、$y_t=[\tilde{r}_t,\ \tilde{w}_t,\ \tilde{p}_t,\ \tilde{\varphi}_t,\ \tilde{H}_t]'$以及 $z_t=[\tilde{\lambda}_t,\ \tilde{g}_t]'$，和以前的做法一样，我们就能将模型写成如下形式：

$$0=Ax_t+Bx_{t-1}+Cy_t+Dz_t$$

$$0=E_t\ [Fx_{t+1}+Gx_t+Hx_{t-1}+Jy_{t+1}+Ky_t+Lz_{t+1}+Mz_t]$$

$$z_{t+1}=Nz_t+\varepsilon_{t+1}$$

其中

$$A=\begin{bmatrix}0\\0\\\bar{K}\\0\\0\end{bmatrix}$$

$$B=\begin{bmatrix}0\\0\\-\bar{K}\ (\bar{r}+1-\delta)\\(1-\theta)\\-\theta\end{bmatrix}$$

$$C=\begin{bmatrix}0&1&1&0&0\\0&0&\bar{p}\ \bar{g}&-\frac{1}{\bar{\varphi}}&0\\-\bar{r}\bar{K}&-\bar{w}\bar{H}&-\frac{1}{\bar{p}}&0&-\bar{w}\bar{H}\\1&0&0&0&-(1-\theta)\\0&1&0&0&\theta\end{bmatrix}$$

$$D=\begin{bmatrix}0&0\\0&\bar{p}\ \bar{g}\\0&0\\-1&0\\-1&0\end{bmatrix}$$

$$F=[0],\ G=[0],\ H=[0]$$

$$J=[\beta\bar{r}\quad -1\quad 0\quad 0\quad 0]$$

$$K=[0\quad 1\quad 0\quad 0\quad 0]$$

$$L=[0\quad 0],\ M=[0\quad 0]$$

和

$$N=\begin{bmatrix}\gamma&0\\0&\pi\end{bmatrix}$$

运动方程的求解同前面相同：矩阵 C 是可逆的，状态变量（不算随机变量）的向量只有一个元素。待解运动方程的线性形式由矩阵 P、Q、R 和 S 给出，其中

$$x_{t+1}=Px_t+Qz_t$$

$$y_t=Rx_t+Sz_t$$

运用标准经济体的参量值求解上面描述的线性模型，所得矩阵见表 8—5。其中的结果分别对应着稳态时铸币税分别取值 $\bar{g}=\{0,\ 0.01,\ 0.1\}$ 时的结果。

铸币税冲击只影响货币的增长率。模型中的内生变量，包括持有的实际货币余额都对这种冲击没有反应。总体经济的 CIA 约束表明，消费会对铸币税冲击做出反应。因为 $\hat{p}_t C_t + \hat{p}_t \hat{g}_t \bar{g}=1$，所以当 $\hat{p}_t$ 增大时，要保持等式成立，C_t 必然下降，从而铸币税就可以看做是对消费的征税。另外一个做出反应的变量是货币的增长率 φ_t。由于价格水平对货币量的比率不随铸币税的变化而变化，货币增长的变化就会直接作用于价格水平。

表 8—5　　**标准经济体中各个矩阵的值**

$\bar{g}$	0	0.01	0.1
P	$[0.9697]$	$[0.9697]$	$[0.9697]$
Q	$[0.07580\quad 0]$	$[0.07580\quad 0]$	$[0.07580\quad 0]$
R	$\begin{bmatrix}-0.4300\\0.4781\\-0.4782\\0\\-0.3282\end{bmatrix}$	$\begin{bmatrix}-0.4300\\0.4781\\-0.4782\\-0.0053\\-0.3282\end{bmatrix}$	$\begin{bmatrix}-0.4300\\0.4781\\-0.4782\\-0.0591\\-0.3282\end{bmatrix}$
S	$\begin{bmatrix}0.2536&0\\0.5802&0\\-0.5802&0\\0&0\\1.1662&0\end{bmatrix}$	$\begin{bmatrix}0.2536&0\\0.5802&0\\-0.5802&0\\-0.0065&0.0111\\1.1662&0\end{bmatrix}$	$\begin{bmatrix}0.2536&0\\0.5802&0\\-0.5802&0\\-0.0717&0.1235\\1.1662&0\end{bmatrix}$

8.6　本章回顾

将 CIA 货币引入 Hansen 劳动不可分割模型后，模型增加的复杂性在于：总体变量和价格水平变得很重要，此时，我们就很难通过迭代得到值函数和非线性的政策函数。虽然通过线性二次方法可以得到线性的政策函数，但过程相对复杂。要得到模型的近似，一个最直接的方法就是对其一阶条件、预算约束、均衡条件分别对数线性化。有很多方法可以求解处理后的线性模型，本章我们运用的是 Uhlig 的待定系数法。

结果显示，在稳态时，较高水平的通货膨胀会像税收一样带来较低的产出、消费和效用。而模型的动态却与稳态时的通货膨胀水平无关。对数线性形式的模型中只有一个方程包含了变量的稳态值，而该方程所有的参数都被稳态时的通货膨胀率所除，使得每个系数的相对影响力都不发生改变。模型对实际冲击的反应同不加货币的 Hansen 劳动不可分割模型完全相同。再者，模型对货币增长的冲击反应较小，其中价格的反应最剧烈。

CIA 模型是货币理论的主要模型之一。虽然它有些缺陷（例如，货币在每期只交换一次），运用起来却很容易。Sargent［72］，Blanchard and Fischer［13］，或者 Walsh［89］等标准宏观经济学研究生教科书对这个模型作了进一步的精彩讨论。

8.7 附录 1：CES 效用函数

在本附录中我们将子效用函数

$$u\left(c_t^i,\ 1-h_t^i\right)=\ln c_t^i+Bh_t^i$$

替换成（消费的）CES（constant elasticity of substitution，常替代弹性）函数：

$$u\left(c_t^i,\ 1-h_t^i\right)=\frac{\left(c_t^i\right)^{1-\eta}-1}{1-\eta}+Bh_t^i$$

以此来考察含铸币税经济体的稳态情况。当 $\eta=1$ 时，CES 函数就等价于上面对数的形式。这里，我们假设 $\eta\neq1$，则替代弹性等于 $1/\eta$。所以当 $\eta>1$ 时，相对于对数形式（此时无差异曲线为直角双曲线），两个相邻时期的消费无差异曲线要更平坦一些，而当 $\eta<1$ 时，曲度则更大一些。

模型同前面的一样，除了家庭面临的最大化函数现在变为：

$$\max_{\{\hat{m}_t^i,k_{t+1}^i\}} E_0\sum_{t=0}^{\infty}\beta^t\left[\frac{\left(\frac{\hat{m}_{t-1}^i}{\varphi_t\hat{p}_t}\right)^{1-\eta}-1}{1-\eta}+B\left(\frac{k_{t+1}^i+\frac{\hat{m}_t^i}{\hat{p}_t}-r_tk_t^i-(1-\delta)\ k_t^i}{w_t}\right)\right]$$

其中，我们使用了 CIA 约束

$$\hat{p}_tc_t^i=\frac{\hat{m}_{t-1}^i}{\varphi_t}$$

去消除掉消费，同时我们用实际预算约束

$$k_{t+1}^i+\frac{\hat{m}_t^i}{\hat{p}_t}=w_th_t^i+r_tk_t^i+(1-\delta)\ k_t^i$$

去消除掉劳动时间。和前面一样，此时一阶条件是：

$$\frac{1}{w_t}=\beta E_t\left[\frac{r_{t+1}}{w_{t+1}}+\frac{1-\delta}{w_{t+1}}\right]$$

和

$$\beta E_0\frac{\left(\varphi_{t+1}\hat{p}_{t+1}\right)^{\eta-1}}{\left(\hat{m}_t^i\right)^{\eta}}=-\frac{B}{w_t\hat{p}_t}$$

稳态时，第一个条件变为：

$$\frac{1}{\beta}=\bar{r}+(1-\delta)$$

第二个条件则成为：

$$\left(-\frac{\bar{w}\beta}{B}\right)^{\frac{1}{\eta}}\bar{\varphi}^{1-\frac{1}{\eta}}=\frac{\hat{m}^i}{\hat{p}}$$

用总量表示，第二个条件变成：

$$\left(-\frac{\bar{w}\beta}{B}\right)^{\frac{1}{\eta}}\bar{\varphi}^{1-\frac{1}{\eta}}=\frac{1}{\hat{p}}$$

或

$$\hat{p}=\left(-\frac{B}{\bar{w}\beta}\right)^{\frac{1}{\eta}}\bar{\varphi}^{\frac{1}{\eta}-1}$$

从最后一个方程中可以看出，当且仅当 $\eta=1$ 时，货币供给的增长率才被消掉，此时价格水平独立于货币增长率。和前面的情形相同，我们得到稳态的实际工资：

$$\bar{w}=(1-\theta)\left[\frac{\theta}{\frac{1}{\beta}-(1-\delta)}\right]^{\frac{\theta}{1-\theta}}$$

它仅依赖于经济体中一系列的参数（不包括货币增长率）。

从政府的预算约束中可以得知稳态时货币增长率和铸币税的关系：

$$\hat{p}\bar{g}=1-\frac{1}{\varphi}$$

将 $\hat{p}$ 用前面的式子替换掉，这一关系就变为：

$$\left(-\frac{B}{\bar{w}\beta}\right)^{\frac{1}{\eta}}\varphi^{\frac{1}{\eta}}\bar{g}=\varphi-1$$

或

$$\bar{g}=\left(-\frac{\bar{w}\beta}{B}\right)^{\frac{1}{\eta}}\varphi^{-\frac{1}{\eta}}(\varphi-1)$$

图 8—5 展示了货币增长率和铸币税之间的关系（Bailey 曲线），对应稳态经济体中不同的 η，分别为 $\eta=0.5$、$\eta=1$ 以及 $\eta=2$。

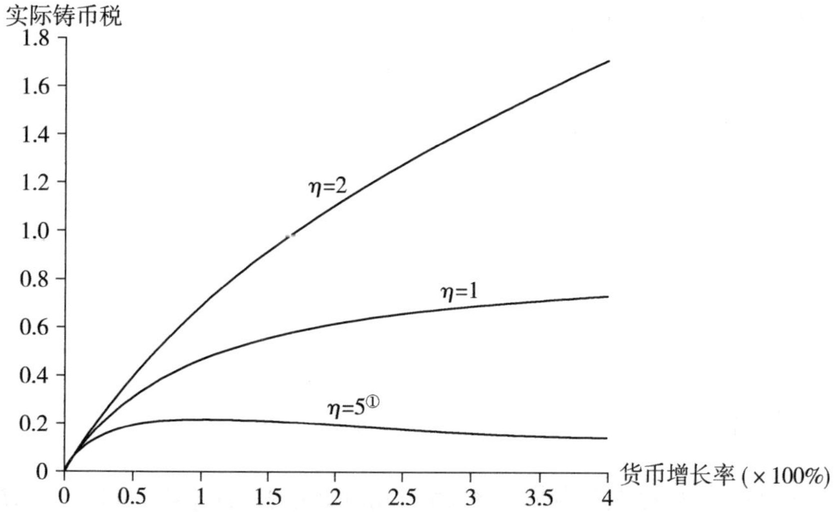

图 8—5　CES 效用经济体的 Bailey 曲线

由于稳态时的资本租金率固定在 $\bar{r}=\frac{1}{\beta}-(1-\delta)$，资本—劳动比率就固定在：

$$\frac{\bar{K}}{\bar{H}}=\left[\frac{\theta}{\frac{1}{\beta}-(1-\delta)}\right]^{\frac{1}{1-\theta}}$$

将实际预算约束加总

$$k_{t+1}^{i}+\frac{\hat{m}_{t}^{i}}{\hat{p}_{t}}=w_{t}h_{t}^{i}+r_{t}k_{t}^{i}+(1-\delta)k_{t}^{i}$$

在稳态时就可得到

$$\frac{1}{\hat{p}}=\left[\bar{w}+(\bar{r}-\delta)\frac{\bar{K}}{\bar{H}}\right]\bar{H}$$

方括号内所有的项在稳态时均为常量，等于：

---

① 此处应为 $\eta=0.5$，译者注。

$$Y=\left[\bar{w}+(\bar{r}-\delta)\frac{\bar{K}}{\bar{H}}\right]$$

$$=\left[(1-\theta)\left[\frac{\theta}{\frac{1}{\beta}-(1-\delta)}\right]^{\frac{\theta}{1-\theta}}+\left(\frac{1}{\beta}-1\right)\left[\frac{\theta}{\frac{1}{\beta}-(1-\delta)}\right]^{\frac{1}{1-\theta}}\right]$$

$$=2.7543$$

由此可知

$$\bar{H}=\frac{1}{Y}\frac{1}{\bar{p}}=\frac{1}{Y}\left(-\frac{\bar{w}\beta}{B}\right)^{\frac{1}{\eta}}\bar{\varphi}^{1-\frac{1}{\eta}}=\bar{H}_0(\eta)\ \bar{\varphi}^{1-\frac{1}{\eta}}$$

$$=\frac{(0.9095)^{\frac{1}{\eta}}}{2.7543}\bar{\varphi}^{1-\frac{1}{\eta}}$$

其中，$\bar{H}_0(\eta)$ 表示没有货币增长（且没有铸币税）的稳态时的劳动时间，是效用函数中消费的系数 η 的函数。由于资本—劳动比率是一个不变值，产出的规模报酬不变，从而产出遵循下面的规律：

$$\bar{Y}=\bar{Y}_0(\eta)\ \bar{\varphi}^{1-\frac{1}{\eta}}$$

运用加总后家庭稳态时的 CIA 约束：

$$\bar{C}=\frac{1}{\bar{p}\bar{\varphi}}$$

再将价格用下式替换：

$$\bar{p}=\left(-\frac{B}{\bar{w}\beta}\right)^{\frac{1}{\eta}}\bar{\varphi}^{\frac{1}{\eta}-1}$$

就可以得到稳态时的消费：

$$\bar{C}=\left(-\frac{\bar{w}\beta}{B}\right)^{\frac{1}{\eta}}\bar{\varphi}^{-\frac{1}{\eta}}=\bar{C}_0\bar{\varphi}^{-\frac{1}{\eta}}$$

稳态时的效用为：

$$\frac{\left[\frac{\bar{C}_0^{1-\eta}}{1-\eta}+B\bar{H}_0(\eta)\right]\bar{\varphi}^{1-\frac{1}{\eta}}-\frac{1}{1-\eta}}{1-\beta}$$

图 8—6 表示的是稳态效用怎样随着货币增长率变化而变化的（分 $\eta=0.5$ 和 $\eta=2$ 两种情形）。

完整的模型包括，一阶条件：

$$\frac{1}{w_t}=\beta E_t\left[\frac{r_{t+1}}{w_{t+1}}+\frac{1-\delta}{w_{t+1}}\right]$$

和

$$\beta E_0\frac{(\varphi_{t+1}\hat{p}_{t+1})^{\eta-1}}{(1)^{\eta}}=-\frac{B}{w_t\hat{p}_t}$$

以及在模型的对数线性形式中被我们省去的家庭 CIA 约束（因为其只将消费作为其他变量的函数来决定）和政府 CIA 约束：

$$\hat{p}_tC_t=\frac{1}{\varphi_t}$$

和

$$\hat{p}_t\hat{g}_t\bar{g}=1-\frac{1}{\varphi_t}$$

家庭的实际预算约束：

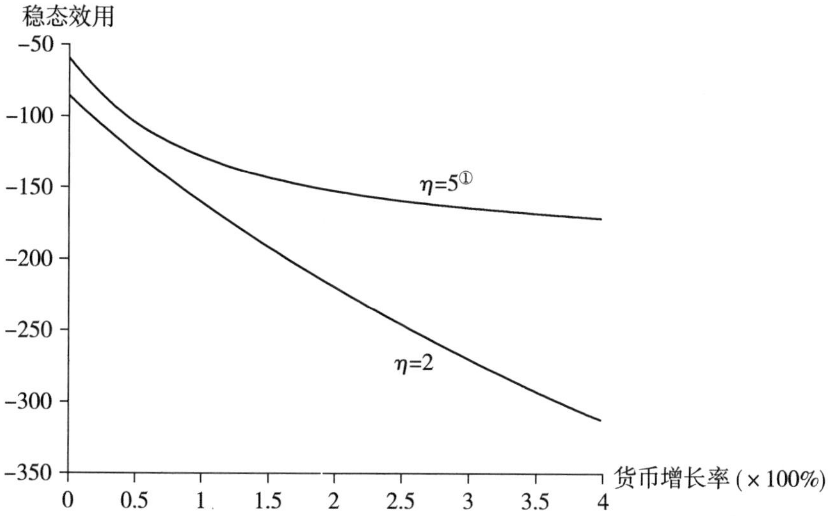

图 8—6　有铸币税时的效用

$$K_{t+1}+\frac{1}{\hat{p}_t}=w_tH_t+r_tK_t+(1-\delta)K_t$$

完全竞争要素市场的均衡条件：

$$r_t=\theta\lambda_tK_t^{\theta-1}H_t^{1-\theta}$$

和

$$w_t=(1-\theta)\lambda_tK_t^{\theta}H_t^{-\theta}$$

以及随机变量的运动方程：

$$\ln\hat{g}_t=\pi\ln\hat{g}_{t-1}+\varepsilon_t^g$$

和

$$\ln\lambda_t=\gamma\ln\lambda_{t-1}+\varepsilon_t^{\lambda}$$

所有的这些方程除了其中一个一阶条件外，都和消费的对数效用的模型形式相同。同样，除了期望方程（将第二个方程对数线性化）

$$(\eta-1)(\bar{\varphi}\bar{p})^{\eta-1}\beta E_t(\tilde{\varphi}_{t+1}+\tilde{p}_{t+1})=\frac{B}{\bar{w}\bar{p}}(\tilde{w}_t+\tilde{p}_t)$$

外，模型的对数线性形式也与对数效用模型中的相同。

我们令 $x_t=[\tilde{K}_{t+1},\tilde{\varphi}_t]$、$y_t=[\tilde{r}_t,\tilde{w}_t,\tilde{p}_t,\tilde{H}_t]'$以及 $z_t=[\tilde{\lambda}_t,\tilde{g}_t]$，和前面一样，我们就能将模型写成如下形式：

$$0=Ax_t+Bx_{t-1}+Cy_t+Dz_t$$

$$0=E_t[Fx_{t+1}+Gx_t+Hx_{t-1}+Jy_{t+1}+Ky_t+Lz_{t+1}+Mz_t]$$

$$z_{t+1}=Nz_t+\varepsilon_{t+1}$$

只是现在①

$$A=\begin{bmatrix}0 & -\frac{1}{\bar{\varphi}}\\ \bar{K} & 0\\ 0 & 0\\ 0 & 0\end{bmatrix}$$

---

① 此处应为 $\eta=0.5$，译者注。

$$B=\begin{bmatrix} 0 & 0 \\ -\bar{K}\ (\bar{r}+1-\delta) & 0 \\ (1-\theta) & 0 \\ -\theta & 0 \end{bmatrix}$$

$$C=\begin{bmatrix} 0 & 0 & \bar{p}\ \bar{g} & 0 \\ -\bar{r}\bar{K} & -\bar{w}\bar{H} & -\frac{1}{\bar{p}} & -\bar{w}\bar{H} \\ 1 & 0 & 0 & -(1-\theta) \\ 0 & 1 & 0 & \theta \end{bmatrix}$$

$$D=\begin{bmatrix} 0 & \bar{p}\ \bar{g} \\ 0 & 0 \\ -1 & 0 \\ -1 & 0 \end{bmatrix}$$

$$F=\begin{bmatrix} 0 & 0 \\ 0 & (\eta-1)\ (\bar{\varphi}\bar{p})^{\eta-1}\beta \end{bmatrix},\ G=\begin{bmatrix} 0 & 0 \\ 0 & 0 \end{bmatrix},\ H=\begin{bmatrix} 0 & 0 \\ 0 & 0 \end{bmatrix}$$

$$J=\begin{bmatrix} \beta\bar{r} & -1 & 0 & 0 \\ 0 & 0 & (\eta-1)\ (\bar{\varphi}\bar{p})^{\eta-1}\beta & 0 \end{bmatrix}$$

$$K=\begin{bmatrix} 0 & 1 & 0 & 0 \\ 0 & -\frac{B}{\bar{w}\bar{p}} & -\frac{B}{\bar{w}\bar{p}} & 0 \end{bmatrix}$$

$$L=\begin{bmatrix} 0 & 0 \\ 0 & 0 \end{bmatrix},\ M=\begin{bmatrix} 0 & 0 \\ 0 & 0 \end{bmatrix}$$

$$N=\begin{bmatrix} \gamma & 0 \\ 0 & \pi \end{bmatrix}$$

该模型把变量 $\tilde{\varphi}_t$ 写为一个状态变量（x_t 的一部分），使得矩阵 C 成为一个不可逆的方阵。由于 P 在这里是一个 2×2 矩阵，从而求解的二次方程会比较麻烦。一种解决方法来自于 Uhlig［86］，附录 2 中将进一步介绍。表 8—6 给出了 $\bar{g}=0.2$、$\eta=0.8$ 以及 $\eta=1.8$ 时的结果。

表 8—6　　**CES 经济体中各个矩阵的取值**

$\bar{g}=0.2$	$\eta=0.8$，$\varphi=1.3180$	$\eta=1.8$，$\varphi=1.2373$
P	$\begin{bmatrix} 0.9418 & 0 \\ -0.2049 & 0 \end{bmatrix}$	$\begin{bmatrix} 0.9418 & 0 \\ -0.0761 & 0 \end{bmatrix}$
Q	$\begin{bmatrix} 0.1723 & 0.0020 \\ -0.1628 & 0.3282 \end{bmatrix}$	$\begin{bmatrix} 0.1305 & -0.0035 \\ -0.0773 & 0.2232 \end{bmatrix}$
R	$\begin{bmatrix} -0.8612 & 0 \\ 0.4844 & 0 \\ -0.6444 & 0 \\ -0.3456 & 0 \end{bmatrix}$	$\begin{bmatrix} -1.1018 & 0 \\ 0.6198 & 0 \\ -0.3208 & 0 \\ -0.7216 & 0 \end{bmatrix}$
S	$\begin{bmatrix} 2.1478 & -0.0037 \\ 0.3544 & 0.0021 \\ -0.5118 & 0.0322 \\ 1.7934 & -0.0058 \end{bmatrix}$	$\begin{bmatrix} 1.5802 & 0.0083 \\ 0.6736 & -0.0047 \\ -0.3258 & -0.0593 \\ 0.9066 & 0.0130 \end{bmatrix}$

8.8 附录 2：二次矩阵方程

根据 Uhlig［86］，我们要求解一个二次矩阵方程：

$$AP^2-BP-C=0$$

解形如 $P=\Psi\Lambda\Psi^{-1}$，其中 Λ 是由矩阵 P 的特征根组成的对角矩阵：

$$\Lambda=\begin{bmatrix}\lambda_1 & 0 & \cdots & \cdots & 0\\ 0 & \lambda_2 & 0 & \cdots & \vdots\\ \vdots & 0 & \ddots & \ddots & \vdots\\ \vdots & \cdots & \ddots & \lambda_{n-1} & 0\\ 0 & \cdots & \cdots & 0 & \lambda_n\end{bmatrix}$$

而 Ψ 是由对应特征根的特征向量组成的矩阵。注意，将 P 写成这种形式意味着 $P^2=\Psi\Lambda\Psi^{-1}\Psi\Lambda\Psi^{-1}=\Psi\Lambda^2\Psi^{-1}$，其中 Λ^2 是一个对角阵，对角线上元素是特征值的平方。求解二次矩阵方程的 Uhlig 方法就是要利用 P 这种能分解为特征值和特征向量组合的性质。

矩阵 A、B 和 C 都是 $n\times n$ 阶矩阵。构建 $2n\times 2n$ 阶矩阵：

$$D=\begin{bmatrix}B & C\\ I & \vec{0}\end{bmatrix}$$

和

$$E=\begin{bmatrix}A & \vec{0}\\ \vec{0} & I\end{bmatrix}$$

其中，I 为 $n\times n$ 阶单位矩阵，$\vec{0}$ 为 $n\times n$ 阶零矩阵。现在要求解矩阵组（D，E）的广义特征值，这个问题的解是一组特征值 λ_k（共 $2n$ 个）及其对应的特征向量 x_k，对所有 $k=1$，…，$2n$ 满足：

$$Dx_k=Ex_k\lambda_k$$

称所有特征向量的矩阵为 X。假设至少有 n 个稳定的特征向量（对应的特征值的绝对值小于 1）。对特征值和特征向量排序，使 n 个稳定的特征值排在前面。特征向量为列向量，矩阵 X 为：

$$X=\begin{bmatrix}x_{1,1} & x_{2,1} & \cdots & \cdots & x_{2n,1}\\ x_{1,2} & x_{2,2} & \vdots & \vdots & x_{2n,2}\\ \vdots & \vdots & \vdots & \vdots & \vdots\\ \vdots & \vdots & \vdots & \vdots & \vdots\\ x_{1,2n} & x_{2,2n} & \cdots & \cdots & x_{2n,2n}\end{bmatrix}$$

矩阵 X 可以分解为 4 部分，每个皆为 $n\times n$ 阶矩阵，形式如下：

$$X=\begin{bmatrix}X^{11} & X^{21}\\ X^{12} & X^{22}\end{bmatrix}=\begin{bmatrix}x_{1,1} & x_{2,1} & \cdots & x_{n,1} & x_{n+1,1} & x_{n+2,1} & \cdots & x_{2n,1}\\ x_{1,2} & x_{2,2} & \cdots & x_{n,2} & x_{n+1,2} & x_{n+2,2} & \cdots & x_{2n,2}\\ \vdots & \vdots & \cdots & \vdots & \vdots & \vdots & \cdots & \vdots\\ x_{1,n} & x_{2,n} & \cdots & x_{n,n} & x_{n+1,n} & x_{n+2,n} & \cdots & x_{2n,n}\\ x_{1,n+1} & x_{2,n+1} & \cdots & x_{n,n+1} & x_{n+1,n+1} & x_{n+2,1} & \cdots & x_{2n,n+1}\\ x_{1,n+2} & x_{2,n+2} & \cdots & x_{n,n+2} & x_{n+1,n+2} & x_{n+2,2} & \cdots & x_{2n,n+2}\\ \vdots & \vdots & \cdots & \vdots & \vdots & \vdots & \cdots & \vdots\\ x_{1,2n} & x_{2,2n} & \cdots & x_{n,2n} & x_{n+1,2n} & x_{n+2,2n} & \cdots & x_{2n,2n}\end{bmatrix}$$

其中，矩阵 X^{11} 包含着对应 n 个稳定特征值的特征向量的前一半。关于 X^{21}，我们可以从为解决广义特征值问题构建起来的矩阵结构了解到。该问题的解是：

$$DX=EX\Delta$$

其中，Δ 是关于前 n 个稳定特征值的对角阵。根据上面对矩阵的描述，有：

$$\begin{bmatrix} B & C \\ I & \vec{0} \end{bmatrix}\begin{bmatrix} X^{11} & X^{21} \\ X^{12} & X^{22} \end{bmatrix}=\begin{bmatrix} A & \vec{0} \\ \vec{0} & I \end{bmatrix}\begin{bmatrix} X^{11} & X^{21} \\ X^{12} & X^{22} \end{bmatrix}\begin{bmatrix} \Delta^1 & \vec{0} \\ \vec{0} & \Delta^2 \end{bmatrix}$$

其中，矩阵 Δ^1 的对角线上为稳定的特征值，其余部分为 0。应用矩阵的乘法，有：

$$\begin{bmatrix} BX^{11}+CX^{12} & BX^{21}+CX^{22} \\ X^{11} & X^{21} \end{bmatrix}=\begin{bmatrix} AX^{11}\Delta^1 & AX^{21}\Delta^2 \\ X^{12}\Delta^1 & X^{22}\Delta^2 \end{bmatrix}$$

方程左边的四个 $n\times n$ 阶矩阵中，每个矩阵都要同右边相对应矩阵相等，具体可以表达成：

$$X^{11}=X^{12}\Delta^1$$

和

$$BX^{11}+CX^{12}=AX^{11}\Delta^1$$

将第二个方程中的 X^{11} 用 $X^{12}\Delta^1$ 替换掉，得：

$$BX^{12}\Delta^1+CX^{12}=AX^{12}\Delta^1\Delta^1$$

再将方程两边同时右乘 $(X^{12})^{-1}$，得：

$$BX^{12}\Delta^1(X^{12})^{-1}+C=AX^{12}\Delta^1\Delta^1(X^{12})^{-1}$$

定义 $P=X^{12}\Delta^1(X^{12})^{-1}$，则有 $P^2=X^{12}\Delta^1\Delta^1(X^{12})^{-1}$ 和

$$BP+C=AP^2$$

所以，通过构建矩阵 D 和 E、求解它们的广义特征值问题，得到广义特征向量矩阵 X 和广义特征值矩阵 Δ（适当地排序，让稳定的特征值在前面），我们就可以找到二次矩阵方程的解。矩阵 Δ^1 包含着特征值，矩阵 X^{12} 包含着我们用于构建下式的特征向量：

$$P=X^{12}\Delta^1(X^{12})^{-1}$$

8.9 求解带有铸币税的 CES 模型的 Matlab 代码

若欲求解使用 CES 效用的经济体的铸币税动态，我们用如下程序来求解其二次矩阵方程。

```
% solution to the cash in advance model with a CES utility function
% set the parameters and find the stationary state
theta=.36;
beta=.99;
gamma=.95;
delta=.025;
pie=.48;
varphi=1.3180;
eta=.8;
BB=-2.5805;
rbar=1/beta-(1-delta);
wbar=(1-theta)*(theta/rbar)^(theta/(1-theta));
```

```
gbar=(-wbar*beta/(BB*varphi))^(1/eta)*(varphi-1);
KoverH=(theta/rbar)^(1/(1-theta));
pbar=(-BB/(wbar*beta))^(1/eta)*(varphi)^(1/eta-1);
hibar=1/(pbar*(wbar+(rbar-delta)*KoverH));
Hbar=hibar;
kibar=KoverH*Hbar;
Kbar=kibar;
cbar=1/(pbar*varphi);
mbar=1;
%build the required matrices A through N
A=[0    -1/varphi
     Kbar 0
    0  0
    0  0];
B=[0 0
    -(rbar+1-delta)*Kbar 0
  1-theta 0
  -theta 0];
C=[0 0 pbar*gbar   0
   -rbar*Kbar -wbar*Hbar   -1/pbar -wbar*Hbar
    1 0   0   -(1-theta)
    0 1   0   theta];
D=[ 0 pbar*gbar
    0 0
   -1 0
   -1 0];
F=[0 0
    0 (eta-1)];
G=[0 0
    0 0];
H=[0 0
    0 0];
J=[beta*rbar -1 0   0
    0 0 (eta-1) 0];
K=[0 1 0 0
    0 1 1 0];
L=[0 0
    0 0];
M=[0 0
```

```
      0 0];
I1=[1 0
       0 1];
Z1=zeros(2);
N=[gamma 0
      0 pie];
%Set up and find the solution to the matrix quadratic polynomial
invC=inv(C);
psy=F-J * invC * A;
lambda=J * invC * B-G+K * invC * A;
T=K * invC * B-H;
AA1=[lambda T
          I1 Z1];
AA2=[psy Z1
          Z1 I1];
%Find the generalized eigenvalues and eigenvectors
[eigvec eigval]=eig(AA1,AA2);
diageigval=diag(eigval)
%Select the stable eigenvalues and the corresponding eigenvectors
iz=find(abs(diageigval)<1);
DD=diag(diageigval(iz));
ei=size(eigvec);
EE=eigvec(ei/2+1:ei,iz);
%find the matrices P, R, Q, and S
P=EE * DD * inv(EE)
R=-invC * (A * P+B)
I2=[1 0
      0 1];
QQ=kron(N',(F-J * invC * A))+kron(I2,(J * R+F * P+G-K * invC * A));
invQQ=inv(QQ);
QQQ=((J * invC * D-L) * N+K * invC * D-M);
[aa,bb]=size(QQQ);
Qfindvert=[];
for ij=1:bb
      Qfindvert=vertcat(Qfindvert,QQQ(:,ij));
end
Qvert=invQQ * Qfindvert;
Q=[];
for ij=1:bb
```

```
        begini=(ij-1)*aa+1;
        endi=ij*aa;
        Q=[Q Qvert(begini:endi,1)];
end
Q
S=-invC*(A*Q+D)
```

第9章

货币：MIU 模型

将货币引入到具有微观基础的一般性模型中并不容易。在 CIA 模型中，只是简单地假设指定类型的交易（在我们例子中，就是消费品的购买）必须使用货币来支付。这里并没有给出真正的理论依据来支持 CIA 假设，我们只是在观察中发现了人们在大部分交易中都使用货币支付的事实。如果将经验观察作为前提，那么 CIA 模型就是可以使用的。

将货币引入模型的第二种方法来自 Sidrauski [76]，文中假设货币为经济运行提供了某种服务，并且它所带来的益处可以使用效用函数表达出来。如果建模者认为拥有更多的实际货币余额可以减少交易所花费的时间和精力，那么他就可以将实际货币余额放进效用函数来刻画所获得的效用①。当然，把货币放进效用函数中还有其他理由：比如持有实际货币余额能提供保险来抵抗特定的或全局的经济冲击，同时还使得同陌生人交易成为可能（此时，进行信用交易是不可行或不明智的）。无论持有货币余额能为我们带来好处的原因是什么，我们都假设能在效用函数中近似地刻画这些益处。

本章我们将使用一种效用函数，该效用函数假设增加所持有的实际货币余额能直接提高福利。若个人希望最大化的效用仍然是无限序列下加性可分的子效用现值，则个人 i 在 t 时期的子效用函数的形式为

$$u\left(c_t^i,\ \frac{m_t^i}{P_t},\ l_t^i\right)=u\left(c_t^i,\ \frac{m_t^i}{P_t},\ 1-h_t^i\right)$$

其中，唯一重要的变化就是我们现在将个人的实际货币余额 m_t^i/P_t 作为变量加了进来。将实际货币余额加进效用函数的依据是：我们假定增加实际货币余额会降低市场交易成本或缩短搜寻过程（为了解决实物交换中供需不匹配的问题）。将货币加入效用函数中的一个好处是如果个人可以持有其他资产（比如资本），模型便可为货币提供一个低于其他资产的实际回报率。

但这种好处并不是没有代价的，模型没有解释哪种货币（比如美元或者比索）应该被加进效用函数。此外，货币在模型中没有明确的用途：它什么都没有做。在只有一种商品且所有行为人都相同的经济体中，从来没有交易发生且货币确实没有用来做任何事。尽管如此，作为对使用货币所获福利的粗略近似，包含货币的效用函数（money in utility,

---

① 当然，另一种方式是将交易成本加入到预算约束中，并设定这一成本是期初所持实际货币余额的减函数。

MIU）还是有用的，特别是在 MIU 模型中，当存在其他可用升值资产时，货币便具有了价值。

9.1 模型

总体为一个单位的同质居民的个体，各自选取序列 $\{c_t^i, m_t^i, k_{t+1}^i, h_t^i\}_{t=0}^{\infty}$ 来最大化无限期贴现效用函数

$$E_0 \sum_{t=0}^{\infty} \beta^t u\left(c_t^i, \frac{m_t^i}{P_t}, 1-h_t^i\right)$$

约束条件为 t 期的预算约束序列

$$c_t^i+k_{t+1}^i+\frac{m_t^i}{P_t}=w_t h_t^i+r_t k_t^i+(1-\delta)k_t^i+\frac{m_{t-1}^i}{P_t}+(g_{t-1}-1)\frac{M_{t-1}}{P_t} \tag{9.1}$$

其中，$(g_{t-1}-1)M_{t-1}$ 是 t 时期货币当局对居民户的一次性货币转移，其他变量的定义和前述章节相同。子效用函数 $u(\cdot)$ 为

$$u\left(c_t^i, \frac{m_t^i}{P_t}, 1-h_t^i\right)=\ln c_t^i+D\ln\left(\frac{m_t^i}{P_t}\right)+Bh_t^i$$

其中，D 是实际货币余额对数的系数且 D 为正。假设 h_0 是不可分的劳动，无论居民户在 t 期是否被选中去工作，保险系统为每个居民户都支付 t 期的劳动收入，并且子效用函数中劳动的系数 B 满足等式 $B=A\ln(1-h_0)/h_0$。由于不再使用 CIA 约束，对于居民户来说便只存在一个预算约束。在这些假设下，居民户的一阶条件为

$$\frac{1}{c_t^i}=\beta E_t \frac{P_t}{c_{t+1}^i P_{t+1}}+\frac{DP_t}{m_t^i} \tag{9.2}$$

$$\frac{1}{c_t^i}=\beta E_t \frac{1}{c_{t+1}^i}[r_{t+1}+(1-\delta)] \tag{9.3}$$

$$\frac{1}{c_t^i}=-\frac{B}{w_t} \tag{9.4}$$

注意：在代表性行为人的经济体或所有行为人相同且在连续统内加总为 1 的经济中，且在一阶条件下，方程（9.2）可以写成加总的形式为

$$\frac{1}{P_t C_t}=\beta E_t \frac{1}{C_{t+1}P_{t+1}}+D\frac{1}{M_t}$$

我们还可以将该方程下一期的期望值写成

$$E_t \frac{1}{P_{t+1}C_{t+1}}=\beta E_t \frac{1}{C_{t+2}P_{t+2}}+D\frac{1}{M_{t+1}}$$

将它代入到第一个式子中得到

$$\begin{aligned}\frac{1}{P_t C_t}&=\beta E_t\left[\beta E_t \frac{1}{C_{t+2}P_{t+2}}+D\frac{1}{M_{t+1}}\right]+D\frac{1}{M_t}\\&=\beta^2 E_t \frac{1}{C_{t+2}P_{t+2}}+\beta E_t D\frac{1}{M_{t+1}}+D\frac{1}{M_t}\end{aligned}$$

不断重复替换，就得到了这个一阶差分方程的解

$$\frac{1}{P_t} = DC_t \sum_{j=0}^{\infty} \beta^j E_t \frac{1}{M_{t+j}}$$

我们也可以应用货币增长规则

$$M_{t+1}=g_{t+1}M_t$$

将上述方程使用货币增长率序列来表达

$$\frac{1}{P_t}=\frac{DC_t}{M_t}\sum_{j=0}^{\infty}\beta^j E_t\prod_{k=1}^{j}\frac{1}{g_{t+k}} \tag{9.5}$$

价格水平是前瞻的并且取决于当前的消费、在 t 期期初人们拥有的货币量，以及预期未来货币增长率的完整序列。

由于所有企业都拥有相同的 Cobb-Douglas 生产函数，因此我们可以将产出加总，并将整个经济体看成一个总生产函数

$$Y_t=\lambda_t K_t^{\theta}H_t^{1-\theta}$$

且

$$\text{成本}=w_t H_t+r_t K_t$$

这就形成了竞争性的要素市场的条件

$$r_t=\theta\lambda_t K_t^{\theta-1}H_t^{1-\theta}$$

和

$$w_t=(1-\theta)\lambda_t K_t^{\theta}H_t^{-\theta}$$

与之前一样，我们假设对于技术 λ_t 和货币增长 g_t 的随机冲击遵循下述过程

$$\ln\lambda_t=\gamma\ln\lambda_{t-1}+\varepsilon_t^{\lambda}$$

和

$$\ln g_t=(1-\pi)\ln\bar{g}+\pi\ln g_{t-1}+\varepsilon_g^{t}$$

其中，$\varepsilon_t^i\sim N(0,\sigma^i)$，$i=\lambda$，$g$，而 $\bar{g}$ 则是稳态时的货币增长率。

由于单位内所有居民户是相同的且不论居民户是否有工作，保险系统都提供同样的收入，因此经济体的总量条件为：

$$C_t=c_t^i$$

$$M_t=m_t^i$$

$$H_t=h_t^i$$

和

$$K_t=k_t^i$$

其中，$t\geqslant 0$。

9.2 稳态

对于货币增长率 $\bar{g}$ 为恒定值的经济体，其稳态由恒定的实际变量集 $\{\bar{Y},\bar{C},\bar{H},\bar{K},\bar{w},\bar{r}\}$ 和恒定的实际货币余额$\overline{M/P}$构成，其中所有居民户和企业的一阶条件都成立，居民户的预算约束也成立，并且生产函数定义了产出。由于在稳态中$\overline{M/P}$是常数，如果货币供给以 $\bar{g}$ 的速率增长，那么价格也随之增长。因此，稳态的总通货膨胀率 $\bar{\pi}$ 一定等于稳态的总货币增长率 $\bar{g}$。稳态下的一阶条件为

$$\frac{1}{\bar{C}}=\beta\frac{P_t}{\bar{C}P_{t+1}}+D\frac{P_t}{M_t}$$

$$\bar{r}=\frac{1}{\beta}-(1-\delta)$$

和

$$\bar{C}=-\frac{\bar{w}}{B}$$

稳态的预算约束简化为

$$\bar{Y}=\bar{C}+\delta\bar{K}$$

稳态的要素市场条件为

$$\bar{r}=\theta\bar{K}^{\theta-1}\bar{H}^{1-\theta}$$

和

$$\bar{w}=(1-\theta)\bar{K}^{\theta}\bar{H}^{-\theta}$$

其中，资本的租金率由第二个一阶条件给出，并且从要素市场的均衡条件可以得到

$$\bar{w}=(1-\theta)\left[\frac{\theta}{\bar{r}}\right]^{\frac{\theta}{1-\theta}}$$

一旦稳态工资已知，便可立即通过第三个一阶条件求得消费。由于在稳态中总通货膨胀率（$\pi=P_{t+1}/P_t$）等于总货币增长率（$\bar{g}$），第一个一阶条件可以写成

$$1=\frac{\beta}{\bar{g}}+D\frac{\bar{C}}{\overline{M/P}}$$

这个表达式可以被重新整理成

$$\overline{M/P}=D\frac{\bar{C}}{\overline{M/P}} \tag{9.6}$$

若将居民户预算约束与我们从生产函数和要素市场条件获得的表达式合并，则有

$$\bar{Y}=\bar{K}\left[\frac{\bar{r}(1-\theta)}{\bar{w}\theta}\right]^{1-\theta} \tag{9.7}$$

已知

$$\bar{K}=\frac{\bar{C}}{\left[\frac{\bar{r}(1-\theta)}{\bar{w}\theta}\right]^{1-\theta}-\delta}$$

通过这个 $\bar{K}$ 值，我们得到工作的小时数为

$$\bar{H}=\left[\frac{\bar{r}(1-\theta)}{\bar{w}\theta}\right]\bar{K}$$

并从方程（9.7）中得到产出。

在 MIU 模型中，货币增长率在经济体中对于实际变量来说是完全中性的。这种中性有时被称为超中性，这是由于长期货币增长对实际变量没有任何影响。

方程（9.6）表明：稳态下的货币增长率越高，经济体中的实际货币持有量就越小。事实上，当货币增长率等于贴现因子 β 时，稳态的效用得到最大化。这是个很著名的结论，是 Friedman［41］最早推测出这个最优化条件的。但在本章的模型中，这个条件似乎有点问题，因为方程（9.6）告诉我们当 $\bar{g}=\beta$ 时，最优的实际货币余额是无穷大的。最优实际货币余额无穷大的问题源自我们所使用的可分性的子效用函数是对实际货币余额取了对数，若子效用函数取其他的形式，就不存在这个问题了。很多文献也曾讨论过最优货币余额为无穷大的问题，比如 Brock［17］讨论了与本章类似的模型、Bewley［11］讨论了随机模型。

对于 $\beta=0.99$，$\delta=0.025$，$\theta=0.36$ 以及 $B=-2.5805$ 的标准经济体，变量的稳态值在表 9—1 中已给出。为了使 $\overline{M/P}$ 在 $\bar{g}=1$ 时得到与 CIA 模型中（其中 $\bar{C}=\overline{M/P}$）相同的值，

我们令效用函数中实际货币余额的系数值 $D=0.01$。

表 9—1 **稳态值**

变量	稳态值
$\bar{r}$	0.035101
$\bar{w}$	2.3706
$\bar{C}$	0.9187
$\bar{K}$	12.6707
$\bar{H}$	0.3335
$\bar{Y}$	1.2354
$\overline{M/P}$	$\frac{0.009187\bar{g}}{\bar{g}-0.99}$

9.3 模型的对数线性形式

在模型中各变量的稳态值附近做模型的对数线性化，即 $\tilde{X}=\ln X_t-\ln\bar{X}$。模型的变量集合包含 8 个变量，即 $\tilde{K}_t$、$\tilde{M}_t$、$\tilde{P}_t$、$\tilde{r}_t$、$\tilde{w}_t$、$\tilde{C}_t$、$\tilde{Y}_t$、$\tilde{H}_t$，以及两个随机冲击变量 $\tilde{\lambda}_t$ 和 $\tilde{g}_t$。使用 Uhlig 的方法得到对数线性化后模型的 8 个方程，如下所示：

$$0=\tilde{C}_t+\left[\frac{\beta}{\bar{g}}+\frac{D\bar{C}}{\overline{M/P}}\right]\tilde{P}_t-\frac{\beta}{\bar{g}}E_t\tilde{C}_{t+1}-\frac{\beta}{\bar{g}}E_t\tilde{P}_{t+1}-\frac{D\bar{C}}{\overline{M/P}}\tilde{M}_t$$

$$0=\tilde{w}_t+\beta\bar{r}E_t\tilde{r}_{t+1}-\beta\ [\bar{r}+(1-\delta)]\ E_t\tilde{w}_{t+1}$$

$$0=\tilde{w}_t-\tilde{C}_t$$

$$0=\bar{C}\tilde{C}_t+\bar{K}\tilde{K}_{t+1}-\bar{w}\bar{H}\tilde{w}_t-\bar{w}\bar{H}\tilde{H}_t-\bar{r}\bar{K}\tilde{r}-[\bar{r}+(1-\delta)]\ \bar{K}\tilde{K}_t \tag{9.8}$$

$$0=\tilde{Y}_t-\tilde{\lambda}_t-\theta\tilde{K}_t-(1-\theta)\tilde{H}_t$$

$$0=\tilde{r}_t-\tilde{\lambda}_t-(\theta-1)\tilde{K}_t-(1-\theta)\tilde{H}_t$$

$$0=\tilde{w}_t-\tilde{\lambda}_t-\theta\tilde{K}_t+\theta\tilde{H}_t$$

$$0=\tilde{M}_t-\tilde{g}_t-\tilde{M}_{t-1} \tag{9.9}$$

另外，我们有两个随机变量对数线性形式的随机过程

$$\tilde{\lambda}_t=\gamma\tilde{\lambda}_{t-1}+\varepsilon_t^{\lambda}$$

和

$$\tilde{g}_t=\gamma\tilde{g}_{t-1}+\varepsilon_t^{g}$$ ①

模型可以写成 3 个“状态”变量② $x_t=[\tilde{K}_{t+1},\tilde{M}_t,\tilde{P}_t]$、5 个“跳跃”变量 $y_t=[\tilde{r}_t,\tilde{w}_t,\tilde{C}_t,\tilde{Y}_t,\tilde{H}_t]$，以及随机变量 $z_t=[\tilde{\lambda}_t,\tilde{g}_t]$ 的形式为

$$0=Ax_t+Bx_{t-1}+Cy_t+Dz_t$$

$$0=E_t[Fx_{t+1}+Gx_t+Hx_{t-1}+Jy_{t+1}+Ky_t+Lz_{t+1}+Mz_t]$$

$$z_{t+1}=Nz_t+\varepsilon_{t+1}$$

其中：

---

① 回想一下 $\ln g_t=(1-\pi)\ln\bar{g}+\pi\ln g_{t-1}+\varepsilon_t^g$ 可以写成 $\ln g_t-\ln\bar{g}=\pi[\ln g_{t-1}-\ln\bar{g}]+\varepsilon_t^g$，这与 $\tilde{g}_t$ 定义为 $\tilde{g}_t=\gamma\tilde{g}_{t-1}+\varepsilon_t^g$ 是一样的。

② 我们在下面会看到，$\tilde{P}_t$ 并不是一个真正的状态变量。

$$A=\begin{bmatrix} 0 & 0 & 0 \\ \tilde{K} & 0 & 0 \\ 0 & 0 & 0 \\ 0 & 0 & 0 \\ 0 & 0 & 0 \end{bmatrix}$$

$$B=\begin{bmatrix} 0 & 0 & 0 \\ -[\bar{r}+(1-\delta)]\bar{K} & 0 & 0 \\ -\theta & 0 & 0 \\ (1-\theta) & 0 & 0 \\ -\theta & 0 & 0 \end{bmatrix}$$

$$C=\begin{bmatrix} 0 & 1 & -1 & 0 & 0 \\ -\bar{r}\bar{K} & -\bar{w}\bar{H} & \bar{C} & 0 & -\bar{w}\bar{H} \\ 0 & 0 & 0 & 1 & -(1-\theta) \\ 1 & 0 & 0 & 0 & -(1-\theta) \\ 0 & 1 & 0 & 0 & \theta \end{bmatrix}$$

$$D=\begin{bmatrix} 0 & 0 \\ 0 & 0 \\ -1 & 0 \\ -1 & 0 \\ -1 & 0 \end{bmatrix}$$

$$F=\begin{bmatrix} 0 & 0 & -\frac{\beta}{\bar{g}} \\ 0 & 0 & 0 \\ 0 & 0 & 0 \end{bmatrix}$$

$$G=\begin{bmatrix} 0 & -\frac{D\bar{C}}{\overline{M/P}} & \frac{\beta}{\bar{g}}+\frac{D\bar{C}}{\overline{M/P}} \\ 0 & 0 & 0 \\ 0 & 1 & 0 \end{bmatrix}$$

$$H=\begin{bmatrix} 0 & 0 & 0 \\ 0 & 0 & 0 \\ 0 & -1 & 0 \end{bmatrix}$$

$$J=\begin{bmatrix} 0 & 0 & -\frac{\beta}{\bar{g}} & 0 & 0 \\ \beta\bar{r} & -\beta[\bar{r}+(1-\delta)] & 0 & 0 & 0 \\ 0 & 0 & 0 & 0 & 0 \end{bmatrix}$$

$$K=\begin{bmatrix} 0 & 0 & 1 & 0 & 0 \\ 0 & 1 & 0 & 0 & 0 \\ 0 & 0 & 0 & 0 & 0 \end{bmatrix}$$

$$L=\begin{bmatrix} 0 & 0 \\ 0 & 0 \\ 0 & 0 \end{bmatrix}$$

$$M=\begin{bmatrix} 0 & 0 \\ 0 & 0 \\ 0 & -1 \end{bmatrix}$$

以及

$$N=\begin{bmatrix}\gamma & 0\\ 0 & \pi\end{bmatrix}$$

求解该模型得到如下形式的矩阵政策方程

$$x_{t+1}=Px_t+Qz_t$$

和

$$y_t=Rx_t+Sz_t$$

当 $\bar{g}=1$ 时，矩阵 P、Q、R 和 S 分别为

$$P=\begin{bmatrix}0.9418 & 0 & 0\\ 0 & 1 & 0\\ -0.5316 & 1 & 0\end{bmatrix}$$

$$Q=\begin{bmatrix}0.1552 & 0\\ 0 & 1\\ -0.4703 & 1.6648\end{bmatrix}$$

$$R=\begin{bmatrix}-0.9450 & 0 & 0\\ 0.5316 & 0 & 0\\ 0.5316 & 0 & 0\\ 0.0550 & 0 & 0\\ -0.4766 & 0 & 0\end{bmatrix}$$

和

$$S=\begin{bmatrix}1.9417 & 0\\ 0.4703 & 0\\ 0.4703 & 0\\ 1.9417 & 0\\ 1.4715 & 0\end{bmatrix}$$

这个政策矩阵体现了该模型两个有趣的特征。第一，价格并不是真正的状态变量，价格的系数在矩阵 P 和 R 中均为零。第二，经济体中的实际变量在模型中并不受货币增长冲击的影响，而对货币增长冲击有反应的变量只有 M 和 P。更有趣的是，它们的反应却不尽相同，正如之前在方程（9.5）中所描述的那样：当前的价格水平是由预期未来的货币供给增长决定的，而且对货币总增长率的单独冲击在一段时间内会持续引起货币供给的不断增长（这种情况的发生是因为货币存量增长方程中有滞后冲击的参数 π）。考虑到这一点，冲击发生后，价格会被立即调整，尽管由于贴现因子 β 的存在，但是这种调整并不是全方位的。图 9—1 已给出了基于货币增长率的单独冲击（脉冲）、货币供给和预期价格的反应函数。因为价格比货币存量的调整迅速得多，所以实际货币余额对货币供给增长的冲击做出了下降的反应（如图 9—1 所示）。

如图 9—2 所示，模型中实际变量对技术冲击的反应与之前章节的模型相同。将该图与图 8—2 中的 Cooley-Hansen 模型相比较会发现它们是一样的，并且这两个经济体在实际变量方面也是完全相同的。

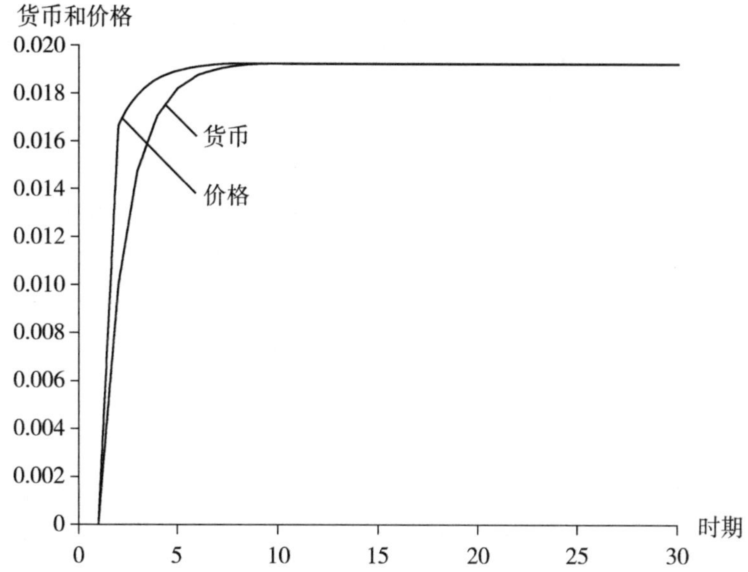

图 9—1　货币和价格对货币增长冲击的反应

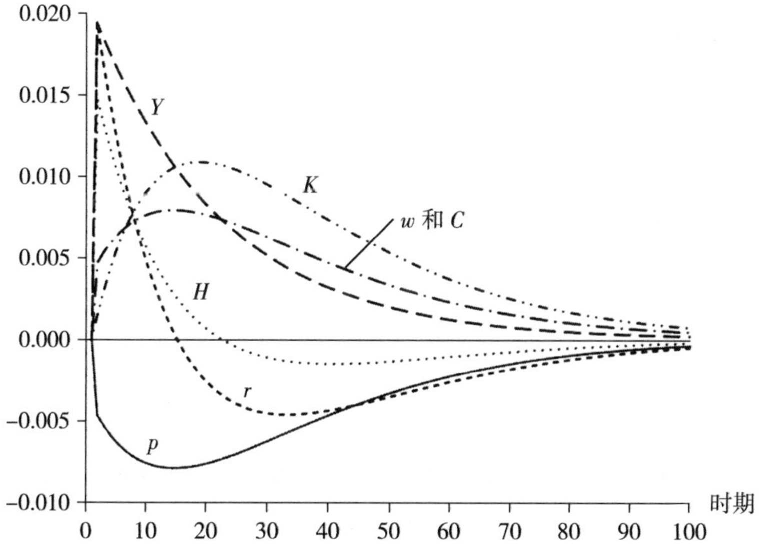

图 9—2　对技术 0.01 脉冲的响应

9.4　铸币税

如果考虑在上面的模型中加入政府随机的实际支出 g_t（政府通过在 t 期新发行货币来为支出融资），那么政府的预算约束为

$$g_t=\hat{g}_t\bar{g}=\frac{M_t-M_{t-1}}{P_t}$$

与 CIA 模型那章讨论的一样，这里我们令 $\bar{g}$ 表示通过发行货币融资的平均政府赤字，而随机变量 $\hat{g}_t$ 服从随机过程

$$\ln\hat{g}_t=\pi\ln\hat{g}_{t-1}+\varepsilon_t^g$$

这里 $\varepsilon_t^g \sim N(0, \sigma_g)$，$\sigma_g$ 为标准差①，并定义 φ_t 为用来消除 t 期预算赤字的总货币增长率。通过这个定义，我们有 $M_t = \varphi_t M_{t-1}$，并且

$$g_t = \hat{g}_t \bar{g} = \frac{(\varphi_t - 1)\ M_{t-1}}{P_t} = \frac{(\varphi_t - 1)}{\varphi_t} \frac{M_t}{P_t}$$

这个方程在寻找稳态表达式时会助我们一臂之力。

与以往的模型相比，另一个仅有的变化就是居民户的流量预算约束，即方程（9.1）。居民户不再接受政府的直接货币转移，取而代之的是，新的货币流通过政府购买商品注入经济体中，并且政府购买与居民户的消费是相互竞争的。这里一个重要的假设就是政府对商品的消费不会直接进入到居民户的效用中。考虑到上述这些，居民户 i 的流量预算约束为

$$c_t^i + k_{t+1}^i + \frac{m_t^i}{P_t} = w_t h_t^i + r_t k_t^i + (1-\delta)\ k_t^i + \frac{m_{t-1}^i}{P_t}$$

与之前的 MIU 模型相比，居民户的一阶条件相同，模型仅有的区别在于：居民户和政府的预算约束。新加入的政府预算约束方程把货币供给增长和政府消费两者联系起来。

9.4.1 完整模型

加总后，经济体带有铸币税的完整模型为

$$\frac{1}{C_t} = \beta E_t \frac{P_t}{C_{t+1} P_{t+1}} + \frac{DP_t}{M_t}$$

$$\frac{1}{w_t} = \beta E_t \frac{1}{w_{t+1}} [r_{t+1} + (1-\delta)]$$

$$w_t = -BC_t$$

$$C_t + K_{t+1} + \frac{M_t}{P_t} = w_t H_t + r_t K_t + (1-\delta)\ K_t + \frac{M_{t+1}}{P_t}$$

$$Y_t = \lambda_t K_t^{\theta} H_t^{1-\theta}$$

$$r_t = \theta \lambda_t K_t^{\theta-1} H_t^{1-\theta}$$

$$w_t = (1-\theta)\ \lambda_t K_t^{\theta} H_t^{-\theta}$$

$$\hat{g}_t \bar{g} = \frac{M_t - M_{t-1}}{P_t}$$

除了第四个和最后一个方程，这个模型与没有铸币税的模型相同。第四个方程并不包括政府的货币转移，而最后一个方程既可以认为是政府预算约束，又可以认为是铸币税方程。

9.4.2 稳态

稳态被定义为用不变的货币增长率来弥补恒定的政府赤字，其他实际变量的值不变，并且实际货币余额 M_t/P_t 为常数。给定一个平均政府赤字 $\bar{g}$，政府的预算约束可以写成

$$\bar{g} = \left(1 - \frac{1}{\bar{\varphi}}\right) \overline{M/P}$$

同之前一样，变量上面加一个横杠表示稳态值。在稳态，居民户流量的预算约束为

$$\bar{C} + \left[1 - \frac{1}{\bar{\varphi}}\right] \overline{M/P} = \bar{w}\bar{H} + (\bar{r} - \delta)\ \bar{K}$$

① 这里使用的符号有些混乱，在之前章节中，g_t 表示总的货币增长率，而在这里它表示政府的实际购买，并通过政府的预算约束与货币增长率 φ_t 相联系。

这个流量预算约束意味着可行性约束为

$$\bar{C}+\bar{g}+\delta\bar{K}=\bar{Y}$$

产出在稳态中变成了消费、政府消费以及替代折旧的资本存量。

像从前一样，我们发现租金、工资和消费都独立于货币供给增长率。特别是，

$$\bar{r}=\frac{1}{\beta}-(1-\delta)$$

$$\bar{w}=(1-\theta)\left[\frac{\theta}{\bar{r}}\right]^{\frac{\theta}{1-\theta}}$$

以及

$$\bar{C}=-\frac{\bar{w}}{B}$$

我们可以从所持有货币的一阶条件中得到

$$\overline{M/P}=D\frac{\bar{\varphi}\bar{C}}{\bar{\varphi}-\beta}$$

从政府预算约束得到

$$\bar{g}=\left(1-\frac{1}{\bar{\varphi}}\right)D\frac{\bar{\varphi}\bar{C}}{\bar{\varphi}-\beta}=\frac{(\bar{\varphi}-1)\ D}{\bar{\varphi}-\beta}\bar{C}$$

从要素市场条件得到

$$\bar{Y}=\left[\frac{(1-\theta)\ \bar{r}}{\theta\bar{w}}\right]^{1-\theta}\bar{K}$$

将它们带入可行性约束得到

$$\left[1+\frac{(\bar{\varphi}-1)\ D}{\bar{\varphi}-\beta}\right]\bar{C}=\left(\left[\frac{(1-\theta)\ \bar{r}}{0\bar{w}}\right]^{1-\theta}-\delta\right)\bar{K}$$

或

$$\bar{K}=\frac{\left[1+\frac{(\bar{\varphi}-1)\ D}{\bar{\varphi}-\beta}\right]}{\left[\frac{(1-\theta)\ \bar{r}}{\theta\bar{w}}\right]^{1-\theta}-\delta}\bar{C}$$

一旦 $\bar{K}$ 被确定，从劳动市场的均衡条件以及生产函数

$$\bar{Y}=\bar{K}^{\theta}\bar{H}^{1-\theta}$$

可以得到

$$\bar{H}=\left(\frac{1-\theta}{\bar{w}}\right)^{\frac{1}{\theta}}\bar{K}$$

对于 $D=0.01$ 的标准经济体，图 9—3 给出了描述稳态货币增长率（在稳态中等于通货膨胀率）和铸币税之间关系的贝利曲线。表 9—2 给出了经济体中各变量在年通货膨胀率分别为 0%、10%、100% 和 400% 时的稳态值（模型的结构使消费在稳态中为常数）。这里，资本的租金由“费雪方程”决定。同时，要素市场方程给出了实际工资（因为 $\bar{r}$ 决定了资本—劳动比率），而消费由实际工资决定。我们可以发现租金、工资和消费与政府创造货币的速率没有丝毫关系，因此它们是独立于货币增长率的。又因为消费在每个稳态都是相同的，所以更高的铸币税一定来自于更多的产出（在工资—租金比率固定的情况下需要更多的劳动和资本）。因此，铸币税来自于更高水平的资本存量和工作时长所产生的额外产出，这些产出要弥补铸币税和由于在稳态下更高资本存量带来的额外折旧。

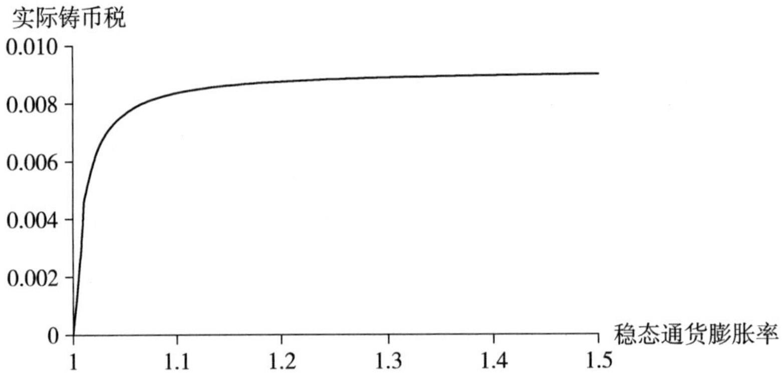

图 9—3　实际铸币税

表 9—2　　**不同通货膨胀率下的稳态**

年通货膨胀率	0%	10%	100%	400%
相应 $\bar{\varphi}$	1. 000	1. 0240	1. 1900	1. 1400
租金率	0. 0351	0. 0351	0. 0351	0. 0351
工资	2. 3706	2. 3706	2. 3706	2. 3706
消费	0. 9187	0. 9187	0. 9187	0. 9187
实际余额 $\overline{M/P}$	0. 9187	0. 2767	0. 0547	0. 0308
产出	1. 2354	1. 2441	1. 2472	1. 2475
资本	12. 6707	12. 7601	12. 7910	12. 7943
工时	0. 3335	0. 3359	0. 3367	0. 3368
铸币税 $\bar{g}$	0. 0000	0. 0065	0. 0087	0. 0090

9. 4. 3　对数线性化

对数线性化的模型与没有铸币税的模型相比有三点变化。第一，家庭的流量预算约束，也就是方程（9. 8）被替代成

$$0=\bar{C}\tilde{C}_t+\bar{K}\tilde{K}_{t+1}+\overline{M/P}\tilde{M}_t-\overline{M/P}\left(1-\frac{1}{\bar{\varphi}}\right)\tilde{P}_t-\bar{w}\bar{H}\tilde{w}_t-\bar{w}\bar{H}\tilde{H}_t-\bar{r}\bar{K}\tilde{r}_t-\left[\bar{r}+(1-\delta)\right]\bar{K}\tilde{K}_t-\frac{\overline{M/P}}{\bar{\varphi}}\tilde{M}_{t-1}$$

第二，用铸币税方程替代货币增长规则，也就是方程（9. 9）被替代成

$$0=\bar{g}\tilde{g}_t+\overline{M/P}\left(1-\frac{1}{\bar{\varphi}}\right)\tilde{P}_t-\overline{M/P}\tilde{M}_t+\frac{\overline{M/P}}{\bar{\varphi}}\tilde{M}_{t-1}$$

第三，式中 $\tilde{g}_t\equiv\ln\hat{g}_t-\ln 1=\ln\hat{g}_t$ 是靠铸币税融资的政府赤字冲击的对数，$\hat{g}_t$ 的稳态值为 1。

像之前那样定义 x_t、y_t 和 z_t，因此有 $x_t=[\tilde{K}_{t+1},\ \tilde{M}_t,\ \tilde{P}_t]$，$y_t=[\tilde{r},\ \tilde{w},\ \tilde{C}_t,\ \tilde{Y}_t,\ \tilde{H}_t]$，$z_t=[\tilde{\lambda}_t,\ \tilde{g}_t]$，我们可以将模型写成矩阵形式

$$0=Ax_t+Bx_{t-1}+Cy_t+Dz_t$$

$$0=E_t\left[Fx_{t+1}+Gx_t+Hx_{t-1}+Jy_{t+1}+Ky_t+Lz_{t+1}+Mz_t\right]$$

$$z_{t+1}=Nz_t+\varepsilon_{t+1}$$

其中：

$$A=\begin{bmatrix} 0 & 0 & 0 \\ \bar{K} & \overline{M/P} & -\overline{M/P}\left(1-\dfrac{1}{\bar{\varphi}}\right) \\ 0 & 0 & 0 \\ 0 & 0 & 0 \end{bmatrix}$$

$$B=\begin{bmatrix} 0 & 0 & 0 \\ -[\bar{r}+(1-\delta)]\bar{K} & -\dfrac{\overline{M/P}}{\bar{\varphi}} & 0 \\ -\theta & 0 & 0 \\ (1-\theta) & 0 & 0 \\ -\theta & 0 & 0 \end{bmatrix}$$

$$C=\begin{bmatrix} 0 & 1 & -1 & 0 & 0 \\ -\bar{r}\bar{K} & -\bar{w}\bar{H} & \bar{C} & 0 & -\bar{w}\bar{H} \\ 0 & 0 & 0 & 1 & -(1-\theta) \\ 1 & 0 & 0 & 0 & -(1-\theta) \\ 0 & 1 & 0 & 0 & \theta \end{bmatrix}$$

$$D=\begin{bmatrix} 0 & 0 \\ 0 & 0 \\ -1 & 0 \\ -1 & 0 \\ -1 & 0 \end{bmatrix}$$

$$F=\begin{bmatrix} 0 & 0 & -\dfrac{\beta}{\bar{\varphi}} \\ 0 & 0 & 0 \\ 0 & 0 & 0 \end{bmatrix}$$

$$G=\begin{bmatrix} 0 & -\dfrac{D\bar{C}}{\overline{M/P}} & \dfrac{\beta}{\bar{\varphi}}+\dfrac{D\bar{C}}{\overline{M/P}} \\ 0 & 0 & 0 \\ 0 & -\overline{M/P} & \left[1-\dfrac{1}{\bar{\varphi}}\right]\overline{M/P} \end{bmatrix}$$

$$H=\begin{bmatrix} 0 & 0 & 0 \\ 0 & 0 & 0 \\ 0 & \dfrac{\overline{M/P}}{\bar{\varphi}} & 0 \end{bmatrix}$$

$$J=\begin{bmatrix} 0 & 0 & -\dfrac{\beta}{\bar{\varphi}} & 0 & 0 \\ \beta\bar{r} & -\beta[\bar{r}+(1-\delta)] & 0 & 0 & 0 \\ 0 & 0 & 0 & 0 & 0 \end{bmatrix}$$

$$K=\begin{bmatrix} 0 & 0 & 1 & 0 & 0 \\ 0 & 1 & 0 & 0 & 0 \\ 0 & 0 & 0 & 0 & 0 \end{bmatrix}$$

$$L=\begin{bmatrix}0 & 0\\0 & 0\\0 & 0\end{bmatrix}$$

$$M=\begin{bmatrix}0 & 0\\0 & 0\\0 & \bar{g}\end{bmatrix}$$

以及

$$N=\begin{bmatrix}\gamma & 0\\0 & \pi\end{bmatrix}$$

与之前相同，解是政策矩阵的集合

$$x_{t+1}=Px_t+Qz_t$$

和

$$y_t=Rx_t+Sz_t。$$

对于政策矩阵来说，重要的是何为稳态。在 $\bar{\varphi}=1$ 的情况下，稳态下不存在铸币税并且矩阵 P、Q、R 以及 S 分别为

$$P=\begin{bmatrix}0.9418 & 0 & 0\\0 & 1 & 0\\-0.5316 & 1 & 0\end{bmatrix}$$

$$Q=\begin{bmatrix}0.1552 & 0\\0 & 0\\-0.4703 & 0\end{bmatrix}$$

$$R=\begin{bmatrix}-0.9450 & 0 & 0\\0.5316 & 0 & 0\\0.5316 & 0 & 0\\0.0550 & 0 & 0\\-0.4766 & 0 & 0\end{bmatrix}$$

以及

$$S=\begin{bmatrix}1.9417 & 0\\0.4703 & 0\\0.4703 & 0\\1.9417 & 0\\1.4715 & 0\end{bmatrix}$$

由此可见，稳态周围没有铸币税，铸币税对经济体的冲击完全是中性的。

在 $\bar{\varphi}=1.19$ 的情况下，矩阵为

$$P=\begin{bmatrix}0.9418 & 0 & 0\\-0.3243 & 1 & 0\\-2.0213 & 1 & 0\end{bmatrix}$$

$$Q=\begin{bmatrix}0.1547 & -0.0005\\-0.9330 & 0.2178\\-5.8433 & 0.3644\end{bmatrix}$$

$$R=\begin{bmatrix} -0.9477 & 0 & 0 \\ 0.5331 & 0 & 0 \\ 0.5331 & 0 & 0 \\ 0.0523 & 0 & 0 \\ -0.4807 & 0 & 0 \end{bmatrix}$$

以及

$$S=\begin{bmatrix} 1.9359 & 0.0011 \\ 0.4735 & -0.0006 \\ 0.4735 & -0.0006 \\ 1.9359 & 0.0011 \\ 1.4624 & 0.0017 \end{bmatrix}$$

除了货币和价格，当 $\bar{\varphi}=1$ 时铸币税冲击的反应函数的图形走势都是平坦的。图 9—4 给出了 $\bar{\varphi}=1.19$ 时实际变量对铸币税冲击的反应。尽管波动很小（冲击为 0.01），但实际变量还是通过对政府支出的影响而对铸币税冲击做出了反应。而收敛时间较长，是由于铸币税融资的政府支出其一阶滞后项的系数为 0.48。

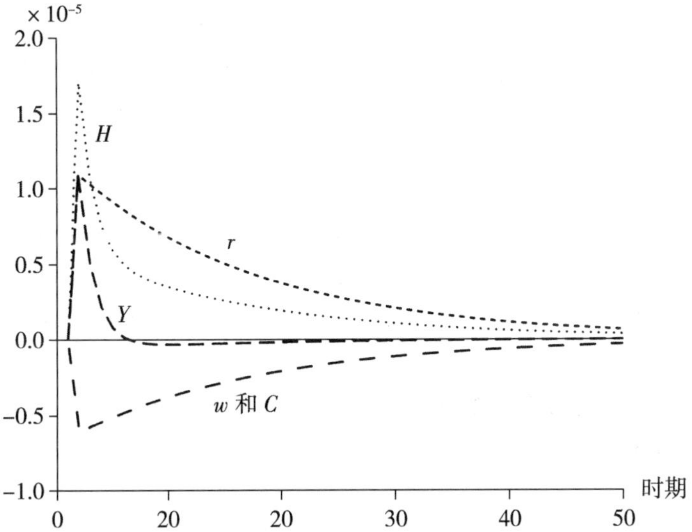

图 9—4　对铸币税冲击的反应，$\bar{\varphi}=1.19$

模型另一个有趣的特征是：在稳态里，当铸币税存在时，价格和货币对技术冲击做出了反应。图 9—5 描绘了当 $\bar{\varphi}=1.19$ 时，对于一个 0.01 的技术冲击，货币和价格所做出的反应。请注意货币和价格是怎样都下降到同一个新水平的（尽管二者的比率回到了稳态值）。像之前一样，价格比货币下降得快，此时是由于技术冲击导致了价格下降（相对于稳态通货膨胀），这意味着政府只需发行较少的货币便可为用铸币税购买的恒定支出买单。货币和价格最终的相对变化相同，它们的比率也就回到稳态值了。

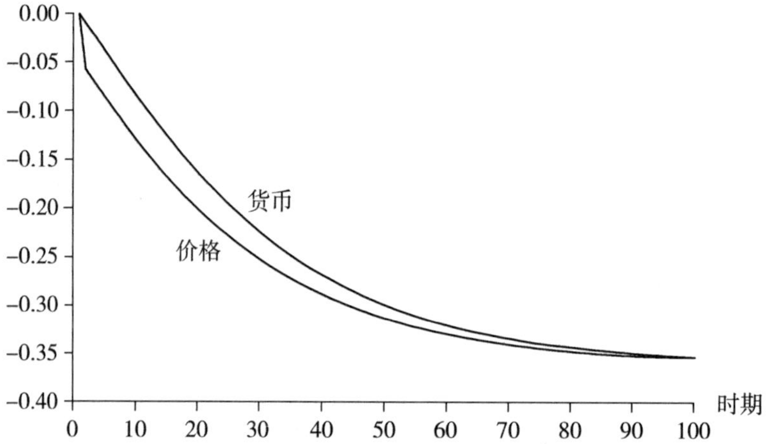

图 9—5　存在铸币税的稳态中货币和价格对技术冲击的反应，$\bar{\varphi}=1.19$

|9.5|　本章回顾

把货币放入效用函数是将其引入宏观模型的第二种方法。它很简单，并且学者们对持有实际货币余额能带来效用（可能通过减少交易成本来实现）这种想法的呼声也越来越高。它通过最基本可行的方法创造了对货币的需求：货币带来效用。基本模型找到了系统中各实际变量的稳态，并论证了货币对它们的动态超中性。即使稳态中存在正的通货膨胀率，动态超中性依然存在。

将铸币税加入到模型后，模型的特点也非常简单明了。当铸币税存在时，动态超中性取决于稳态。当稳态中不存在通过铸币税融资的政府支出时，对数线性化的模型显示出动态中性；当稳态中利用铸币税融资为正时，货币冲击（与由铸币税融资的政府赤字变化等价）是非中性的。

更多关于 MIU 模型的讨论可参阅 Sargent［72］以及 Blanchard and Fischer［13］的研究。对 MIU 模型的谨慎批判可参阅 Karaken and Wallace［49］。

第 10 章

交错定价模型

通常来说，至少与经验数据相比，我们构建的模型对冲击的反应都过于迅速，并且回归稳态的过程也过于快速，对于价格来说更是如此。所以我们想要加入一种机制来减缓价格回到稳态的速度并延长冲击效果的持续时间。为此，我们使用 Calvo［86］的模型，在该模型中每期只有随机选定的部分企业可以调整价格。

该模型与 CIA 相似，但是我们对生产部门做出了改变：模型中企业拥有一定的定价能力，从而会把价格设定在边际成本之上。Calvo 的处理方法是把生产部门分为两类：第一类是生产差异性的中间产品，而第二类是将中间产品“打包”成用来消费和投资的最终产品，并且最终产品市场是带有竞争性的。中间产品部门的企业可以改变价格，但不是每期都能。每期都有（$1-\rho$）比例的中间产品企业被单独、随机地抽中，这些企业可以设定自己的价格；其余的中间产品部门的企业要么保持上次设定的价格，要么只能按照拇指规则（rule of thumb，一般是指那些简单易行，却谈不上精确科学的决策规则）调整价格（如根据平均或滞后的通货膨胀），这种定价规则被称做交错定价（staggered pricing）。

交错定价的方法并非只有 Calvo 的一种。在 Taylor［84］提到的模型中，企业每 N 期最优化一次它们的价格，其中 N 的值是经济体中给定的。这意味着每期有 1/N 比例的企业会最优化它们的价格，而所有企业都知道它们每 N 期便可最优化一次。

在 Calvo 的模型中，有竞争性的最终产品企业将中间产品“打包”生产为（bundle into）最终产品。为了尽可能地简化，我们假设最终产品企业可以无成本地进行这种“打包”，也就是说不需要使用劳动和资本。而赋予中间产品企业市场定价能力的，是最终产品企业这种“打包”生产函数的本质，也就是其常替代弹性。

我们把交错定价的中间厂商模型嵌入到一个简单的 CIA 模型中。家庭是同质的并且需要使用货币进行消费性购买，但我们需要对家庭的约束条件做微小的调整：假设居民户都是公司等比例持股的股东，这些利润将作为一次性股利分配给它们（由于企业拥有并会使用市场定价能力，它将获得超额利润）。

把交错定价模型作为微观基础，可以得到诸如凯恩斯主义模型中 Phllips 曲线之类的方程。Galí［44］以及 Galí，Gertler and López-Salido［45］应用的就是这种方法。尽管这是该模型的一大用武之地，但并不是我们讨论的重点。我们不会把模型放入到传统的凯恩斯框架内，相反，我们会保持模型结构与之前章节所使用的结构相同，并在此基础上加入交错定价这一特征。我们希望在加入交错定价后，我们的初始模型能更丰满并能更好地与数据相匹配。

10.1 基本模型

我们需要分别考察居民户和企业的决策。居民户的行为与之前相同，但中间产品企业将会利用它们的市场定价能力，所以中间产品企业最优化的结果会改变价格变化的方式以及边际成本和价格的关系。由于中间产品企业是本章新增的内容，所以我们首先讨论最终产品企业的问题，然后再对中间产品企业进行讨论，最后回顾居民户的问题并建立完整的模型。

10.1.1 最终产品企业

我们假设存在一个中间企业的连续统（用 $k \in [0, 1]$ 来度量）并且每个企业生产一种与其他企业不同的中间产品。在第 t 期，中间产品的连续统（$Y_t(k)$，$k \in [0, 1]$）被某个或某类完全竞争的最终产品企业“打包”生产成第 t 期的最终产品 Y_t，则最终产品的生产技术（如果愿意，我们也可以认为是规则）是

$$Y_t = \left[\int_0^1 Y_t(k)^{\frac{\psi-1}{\psi}} dk\right]^{\frac{\psi}{\psi-1}}$$

其中 $\psi>1$，这种类型的生产技术被称为常替代弹性（CES）的“打包者”。回顾 CES 形式的子效用函数 $C_t^{1-\eta}/(1-\eta)$，其中 $1/\eta$ 为替代弹性。这里，因为 $(\psi-1)/\psi = 1-1/\psi$，所以 ψ 为生产中的替代弹性。求这个积分的 $\psi/\psi-1$ 次幂是为了使生产函数表现出 CES 的性质。

利润最大化的最终产品企业选择最大化

$$profits_t = P_t Y_t - \int_0^1 P_t(k) Y_t(k) dk$$

约束条件为上述的生产技术。当然，由于企业是完全竞争的，因此利润将最终等于零。在第 t 期，最终产品企业要解决的问题是

$$\max_{\{Y_t(k)\}} P_t\left[\int_0^1 Y_t(k)^{\frac{\psi-1}{\psi}} dk\right]^{\frac{\psi}{\psi-1}} - \int_0^1 P_t(k) Y_t(k) dk$$

由此可以得到一阶条件

$$P_t\left[\int_0^1 Y_t(k)^{\frac{\psi-1}{\psi}} dk\right]^{\frac{\psi}{\psi-1}} Y_t(k)^{\frac{-1}{\psi}} = P_t(k)$$

它可以简化成产品 k 的需求函数

$$Y_t(k) = Y_t\left(\frac{P_t}{P_t(k)}\right)^{\psi} \tag{10.1}$$

将对 k 部门产出的需求带入“打包者”的生产函数，得到

$$Y_t = \left[\int_0^1 \left[Y_t\left(\frac{P_t}{P_t(k)}\right)^{\psi}\right]^{\frac{\psi-1}{\psi}} dk\right]^{\frac{\psi}{\psi-1}} = Y_t\left[\int_0^1 \left(\frac{P_t}{P_t(k)}\right)^{\psi-1} dk\right]^{\frac{\psi}{\psi-1}}$$

它可以写为

$$\frac{1}{P_t} = \left[\int_0^1 \left(\frac{1}{P_t(k)}\right)^{\psi-1} dk\right]^{\frac{1}{\psi-1}}$$

或者写为最终产品的定价规则

$$P_t = \left[\int_0^1 P_t(k)^{1-\psi} dk\right]^{\frac{1}{1-\psi}} \tag{10.2}$$

10.1.2 中间产品企业

中间产品企业在最终产品企业对它们产出需求的约束下最大化企业的市场价值。它们的需求曲线由方程（10.1）给定。中间产品企业在每期选择生产多少产品时，需要遵循 Calvo 规则（Calvo [19]），即它们不能每期选择自己产品的价格，在每个时期 t 内，只有 $0<1-\rho<1$ 比例的企业被随机选中，并允许它们选择第 t 期的价格 $P_t^*(k)$。

其余的企业（不允许选择最优价格的 ρ 比例的企业）按照拇指规则来调整价格。根据模型假设的不同，有不同的拇指规则可供选择。假设企业 k 没有被选中成为能在 t 期选择最优价格的 ρ① 部分企业，我们可以选取以下三种常用的规则来调整价格。

1）保持价格同最后一次调整的价格相同

$$P_t(k)=P_{t-1}(k)$$

2）用稳态的总通货膨胀率 $\bar{\pi}$ 来修正价格

$$P_t(k)=\bar{\pi}P_{t-1}(k)$$

3）用滞后一期已知的总通货膨胀率 $\pi_{t-1}=P_{t-1}/P_{t-2}$ 来修正价格

$$P_t(k)=\pi_{t-1}P_{t-1}(k)$$

模型中那些不能最优选择它们价格的企业选择哪种规则来调整价格会对模型的动态性产生重要的影响。在本章中，我们假设：对于 ρ 比例不能调整价格的企业，它们的价格将维持在上一期确定的水平上。因此，对于这些企业来说

$$P_t(k)=P_{t-1}(k)$$

由于劳动力市场和资本市场都是完全竞争的，因此每一个无穷小的中间产品企业将接受给定的工资和租金水平，则中间产品企业 k 的生产函数为

$$Y_t(k)=\lambda_t K_t^{\theta}(k)H_t^{1-\theta}(k)$$

其中，所有企业都面对相同的技术冲击 λ_t，并且每个企业有 ρ 的概率能保持上一期的价格和（$1-\rho$）的概率能够最优地选择价格。在第 t 期，一旦价格确定以后，价格有 ρ 的概率会持续到第 $t+1$ 期，ρ^2 的概率持续到第 $t+2$ 期，以此类推……也就是说，当中间产品企业能够制定价格时，它在选择价格时会将这些概率考虑在内。

能够在第 t 期选择价格的中间产品企业 k，选择价格 $P_r^*(k)$ 最大化②

$$E_t\sum_{i=0}^{\infty}\beta^i\rho^i\left[P_t^*(k)\,Y_{t+i}\left(\frac{P_{t+i}}{P_t^*(k)}\right)^{\psi}-P_{t+i}r_{t+i}K_{t+i}(k)-P_{t+i}w_{t+i}H_{t+i}(k)\right]\tag{10.3}$$

受生产技术的约束

$$Y_{t+i}\left(\frac{P_{t+i}}{P_t^*(k)}\right)^{\psi}=\lambda_{t+i}K_{t+i}^{\theta}(k)H_{t+i}^{1-\theta}(k)$$

注意：生产技术的约束意味着企业将在每一期中生产当前价格下所需求的全部产品。

（10.3）式不是企业的市场价值，它是在价格 $P_t^*(k)$ 起作用的时期内企业利润贴现后的现值。企业的市场价值等于企业在未来能重新定价时产生的预期利润乘以能重新定价的概率。然而，企业在某个未来的 $t+n$ 期选择的价格取决于经济体从第 t 期到第 $t+n$ 期的实际情况和基于 $t+n$ 期内可用信息对未来的期望。由于企业在第 $t+n$ 期选择的价格与现在的价格无关，因此当期的最大化问题并不包括未来价格的确定。去除这些因素之后，在市

① 译者注：书中为 ρ。

② 注意：应用 Taylor 交错定价规则时最大化问题会改变（Taylor [84]），只需要对企业不能最优化它们价格的 N 期求和。另外，贴现因子将只是 β^i，不再与改变价格的概率 ρ 相关。

场价值中便只剩下在价格 $P_t^*(k)$ 持续期间内，以企业仍能保持当期价格的概率为权重的各期预期利润。企业每期都有机会来选择价格，那么最大化（10.3）式便是最大化企业的市场价值。

企业在每期最大化（10.3）式时，正是处于最小化总成本中，它们不一定是相同的问题。我们能找到成本最小化的条件，并替代（10.3）式里的成本。在第 $t+i$ 期，中间产品企业 k 的实际成本最小化问题是

$$\min_{K_{t+i}(k),H_{t+i}(k)} r_{t+i}K_{t+i}(k)+w_{t+i}H_{t+i}(k)$$

受生产技术的约束

$$Y_{t+i}(k)=\lambda_{t+i}K_{t+i}^{\theta}(k)H_{t+i}^{1-\theta}(k)$$

从最小化问题的两个一阶条件中消除拉格朗日乘子，可以得到表达式

$$\frac{(1-\theta)r_{t+i}}{\theta w_{t+i}}=\frac{H_{t+i}(k)}{K_{t+i}(k)}$$

这是用于模型求解的方程之一。此外，影响成本最小化问题的另外一个方程是生产函数。合并这两个方程，我们最终可以得到企业 k 对劳动的需求

$$H_{t+i}(k)=\frac{Y_{t+i}(k)}{\lambda_{t+i}}\left[\frac{r_{t+i}(1-\theta)}{w_{t+i}\theta}\right]^{\theta}$$

和对资本的需求

$$K_{t+i}(k)=\frac{Y_{t+i}(k)}{\lambda_{t+i}}\left[\frac{r_{t+i}(1-\theta)}{w_{t+i}\theta}\right]^{\theta-1}$$

把这些要素需求代入成本方程得出

$$r_{t+i}\frac{Y_{t+i}(k)}{\lambda_{t+i}}\left[\frac{r_{t+i}(1-\theta)}{w_{t+i}\theta}\right]^{\theta-1}+w_{t+i}\frac{Y_{t+i}(k)}{\lambda_{t+i}}\left[\frac{r_{t+i}(1-\theta)}{w_{t+i}\theta}\right]^{\theta}$$

当企业生产 $Y_{t+i}(k)$ 的产品数量时，此式可以写成中间产品企业 k 的实际成本形式

$$\frac{w_{t+i}}{(1-\theta)\lambda_{t+i}}\left[\frac{r_{t+i}(1-\theta)}{w_{t+i}\theta}\right]^{\theta}Y_{t+i}(k)$$

由于在每期，所有企业面对相同的工资、租金和技术，因此所有企业在第 $t+i$ 期的边际成本是相同的，等于

$$MC_{t+i}=\frac{w_{t+i}}{(1-\theta)\lambda_{t+i}}\left[\frac{r_{t+i}(1-\theta)}{w_{t+i}\theta}\right]^{\theta}$$

可以把企业 k 的总成本代入（10.3）式，则在第 t 期制定价格的中间产品企业 k 想要解决以下问题

$$\max_{P_t^*(k)} E_t\sum_{i=0}^{\infty}(\beta\rho)^i\left[P_t^*(k)Y_{t+i}\left(\frac{P_{t+i}}{P_t^*(k)}\right)^{\psi}-P_{t+i}\frac{w_{t+i}}{(1-\theta)\lambda_{t+i}}\left[\frac{r_{t+i}(1-\theta)}{w_{t+i}\theta}\right]^{\theta}Y_{t+i}\left(\frac{P_{t+i}}{P_t^*(k)}\right)^{\psi}\right] \tag{10.4}$$

或

$$\max_{P_t^*(k)} E_t\sum_{i=0}^{\infty}(\beta\rho)^iY_{t+i}\left(\frac{P_{t+i}}{P_t^*(k)}\right)^{\psi}\left[P_t^*(k)-\frac{P_{t+i}w_{t+i}}{(1-\theta)\lambda_{t+i}}\left[\frac{r_{t+i}(1-\theta)}{w_{t+i}\theta}\right]^{\theta}\right]$$

这个问题的一阶条件是

$$0=E_t\sum_{i=0}^{\infty}(\beta\rho)^iY_{t+i}(k)\left[1-\psi+\frac{\psi P_{t+i}w_{t+i}}{P_t^*(k)(1-\theta)\lambda_{t+i}}\left[\frac{r_{t+i}(1-\theta)}{w_{t+i}\theta}\right]^{\theta}\right]$$

我们从这个方程中得到的重要结论是：在第 t 期能够制定价格的中间产品企业 k 想要把价格定为

$$P_t^*(k)=\frac{\psi}{\psi-1}\frac{E_t\sum_{i=0}^{\infty}(\beta\rho)^iP_{t+i}Y_{t+i}(k)\frac{w_{t+i}}{(1-\theta)\lambda_{t+i}}\left[\frac{r_{t+i}(1-\theta)}{w_{t+i}\theta}\right]^{\theta}}{E_t\sum_{i=0}^{\infty}(\beta\rho)^iY_{t+i}(k)} \tag{10.5}$$

其中：$\psi>1$，表达式 $\psi/\psi-1>1$ 是中间产品企业 k 的总价格加成，并以名义总成本贴现流除以实际产出贴现流的比率为基础。中间产品企业定价行为的这个方程将用于求出模型的价格动态方程。

注意：由于所有能够确定价格的中间产品企业有相同的边际成本加成，因此在每个时期 t，P_t^*（k）对于所有能调整价格的（$1-\rho$）比例的企业相同。因此要综合考虑以下三点：一是最终产品定价规则（10.2）式；二是我们刚刚得到的结论，即所有调整价格的企业都将制定相同的价格；三是我们的前提假设：所有不能调整价格的企业都维持前一期的价格，这样我们得到价格水平演变的表达式

$$P_t^{1-\psi}=\rho P_{t-1}^{1-\psi}+(1-\rho)(P_t^*)^{1-\psi} \tag{10.6}$$

回顾一下对中间产品企业的假设，我们假设存在一个企业的连续统，每期能够改变价格的一组企业是被随机选定的，并与每个企业上次改变价格的时间无关。这意味着那些不能改变价格的企业，其价格分布情况同经济体中前一期的价格分布相同。由于价格的分布没有变化，对于那些不能改变它们产品价格的企业，它们价格的积分等于第 $t-1$ 期的价格水平。

（10.6）式反映了没有货币增长的经济体在稳态处一个有趣的特点：最终产品的价格和中间产品的价格将是相同的。如果把稳态价格代入（10.6）式便可得到

$$\bar{P}^{1-\psi}=\rho\bar{P}^{1-\psi}+(1-\rho)(\bar{P}^*)^{1-\psi}$$

或简化地得出

$$\bar{P}=\bar{P}^*$$

在模型的现有假设下，一些中间产品企业会发生不切实际的事情。假设模型应用的拇指规则是价格维持在上一期确定的价格水平上，但是经济体的稳态通货膨胀率为正，中间产品企业会基于最终产品企业在现行价格下的需求来决定产量。如果中间产品企业在很长时期内不能够制定价格，那么由于通货膨胀的原因，同价格总水平相比，它的价格将会很低，随之而来的是，对这种产品的需求量会很高，企业必须雇佣大量的劳动力和资本来满足这个需求量。由于这些成本相对于企业的产品价格都很高，企业将一直亏损，直到它能够重新定价。亏损是负的股息，一定会由企业的股东来承担。根据给定调整价格的规则，对于极少的一部分企业，它们要经过很多期之后才能重新定价，因而它们的股东将不得不在很多期内承担这些亏损。在现实生活中，这种事情几乎是不存在的。在使用稳态通货膨胀率或滞后通货膨胀率的拇指规则时，这种长期亏损也不太可能出现。

10.1.3 家庭

我们应用 CIA 约束把货币加入模型中，并且仍然使用不可分的劳动，所以一单位连续统居民户中的一个居民户 i，最大化为

$$E_0\sum_{t=0}^{\infty}\beta^t[\ln c_t^i+Bh_t^i]$$

约束条件为 CIA 约束（写成等式的形式）

$$P_tc_t^i=m_{t-1}^i+(g_t-1)M_{t-1}$$

其中，（g_t-1）M_{t-1} 是随机的一次性货币转移支付或税收（当 $g_t<1$ 时），而实际预算约束为

$$k_{t+1}^i+\frac{m_t^i}{P_t}=w_t h_t^i+r_t k_t^i+\xi_t^i+(1-\delta)k_t^i$$

除了新增的一项 ξ_t^i 表示第 t 期中间产品企业支付给家庭 i 的超额利润，其他各项与之前均相同。这里我们假设每个家庭拥有相同比例或份额的中间产品企业股权，并且每个家庭把支付的超额利润视为一次性转移支付。这一项之所以必要是因为中间产品企业通常会由于具有定价能力而产生超额利润，这些超额利润需要在模型中得到刻画。

假设货币的稳态总增长率为 1，即 $\bar{g}=1$，并且 g_t 的演化遵循以下过程

$$\ln g_{t+1}=\pi\ln g_t+\varepsilon_{t+1}^g$$

其中 ε_{t+1}^g 服从均值为零的正态分布，货币市场的市场出清条件是

$$\int_0^1 m_t^i di=M_t$$

并且总货币存量遵循以下过程

$$M_t=g_t M_{t-1}$$

注意：我们没有像在 Cooley-Hansen 模型中那样将货币存量标准化为 1，这个变化在模型对数线性化求解时会有进一步的含义。

家庭 i 的一阶条件是

$$\frac{B}{w_t}=E_t\left[\frac{B\beta}{w_{t+1}}(r_{t+1}+(1-\delta))\right]$$

和

$$-E_t\left[\frac{\beta}{c_{t+1}^i P_{t+1}}\right]=\frac{B}{w_t P_t}$$

模型中来自家庭决策的四个方程受这两个一阶条件约束：CIA 约束和家庭的实际预算约束。

10.1.4 均衡条件

由于所有家庭是同质的，并且存在一个单位的家庭，因此在均衡中经济体必须满足以下条件：

$$C_t=c_t^i$$

$$K_t=k_t^i$$

$$H_t=h_t^i$$

和

$$M_t=m_t^i$$

在这些表达式中，消费和货币代表家庭的总需求，资本和劳动代表总供给。

要素市场的均衡意味着劳动和资本的供给等于需求。劳动力市场的均衡条件如下：

$$H_t=\int_0^1 H_t(k)\,dk$$

由于第 t 期中间产品企业的劳动需求为

$$H_t(k)=\frac{Y_t(k)}{\lambda_t}\left[\frac{r_t(1-\theta)}{w_t\theta}\right]^{\theta}$$

因此第 t 期的劳动力市场的均衡条件为

$$H_t=\int_0^1 H_t(k)\,dk=\frac{1}{\lambda_t}\left[\frac{r_t(1-\theta)}{w_t\theta}\right]^{\theta}\int_0^1 Y_t(k)\,dk$$

这个条件不会被直接用于最终模型中，中间产品企业的一阶条件和生产函数都将以总量的形式出现在最终模型中。

在资本市场有

$$K_t = \int_0^1 K_t\ (k)\ dk$$

由于第 t 期一个中间企业的资本需求为

$$K_t\ (k)\ = \frac{Y_t\ (k)}{\lambda_t}\left[\frac{r_t\ (1-\theta)}{w_t\theta}\right]^{\theta-1}$$

因此第 t 期的资本市场的均衡条件为

$$K_t = \int_0^1 K_t\ (k)\ dk = \frac{1}{\lambda_t}\left[\frac{r_t\ (1-\theta)}{w_t\theta}\right]^{\theta-1}\int_0^1 Y_t\ (k)\ dk$$

像劳动力市场均衡条件一样，它也不会直接出现在最终模型中，因为这两个方程在被导出的过程中已经用过了。

注意：在这两个市场条件中产出的加总都不是具有 CES 性质的“打包者”，并且，一般而言，它不等于那个“打包者”

$$Y_t = \left[\int_0^1 Y_t\ (k)^{\frac{\psi-1}{\psi}} dk\right]^{\frac{\psi}{\psi-1}} \neq \int_0^1 Y_t\ (k)\ dk$$

因为所有家庭都是中间产品企业等比例持股的股东，所以在第 t 期支付给家庭的总超额利润是

$$P_t\xi_t\ =\ P_t\int_0^1 \xi_t^i di\ =\ P_t\int_0^1 profits(k)\, dk$$

$$= \int_0^1 P_t(k)\, Y_t(k)\, dk - P_t\ \frac{w_t}{(1-\theta)\,\lambda_t}\left[\frac{r_t(1-\theta)}{w_t\theta}\right]^{\theta}\int_0^1 Y_t(k)\, dk$$

由于最终产品企业是完全竞争的，所以没有利润

$$P_tY_t = \int_0^1 P_t\ (k)\ Y_t\ (k)\ dk$$

把它代入第 t 期的总利润函数，并且消除价格水平 P_t，得到超额利润

$$\xi_t = Y_t - \frac{w_t}{(1-\theta)\ \lambda_t}\left[\frac{r_t\ (1-\theta)}{w_t\theta}\right]^{\theta}\int_0^1 Y_t\ (k)\ dk$$

10.1.5　完整模型

接下来，我们把简化了的均衡条件代入到其他方程，得到以 CIA 形式并引入货币的完整交错定价模型，它由下列几个方程构成：加总的居民户一阶条件和预算约束、中间产品企业的一阶条件和预算约束、最终产品定价规则、加总条件，以及货币增长规则。下列方程分别是：加总的居民户一阶条件

$$\frac{1}{w_t} = E_t\left[\frac{\beta}{w_{t+1}}\ (r_{t+1} +\ (1-\delta))\right]$$

和

$$-E_t\left[\frac{\beta}{C_{t+1}P_{t+1}}\right] = \frac{B}{w_tP_t}$$

加总的 CIA 约束

$$P_tC_t = g_tM_{t-1}$$

以及居民户加总的实际预算约束

$$K_{t+1} + \frac{M_t}{P_t} = w_tH_t + r_tK_t + \xi_t +\ (1-\delta)\ K_t$$

模型中应用了收入法核算，即所有的收入都流入到家庭，并且收入的总和等于产出。

$$Y_t = w_tH_t + r_tK_t + \xi_t$$

因此家庭的实际预算约束也可写做

$$K_{t+1}+\frac{M_t}{P_t}=Y_t+(1-\delta)K_t$$

从中间产品企业的决策，我们得到能在第 t 期制定价格的企业的定价方程为

$$P_t^*(k)=\frac{\psi}{\psi-1}\frac{E_t\sum_{i=0}^{\infty}(\beta\rho)^i P_{t+i}Y_{t+i}(k)\frac{w_{t+i}}{(1-\theta)\lambda_{t+i}}\left[\frac{r_{t+i}(1-\theta)}{w_{t+i}\theta}\right]^{\theta}}{E_t\sum_{i=0}^{\infty}(\beta\rho)^i Y_{t+i}(k)}$$

成本最小化的一阶条件

$$\frac{(1-\theta)r_t}{\theta w_t}=\frac{H_t(k)}{K_t(k)}$$

和加总的生产函数

$$\int_0^1 Y_t(k)\,dk=\lambda_t K_t^{\theta}H_t^{1-\theta}$$

从最终产品企业的决策，我们得到在第 t 期最终产品的定价规则为

$$P_t^{1-\psi}=\rho P_{t-1}^{1-\psi}+(1-\rho)(P_t^*)^{1-\psi}$$

货币供给增长规则为

$$M_t=g_t M_{t-1}$$

最后，我们得到货币增长和技术的随机过程

$$\ln\lambda_t=\gamma\ln\lambda_{t-1}+\varepsilon_t^{\lambda}$$

和

$$\ln g_t=\pi\ln g_{t-1}+\varepsilon_t^{g}$$

10.2 稳态

在稳态中，由于随机冲击是零，因此有 $\lambda_t=\bar{\lambda}=1$ 和 $g_t=\bar{g}=1$。像前面一样，居民户的一阶条件是

$$\frac{1}{\beta}=\bar{r}+(1-\delta) \tag{10.7}$$

和

$$\beta\bar{w}=-B\bar{C} \tag{10.8}$$

CIA 条件给出

$$\bar{C}=\frac{\bar{M}}{\bar{P}} \tag{10.9}$$

以及实际预算约束是

$$\frac{\bar{M}}{\bar{P}}=\bar{w}\bar{H}+\bar{\xi}+(\bar{r}-\delta)\bar{K}=\bar{Y}-\delta\bar{K} \tag{10.10}$$

最终产品的定价规则变为

$$\bar{P}^{1-\psi}=\rho\bar{P}^{1-\psi}+(1-\rho)(\bar{P}^*(k))^{1-\psi}$$

或

$$\bar{P}=\bar{P}^*(k)=\bar{P}(k)$$

把它代入中间产品 k 的需求函数，得到

$$\bar{Y}(k)=\bar{Y}\left(\frac{\bar{P}}{\bar{P}(k)}\right)^{\psi}=\bar{Y}$$

在第 t 期能够确定价格的企业的定价函数变为

$$\bar{P}^*(k)=\frac{\psi}{\psi-1}\frac{\frac{1}{1-\beta\rho}\bar{P}\bar{Y}\frac{\bar{w}}{(1-\theta)\bar{\lambda}}\left[\frac{\bar{r}(1-\theta)}{\bar{w}\theta}\right]^{\theta}}{\frac{1}{1-\beta\rho}\bar{Y}}=\frac{\psi}{\psi-1}\bar{P}\frac{\bar{w}}{(1-\theta)\bar{\lambda}}\left[\frac{\bar{r}(1-\theta)}{\bar{w}\theta}\right]^{\theta}$$

或

$$\frac{\psi}{\psi-1}=\frac{1}{\frac{\bar{w}}{(1-\theta)}\left[\frac{\bar{r}(1-\theta)}{\bar{w}\theta}\right]^{\theta}} \tag{10.11}$$

最后的这个方程表明了价格加成等于实际边际成本的倒数。如果 $\bar{r}$ 由一阶条件（10.7）式来定义，那么这个价格加成等式给出稳态位置的实际工资为

$$\bar{w}=\left[\frac{(\psi-1)(1-\theta)^{1-\theta}\theta^{\theta}}{\psi\bar{r}^{\theta}}\right]^{\frac{1}{1-\theta}}$$

一旦工资给定，一阶条件方程（10.8）便可决定消费。在消费给定的前提下，方程（10.9）决定了实际货币余额。在实际余额确定下，货币 $\bar{M}$ 通过 $\bar{P}=\bar{M}/\bar{C}$ 来决定稳态位置的价格水平。当给定租金和工资时，劳动和资本的稳态需求为

$$\bar{H}=\left[\frac{\bar{r}(1-\theta)}{\bar{w}\theta}\right]^{\theta}\bar{Y}$$

和

$$\bar{K}=\left[\frac{\bar{r}(1-\theta)}{\bar{w}\theta}\right]^{\theta-1}\bar{Y}$$

把上述式子代入方程（10.11）后，得到实际超额利润

$$\xi=\bar{Y}\left(1-\frac{\bar{w}}{(1-\theta)}\left[\frac{\bar{r}(1-\theta)}{\bar{w}\theta}\right]^{\theta}\right)=\frac{\bar{Y}}{\psi}$$

由于产出现在还没有确定，我们可以利用实际预算约束方程（10.10）、消费的一阶条件方程（10.8）和上面刚得出的结果，得到

$$-\frac{\beta\bar{w}}{B}=\bar{w}\left[\frac{\bar{r}(1-\theta)}{\bar{w}\theta}\right]^{\theta}\bar{Y}+\frac{\bar{Y}}{\psi}+(\bar{r}-\delta)\left[\frac{\bar{r}(1-\theta)}{\bar{w}\theta}\right]^{\theta-1}\bar{Y} \tag{10.12}$$

或

$$\bar{Y}=\frac{-\beta\bar{w}}{B\left(\bar{w}\left[\frac{\bar{r}(1-\theta)}{\bar{w}\theta}\right]^{\theta}+\frac{1}{\psi}+(\bar{r}-\delta)\left[\frac{\bar{r}(1-\theta)}{\bar{w}\theta}\right]^{\theta-1}\right)}$$

应用 $\bar{Y}$ 的这个值，我们可以决定 $\bar{H}$、$\bar{K}$ 和 $\bar{\xi}$ 的稳态值。

我们校准时一直使用的深层参数（deep parameter）的标准值是 $\beta=0.99$，$B=-2.5805$，$\delta=0.025$，$\theta=0.36$。另外，Galí［44］认为其他参数的恰当数值是 $\rho=0.75$ 和 $\psi=11$，而 $\psi=11$ 则意味着稳态位置的价格加成为 10%。根据这些基本参数值，在 $\bar{g}=1$ 的前提下，我们得到模型变量的稳态值（见表 10—1）。

表 10—1 **交错定价模型的稳态值**

变量	$\bar{r}$	$\bar{w}$	$\bar{Y}$	$\bar{H}$	$\bar{K}$	$\bar{\xi}$	$\bar{C}$
稳态值	0.0351	2.0426	1.0218	0.2901	9.5271	0.0929	0.7836

我们还发现实际余额的稳态值同消费的稳态值相同。尽管如此，$\bar{M}$ 不是在这个模型中决定的，该模型在稳态位置表现出货币中性。若给定货币供给 $\bar{M}$ 的任意稳态值，则稳

态位置的价格水平均由 $\bar{P}=\bar{M}/\bar{C}$ 决定。

注意：在我们这里涉及的稳态中，稳态货币供给总增长率（并由此得出稳态通货膨胀率）为 1。因此，在模型对应的经济体中，稳态位置的货币存量是常数。

习题 10.1 在 $\bar{g}>1$ 的情况下，经济体的稳态还存在吗？阐述你的观点并加以解释。

10.3 对数线性化

企业方程对数线性化的问题很有趣，这里我们要用准差分（quasi difference）技术来简化无穷加总。

10.3.1 企业问题的对数线性化

这里我们用 Uhlig 的方法来求出最终产品和中间产品企业问题的对数线性化结果。在对数线性化之后，一般模型中的许多复杂之处将被大大简化了。我们首先要找到最终产品企业定价规则的简化表达，然后简化中间产品企业的定价规则，最后合并这两个表达式得到价格水平的变动规则，而最后的这个表达式经常被视为 Phillips 曲线的一种形式。

10.3.2 最终产品定价规则

从最终产品定价规则开始，就有

$$P_t^{1-\psi}=\rho P_{t-1}^{1-\psi}+(1-\rho)P_t^*(k)^{1-\psi}$$

应用 Uhlig 的对数线性化方法，得出

$$\bar{P}^{1-\psi}e^{(1-\psi)\tilde{P}_t}=\rho\bar{P}^{1-\psi}e^{(1-\psi)\tilde{P}_{t-1}}+(1-\rho)\bar{P}^{1-\psi}e^{(1-\psi)\tilde{P}_t^*(k)}$$

在最后一项中，我们可以用 $\bar{P}$ 替代 $\bar{P}^*(k)$。在没有通货膨胀趋势的稳态位置的前提下，所有企业有相同的价格 $\bar{P}^*(k)$，应用价格“打包者”的结论得到

$$\bar{P}=\bar{P}^*(k)$$

应用标准近似规则得出

$$1+(1-\psi)\tilde{P}_t\approx\rho(1+(1-\psi)\tilde{P}_{t-1})+(1-\rho)(1+(1-\psi)\tilde{P}_t^*(k))$$

或

$$\tilde{P}_t\approx\rho\tilde{P}_{t-1}+(1-\rho)\tilde{P}_t^*(k)$$

10.3.3 中间产品定价规则

中间产品企业的定价规则为

$$P_t^*(k)=\frac{\psi}{\psi-1}\frac{E_t\sum_{i=0}^{\infty}(\beta\rho)^iP_{t+i}Y_{t+i}(k)\frac{w_{t+i}}{(1-\theta)\lambda_{t+i}}\left[\frac{r_{t+i}(1-\theta)}{w_{t+i}\theta}\right]^{\theta}}{E_t\sum_{i=0}^{\infty}(\beta\rho)^iY_{t+i}(k)}$$

等式两边同乘分母后得到

$$P_t^*(k)E_t\sum_{i=0}^{\infty}(\beta\rho)^iY_{t+i}(k)=\frac{\psi}{\psi-1}E_t\sum_{i=0}^{\infty}(\beta\rho)^iP_{t+i}Y_{t+i}(k)\frac{w_{t+i}}{(1-\theta)\lambda_{t+i}}\left[\frac{r_{t+i}(1-\theta)}{w_{t+i}\theta}\right]^{\theta}$$

用 Uhlig 的方法对上面式子左边对数线性化，得到

$$\begin{aligned}E_t\sum_{i=0}^{\infty}(\beta\rho)^iP_t^*(k)Y_{t+i}(k)&=E_t\sum_{i=0}^{\infty}(\beta\rho)^i\bar{P}^*(k)\bar{Y}(k)e^{\tilde{P}_t^*(k)+\tilde{Y}_{t+i}(k)}\\&\approx\bar{P}^*(k)\bar{Y}(k)E_t\sum_{i=0}^{\infty}(\beta\rho)^i(1+\tilde{P}_t^*(k)+\tilde{Y}_{t+i}(k))\\&=\frac{\bar{P}^*(k)\bar{Y}(k)}{1-\beta\rho}(1+\tilde{P}_t^*(k))+\bar{P}^*(k)\bar{Y}(k)E_t\sum_{i=0}^{\infty}(\beta\rho)^i(\tilde{Y}_{t+i}(k))\end{aligned}$$

对定价规则右边对数线性化，得到

$$\frac{\psi}{\psi-1}E_t\sum_{i=0}^{\infty}(\beta\rho)^i P_{t+i}Y_{t+i}(k)\frac{w_{t+i}}{(1-\theta)\lambda_{t+i}}\left[\frac{r_{t+i}(1-\theta)}{w_{t+i}\theta}\right]^{\theta}$$

$$=\frac{\psi}{\psi-1}\bar{P}\bar{Y}(k)\frac{\bar{w}}{(1-\theta)\bar{\lambda}}\left[\frac{(1-\theta)\bar{r}}{\theta\bar{w}}\right]^{\theta}$$

$$\times E_t\sum_{i=0}^{\infty}(\beta\rho)^i e^{\tilde{P}_{t+i}+\tilde{Y}_{t+i}(k)+(1-\theta)\tilde{w}_{t+i}-\tilde{\lambda}_{t+i}+\theta\tilde{r}_{t+i}}$$

$$\approx\frac{\psi}{\psi-1}\bar{P}\bar{Y}(k)\frac{\bar{w}}{(1-\theta)\bar{\lambda}}\left[\frac{(1-\theta)\bar{r}}{\theta\bar{w}}\right]^{\theta}$$

$$\times E_t\sum_{i=0}^{\infty}(\beta\rho)^i[1+\tilde{P}_{t+i}+\tilde{Y}_{t+i}(k)+(1-\theta)\tilde{w}_{t+i}-\tilde{\lambda}_{t+i}+\theta\tilde{r}_{t+i}]$$

在稳态位置有

$$\frac{\psi}{\psi-1}=\frac{1}{\frac{\bar{w}}{(1-\theta)\ \bar{\lambda}}\left[\frac{(1-\theta)\ \bar{r}}{\theta\bar{w}}\right]^{\theta}}$$

所以右边可以简化为

$$\approx\bar{P}\bar{Y}(k)E_t\sum_{i=0}^{\infty}(\beta\rho)^i[1+\tilde{P}_{t+i}+\tilde{Y}_{t+i}(k)+(1-\theta)\tilde{w}_{t+i}-\tilde{\lambda}_{t+i}+\theta\tilde{r}_{t+i}]$$

另外，我们已经证明了 $\bar{P}=\bar{P}^*$，因此稳态价格和 $\bar{Y}$（k）在方程两边可以相互抵消。最终，两边都包含 $E_t\sum_{i=0}^{\infty}(\beta\rho)^i\tilde{Y}_{t+i}(k)$，我们也可以将其消除。

通过这些简化后，我们得到中间产品企业的定价规则为

$$\tilde{P}_t^*(k)=(1-\beta\rho)E_t\sum_{i=0}^{\infty}(\beta\rho)^i[\tilde{P}_{t+i}+(1-\theta)w_{t+i}-\tilde{\lambda}_{t+i}+\theta\tilde{r}_{t+i}]$$

这个方程不同于人们在文献中经常见到的方程，因为这里所有的变量都是在稳态附近的变化动态中度量的，而传统的方程是用水平值来度量的。在传统形式中，人们会得到恒定的加成项 $\ln\frac{\psi}{\psi-1}$，而这里由于应用稳态条件，加成项 $\ln\frac{\psi}{\psi-1}$则被消掉了。

10.3.4 通货膨胀方程（Phillips 曲线）

把

$$\tilde{P}_t^*\ (k)=(1-\beta\rho)\ E_t\sum_{i=0}^{\infty}(\beta\rho)^i\ [\tilde{P}_{t+i}+(1-\theta)\ \tilde{w}_{t+i}-\tilde{\lambda}_{t+i}+\theta\tilde{r}_{t+i}]$$

代入

$$\tilde{P}_t\approx\rho\tilde{P}_{t-1}+(1-\rho)\ \tilde{P}_t^*\ (k)$$

为了消除 $\tilde{P}_t^*$（k），我们有

$$\tilde{P}_t\approx\rho\tilde{P}_{t-1}+(1-\rho)\ (1-\beta\rho)\ E_t\sum_{i=0}^{\infty}(\beta\rho)^i\ [\tilde{P}_{t+i}+(1-\theta)\ \tilde{w}_{t+i}-\tilde{\lambda}_{t+i}+\theta\tilde{r}_{t+i}]$$

这个方程的右边包含对价格、工资、租金和技术冲击的未来期望值的无穷加总。我们需要找到一种方法能从方程中把它们中的大部分都消掉，准差分方法即可助我们一臂之力。准差分需要方程两边乘以包含滞后算子的多项式 $1-\beta\rho L^{-1}$，其中 L 代表滞后算子。将滞后算子 L 应用于变量 X_t 便使它滞后一期，即

$$LX_t=X_{t-1}$$

而应用超前算子 L^{-1}，将得到该变量未来一期的值，即

$$L^{-1}X_t=X_{t+1}$$

将这个算子多项式应用于方程的左边，得出

$$(1-\beta\rho L^{-1})\ \tilde{P}_t=\tilde{P}_t-\beta\rho\tilde{P}_{t+1}$$

应用于右边，得出

$$(1-\beta\rho L^{-1})(\rho\tilde{P}_{t-1}+(1-\rho)(1-\beta\rho)\times E_t\sum_{i=0}^{\infty}(\beta\rho)^i[\tilde{P}_{t+i}+(1-\theta)\tilde{w}_{t+i}-\tilde{\lambda}_{t+i}+\theta\tilde{r}_{t+i}])$$
$$=\rho\tilde{P}_{t-1}+(1-\rho)(1-\beta\rho)$$
$$\times E_t\sum_{i=0}^{\infty}(\beta\rho)^i[\tilde{P}_{t+i}+(1-\theta)\tilde{w}_{t+i}-\tilde{\lambda}_{t+i}+\theta\tilde{r}_{t+i}]-\beta\rho\rho\tilde{P}_t+\beta\rho(1-\rho)(1-\beta\rho)$$
$$\times E_t\sum_{i=0}^{\infty}(\beta\rho)^i[\tilde{P}_{t+1+i}+(1-\theta)\tilde{w}_{t+1+i}-\tilde{\lambda}_{t+1+i}+\theta\tilde{r}_{t+1+i}]$$

通过有的放矢地应用准差分方法，第 $t+1$ 期及以后各期的大部分项都相互抵消了，只剩下这个表达式

$$\tilde{P}_t-\beta\rho E_t\tilde{P}_{t+1}\approx\rho\tilde{P}_{t-1}-\beta\rho\rho\tilde{P}_t+(1-\rho)(1-\beta\rho)[\tilde{P}_t+(1-\theta)\tilde{w}_t-\tilde{\lambda}_t+\theta\tilde{r}_t]$$

通过少量的代数演算就可以得出“Phillips 曲线”

$$[\tilde{P}_t-\tilde{P}_{t-1}]\approx\beta[E_t\tilde{P}_{t+1}-\tilde{P}_t]+\frac{(1-\rho)(1-\beta\rho)}{\rho}[(1-\theta)\tilde{w}_t-\tilde{\lambda}_t+\theta\tilde{r}_t] \tag{10.13}$$

值得注意的是：$(1-\theta)\ \tilde{w}_t-\tilde{\lambda}_t+\theta\tilde{r}$ 是实际边际成本偏离稳态的对数值，有时也写做 $\ln\widehat{RMC}_t$。

Phillips 曲线方程通常被写成通货膨胀的形式（比如 Galí [44]）

$$\ln\pi_t\approx\beta E_t\ln\pi_{t+1}+\frac{(1-\rho)(1-\beta\rho)}{\rho}\ln\widehat{RMC}_t。$$

在方程（10.13）的推导过程中，我们从模型中消除了 $P_t^*(k)$，并且得到了以总价格、工资、租金和技术对稳态的偏离值所构成的价格演化过程。

10.3.5 模型的对数线性形式

将 Uhlig 的技术应用于 10.1.5 节给出的方程，并利用上文求出的最终产品和中间产品企业的对数线性化方程，便可以得到完整模型的对数线性化表达。模型中有 10 个变量：$\tilde{r}_t$，$\tilde{w}_t$，$\tilde{C}_t$，$\tilde{P}_t$，$\tilde{g}_t$，$\tilde{M}_t$，$\tilde{K}_t$，$\tilde{H}_t$，$\tilde{Y}_t$ 和 $\tilde{\lambda}_t$。对数线性化的一阶条件是

$$-\tilde{w}_t=\beta\bar{r}E_t\tilde{r}_{t+1}-E_t\tilde{w}_{t+1}$$

和

$$E_t\tilde{C}_{t+1}+E_t\tilde{P}_{t+1}=\tilde{w}_t+\tilde{P}_t$$

CIA 约束和预算约束变为

$$(\tilde{P}_t+\tilde{C}_t)=(\tilde{g}_t+\tilde{M}_{t-1})$$

和

$$\bar{K}\tilde{K}_{t+1}+\frac{\bar{M}}{\bar{P}}(\tilde{M}_t-\tilde{P}_t)=\bar{Y}\tilde{Y}_t+(1-\delta)\bar{K}\tilde{K}_t$$

我们通过用产出替代总成本得到上面这个方程。然后，我们再从模型中消除 $\tilde{\xi}_t$，合并第二个一阶条件和 CIA 约束可以得到

$$E_t[\tilde{g}_{t+1}+\tilde{M}_t]=\tilde{w}_t+\tilde{P}_t$$

并且应用后文给出的 $\tilde{g}_{t+1}$ 的变动规则，上式可以写为

$$\pi\tilde{g}_t+\tilde{M}_t=\tilde{w}_t+\tilde{P}_t$$

我们从价格制定方程得到上文建立的定价规则

$$[\tilde{P}_t-\tilde{P}_{t-1}]\approx\beta[E_t\tilde{P}_{t+1}-\tilde{P}_t]+\frac{(1-\rho)(1-\beta\rho)}{\rho}[(1-\theta)\tilde{w}_t-\tilde{\lambda}_t+\theta\tilde{r}_t]$$

中间产品企业的一阶条件是

$$\tilde{H}_t+\tilde{w}_t=\tilde{r}_t+\tilde{K}_t$$

从加总生产函数中得到

$$\tilde{Y}_t=\tilde{\lambda}_t+\theta\tilde{K}_t+(1-\theta)\tilde{H}_t$$

总货币存量的增长过程是

$$\tilde{M}_t=\tilde{M}_{t-1}+\tilde{g}_t$$

这两个随机过程是

$$\tilde{\lambda}_t=\gamma\tilde{\lambda}_{t-1}+\varepsilon_t^{\lambda}$$

和

$$\tilde{g}_t=\pi\tilde{g}_{t-1}+\varepsilon_t^{g}$$

模型对数线性化后的一个有趣特征是：产出的两种定义被证明是相同的，这两种定义一种是“打包者”产出，另一种是直接积分的产出。利用最终产品企业的“打包者”技术

$$Y_t^{\frac{\psi-1}{\psi}}=\int_0^1 Y_t(k)^{\frac{\psi-1}{\psi}}dk$$

并且以对数线性的形式写成

$$\bar{Y}^{\frac{\psi-1}{\psi}}\left(1+\frac{\psi-1}{\psi}\tilde{Y}_t\right)\approx\bar{Y}^{\frac{\psi-1}{\psi}}\left[\int_0^1\left(1+\frac{\psi-1}{\psi}\tilde{Y}_t(k)\right)dk\right]$$

或

$$\tilde{Y}_t=\left[\int_0^1\tilde{Y}_t(k)dk\right]$$

模型完整的对数线性化方程的集合是

$$0=\tilde{w}_t+\beta\bar{r}E_t\tilde{r}_{t+1}-E_t\tilde{w}_{t+1}$$

$$0=\tilde{M}_t-\tilde{M}_{t-1}-\tilde{g}_t$$

$$0=\beta E_t\tilde{P}_{t+1}+\frac{(1-\theta)(1-\rho)(1-\beta\rho)}{\rho}\tilde{w}_t-\frac{(1-\rho)(1-\beta\rho)}{\rho}\tilde{\lambda}_t+\frac{\theta(1-\rho)(1-\beta\rho)}{\rho}\tilde{r}-(1+\beta)\tilde{P}_t+\tilde{P}_{t-1}$$

$$0=\tilde{g}_t+\tilde{M}_{t-1}-\tilde{P}_t-\tilde{C}_t$$

$$0=\bar{Y}\tilde{Y}_t+(1-\delta)\bar{K}\tilde{K}_t-\bar{K}\tilde{K}_{t+1}-\frac{\bar{M}}{\bar{P}}\tilde{M}_t+\frac{\bar{M}}{\bar{P}}\tilde{P}_t$$

$$0=\tilde{w}_t+\tilde{P}_t-\tilde{M}_t-\pi\tilde{g}_t$$

$$0=\tilde{\lambda}_t+(1-\theta)\tilde{H}_t+\theta\tilde{K}_t-\tilde{Y}_t$$

$$0=\tilde{H}_t+\tilde{w}_t-\tilde{K}_t-\tilde{r}_t$$

这里方程排列的顺序与下文求解的顺序相同。

10.4 求解对数线性模型

因为过去、现在和预期的未来价格都出现在模型中，所以我们需要把价格作为状态变量。注意：由于变量 x_t 中含有价格，所以在我们的求解方法中它们出现在第二组预期方程中。这是很正常的，由于使用交错定价，使得过去的价格是决定当前经济状态的因素

之一。

这里令：

$$x_t=[\tilde{K}_{t+1},\ \tilde{M}_t,\ \tilde{P}]'$$

$$y_t=[\tilde{r}_t,\ \tilde{w}_t,\ \tilde{C}_t,\ \tilde{Y}_t,\ \tilde{H}_t]'$$

和

$$z_t=[\tilde{\lambda}_t,\ \tilde{g}_t]'$$

我们可以把模型写成下面的形式

$$0=Ax_t+Bx_{t-1}+Cy_t+Dz_t$$

$$0=E_t\,[Fx_{t+1}+Gx_t+Hx_{t-1}+Jy_{t+1}+Ky_t+Lz_{t+1}+Mz_t]$$

$$z_{t+1}=Nz_t+\varepsilon_{t+1}$$

其中：

$$A=\begin{bmatrix}0 & 0 & -1\\ -\bar{K} & -\bar{C} & \bar{C}\\ 0 & -1 & 1\\ 0 & 0 & 0\\ 0 & 0 & 0\end{bmatrix}$$

$$B=\begin{bmatrix}0 & 1 & 0\\ (1-\delta)\ \bar{K} & 0 & 0\\ 0 & 0 & 0\\ \theta & 0 & 0\\ -1 & 0 & 0\end{bmatrix}$$

$$C=\begin{bmatrix}0 & 0 & -1 & 0 & 0\\ 0 & 0 & 0 & \bar{Y} & 0\\ 0 & 1 & 0 & 0 & 0\\ 0 & 0 & 0 & -1 & 1-\theta\\ -1 & 1 & 0 & 0 & 1\end{bmatrix}$$

$$D=\begin{bmatrix}0 & 1\\ 0 & 0\\ 0 & -\pi\\ 1 & 0\\ 0 & 0\end{bmatrix}$$

$$F=\begin{bmatrix}0 & 0 & 0\\ 0 & 0 & 0\\ 0 & 0 & \beta\end{bmatrix}$$

$$G=\begin{bmatrix}0 & 0 & 0\\ 0 & 1 & 0\\ 0 & 0 & -(1+\beta)\end{bmatrix}$$

$$H=\begin{bmatrix}0 & 0 & 0\\ 0 & -1 & 0\\ 0 & 0 & 1\end{bmatrix}$$

$$J=\begin{bmatrix}\beta\bar{r} & -1 & 0 & 0 & 0\\ 0 & 0 & 0 & 0 & 0\\ 0 & 0 & 0 & 0 & 0\end{bmatrix}$$

$$K=\begin{bmatrix}0 & 1 & 0 & 0 & 0\\ 0 & 0 & 0 & 0 & 0\\ \frac{\theta(1-\rho)(1-\beta\rho)}{\rho} & \frac{(1-\theta)(1-\rho)(1-\beta\rho)}{\rho} & 0 & 0 & 0\end{bmatrix}$$

$$L=\begin{bmatrix}0 & 0\\ 0 & 0\\ 0 & 0\end{bmatrix}$$

$$M=\begin{bmatrix}0 & 0\\ 0 & -1\\ \frac{-(1-\rho)(1-\beta\rho)}{\rho} & 0\end{bmatrix}$$

和

$$N=\begin{bmatrix}\gamma & 0\\ 0 & \pi\end{bmatrix}$$

在构建包含上述给定变量和方程集合的模型时需要谨慎一些，我们使用的准则是选择 x_t 和 y_t 中的变量以及这些方程（包含预期项），使矩阵 C 可以被转置。这就是我们明确地从家庭部门一阶条件中将预期替换出来的原因，也是总货币存量演化过程的方程包含在预期方程集合中的原因。

模型的解是一对政策方程

$$x_{t+1}=Px_t+Qz_t$$

和

$$y_t=Rx_t+Sz_t$$

用 10.2 节给定的参数计算出政策矩阵，但在这里 $\rho=\{0.1, 0.3, 0.5, 0.75\}$ 四个值（见表 10—2 和表 10—3）。

表 10—2　　$\rho=0.1$ 和 0.3 的政策矩阵表

ρ	0.1	0.3
P	$\begin{bmatrix}0.931 & 0.020 & -0.020\\ 0 & 1 & 0\\ -0.509 & 0.989 & 0.011\end{bmatrix}$	$\begin{bmatrix}0.889 & 0.096 & -0.096\\ 0 & 1 & 0\\ -0.486 & 0.948 & 0.052\end{bmatrix}$
Q	$\begin{bmatrix}0.151 & 0.055\\ 0 & 1\\ -0.501 & 1.433\end{bmatrix}$	$\begin{bmatrix}0.117 & 0.147\\ 0 & 1\\ -0.483 & 1.383\end{bmatrix}$
R	$\begin{bmatrix}-1.088 & 0.318 & -0.318\\ 0.509 & 0.011 & -0.011\\ 0.509 & 0.011 & -0.011\\ -0.022 & 0.197 & -0.197\\ -0.597 & 0.308 & -0.308\end{bmatrix}$	$\begin{bmatrix}-1.735 & 1.507 & -1.507\\ 0.486 & 0.052 & -0.052\\ 0.486 & 0.052 & -0.052\\ -0.421 & 0.931 & -0.931\\ -1.221 & 1.455 & -1.455\end{bmatrix}$
S	$\begin{bmatrix}1.735 & 0.328\\ 0.501 & 0.047\\ 0.501 & -0.433\\ 1.789 & 0.180\\ 1.233 & 0.281\end{bmatrix}$	$\begin{bmatrix}1.200 & 1.783\\ 0.483 & 0.098\\ 0.483 & -0.383\\ 1.459 & 1.079\\ 0.717 & 1.685\end{bmatrix}$

表 10—3　　　　　　　　　　　　　**$\rho=0.5$ 和 0.75 的政策矩阵表**

ρ	0.5	0.75
P	$\begin{bmatrix} 0.792 & 0.276 & -0.276 \\ 0 & 1 & 0 \\ -0.433 & 0.849 & 0.151 \end{bmatrix}$	$\begin{bmatrix} 0.446 & 0.915 & -0.915 \\ 0 & 1 & 0 \\ -0.244 & 0.500 & 0.500 \end{bmatrix}$
Q	$\begin{bmatrix} 0.035 & 0.372 \\ 0 & 1 \\ -0.438 & 1.260 \end{bmatrix}$	$\begin{bmatrix} -0.258 & 1.216 \\ 0 & 1 \\ -0.278 & 0.799 \end{bmatrix}$
R	$\begin{bmatrix} -3.283 & 4.355 & -4.355 \\ 0.433 & 0.151 & -0.151 \\ 0.433 & 0.151 & -0.151 \\ -1.378 & 2.691 & -2.691 \\ -2.716 & 4.204 & -4.204 \end{bmatrix}$	$\begin{bmatrix} -8.738 & 14.427 & -14.427 \\ 0.244 & 0.499 & -0.499 \\ 0.244 & 0.499 & -0.499 \\ -4.748 & 8.913 & -8.913 \\ -7.982 & 13.927 & -13.927 \end{bmatrix}$
S	$\begin{bmatrix} -0.087 & 5.323 \\ 0.438 & 0.220 \\ 0.438 & -0.260 \\ 0.664 & 3.266 \\ -0.525 & 5.102 \end{bmatrix}$	$\begin{bmatrix} -4.718 & 18.629 \\ 0.278 & 0.681 \\ 0.278 & 0.201 \\ -2.197 & 11.487 \\ -4.996 & 17.948 \end{bmatrix}$

政策矩阵中首先需要注意的是：当 ρ 较小时，它们同 Cooley-Hansen CIA 模型求出的数值十分相似（系数在表 8—3 中已给出）。随着 ρ 值的逐渐变大，政策矩阵的系数也随之改变。具体而言，随着 ρ 的增大，往期资本对当期资本的影响越来越小，资本更多地由货币、价格和两个随机变量决定。而价格则更多地由往期价格决定，资本和货币对价格的影响也越来越小。这符合 ρ 增大后，越来越少的中间企业能调整价格这一事实。随着 ρ 的增大，随机变量在价格决定中的重要性下降了。对于跳跃变量，资本的租金、产出和劳动供给在资本、货币和价格系数的绝对值上都有大幅度的增长。对于工资和消费，资本的系数在绝对值上减小，而在货币和价格上的绝对值却增大。同时，随着 ρ 的增大，技术冲击随机变量的系数有所减小，货币增长冲击随机变量的系数却增大。

注意：实际变量的价格和货币的系数数值相等但符号相反。模型的这个特征只不过是经济中货币长期中性的体现。货币的变动导致（最终）价格等量的变动，但在经济的真实层面上，它们相互抵消了。

下面三个表格显示了模拟的结果（在以下例子中，$\rho=0.75$）。正如在 CIA 基本模型中一样，为了估计相对产出的标准差和同产出相关性，我们对模型做了 50 次期限为 115 期的模拟。在表 10—4 中，技术和货币增长冲击所用的标准差同基本的 CIA 模型相同。

表 10—4 清晰地表明了新模型比标准 CIA 模型对冲击的响应更加强烈。这个结论与矩阵 Q 和 S 中货币供给冲击系数的绝对值增加相一致。由于模型中主要的变化是引入了对价格修正的阻力，所以人们可能会怀疑方差的增大来自货币增长冲击影响经济体方式的改变。我们可以设想，当技术冲击保持不变时，货币增长冲击需要下降多少才能使相对产出的标准差与美国观测到的数据相匹配呢。此外，在产出的相对标准差缩减到以经验数据为

标准的 1.76% 之前，货币增长冲击的标准差需要减少到 0.00135（初始标准差的 15%）。表 10—5 给出了经济体中各变量相对于总产出的标准差以及产出的相关性。

表 10—4　　**带有来自 Cooley-Hansen 冲击的交错定价模型**

$\sigma_\lambda=0.00178$ $\sigma_g=0.009$	相对标准差	产出的相关性
产出	10.24%	100.00%
消费	1.58%	12.48%
投资	43.55%	99.30%
资本	3.16%	37.51%
工作时间	16.04%	99.29%
价格	5.97%	4.87%

注意：随着货币冲击规模相对于技术冲击的减小，消费和价格（在其他变量中）同产出的相关性变化日趋剧烈。表 10—6 分别显示了在只带有货币冲击和只带有技术冲击的两个经济体中，各变量同产出的相关性（在这两个经济中都有 $\rho=0.75$）。由于我们的动态经济是线性的，所以带有独立混合冲击的经济体是这两个经济体的线性组合。而且，货币冲击和技术冲击对变量与产出的相关性有不同的影响，这意味着灵活选择冲击的相对大小会使得交错定价模型在匹配某个真实经济体的方差与协方差特征方面独树一帜。

表 10—5　　**带有较小货币冲击的经济体**（$\rho=0.75$）

$\sigma_\lambda=0.00178$ $\sigma_g=0.0135$	相对标准差	产出的相关性
产出	1.76%	100.00%
消费	0.45%	32.43%
投资	7.17%	98.19%
资本	0.69%	40.73%
工作时间	2.60%	95.15%
价格	0.98%	-9.24%

表 10—6　　**产出同来自单一冲击的各变量的相关性**（$\rho=0.75$）

	技术冲击	货币冲击
产出	1.0000	1.0000
消费	0.6640	0.1175
投资	0.9512	0.9931
资本	0.5171	0.3732
价格	-0.6640	0.0503
租金	0.7988	0.9805
工资	0.6640	0.3809
工作时间	0.8042	0.9939

10.4.1 脉冲响应函数

我们使用脉冲响应函数可以更清晰地分析上文中随着 ρ 的变动，经济体是怎样对技术和货币增长冲击做出反应的。ρ 较高意味着中间企业的一小部分可以在任一时期改变它们的价格，这将导致价格对技术或者货币增长冲击的变动更微小、更迟缓。它还意味着其他变量需要做出更强烈的反应来弥补价格对这些冲击响应的不足。

图 10—1 看起来有些复杂，它显示了模型中所有变量对 0.01 的技术冲击的响应。图中的响应对应着 ρ 的三个不同的值：$\rho=0.3$，0.5，0.75。因此模型中每个变量在图中都有三条线。每个变量的三条线都相距很近，所以也不会造成混淆。例如，以字母 K 标示的三条线，其中两条紧密在一起，第三条尽管离得有些远，但仍遵循类似的路径。最远的这条线对应的是 $\rho=0.75$ 的经济体中变量的响应；其他两条 K 曲线中，离 0.75 线较近的线是对 $\rho=0.5$ 的经济体的响应，另一条线是对 $\rho=0.3$ 的经济体的响应。在每三条线都有：离另两条线最远的是对 $\rho=0.75$ 的经济体的响应；在同一组曲线中，离 $\rho=0.75$ 这条线较近和较远的曲线依次代表对 $\rho=0.5$ 和 $\rho=0.3$ 的经济体的响应。各条线在图中的初始几期有些混乱，但很快就能分辨清楚。

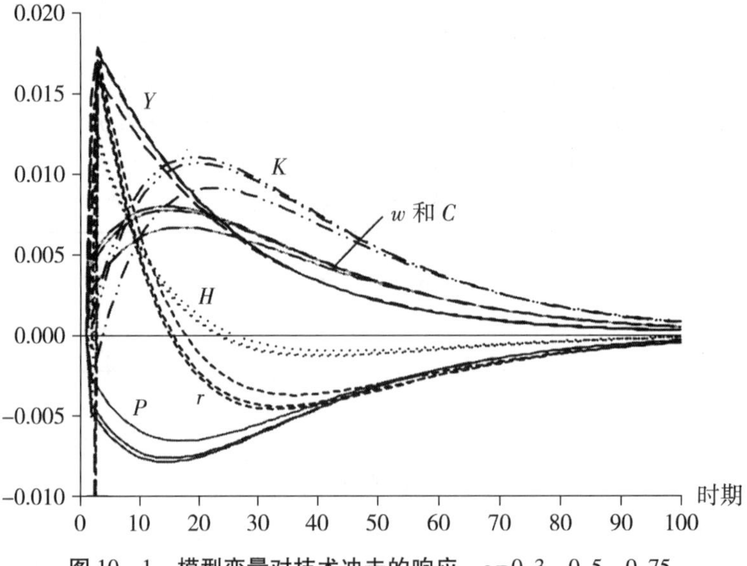

图 10—1 模型变量对技术冲击的响应：$\rho=0.3$，0.5，0.75

在图 10—1 中，ρ 值越高，每个变量在 100 期的大多数时期中对冲击的响应就越小。这些中期的反应同 Cooley-Hansen 模型的响应非常相似，只是波动的幅度略小，反应得也更慢些。总体而言，在第 3 期后，模型对冲击的响应就同没有交错价格的模型非常相似了。与无交错定价模型相比，反应差异最大的部分是在第 2 期。

我们建立了随机冲击发生在各时期的脉冲响应函数（如图 10—1 所示）。经济体各变量在第 2 期的响应完全来自政策函数中的矩阵 Q 和 S。在第 2 期，状态变量的滞后值（用对数差分来度量）是它们的稳态值 0。只是在第 3 期政策函数的矩阵 P 和 R 才开始产生影响。从第 3 期开始，响应函数是关于随机变量冲击的残差效应（通过 Q 和 S 起作用）和来自状态变量的效应（通过 P 和 R 起作用）的组合。

图 10—2 显示的是当 $\rho=0.3$，0.5，0.75 时，面对 0.01 的技术冲击时，变量 $\tilde{C}$、$\tilde{Y}$ 和 $\tilde{H}$ 前 10 期的响应。图 10—3 是变量 $\tilde{r}$、$\tilde{K}$ 和 $\tilde{P}$ 的响应。我们发现变量在第 2 期的响应非常

有趣，对于除价格以外的所有变量，ρ 越大，在第 2 期的负向变化就越剧烈。某些变量，如 $\tilde{H}$、$\tilde{Y}$ 和 $\tilde{r}$ 在 $\rho=0.75$ 时的负响应是非常大的。价格对三种情况的响应都是负的，但是 ρ 值越大，价格变化的绝对值就较小。直到第 3 期，所有变量的响应路径才看起来像标准路径（Cooley-Hansen 模型的响应）。

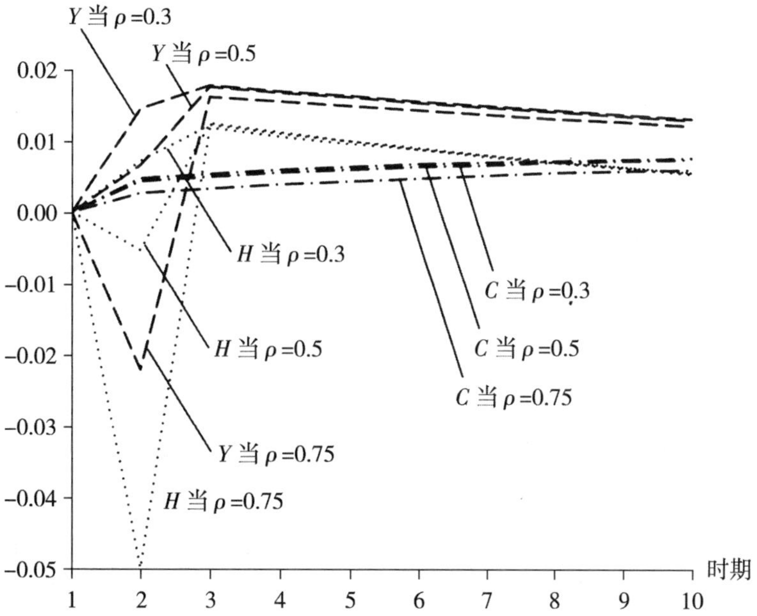

图 10—2　$\tilde{C}$、$\tilde{Y}$ 和 $\tilde{H}$ 对技术冲击的响应

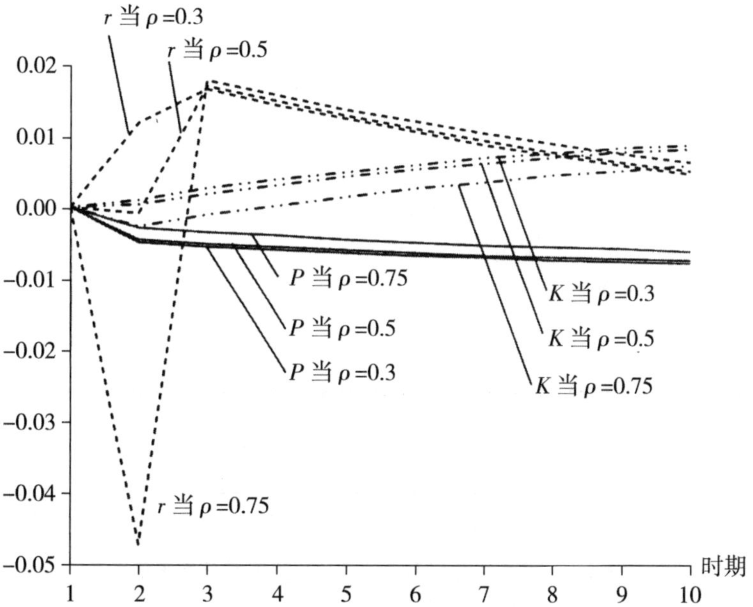

图 10—3　$\tilde{r}$、$\tilde{K}$ 和 $\tilde{P}$ 对技术冲击的响应

在 ρ 较大的模拟经济体中，实际变量对正向技术冲击在第 2 期较大的（通常为负）响应会使得它们在时间维度上的方差增加很多。

图 10—4 和 10—5 显示了交错定价的经济体对 0. 01 的货币增长冲击的响应。这两个图的差异在于 ρ 值，即在给定时期内中间产品企业不能改变价格的比例。图 10—4 中 ρ 的值是 0. 75，而图 10—5 中是 0. 5。注意：由于两个图的纵轴相同，所以它们可以直接比较。从图中可以非常清楚地看出，提高不能改变价格的中间产品企业的比例，对经济体的响应方式产生非常大的影响，尤其是在冲击发生的第 1 期。

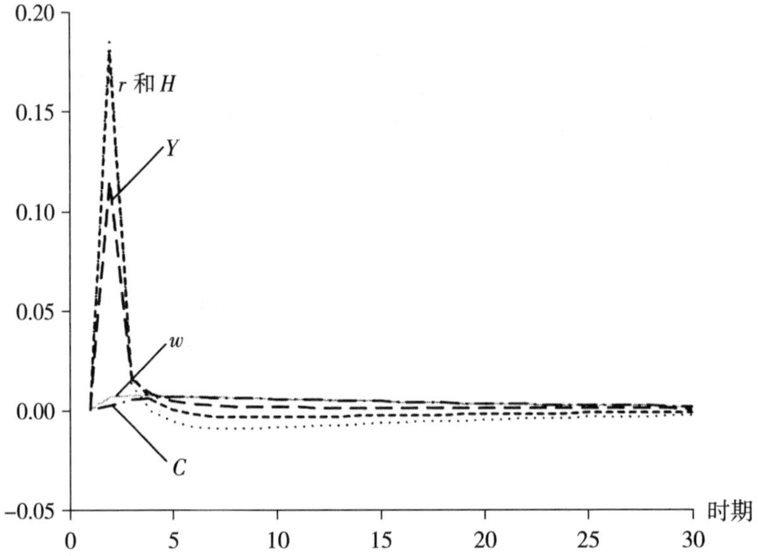

图 10—4　ρ=0. 75 的经济体对 0. 01 的货币增长冲击的响应

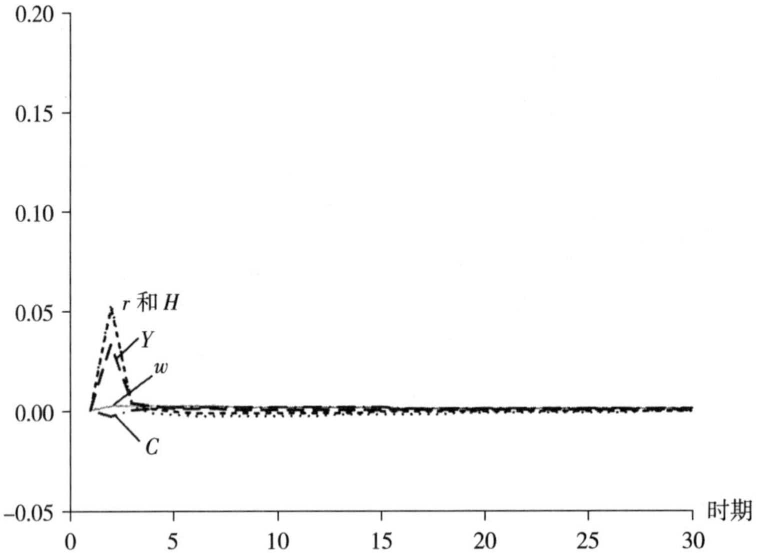

图 10—5　ρ=0. 5 的经济体对 0. 01 的货币增长冲击的响应

当 ρ=0. 75 时，可以通过家庭预算约束解释大部分产出和劳动供给的剧烈变化，如下式：

$$0=\overline{Y}\widetilde{Y}_t+(1-\delta)\overline{K}\widetilde{K}_t-\overline{K}\widetilde{K}_{t+1}-\frac{\overline{M}}{\overline{P}}\widetilde{M}_t+\frac{\overline{M}}{\overline{P}}\widetilde{P}_t$$

在价格黏性和 $\tilde{K}_t$ 给定的情况下，对 $\tilde{M}_t$ 的正向冲击意味着必须增加产出 $\tilde{Y}_t$，才能使此方程成立。由于产出的增加，而第 t 期的资本又是固定的，所以必须提高工资以吸引额外的劳动力。增加的劳动力可以提高资本的边际产出，但也造成租金的上涨。而上涨的租金（和对租金持续增长的预期）又导致资本积累的增加，随后价格逐渐地赶上货币的增长，并且经济体回到稳态。当 $\rho=0.5$ 时又会发生同样的过程，但由于更多的中间产品企业可以在第 t 期改变价格，因此变量的反应要小得多。

图 10—6 显示的是交错定价的经济体中，ρ 分别取 0.3，0.5 和 0.75 时，货币、价格和资本存量对货币增长冲击的响应。货币遵循可预测的增长路径，遵循在 ε_t^g 的一次冲击给定时 $\tilde{g}_t$ 的随机过程。给定 $\tilde{g}_t=\pi\tilde{g}_{t-1}+\varepsilon_t^g$，$\pi=0.48$ 和 $\tilde{M}_t=\tilde{g}_t+\tilde{M}_{t-1}$，$\tilde{M}_t$ 将最终上升到一个新的水平，即

$$\lim_{T\to\infty}\tilde{M}_T=\tilde{M}_{t-1}+\frac{\varepsilon_t^g}{1-\pi}$$

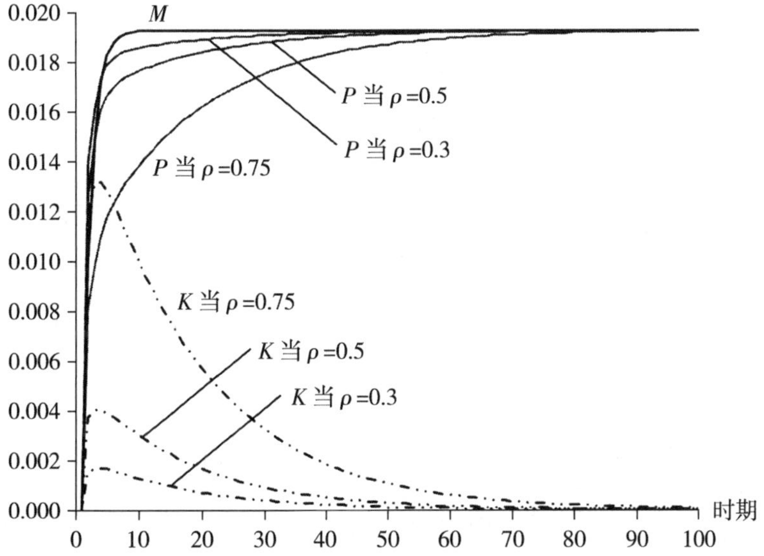

图 10—6　经济体中 $\rho=0.3$，0.5，0.75 时，货币、价格和资本对货币增长冲击的响应

图 10—6 中最应该注意的是价格的响应是如何随 ρ 值的变动而变化。当 ρ 值较小时，价格最初比货币的反应要快，但是随着 ρ 值的提高，价格的反应变得慢了很多。当 $\rho=0.75$ 时，价格的变动需要 80 期才能赶上货币的变动。而货币冲击所导致的实际余额的变化会持续很长时间。

总之，ρ 值越高，资本存量（以实际项度量的状态变量）的响应就越剧烈。

10.5　非最优化企业的通货膨胀的调整

我们来考虑这样的情形：在第 t 期不能制定价格的那些企业用拇指规则来调整价格，即用前一期的总通货膨胀率 $\pi_{t-1}=P_{t-1}/P_{t-2}$ 来调整。因为我们要把额外的滞后项 P_{t-2} 加入到模型中，所以我们预期这种规则将增强经济中货币增长冲击的持久性。

在第 t 期，随机选择（$1-\rho$）比例的企业把它们的价格定在 $P_t^*(k)$，剩下的 ρ 比例的企业调整它们第 t 期的价格至

$$P_t(k)=\frac{P_{t-1}}{P_{t-2}}P_{t-1}(k)$$

其中，第 s 期的加总价格等于

$$P_s=\left[\int_0^1 P_s(k)^{1-\psi}dk\right]^{\frac{1}{1-\psi}}$$

最终产品企业的定价规则意味着价格按照以下规则演变

$$P_t^{1-\psi}=\rho\left(\frac{P_{t-1}}{P_{t-2}}P_{t-1}\right)^{1-\psi}+(1-\rho)\ P_t^{*\ 1-\psi} \tag{10.14}$$

其中，P_t^* 是所有可以制定价格的企业选择的相同价格。中间企业把第 t 期的价格定在 P_t^* 并且从此不能最优地重新定价，而该企业在第 $t+n$ 期的价格为

$$P_{t+n}(k)=\prod_{i=1}^{n}\frac{P_{t-1+i}}{P_{t-2+i}}P_t^*(k)=\frac{P_{t+n-1}}{P_{t-1}}P_t^*(k)$$

当把第 t 期价格定在 $P_t^*(k)$ 时，最优化的中间产品企业面对的是最大化问题

$$\max_{P_t^*(k)} E_t\sum_{i=0}^{\infty}(\beta\rho)^i\Big[\frac{P_{t+i-1}}{P_{t-1}}P_t^*(k)Y_{t+i}\left(\frac{P_{t+i}}{\frac{P_{t+i-1}}{P_{t-1}}P_t^*(k)}\right)^{\psi}-P_{t+i}\frac{w_{t+i}}{(1-\theta)\lambda_{t+i}}\left[\frac{r_{t+i}(1-\theta)}{w_{t+i}\theta}\right]^{\theta}Y_{t+i}\left(\frac{P_{t+i}}{\frac{P_{t+i-1}}{P_{t-1}}P_t^*(k)}\right)^{\psi}$$

它是预期收益减去成本的贴现序列，可简化为

$$\max_{P_t^*(k)} E_t\sum_{i=0}^{\infty}(\beta\rho)^iY_{t+i}\left(\frac{P_{t+i}}{\frac{P_{t+i-1}}{P_{t-1}}P_t^*(k)}\right)^{\psi}\times\left[\frac{P_{t+i-1}}{P_{t-1}}P_t^*(k)-\frac{P_{t+i}w_{t+i}}{(1-\theta)\lambda_{t+i}}\left[\frac{r_{t+i}(1-\theta)}{w_{t+i}\theta}\right]^{\theta}\right]$$

这个问题的一阶条件是

$$0=E_t\sum_{i=0}^{\infty}(\beta\rho)^iY_{t+i}(k)\frac{P_{t+i-1}}{P_{t-1}}\left[1-\psi+\frac{\psi P_{t-1}P_{t+i}w_{t+i}}{P_{t+i-1}P_t^*(k)(1-\theta)\lambda_{t+i}}\%\left[\frac{r_{t+i}(1-\theta)}{w_{t+i}\theta}\right]^{\theta}\right]$$

它给出的定价规则是

$$P_t^*(k)=\frac{\psi}{\psi-1}\frac{E_t\sum_{i=0}^{\infty}(\beta\rho)^iP_{t+i}Y_{t+i}(k)\frac{w_{t+i}}{(1-\theta)\lambda_{t+i}}\left[\frac{r_{t+i}(1-\theta)}{w_{t+i}\theta}\%\right]^{\theta}}{E_t\sum_{i=0}^{\infty}(\beta\rho)^iY_{t+i}(k)\frac{P_{t+i-1}}{P_{t-1}}} \tag{10.15}$$

由于不能最优确定价格的企业使用的拇指规则发生了变化，模型需要对此进行修正，而方程（10.14）和（10.15）是需要改动的方程。

10.5.1 稳态

同前面的模型相比，只有表示中间产品企业的定价规则和最终产品企业的定价规则这两个方程发生了变化。我们仍然有像以前一样的 CIA 约束，因此该方程的稳态形式仍然是

$$\bar{C}=\overline{M/P}$$

这里我们把不变的稳态形式的实际余额写为$\overline{M/P}$。如果消费在稳态位置是常数，那么实际余额也必然如此。这意味着对于任意时期 t，则有

$$\frac{M_t}{P_t}=\overline{M/P}=\frac{M_{t-1}}{P_{t-1}}$$

并且经过一些代数换算后，得出

$$\frac{P_t}{P_{t-1}}=\frac{M_t}{M_{t-1}}=\bar{g}$$

在稳态位置，通货膨胀率一定和货币增长率相同。

最终产品企业的定价规则可以写为

$$(P_t)^{1-\psi}=\rho\ (\bar{g}P_{t-1})^{1-\psi}+\ (1-\rho)\ (P_t^*)^{1-\psi}$$

并且由于 $\bar{g}P_{t-1}=P_t$，方程变为

$$(1-\rho)\ (P_t)^{1-\psi}=\ (1-\rho)\ (P_t^*)^{1-\psi}$$

在稳态位置，应用拇指规则的企业用 $\bar{g}$ 来调整价格，最优化的企业把价格调整到与其完全相同的水平，这样厂商价格等于一般价格水平。

把这个关于最优价格的结论应用于中间企业的定价规则，得到了与之前章节相同的结果

$$\frac{\psi}{\psi-1}=\frac{1}{\dfrac{\bar{w}}{(1-\theta)\ \bar{\lambda}}\left[\dfrac{(1-\theta)\ \bar{r}}{\theta\bar{w}}\right]^{\theta}}$$

通过这个价格加成方程得到和以前相同的工资方程

$$\bar{w}=\left[\frac{(\psi-1)\ (1-\theta)^{1-\theta}\theta^{\theta}}{\psi\bar{r}^{\theta}}\right]^{\frac{1}{1-\theta}}$$

从家庭的一阶条件，我们得到

$$-\frac{\beta}{\bar{C}}=\frac{B\bar{g}}{\bar{w}}$$

或

$$\bar{C}=-\frac{\beta\bar{w}}{\bar{g}B}$$

除了 $\bar{Y}$，其他变量的稳态解和之前的讨论相同。现在把上面的一阶条件代入家庭的预算约束方程（10.12）后的结果是

$$-\frac{\beta\bar{w}}{\bar{g}B}=\bar{w}\left[\frac{\bar{r}\ (1-\theta)}{\bar{w}\theta}\right]^{\theta}\bar{Y}+\frac{\bar{Y}}{\psi}+\ (\bar{r}-\delta)\ \left[\frac{\bar{r}\ (1-\theta)}{\bar{w}\theta}\right]^{\theta-1}\bar{Y}$$

或

$$\bar{Y}=\frac{-\beta\bar{w}}{\bar{g}B\left(\bar{w}\left[\dfrac{\bar{r}\ (1-\theta)}{\bar{w}\theta}\right]^{\theta}+\dfrac{1}{\psi}+\ (\bar{r}-\delta)\ \left[\dfrac{\bar{r}\ (1-\theta)}{\bar{w}\theta}\right]^{\theta-1}\right)}$$

除了在之前的模型中，$\bar{Y}$ 除以的是总货币增长率 $\bar{g}$，其他的与之前的结果几乎相同。由于 $\bar{K}$、$\bar{H}$ 和 $\bar{\xi}$ 都等于常数乘以 $\bar{Y}$，因此货币增长率对它们都有影响。表 10—7 显示的是以通货膨胀的调整作为拇指规则的模型中各变量的稳态值。

表 10—7 的结果同我们在第 8 章 Cooley-Hanson 模型中求出的结果非常相似。由于中间产品企业价格加成的作用，与第 8 章相比，变量值略低。

表 10—7　　应用通货膨胀经验规则的标准经济体的稳态

变量	$\bar{r}$	$\bar{w}$	$\bar{Y}$	$\bar{H}$	$\bar{K}$	$\bar{\xi}$	$\bar{C}$
稳态值	0.0351	2.0426	$\frac{1.0218}{\bar{g}}$	$\frac{0.2901}{\bar{g}}$	$\frac{9.5271}{\bar{g}}$	$\frac{0.0929}{\bar{g}}$	$\frac{0.7836}{\bar{g}}$

习题 10.2 求出所有的稳态条件。

10.5.2 对数线性

方程（10.14）的对数线性化结果是

$$\bar{g}^{1-\psi}e^{(1-\psi)\tilde{P}_t-(1-\psi)\tilde{P}_{t-1}}=\rho\bar{g}^{1-\psi}e^{(1-\psi)(\tilde{P}_{t-1}-\tilde{P}_{t-2})}+(1-\rho)\bar{g}^{1-\psi}e^{(1-\psi)\tilde{P}_t^*(k)-(1-\psi)\tilde{P}_{t-1}}$$

或

$$\tilde{P}_t=\rho(2\tilde{P}_{t-1}-\tilde{P}_{t-2})+(1-\rho)\tilde{P}_t^*(k)$$

方程（10.15）的对数线性化结果为

$$\bar{P}^*(k)e^{\tilde{P}_t^*(k)}=\frac{\psi}{\psi-1}\bar{P}\frac{\bar{w}}{(1-\theta)\lambda}\left[\frac{\bar{r}(1-\theta)}{\bar{w}\theta}\right]^{\theta}\times\frac{E_t\sum_{i=0}^{\infty}(\beta\rho)^i e^{\tilde{P}_{t-1}+\tilde{P}_{t+i}-\tilde{P}_{t+i-1}+\tilde{Y}_{t+i}(k)+(1-\theta)\tilde{w}_{t+i}-\tilde{\lambda}_{t+i}+\theta\tilde{r}_{t+i}}}{E_t\sum_{i=0}^{\infty}(\beta\rho)^i e^{\tilde{Y}_{t+i}(k)}}$$

$$E_t\sum_{i=0}^{\infty}(\beta\rho)^i e^{\tilde{Y}_{t+i}(k)+\tilde{P}_t^*(k)}=E_t\sum_{i=0}^{\infty}(\beta\rho)^i e^{\tilde{P}_{t-1}+\tilde{P}_{t+i}-\tilde{P}_{t+i-1}+\tilde{Y}_{t+i}(k)+(1-\theta)\tilde{w}_{t+i}-\tilde{\lambda}_{t+i}+\theta\tilde{r}_{t+i}}$$

或

$$\tilde{P}_t^*(k)=(1-\beta\rho)E_t\sum_{i=0}^{\infty}(\beta\rho)^i\times[\tilde{P}_{t-1}+\tilde{P}_{t+i}-\tilde{P}_{t+i-1}+(1-\theta)\tilde{w}_{t+i}-\tilde{\lambda}_{t+i}+\theta\tilde{r}_{t+i}]$$

把它代入最终产品企业定价条件的对数线性形式，得到

$$\begin{aligned}\tilde{P}_t&=\rho(2\tilde{P}_{t-1}-\tilde{P}_{t-2})+(1-\rho)(1-\beta\rho)E_t\sum_{i=0}^{\infty}(\beta\rho)^i\\&\quad\times[\tilde{P}_{t-1}+\tilde{P}_{t+i}-\tilde{P}_{t+i-1}+(1-\theta)\tilde{w}_{t+i}-\tilde{\lambda}_{t+i}+\theta\tilde{r}_{t+i}]\end{aligned}$$

为了方便处理，现在我们需要对这个方程进行准差分来简化无穷加总，所以我们在两边都乘以含有滞后算子的多项式 $1-\beta\rho L^{-1}$，得到

$$\begin{aligned}&\tilde{P}_t-\rho(2\tilde{P}_{t-1}-\tilde{P}_{t-2})-\beta\rho(E_t\tilde{P}_{t+1}-\rho(2\tilde{P}_t-\tilde{P}_{t-1}))\\&=(1-\rho)(1-\beta\rho)E_t\sum_{i=0}^{\infty}(\beta\rho)^i\\&\quad\times[\tilde{P}_{t-1}+\tilde{P}_{t+i}-\tilde{P}_{t+i-1}+(1-\theta)\tilde{w}_{t+i}-\tilde{\lambda}_{t+i}+\theta\tilde{r}_{t+i}]\\&\quad-\beta\rho(1-\rho)(1-\beta\rho)E_t\sum_{i=0}^{\infty}(\beta\rho)^i\\&\quad\times[\tilde{P}_t+\tilde{P}_{t+i+1}-\tilde{P}_{t+i-1+1}+(1-\theta)\tilde{w}_{t+1+i}-\tilde{\lambda}_{t+1+i}+\theta\tilde{r}_{t+1+i}]\end{aligned}$$

简化为

$$\begin{aligned}&\tilde{P}_t-\rho(2\tilde{P}_{t-1}-\tilde{P}_{t-2})-\beta\rho(E_t\tilde{P}_{t+1}-\rho(2\tilde{P}_t-\tilde{P}_{t-1}))\\&=(1-\rho)(1-\beta\rho)[(1-\theta)\tilde{w}_t-\tilde{\lambda}_t+\theta\tilde{r}_t]\\&\quad+(1-\rho)[(1-2\beta\rho)P_t+\beta\rho P_{t-1}]\end{aligned}$$

最终变为

$$(1+2\beta)\tilde{P}_t-\beta E_t\tilde{P}_{t+1}-(2+\beta)\tilde{P}_{t-1}+\tilde{P}_{t-2}=\frac{(1-\rho)(1-\beta\rho)}{\rho}[(1-\theta)\tilde{w}_t-\tilde{\lambda}_t+\theta\tilde{r}_t]$$

这个方程包含四个时期的价格：$t-2$、$t-1$、t 期的价格，以及 $t+1$ 期的期望价格。为处理新增加的 P_{t-2}，我们需要对求解技术做一些微小的改变。

10.5.3 求解模型

同基本的交错定价模型相比，唯一的变化是用方程（10.16）替代了基本模型的第 3 个方程。尽管如此，这种变化需要改变以矩阵形式书写的模型和状态变量的定义。我们用的求解方法需要我们能够把模型写为

$$0=Ax_t+Bx_{t-1}+Cy_t+Dz_t$$

$$0=E_t\left[Fx_{t+1}+Gx_t+Hx_{t-1}+Jy_{t+1}+Ky_t+Lz_{t+1}+Mz_t\right]$$

$$z_{t+1}=Nz_t+\varepsilon_{t+1}$$

其中：x_t 是 t 期的状态变量集，y_t 是“跳跃”变量和模型中其他我们想要确定数值的变量集合。在预期方程中，即在基础模型中包含定价方程的部分，只有 x_{t+1}、x_t 和 x_{t-1} 出现，但这足以用来求解带有 P_{t+1}、P_t 和 P_{t-1} 的定价方程的模型。而在这个模型中，定价方程包含 P_{t+1}、P_t、P_{t-1} 和 P_{t-2}，正是最后一项引出了新的问题。

处理这类问题的方法包括扩展状态变量集和增加方程或恒等式，从而能恰当地定义新变量。在这里，加入到状态变量集的新变量是滞后一期的价格，即我们定义 x_t 为

$$x_t=\left[K_{t+1},\ M_t,\ P_t,\ P_{t-1}\right]$$

在 x_t 的这个定义下，x_{t-1} 为

$$x_{t-1}=\left[K_t,\ M_{t-1},\ P_{t-1},\ P_{t-2}\right]'$$

现在我们已能够把 P_{t-2} 包括在模型的变量中，而为了 y_t 中的变量集不变，我们需要增加的新方程是恒等式 $P_{t-1}=P_{t-1}$。在这种情况下，添加这个恒等式使得 x_t 的第四个元素总是等于 x_{t-1} 的第三个元素。此外，正如从矩阵 F 到 M 显示的那样，我们在预期方程集中新增加了一个方程。在矩阵 F、J、K、L 和 M 中，第四行全为零，即代表这个新方程。在同 x_t 有关的矩阵 G 中，除了第四个元素被设定为 1 外，第四行全为零。在同 x_{t-1} 有关的矩阵 H 中，除了第三个元素被设定为−1 外，第四行全为零。这个新方程对模型施加了一个条件，即 x_t 的第四个元素 P_{t-1} 总是等于 x_{t-1} 的第三个元素 P_{t-1}。由于 x_{t-1} 被设定为第 $t-1$ 期的值，它的最后一个元素将等于 P_{t-2}，这个方程便生成了我们需要的东西。

在新版本的模型中，预期方程的矩阵是

$$F=\begin{bmatrix}0&0&0&0\\0&0&0&0\\0&0&\beta&0\\0&0&0&0\end{bmatrix}$$

$$G=\begin{bmatrix}0&0&0&0\\0&1&0&0\\0&0&-1-2\beta&0\\0&0&0&1\end{bmatrix}$$

$$H=\begin{bmatrix}0&0&0&0\\0&-1&0&0\\0&0&2+\beta&-1\\0&0&-1&0\end{bmatrix}$$

$$J=\begin{bmatrix}\beta\bar{r}&-1&0&0&0\\0&0&0&0&0\\0&0&0&0&0\\0&0&0&0&0\end{bmatrix}$$

$$K=\begin{bmatrix} 0 & 1 & 0 & 0 & 0 \\ 0 & 0 & 0 & 0 & 0 \\ \frac{\theta\ (1-\rho)\ (1-\beta\rho)}{\rho} & \frac{(1-\theta)\ (1-\rho)\ (1-\beta\rho)}{\rho} & 0 & 0 & 0 \\ 0 & 0 & 0 & 0 & 0 \end{bmatrix}$$

$$L=\begin{bmatrix} 0 & 0 \\ 0 & 0 \\ 0 & 0 \\ 0 & 0 \end{bmatrix}$$

和

$$M=\begin{bmatrix} 0 & 0 \\ 0 & -1 \\ \frac{-\ (1-\rho)\ (1-\beta\rho)}{\rho} & 0 \\ 0 & 0 \end{bmatrix}$$

由于新的状态变量没有出现在由矩阵 A 到 D 表达的方程中，所以它们仅等于

$$A=\begin{bmatrix} 0 & 0 & -1 & 0 \\ -\bar{K} & -\bar{C} & \bar{C} & 0 \\ 0 & -1 & 1 & 0 \\ 0 & 0 & 0 & 0 \\ 0 & 0 & 0 & 0 \end{bmatrix}$$

$$B=\begin{bmatrix} 0 & 1 & 0 & 0 \\ (1-\delta)\ \bar{K} & 0 & 0 & 0 \\ 0 & 0 & 0 & 0 \\ \theta & 0 & 0 & 0 \\ -1 & 0 & 0 & 0 \end{bmatrix}$$

$$C=\begin{bmatrix} 0 & 0 & -1 & 0 & 0 \\ 0 & 0 & 0 & \bar{Y} & 0 \\ 0 & 1 & 0 & 0 & 0 \\ 0 & 0 & 0 & -1 & 1-\theta \\ -1 & 1 & 0 & 0 & 1 \end{bmatrix}$$

和

$$D=\begin{bmatrix} 0 & 1 \\ 0 & 0 \\ 0 & -\pi \\ 1 & 0 \\ 0 & 0 \end{bmatrix}$$

矩阵 A 和 B 中新增加了一列零，矩阵 C 和 D 没有任何变化。同时，N 也是和以前一样，

$$N=\begin{bmatrix} \gamma & 0 \\ 0 & \pi \end{bmatrix}$$

应用上述的模型，我们求出以下形式的政策矩阵

$$x_{t+1}=Px_t+Qz_t$$

和

$$y_t = Rx_t + Sz_t$$

当 $\rho = 0.75$ 时，我们求出

$$P=\begin{bmatrix} 0.3450 & 1.1358 & -1.8440 & 0.7082 \\ 0 & 1 & 0 & 0 \\ -0.1881 & 0.3788 & 1.0073 & -0.3862 \\ 0 & 0 & 1 & 0 \end{bmatrix}$$

$$Q=\begin{bmatrix} -0.3926 & 1.5977 \\ 0 & 1 \\ -0.2040 & 0.5893 \\ 0 & 0 \end{bmatrix}$$

$$R=\begin{bmatrix} -10.3266 & 17.9123 & -29.0784 & 11.1662 \\ 0.1881 & 0.6212 & -1.0073 & 0.3862 \\ 0.1881 & 0.6212 & -1.0073 & 0.3862 \\ -5.7294 & 11.0663 & -17.9655 & 6.8992 \\ -9.5147 & 17.2911 & -28.0711 & 10.7800 \end{bmatrix}$$

$$S=\begin{bmatrix} -6.8340 & 24.6587 \\ 0.2040 & 0.8907 \\ 0.2040 & 0.4107 \\ -3.5044 & 15.2115 \\ -7.0381 & 23.7679 \end{bmatrix}$$

注意：矩阵 P 中第四行的“1”，这使得 x_t 的第四个元素 P_{t-1} 等于 x_{t-1} 的第三个元素，即 P_{t-1}。当这个 x_t 在 $s=t+1$ 期变为状态变量时，$P_{s-2}=P_{t-1}$ 被明确地定义了。

模型的动态过程表现出了与在 Cooley-Hanson 模型中观察到的相同的性质。P、Q、R 和 S 的系数没有随货币增长率的稳态值的变化而变化，其原因同 Cooley-Hanson 模型中一样的。矩阵 A 到 D 的第二行是线性化后的模型中唯一包含实际变量稳态值的部分。这个方程的每个参数是实际变量的值除以稳态货币增长率，实际变量在稳态位置的值是常数。方程中所有的参数都成比例地变动，所以变量之间的关系没有变化。

模型做了 50 次期限为 115 期的模拟。表 10—8 给出了对各变量相对产出的标准差以及同产出相关性的估计。由于价格对过去的通货膨胀做出了响应，所以消费和资本的变动较小。注意，在这张表中，货币供给冲击的相对标准差稍小（同固定价格的非最优化企业模型相比），这是因为较小的标准差能得到与我们在基本模型中相同的产出相对标准差。在这个模型中，产出对货币增长的冲击甚至更加敏感。

表 10—8 **应用通货膨胀调整的交错定价模型**

$\sigma_\lambda=0.00178$ $\sigma_g=0.00116$	相对标准差	产出的相关性
产出	1.76%	100.00%
消费	0.16%	16.72%
投资	7.48%	99.75%
资本	0.35%	39.67%
工作时间	2.78%	99.72%
价格	0.80%	-3.75%

10.5.4 脉冲响应函数

总的来说，与非最优化企业使用固定价格拇指规则的经济体相比，应用滞后通货膨胀调整价格的经济体，其脉冲响应函数表现出两点不同：第一，中期响应与相似的无交错定价模型非常相近。这是由于在这个新模型中，技术和货币冲击都进入到拇指规则定价的制定中，但是带有滞后性。而在使用固定价格的模型中，它们从不进入。第二，短期响应通常比在固定价格模型中要剧烈。在政策函数 P 和 R 矩阵中两个滞后价格的参数符号相反，并且第二个滞后价格消除了第一个价格的一些效应。在冲击发生的第 2 期，$\tilde{P}_{t-1}$ 和 $\tilde{P}_{t-2}$ 都是零，只能看到矩阵 Q 和 S 的效应。在第 3 期，$\tilde{P}_{t-1}$ 不再是零且参数很大，但 $\tilde{P}_{t-2}$ 是零，所以政策矩阵中 $\tilde{P}_{t-1}$ 的影响并没有被相反符号的 $\tilde{P}_{t-2}$ 所抵消。

我们可以比较用滞后通货膨胀调整价格的模型与之前固定价格的模型对技术或货币增长冲击的响应。在这两个模型中，经济体都有 $\bar{g}=1$。

图 10—7 显示的是：面对技术冲击时，在这两种拇指规则下价格和资本的不同响应。用滞后通货膨胀调整价格的非最优化中间产品企业所在的经济体，其资本表现出较大的负向初始响应，然后是更大的正向中期响应。价格在滞后通货膨胀的经济中也表现出更强烈的响应。除了资本的初始响应，价格和资本的响应同标准的 Cooley-Hanson 模型非常相似。

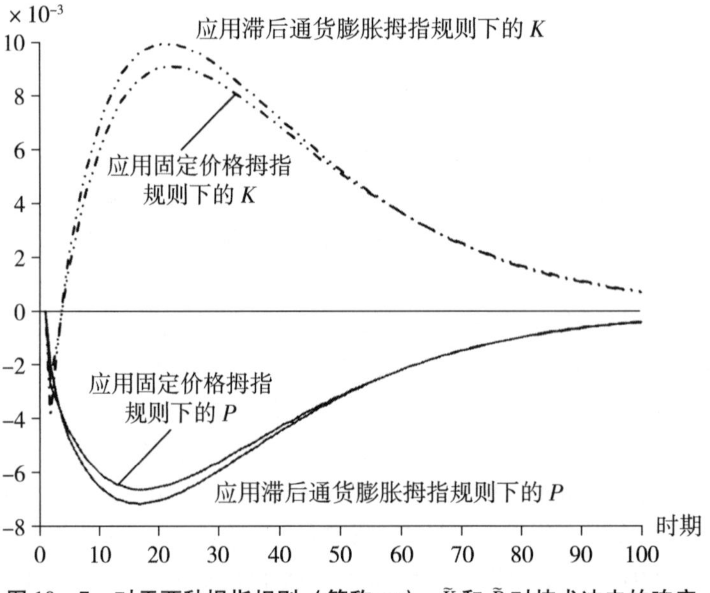

图 10—7 对于两种拇指规则（简称 rot），$\tilde{K}$ 和 $\tilde{P}$ 对技术冲击的响应

图 10—8 显示的是：在两种经济体中，实际变量对相同冲击的中期响应。图中截掉了初始冲击的效果，我们可以更好地观察中期响应是怎样运行的。两个经济体几乎遵循相同的模式，只是应用了滞后通货膨胀调整价格的经济体，其响应稍微大些，同没有交错定价的经济体更接近。图 10—9 显示了两个经济体的短期响应。在应用了滞后通货膨胀调整价格的经济体中，$\tilde{r}$、$\tilde{Y}$ 和 $\tilde{H}$ 产生了相当大的负向初始响应，紧接着便是更大的正向响应。如果我们考虑负向技术冲击产生的短期影响时，会发现这些短期影响有些奇怪。模型对负向技术冲击的初始响应表现为：产出、租金和劳动力供给的增加、$\tilde{K}_{t+1}$ 的上升，以及消费的减少。虽然这些波动都迅速恢复到初始水平，但是仍然很难解释这些初始响应。

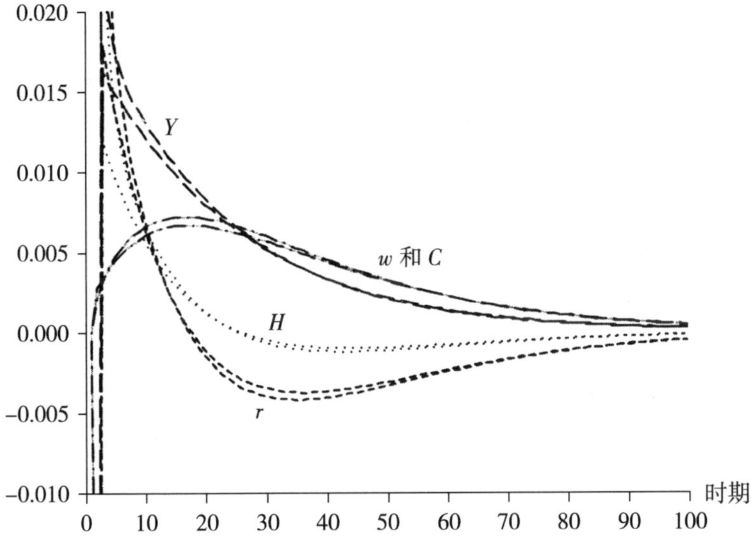

图 10—8　对于两种拇指规则，$\tilde{Y}$，$\tilde{C}$，$\tilde{H}$，$\tilde{r}$ 和 $\tilde{w}$ 对技术冲击的中期响应

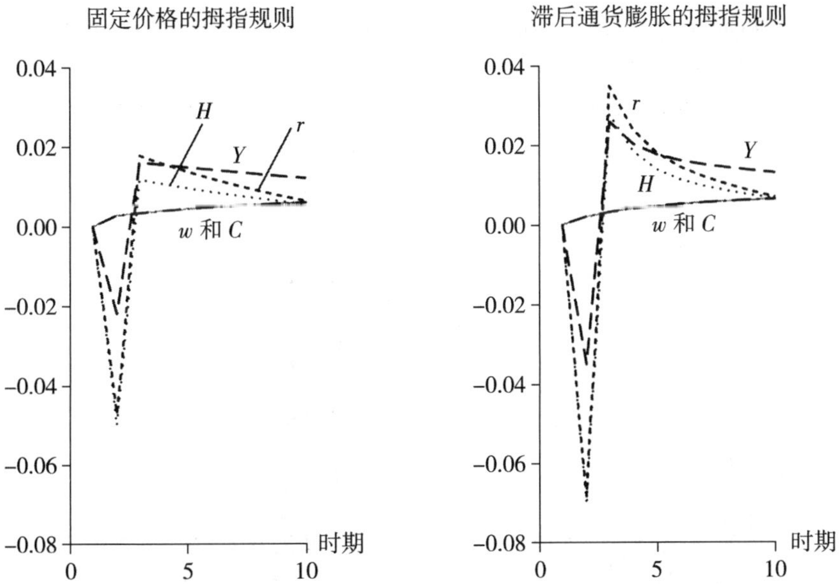

图 10—9　对于两种拇指规则，$\tilde{Y}$，$\tilde{C}$，$\tilde{H}$，$\tilde{w}$ 和 $\tilde{r}$ 对技术冲击的短期响应

与应用固定价格拇指规则的模型相比，应用滞后通货膨胀调整价格的模型对货币增长冲击的响应有两点不同。图 10—10 显示的是：对于两种拇指规则，$\tilde{M}$，$\tilde{P}$ 和 $\tilde{K}$ 对 0.01 的货币增长冲击的响应。在应用滞后通货膨胀的经济体中，价格的初始响应比在应用固定价格的经济体中要小，但是随后价格更加迅速地对货币增长做出了调整。资本的响应开始比较剧烈，但与固定价格模型相比，显示出较弱的持久性。

图 10—11 显示的是：在两种拇指规则下，$\tilde{w}$，$\tilde{r}$，$\tilde{Y}$，$\tilde{C}$ 和 $\tilde{H}$ 对同样的 0.01 的货币增长冲击的响应。在应用滞后通货膨胀拇指规则的经济体中，真实变量的初始响应为正（对正向货币冲击而言）并且较大。初始响应较大的一部分原因是，价格的响应较小并且实际变量需要做出更大的调整才能达到均衡。而这些较大的初始响应在一定程度上被始于

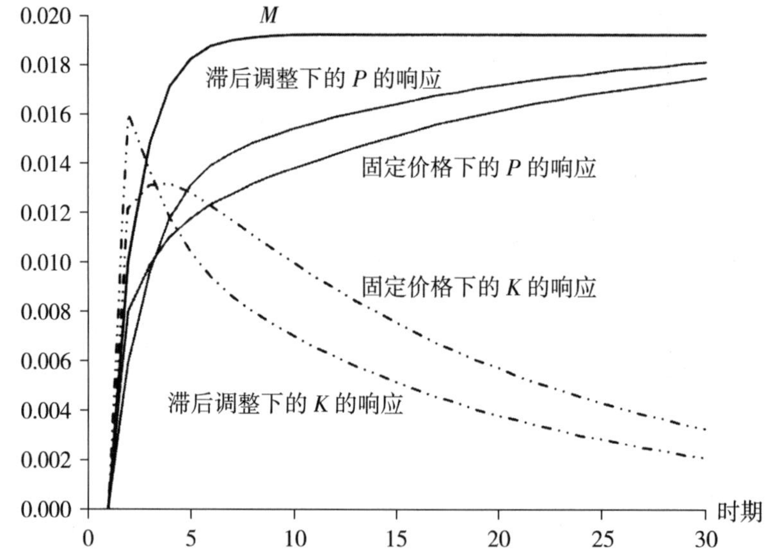

图 10—10　两种拇指规则下，$\widetilde{M}$，$\widetilde{P}$ 和 $\widetilde{K}$ 对货币增长冲击的响应

第 3 期的更大的负向响应所抵消。所以到了第 10 期，在应用两种拇指规则的经济体中，它们的响应已经非常相似。

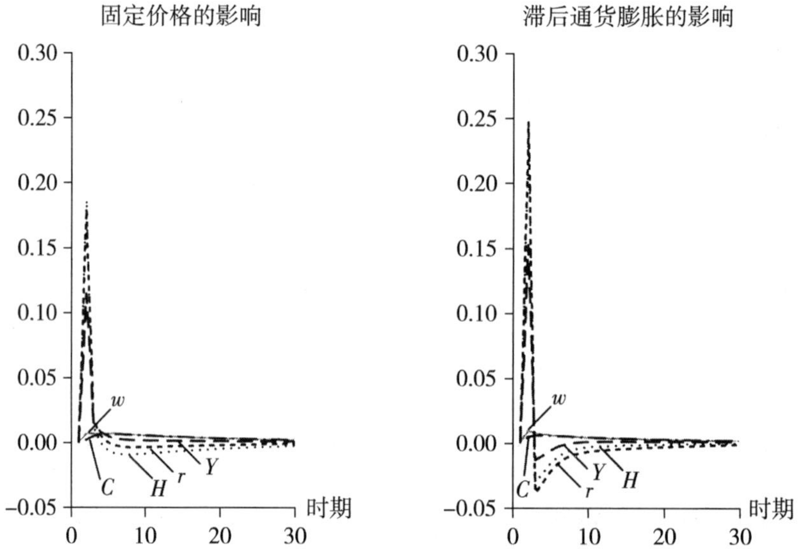

图 10—11　对于两种拇指规则，$\widetilde{Y}$，$\widetilde{C}$，$\widetilde{H}$，$\widetilde{w}$ 和 $\widetilde{r}$ 对货币冲击的短期响应

我们可以通过作图来以另一种方式比较两种拇指规则，即固定价格规则和滞后通货膨胀规则，看看它们分别是以怎样不同的方式对货币冲击做出响应的。图 10—12 中横轴显示的是固定价格规则下的响应，纵轴显示的是滞后通货膨胀规则下的响应。由于瞬时响应位于 45°线之上，所以可以清楚地看到，在滞后通货膨胀规则下，产出、租金和工作时间的短期响应更剧烈。这些变量的中期响应也不同，在滞后通货膨胀规则下，变量对冲击的响应都迅速变负，但在固定价格规则下，变量则在更长的时期内保持为正。

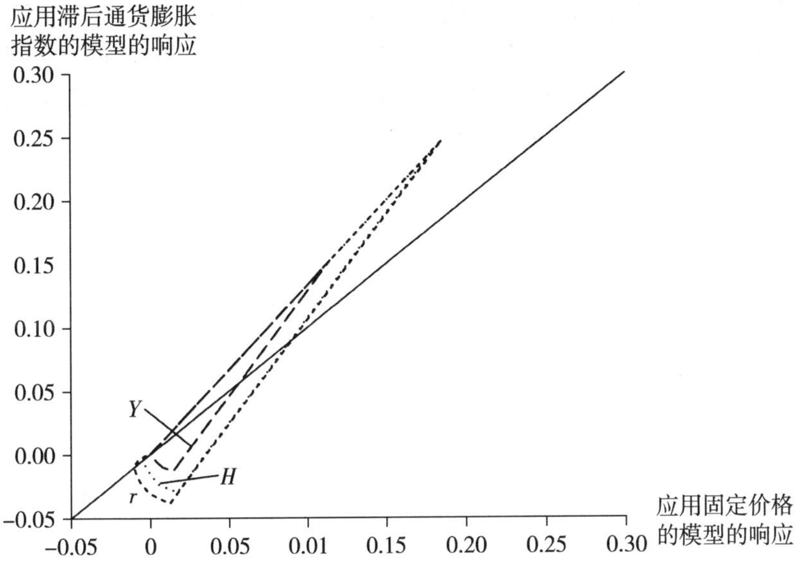

图 10—12　比较两种拇指规则下对货币冲击的响应

练习 10.3　当与上述经济体相同，但非最优化企业的拇指规则是 $P_t(k)=\frac{P_{t-2}}{P_{t-3}}P_{t-1}(k)$ 的时候，求出其动态。（这种规则可能是经济体总价格数据滞后一期时所对应的情形）

10.6　本章回顾

Calvo 把交错价格嵌入模型的方法产生了这样一种 Phillips 曲线：在短期内，产出对货币冲击做出响应。每期能够调整价格的中间产品企业越少，货币冲击对实际变量的影响就越大。

本章介绍了两种在构建 RBC 模型时非常有用的技术：准差分和新增滞后变量。通过对整个方程施加滞后算子（或超前算子）的多项式，准差分能够简化定价方程未来预期值的无穷序列。当谨慎地选取该多项式后，涉及未来的无穷序列被消掉了。但是，方程中不是无穷序列的部分参与了算子的运算，而是这些变量进入方程方式后的变化修正了无穷序列的损失。从某种意义上说，我们把无穷序列转变为了递归的形式。

当我们应用非最优化企业滞后通货膨胀拇指规则调整价格时，需要在模型中增加滞后变量。由于滞后通货膨胀是由第 $t-1$ 和第 $t-2$ 期的价格决定的，所以我们在模型中增加价格的滞后变量，并且把这个增加的滞后量放入状态变量中。我们也把另一个方程（恒等式）加入模型中，并使其第 t 期状态变量中的第 $t-1$ 期价格的值等于第 $t-1$ 期状态变量中第 $t-2$ 期的价格。增加的滞后量可以通过诸如应用不同的拇指规则或把习惯养成（Habit Persistence）[①] 加入到效用函数中等方式进入到模型中。增加的滞后变量通常意味着模型中冲击的作用会持续更长时间。

---

① 在带有习惯养成的模型中，效用是当前消费与过去消费或过去几期平均消费差异的函数。一篇关于习惯养成的优秀文献来源于 Boldrin，Christiano and Fisher［15］。

交错定价模型的应用非常广泛，特别是深受中央银行肯定，因为它们会使实际变量对正向货币政策冲击产生较大的正响应。这个结论与大多数观察到的数据，特别是与 OECD 国家的数据相一致。Christiano，Eichenbaum and Evans［30］也讨论了交错定价之外的其他方法，使模型更好地与经验数据相匹配。

第 11 章

交错制定工资

在本章我们把在前一章用于中间产品价格的交错定价的方法应用到工资上。这里，居民户的劳动力是有差异的，并且存在一个独立的完全竞争企业[①]（或一些企业）将这些有差别的劳动"打包"成单一类型的劳动，并用于第二阶段的公司来生产商品。"打包"劳动这种方式意味着，当工资可以调整时，工人能利用一些垄断手段把自己的工资设定在劳动与消费的边际替代率之上。像在交错定价模型中一样，制定工资时也存在 Calvo 规则，即在每期有（$1-\rho_w$）比例的工人被随机选中，可以设定他们的工资。有证据表明，这种工资刚性在帮助 RBC（real business cycle）模型匹配真实经济数据的相关性上取得了长足的进步，特别是如果将它和交错定价规则一起使用更是锦上添花。[②]

用 Calvo 规则制定工资意味着许多居民户 i 将继续接受他们以前的工资水平（可能利用一些基于通货膨胀的规则调整，也可能不变）。这表明过去的工资在决定当前的均衡时很重要，所以像价格在交错定价模型中一样，工资在这一章的动态系统中变成了状态变量。

11.1 劳动"打包"者

定义 H_t 为 t 时期提供给企业的有效劳动，则有

$$H_t = \left[\int_0^1 (h_t^i)^{\frac{\psi_w-1}{\psi_w}} di\right]^{\frac{\psi_w}{\psi_w-1}}$$

式中 h_t^i 是由家庭或居民户 i 提供的有差别劳动的数量。假定每种类型的劳动 i 在 t 时期获得 $W_t(i)$ 的名义工资，由于"打包"公司是完全竞争的，则 t 时期的加总名义工资率等于

$$W_t = \left[\int_0^1 W_t(i)^{1-\psi_w} di\right]^{\frac{1}{1-\psi_w}}$$

"打包"公司对每种类型的劳动需求为

$$h_t^i = H_t \left(\frac{W_t}{W_t(i)}\right)^{\psi_w}$$

---

① 一些学者把这种劳动"打包"企业称为"就业代理"公司。

② 例如，Christiano，Eichenbaum and Evans [32]。

我们可以发现，构建交错工资模型与构建交错定价模型是相对应的，其中居民户扮演的角色类似于中间产品企业，而劳动“打包”公司扮演的就是最终产品企业。

在每一期中，被随机选中的（$1-\rho_w$）比例的家庭可以最优化地选择它们的工资，剩余 ρ_w 比例的家庭则遵循拇指规则设定工资。在最简化的经济体中，拇指规则就是保持他们的工资固定不变，因此对于这群人，则有

$$W_t(i)=W_{t-1}(i)$$

对于非最优化家庭，其他可行的规则有

$$W_t(i)=\pi W_{t-1}(i)$$

式中 π 是稳态的通货膨胀率，或

$$W_t(i)=\frac{P_{t-1}}{P_{t-2}}W_{t-1}(i)$$

式中 P_{t-1}/P_{t-2} 是滞后一期的通货膨胀率。在接下来的模型中，我们将使用第一种拇指规则，那些不能最优化设定工资的家庭 i 要把名义工资固定在前一期的水平上，即

$$W_t(i)=W_{t-1}(i)$$

我们假设有一个劳动保险计划，该计划使得在最终构造的均衡中，每个家庭在 t 时期有相同的工资收入和消费。为了研究为什么这个假设很重要，那么先假设它不成立。令 $W_s^*(i)$ 为家庭 i 在 s 时期选择的名义工资，并假设在每个时期 t 中，所有家庭未来的境遇相同，消费具有相同的边际效用，且家庭具有相同的议价能力，所以它们将全部选择相同的最优化工资。名义工资制定规则意味着在 t 时期有（$1-\rho_w$）比例的家庭的名义工资等于$W_t^*(i)$；有（$1-\rho_w$）ρ_w 比例的家庭的名义工资等于 $W_{t-1}^*(i)$；有（$1-\rho_w$）ρ_w^n比例的家庭的名义工资等于 $W_{t-n}^*(i)$。但是这种工资分配意味着，在没有任何工资收入和保险的情况下，各家庭之间会有无数种不同的工资收入。也会有不同的资本持有和不同数量的非劳动资源收入，这样，拥有相同工资收入的家庭将具有不同的消费以及消费边际效用。给定不同的消费边际效用，在 t 时期可最优化的家庭最终将不会再选择相同的工资，这与所有家庭将选择相同的名义工资的假设相矛盾。在每期，可最优化工资的家庭会选择一个无穷的工资分布，这个问题显然是不可解的。

引入恰当的保险市场能令模型可解。在每一期加总之后，不确定信息（在这里是指 t 时期的技术冲击和货币增长冲击）将被所有家庭和企业认识并了解，但是在家庭知道它们是否在这一期可以设定工资以前，保险市场的开放，即共同保险计划保费和赔偿金的支付取决于选择哪些家庭可以改变它们工资这个随机过程的结果。一些名义工资相对高的家庭不得不向共同保险计划支付保费，同时另一些家庭将获得这些保费，这取决于冲击实现的历史。

由于签订保费支付合同时，哪些家庭能选择它们的工资还是不确定的，所以家庭把这些支出看做是一次性付清（固定）的，并且不会进入工资制定的计算。由于把保险市场运转的细节设定清楚是非常复杂的，因此我们不在这里展开讨论了。我们只是运用在 t 时期，所有家庭的产品消费最终相同（市场运作的细节见 Christiano，Eichenbaum and Evans [32]）这一结论。注意，由于保险计划既是共同的又是完全竞争的，当我们对经济体中所有的家庭加总时，一次性支付和转移会为零。虽然在加总的模型中保险公司消失了，但它的确实现了在 t 时期所有家庭的消费和消费的边际效用相同这一目的。

基于保险计划的假设和相同的初始资本存量，所有在 t 时期可以最优化它们工资的家庭将选择相同的名义工资，即 W_t^*（i）$=W_t^*$。由于（$1-\rho_w$）比例的家庭选择这个名义工资而其余家庭名义工资与上期保持不变，总名义工资遵循以下规则

$$W_t=\left[(1-\rho_w)(W_t^*)^{1-\psi_w}+\rho_w(W_{t-1})^{1-\psi_w}\right]^{\frac{1}{1-\psi_w}}$$

我们假设第 t 期工资给定时，每个家庭在 t 期提供它们所有被需求的劳动。在 t 时期，名义工资为 W_t（i）的家庭 i 将向市场提供 $h_t^i=H_t\left(\dfrac{W_t}{W_t(i)}\right)^{\psi_w}$ 单位的劳动。在 t 时期，家庭 i 最大化它们的期望贴现效用

$$E_t\sum_{j=0}^{\infty}\beta^j[\ln c_{t+j}^i+A\ln(1-h_{t+j}^i)]$$

约束条件为预算约束（我们在这个模型中加入 CIA 约束）

$$P_{t+j}c_{t+j}^i=m_{t-1+j}^i+(g_{t+j}-1)M_{t-1+j}$$ ①

和

$$k_{t+1+j}^i+\frac{m_{t+j}^i}{P_{t+j}}=\frac{W_{t+j}(i)}{P_{t+j}}h_{t+j}^i+r_{t+j}k_{t+j}^i+(1-\delta)k_{t+j}^i+b_{t+j}^i$$ ②

式中 b_{t+j}^i③是工资保险的保费或赔偿金，而其他所有变量同之前是一样的。（保险费或赔偿金在家庭看来是一次性付清的）对于可以在 t 时期制定工资的（$1-\rho_w$）比例的家庭来说，它们知道它们面对 $(\rho_w)^n$ 的概率导致它们在本期选择的工资 W_t^*（i）在未来的 n 期内依然有效。当家庭 i 开始选择它的工资 W_t^*（i）时，要最大化

$$E_t\sum_{j=0}^{\infty}(\beta\rho_w)^j[\ln c_{t+j}^i+A\ln(1-h_{t+j}^i)]$$

满足 CIA 约束序列

$$P_{t+j}c_{t+j}^i=m_{t+j-1}^i+(g_{t+j}-1)M_{t+j-1}$$

以及预算约束

$$k_{t+j+1}^i+\frac{m_{t+j}^i}{P_{t+j}}=\frac{W_t^*(i)}{P_{t+j}}h_{t+j}^i+r_{t+j}k_{t+j}^i+(1-\delta)k_{t+j}^i+b_{t+j}^i$$

其中，家庭 i 劳动的需求函数为

$$h_{t+j}^i=H_{t+j}\left(\frac{W_{t+j}}{W_t^*(i)}\right)^{\psi_w}$$

11.1.1 家庭的一阶条件

家庭关于消费、货币和第 $t+1$ 时期资本的最大化问题的一阶条件分别为

$$0=\frac{1}{c_t^i}+\vartheta_t^1P_t$$

$$0=-E_t\beta\vartheta_{t+1}^1+\vartheta_t^2\frac{1}{P_t}$$

以及

$$0=\vartheta_t^2-\beta E_t\vartheta_{t+1}^2(r_{t+1}+(1-\delta))$$

---

① 译者注：原书为 $P_tc_t^i=m_{t-1}^i+(g_t-1)M_{t-1}$

② 译者注：原书为 $k_{t+1}^i+\frac{m_t^i}{P_t}=\frac{W_t(i)}{P_t}h_t^i+r_tk_t^i+(1-\delta)k_t^i+b_t^i$

③ 译者注：原书为 b_t^i

式中 ϑ_s^m 是在 s 时期的拉格朗日乘子，其中 $m=1$，2。

这些可以简化成

$$\vartheta_t^1=-\frac{1}{P_t c_t^i}$$

$$\vartheta_t^2=-\beta E_t\frac{P_t}{P_{t+1}c_{t+1}^i}$$

以及

$$E_t\frac{P_t}{P_{t+1}c_{t+1}^i}=\beta E_t\frac{P_{t+1}}{P_{t+2}c_{t+2}^i}\left(r_{t+1}+(1-\delta)\right)$$

这些一阶条件构成了 t 时期的价格与 $t+1$ 和 $t+2$ 时期的期望价格之间的关系。我们的目的是向价格结构中加入重要的期望成分，这些方程在这个过程中起了很大作用。我们的求解技术通常要求变量的时期为 $t-1$、t 和 $t+1$，① 因此在使用时，$t+2$ 时期的价格带来了一个微小的技术困难，我们将在做对数线性化时处理这些问题。我们不能仅通过使用前一期的一阶条件来解决时序问题，例如

$$\frac{P_{t-1}}{P_t c_t^i}=\beta E_t\frac{P_t}{P_{t+1}c_{t+1}^i}\left(r_t+(1-\delta)\right)$$

不能使用这个方程的原因有两点。首先，初始关系是表示两个期望集合的，而不是实现值与期望值之间的关系。其次，将价格间的关系向回倒退一期同样会严重改变模型的动态特征。在初始结构中，价格是前定的，但在改变后的结构中，价格同时又是后定的，由此可见 $t-1$ 期的价格水平似乎对决定当前价格很重要，如果错误地包含这一特殊的后定价格结构会使得这个模型变得发散。②

除这些一阶条件之外，还有 t 时期的 CIA 约束和实际预算约束。由于工资要交错制定，因此劳动供给的选择比之前更加复杂。

遵循与交错定价那章相同的逻辑，在 t 时期可以制定工资的家庭选择工资 $W_t^*(i)$ 来最大化

$$E_t\sum_{j=0}^{\infty}(\beta\rho_w)^j\left\{\left[\ln c_{t+j}^i+A\ln\left(1-H_{t+j}\left(\frac{W_{t+j}}{W_t^*(i)}\right)^{\psi_w}\right)\right]+\vartheta_{t+j}^1\left[P_{t+j}c_{t+j}^i-m_{t+j-1}^i-(g_{t+j}-1)M_{t+j-1}\right]\right.$$
$$\left.+\vartheta_{t+j}^2\left[k_{t+j+1}^i+\frac{m_{t+j}^i}{P_{t+j}}-\frac{W_t^*(i)}{P_{t+j}}H_{t+j}\left(\frac{W_{t+j}}{W_t^*(i)}\right)^{\psi_w}-r_{t+j}k_{t+j}^i-(1-\delta)k_{t+j}^i-b_{t+j}^i\right]\right\}$$

这个问题的一阶条件为

$$0=E_t\sum_{j=0}^{\infty}(\beta\rho_w)^j\left[A\frac{1}{1-H_{t+j}\left(\frac{W_{t+j}}{W_t^*(i)}\right)^{\psi_w}}\left(\frac{W_{t+j}}{W_t^*(i)}\right)^{\psi_w}\frac{\psi_w H_{t+j}}{W_t^*(i)}+\vartheta_{t+j}^2\left[(\psi_w-1)\frac{H_{t+j}}{P_{t+j}}\left(\frac{W_{t+j}}{W_t^*(i)}\right)^{\psi_w}\right]\right]$$

将从上面解出的拉格朗日乘子代入后变成

$$\frac{\psi_w A}{W_t^*(i)}E_t\sum_{j=0}^{\infty}(\beta\rho_w)^j\frac{1}{1-H_{t+j}\left(\frac{W_{t+j}}{W_t^*(i)}\right)^{\psi_w}}H_{t+j}\left(\frac{W_{t+j}}{W_t^*(i)}\right)^{\psi_w}$$
$$=\beta(\psi_w-1)E_t\sum_{j=0}^{\infty}(\beta\rho_w)^j\frac{1}{P_{t+1+j}c_{t+1+j}^i}H_{t+j}\left(\frac{W_{t+j}}{W_T^*(i)}\right)^{\psi_w}$$

① 在第十章，我们说明了如何处理增加的滞后变量，在那种情况下，模型中加入了标注为 $t-2$ 时期的变量。

② 在后向结构中，价格对冲击的反应不够充分，又因为现金先行约束，消费也是如此。因此对资本的正向冲击将最终产生额外的投资，这使得资本积累无限制地增长。

或工资制定规则

$$W_t^*(i) = \frac{\psi_w}{(\psi_w - 1)}\frac{A}{\beta}\frac{E_t\sum_{j=0}^{\infty}(\beta\rho_w)^j\frac{1}{1-h_{t+j}^i}h_{t+j}^i}{E_t\sum_{j=0}^{\infty}(\beta\rho_w)^j\frac{1}{P_{t+1+j}c_{t+1+j}^i}h_{t+j}^i}$$

11.1.2 模型的剩余部分

模型的剩余部分同带有名义货币转移的标准竞争性 CIA 模型类似。因为产品是完全竞争的，所以总生产函数是

$$Y_t = \lambda_t K_t^{\theta} H_t^{1-\theta}$$

总实际工资等于

$$w_t = \frac{W_t}{P_t} = (1-\theta)\ \lambda_t K_t^{\theta} H_t^{-\theta} = (1-\theta)\ \frac{Y_t}{H_t}$$

而实际租金率为

$$r_t = \theta\lambda_t K_t^{\theta-1} H_t^{1-\theta} = \theta\frac{Y_t}{K_t}$$

其中，由于存在劳动“打包”者

$$H_t = \left[\int_0^1 (h_t^i)^{\frac{\psi_w-1}{\psi_w}} di\right]^{\frac{\psi_w}{\psi_w-1}}$$

并且由于资本被加总

$$K_t = \int_0^1 k_t^i di$$

11.1.3 均衡条件

由于所有家庭就收入和偏好来说最终都会相同的，因此均衡中资本加总的方程可以简化为

$$K_t = k_t^i$$

而消费为

$$C_t = c_t^i$$

将 t 时期所有家庭的实际预算约束加总得

$$K_{t+1} + \frac{M_t}{P_t} = \int_0^1 \frac{W_t(i)}{P_t} h_t^i di + r_t K_t + (1-\delta)K_t$$

其中保险费或赔偿金消失了。再假定保险公司的行为和在完全竞争市场中的表现几乎相同，它们的利润为零，因此在每一期，都有

$$\int_0^1 b_t^i di = 0$$

从劳动“打包”公司也是完全竞争的假设可知，在均衡中它们既没有盈利也没有亏损，并且在每一期，都有

$$W_t H_t = \int_0^1 W_t(i) h_t^i di$$

将它放进加总的家庭实际预算约束得到

$$K_{t+1} + \frac{M_t}{P_t} = \frac{W_t}{P_t} H_t + r_t K_t + (1-\delta)K_t$$

11.1.4 完整模型

完整的模型含有变量 C_t、r_t、K_t、M_t、W_t、H_t、W_t^*、P_t、h_t^*、Y_t 以及冲击 λ_t 和 g_t，

并包括一阶条件的加总形式

$$E_t \frac{P_t}{P_{t+1}C_{t+1}}=\beta E_t \frac{P_{t+1}}{P_{t+2}C_{t+2}}\left(r_{t+1}+(1-\delta)\right)$$

预算约束的加总形式

$$K_{t+1}+\frac{M_t}{P_t}=\frac{W_t}{P_t}H_t+r_tK_t+(1-\delta)K_t$$

CIA 约束

$$P_tC_t=g_tM_{t-1}$$

货币供给增长规则

$$M_t=g_tM_{t-1}$$

名义工资制定方程

$$W_t^*(i)=\frac{\psi_w}{(\psi_w-1)}\frac{A}{\beta}\frac{E_t\sum_{j=0}^{\infty}(\beta\rho_w)^j\frac{1}{1-h_{t+j}^i}h_{t+j}^i}{E_t\sum_{j=0}^{\infty}(\beta\rho_w)^j\frac{1}{P_{t+1+j}C_{t+1+j}}h_{t+j}^i}$$

“打包”者对在 t 时期可设定它们工资的家庭劳动需求为

$$h_t^*=H_t\left(\frac{W_t}{W_t^*(i)}\right)^{\psi_w}$$

来自劳动“打包”者的总名义工资方程

$$W_t^{1-\psi}=(1-\rho_w)(W_t^*)^{1-\psi}+\rho_w(W_{t-1})^{1-\psi}$$

企业对“打包”劳动的需求

$$\frac{W_t}{P_t}=(1-\theta)\frac{Y_t}{H_t}$$

企业对资本的需求

$$r_t=\theta\frac{Y_t}{K_t}$$

以及生产函数

$$Y_t=\lambda_tK_t^{\theta}H_t^{1-\theta}$$

另外，存在技术和货币增长的两个随机过程

$$\ln\lambda_t=\gamma\ln\lambda_{t-1}+\varepsilon_t^{\lambda}$$

和

$$\ln g_t=\pi\ln g_{t-1}+\varepsilon_t^{g}$$

11.2 稳态

在稳态中所有的实际变量都是常数，技术与货币增长的冲击均为零，货币和价格等于它们的初始值，并且工资为常数。总工资方程给出的结论为

$$\overline{W}^*=W$$

这意味着

$$\bar{h}^*=\overline{H}$$

像通常一样，由一阶条件给出

$$\bar{r}=\frac{1}{\beta}-1+\delta$$

由预算约束给出

$$\overline{M/P}=\overline{W/P}\bar{H}+（\bar{r}-\delta）\bar{K}$$

和

$$\overline{M/P}=\bar{C}$$

由工资制定方程给出实际工资为

$$\overline{W/P}=\frac{\psi_w}{(\psi_w-1)}\frac{A}{\beta}\frac{\bar{C}}{(1-\bar{H})}$$

注意：工资的加成与价格是相似的。从生产方我们有

$$\bar{Y}=\bar{K}^{\theta}\bar{H}^{1-\theta}$$

$$\overline{M/P}=（1-\theta）\frac{\bar{Y}}{\bar{H}}$$

和

$$\bar{r}=\theta\frac{\bar{Y}}{\bar{K}}$$

对系统中的参数取标准值，则有 $\beta=0.99$，$\delta=0.025$，$\theta=0.36$ 和 $A=1.72$，同时采用 Christiano，Eichenbaum and Evans［32］的基准值 $\rho_w=0.7$ 和 $\psi_w=21$，资本的租金率为 $\bar{r}=0.00351$。从生产方的条件中我们得到

$$\overline{W/P}=（1-\theta）\left[\frac{\theta}{\bar{r}}\right]^{\frac{\theta}{1-\theta}}=2.3706$$

从工资制定方程中，我们得到

$$\overline{W/P}=\frac{\psi_w}{(\psi_w-1)}\frac{A}{\beta}\frac{\bar{C}}{(1-\bar{H})}$$

或

$$\bar{C}=\overline{W/P}\frac{\beta（\psi_w-1）}{A\psi_w}（1-\bar{H}）=1.2995（1-\bar{H}）$$

而从预算约束和生产方中我们得到

$$\bar{C}=\overline{W/P}\bar{H}+（\bar{r}-\delta）\bar{K}=\overline{W/P}\left(1+\frac{\theta（\bar{r}-\delta）}{(1-\theta)\bar{r}}\right)\bar{H}=2.7543\bar{H}$$

因此

$$1.0995（1-\bar{H}）=2.7543\bar{H}$$

或

$$\bar{H}=0.3206$$

和

$$\bar{C}=2.7543*0.3206=0.8830$$

通过上面给出的条件以及生产函数，可以立即得到其他变量的稳态值（这个经济体的稳态值的集合由表 11—1 给出）。

表 11—1　　**交错工资经济体的稳态值**

	$\bar{r}$	$\overline{W/P}$	$\bar{C}=\overline{M/P}$	$\bar{H}$	$\bar{K}$	$\bar{Y}$
稳态值	0.0351	2.3706	0.8830	0.3206	12.1795	1.1875

11.3　对数线性化

对数线性化最复杂的地方是工资方程，所以我们从工资制定方程开始

$$W_t^*(i) = \frac{\psi_w}{(\psi_w - 1)} \frac{A}{\beta} \frac{E_t \sum_{j=0}^{\infty} (\beta\rho_w)^j \frac{1}{1 - h_{t+j}^i} h_{t+j}^i}{E_t \sum_{j=0}^{\infty} (\beta\rho_w)^j \frac{1}{P_{t+1+j} C_{t+1+j}} h_{t+j}^i}$$

这可以写成

$$W_t^*(i) E_t \sum_{j=0}^{\infty} (\beta\rho_w)^j \frac{1}{P_{t+1+j} C_{t+1+j}} h_{t+j}^i = \frac{\psi_w}{(\psi_w - 1)} \frac{A}{\beta} E_t \sum_{j=0}^{\infty} (\beta\rho_w)^j \frac{1}{1 - h_{t+j}^i} h_{t+j}^i$$

左边对数线性化得到

$$\overline{W/P} \frac{\overline{H}}{\overline{C}} E_t \sum_{j=0}^{\infty} (\beta\rho_w)^j (1 + \widetilde{W}_t^*(i) + \tilde{h}_{t+j}^i - \tilde{P}_{t+1+j} - \tilde{C}_{t+1+j})$$

而右边对数线性化为

$$\frac{\psi_w}{(\psi_w - 1)} \frac{A}{\beta} \frac{\overline{H}}{1 - \overline{H}} E_t \sum_{j=0}^{\infty} (\beta\rho_w)^j \left(1 + \frac{1}{1 - \overline{H}} \tilde{h}_{t+j}^i\right)$$

注意：在对右边进行对数线性化时，需要做一些近似，首先我们发现式子

$$\frac{h_t^i}{1-h_t^i} = \frac{\overline{H} e^{\tilde{h}_t^i}}{1-\overline{H} e^{\tilde{h}_t^i}} \approx \frac{\overline{H}\ (1+\tilde{h}_t^i)}{1-\overline{H}\ (1+\tilde{h}_t^i)} = \frac{\overline{H}}{1-\overline{H}} \frac{(1+\tilde{h}_t^i)}{\left(1-\frac{\overline{H}}{1-\overline{H}} \tilde{h}_t^i\right)}$$

最后一项的分母

$$\left(1-\frac{\overline{H}}{1-\overline{H}} \tilde{h}_t^i\right)$$

近似地等于 $e^{-\frac{\overline{H}}{1-\overline{H}} \tilde{h}_t^i}$，将其代入得

$$\begin{aligned}
\frac{\overline{H}}{1-\overline{H}} \frac{(1+\tilde{h}_t^i)}{e^{-\frac{\overline{H}}{1-\overline{H}} \tilde{h}_t^i}} &= \frac{\overline{H}}{1-\overline{H}}\ (1+\tilde{h}_t^i)\ e^{\frac{\overline{H}}{1-\overline{H}} \tilde{h}_t^i} \\
&\approx \frac{\overline{H}}{1-\overline{H}}\ (1+\tilde{h}_t^i) \left(1+\frac{\overline{H}}{1-\overline{H}} \tilde{h}_t^i\right) \\
&= \frac{\overline{H}}{1-\overline{H}} \left(1+\frac{1}{1-\overline{H}} \tilde{h}_{t+j}^i\right)
\end{aligned}$$

上述方程的稳态为

$$\overline{W/P} \frac{\overline{H}}{\overline{C}} = \frac{\psi_w}{(\psi_w-1)} \frac{A}{\beta} \frac{\overline{H}}{1-\overline{H}}$$

因此

$$E_t \sum_{j=0}^{\infty} (\beta\rho_w)^j \left(\widetilde{W}_t^*(i) - \frac{\overline{H}}{1 - \overline{H}} \tilde{h}_{t+j}^i - \tilde{P}_{t+1+j} - \tilde{C}_{t+1+j}\right) = 0$$

或能制定工资的家庭选择

$$\widetilde{W}_t^* = (1 - \beta\rho_w) E_t \sum_{j=0}^{\infty} (\beta\rho_w)^j \left(\tilde{P}_{t+1+j} + \tilde{C}_{t+1+j} + \frac{\overline{H}}{1 - \overline{H}} \tilde{h}_{t+j}^i\right)$$

运用“打包”者工资演化方程的对数线性形式

$$\widetilde{W}_t = (1-\rho_w)\ \widetilde{W}_t^* + \rho_w\ \widetilde{W}_{t-1}$$

得到

$$\widetilde{W}_t - \rho_w\ \widetilde{W}_{t-1} = (1-\rho_w)\ (1-\beta\rho_w)\ E_t \sum_{j=0}^{\infty} (\beta\rho_w)^j \left(\tilde{P}_{t+1+j} + \tilde{C}_{t+1+j} + \frac{\overline{H}}{1-\overline{H}} \tilde{h}_{t+j}^i\right)$$

对两边使用拟差分算子 $1-\beta\rho_w L^{-1}$，左边得到

$$(1+\beta\rho_w\rho_w)\ \widetilde{W}_t - \rho_w\ \widetilde{W}_{t-1} - \beta\rho_w E_t\ \widetilde{W}_{t+1}$$

而右边得到

$$(1-\rho_w)(1-\beta\rho_w)E_t\sum_{j=0}^{\infty}(\beta\rho_w)^j\left(\tilde{P}_{t+1+j}+\tilde{C}_{t+1+j}+\frac{\bar{H}}{1-\bar{H}}\tilde{h}_{t+j}^i\right)$$

$$-(1-\rho_w)(1-\beta\rho_w)E_t\sum_{j=0}^{\infty}(\beta\rho_w)^{j+1}\left(\tilde{P}_{t+2+j}+\tilde{C}_{t+2+j}+\frac{\bar{H}}{1-\bar{H}}\tilde{h}_{t+j+1}^i\right)$$

$$=(1-\rho_w)(1-\beta\rho_w)E_t\left(\tilde{P}_{t+1}+\tilde{C}_{t+1}+\frac{\bar{H}}{1-\bar{H}}\tilde{h}_t^i\right)$$

因此

$$(1+\beta\rho_w\rho_w)\ \tilde{W}_t-\rho_w\tilde{W}_{t-1}-\beta\rho_w E_t\tilde{W}_{t+1}=(1-\rho_w)\ (1-\beta\rho_w)\ E_t\left(\tilde{P}_{t+1}+\tilde{C}_{t+1}+\frac{\bar{H}}{1-\bar{H}}\tilde{h}_t^*\right) \tag{11.1}$$

由于所有能够设定工资的家庭将会选择相同的劳动供给数量，所以我们用$\tilde{h}_t^*$ 替换$\tilde{h}_t^i$。最终，我们希望从方程中消掉个人劳动量，所以我们使用劳动需求函数和“打包”者工资加总规则的对数线性化形式

$$\tilde{h}_t^*=\tilde{H}_t+\psi_w\tilde{W}_t-\psi_w\tilde{W}_t^*$$

$$\tilde{W}_t=(1-\rho_w)\ \tilde{W}_t^*+\rho_w\tilde{W}_{t-1}$$

通过这些得到

$$\tilde{h}_t^*=\tilde{H}_t-\frac{\psi_w\rho_w\tilde{W}_t}{(1-\rho_w)}+\frac{\psi_w\rho_w\tilde{W}_{t-1}}{(1-\rho_w)}$$

将其代入方程（11.1）得到

$$\left[(1-\beta\rho_w)\ \frac{\psi_w\rho_w\bar{H}}{1-\bar{H}}+(1+\beta\rho_w\rho_w)\right]\tilde{W}_t-\left[(1-\beta\rho_w)\ \frac{\psi_w\rho_w\bar{H}}{1-\bar{H}}+\rho_w\right]\tilde{W}_{t-1}-\beta\rho_w E_t\tilde{W}_{t+1}$$

$$=(1-\rho_w)\ (1-\beta\rho_w)\ E_t\left(\tilde{P}_{t+1}+\tilde{C}_{t+1}+\frac{\bar{H}}{1-\bar{H}}\tilde{H}_t\right)$$

另一个需要谨慎处理的方程是：家庭最优化问题中的非工资一阶条件

$$E_t\frac{P_t}{P_{t+1}c_{t+1}^i}=\beta E_t\frac{P_{t+1}}{P_{t+2}c_{t+2}^i}\ (r_{t+1}+(1-\delta))$$

如果使用我们的求解方法，在处理 $t+2$ 时期的期望价格和消费时会出现无法克服的困难。由此我们可以运用 CIA 约束，用 $g_{t+2}m_{t+1}^i$ 替换 $P_{t+2}m_{t+1}^i$ 并将一阶条件写成加总的形式为

$$E_t\frac{P_t}{P_{t+1}C_{t+1}}=\beta E_t\frac{P_{t+1}}{g_{t+2}M_{t+1}}\ (r_{t+1}+(1-\delta))$$

经过一些化简之后，对数线性化后的方程变为

$$E_t\ [\tilde{P}_t-\tilde{P}_{t+1}-\tilde{C}_{t+1}]\ =E_t\ [\tilde{P}_{t+1}-\tilde{g}_{t+2}-\tilde{M}_{t+1}+\beta\bar{r}\,\tilde{r}_{t+1}] \tag{11.2}$$

现在我们使用货币增长率的随机过程

$$\tilde{g}_t=\pi\,\tilde{g}_{t-1}+\varepsilon_t^g$$

来寻找以$\tilde{g}_{t+1}$表示的$\tilde{g}_{t+2}$的期望，并代入到方程（11.2）得到

$$E_t\ [\tilde{P}_t-\tilde{P}_{t+1}-\tilde{C}_{t+1}]\ =E_t\ [\tilde{P}_{t+1}-\pi\,\tilde{g}_{t+1}-\tilde{M}_{t+1}+\beta\bar{r}\,\tilde{r}_{t+1}]$$

由于 $E_t\,\tilde{\varepsilon}_{t+2}^g=0$，误差项被消掉了，因此现在所有的变量都是 t 期和 $t+1$ 期的。

模型（方程按照 11.1.4 节的顺序给出）的对数线性化形式为

$$0=\tilde{P}_t-2E_t\tilde{P}_{t+1}-E_t\tilde{C}_{t+1}+\pi E_t\tilde{g}_{t+1}+E_t\tilde{M}_{t+1}-\beta\bar{r}E_t\tilde{r}_{t+1} \tag{11.3}$$

$$0=\bar{K}\tilde{K}_{t+1}+\overline{M/P}\ [\tilde{M}_t-\tilde{P}_t]\ -\bar{Y}\tilde{Y}-(1-\delta)\ \bar{K}\tilde{K}_t$$

$$0=\tilde{P}_t+\tilde{C}_t-\tilde{g}_t-\tilde{M}_{t-1}$$

$$0=\tilde{M}_t-\tilde{g}_t-\tilde{M}_{t-1} \tag{11.4}$$

$$0=\left[(1-\beta\rho_w)\ \frac{\psi_w\rho_w\bar{H}}{1-\bar{H}}+(1+\beta\rho_w\rho_w)\right]\tilde{W}_t-\left[(1-\beta\rho_w)\ \frac{\psi_w\rho_w\bar{H}}{1-\bar{H}}+\rho_w\right]\tilde{W}_{t-1}-\beta\rho_w E_t\tilde{W}_{t+1}$$

$$-(1-\rho_w)(1-\beta\rho_w)E_t\left(\tilde{P}_{t+1}+\tilde{C}_{t+1}+\frac{\bar{H}}{1-\bar{H}}\tilde{H}_t\right) \tag{11.5}$$

$$0=\tilde{W}_t-\tilde{P}_t-\tilde{Y}_t+\tilde{H}_t \tag{11.6}$$

$$0=\tilde{r}_t-\tilde{Y}_t+\tilde{K}_t$$

$$0=\tilde{Y}_t-\tilde{\lambda}_t-\theta\tilde{K}_t-(1-\theta)\tilde{H}_t$$

加上两个随机方程

$$0=\tilde{\lambda}_t-\gamma\tilde{\lambda}_{t-1}-\varepsilon_t^{\lambda}$$

和

$$0=\tilde{g}_t-\pi\tilde{g}_{t-1}-\varepsilon_t^{g}$$

由于这里有$\tilde{X}_t=\ln X_t-\ln\bar{X}_t$，因此所有变量都以对数形式反映了距稳态的偏离。

11.4 求解模型

在前面的章节中，我们通过将变量分成状态变量和“跳跃”内生变量，以及将方程组分成期望方程和不含期望的方程来求解模型。我们选择的状态变量为$x_t=[\tilde{K}_{t+1},\tilde{M}_t,\tilde{P}_t,\tilde{W}_t]'$，跳跃变量为$y_t=[\tilde{r},\tilde{C}_t,\tilde{Y}_t,\tilde{H}_t]'$，而随机冲击为$z_t=[\tilde{\lambda}_t,\tilde{g}_t]$。这里将工资$\tilde{W}_t$作为状态变量有两个原因：首先，滞后的工资是决定当前均衡的因素之一；其次，从技术的角度来看，由于方程（11.5）中拥有过去、当前和未来的期望工资，所以我们的求解方法需要将三个时期发生的变量都放入向量x_t中（要记得我们已经通过代换将$\tilde{W}_t^*$和$\tilde{h}_t^*$从系统中消掉了）。我们把对数线性化模型中的方程（11.3）、方程（11.4）、方程（11.5）和方程（11.6）作为期望方程，像从前一样，我们将模型写成

$$0=Ax_t+Bx_{t-1}+Cy_t+Dz_t$$

$$0=E_t[Fx_{t+1}+Gx_t+Hx_{t-1}+Jy_{t+1}+Ky_t+Lz_{t+1}+Mz_t]$$

$$z_{t+1}=Nz_t+\varepsilon_{t+1}$$

其中：

$$A=\begin{bmatrix}\bar{K} & \bar{C} & -\bar{C} & 0\\ 0 & 0 & 1 & 0\\ 0 & 0 & 0 & 0\\ 0 & 0 & 0 & 0\end{bmatrix}$$

$$B=\begin{bmatrix}-(1-\delta)\bar{K} & 0 & 0 & 0\\ 0 & -1 & 0 & 0\\ 1 & 0 & 0 & 0\\ -\theta & 0 & 0 & 0\end{bmatrix}$$

$$C=\begin{bmatrix}0 & 0 & -\bar{Y} & 0\\ 0 & 1 & 0 & 0\\ 1 & 0 & -1 & 0\\ 0 & 0 & 1 & -(1-\theta)\end{bmatrix}$$

$$D=\begin{bmatrix}0 & 0\\ 0 & -1\\ 0 & 0\\ -1 & 0\end{bmatrix}$$

$$F=\begin{bmatrix}0 & 1 & -2 & 0\\ 0 & 0 & 0 & 0\\ 0 & 0 & -(1-\rho_w)(1-\beta\rho_w) & -\beta\rho_w\\ 0 & 0 & 0 & 0\end{bmatrix}$$

$$G=\begin{bmatrix}0 & 0 & 1 & 0\\ 0 & 1 & 0 & 0\\ 0 & 0 & 0 & 1+\beta\rho_w^2+(1-\beta\rho_w)\dfrac{\psi_w\rho_w\overline{H}}{1-\overline{H}}\\ 0 & 0 & -1 & 1\end{bmatrix}$$

$$H=\begin{bmatrix}0 & 0 & 0 & 0\\ 0 & -1 & 0 & 0\\ 0 & 0 & 0 & -\rho_w-(1-\beta\rho_w)\dfrac{\psi_w\rho_w\overline{H}}{1-\overline{H}}\\ 0 & 0 & 0 & 0\end{bmatrix}$$

$$J=\begin{bmatrix}-\bar{r}\beta & -1 & 0 & 0\\ 0 & 0 & 0 & 0\\ 0 & -(1-\rho_w)(1-\beta\rho_w) & 0 & 0\\ 0 & 0 & 0 & 0\end{bmatrix}$$

$$K=\begin{bmatrix}0 & 0 & 0 & 0\\ 0 & 0 & 0 & 0\\ 0 & 0 & 0 & -(1-\rho_w)(1-\beta\rho_w)\dfrac{\overline{H}}{1-\overline{H}}\\ 0 & 0 & -1 & 1\end{bmatrix}$$

$$L=\begin{bmatrix}0 & \pi\\ 0 & 0\\ 0 & 0\\ 0 & 0\end{bmatrix}$$

以及

$$M=\begin{bmatrix}0 & 0\\ 0 & -1\\ 0 & 0\\ 0 & 0\end{bmatrix}$$

像从前一样

$$N=\begin{bmatrix}\gamma & 0\\ 0 & \pi\end{bmatrix}$$

模型的解是一对政策方程

$$x_{t+1}=Px_t+Qz_t$$

和

$$y_t=Rx_t+Sz_t$$

这里使用在前面章节描述过的求解技术，当 $\rho_w=0.7$，$\psi_w=21$ 时，我们得到对于标准经济体而言模型的解为

$$P=\begin{bmatrix} 0.9394 & 0.0988 & 0 & -0.0988 \\ 0 & 1 & 0 & 0 \\ -0.5479 & 0.7504 & 0 & 0.2496 \\ -0.0093 & 0.0758 & 0 & 0.9242 \end{bmatrix}$$

$$Q=\begin{bmatrix} 0.1583 & 0.1546 \\ 0 & 1 \\ -0.4385 & 1.0028 \\ 0.0274 & 0.1118 \end{bmatrix}$$

$$R=\begin{bmatrix} -0.9575 & 1.1993 & 0 & -1.1993 \\ 0.5479 & 0.2496 & 0 & -0.2496 \\ 0.0425 & 1.1993 & 0 & -1.1993 \\ -0.4960 & 1.8739 & 0 & -1.8739 \end{bmatrix}$$

和

$$S=\begin{bmatrix} 1.9494 & 1.5840 \\ 0.4385 & -0.0028 \\ 1.9494 & 1.5840 \\ 1.4835 & 2.4750 \end{bmatrix}$$

这些结果反映了我们对求解技术的一个判断，模型的解告诉我们状态变量中并不需要包括价格。由于 $t-1$ 时期的价格并没有提供关于 t 时期变量值的任何信息（这就是为什么在矩阵 P 和 R 中价格那一列的数值均为零），所以我们便可把价格作为跳跃变量。从某种意义上来说，我们的求解技术通过将矩阵 P 和 R 中所有伪状态变量的系数设为零来代替这些“状态变量”。在求解一个模型时，我们可以把所有变量当做状态变量来处理，而求解技术会像处理本节模型的价格一样，把矩阵中不是真正状态变量的那列设定为零。

我们用模拟的方法来计算模型中各变量的标准差和相关性，计算结果已由表 11—2 给出。注意，技术冲击的标准差是我们在前面章节中使用过的，而对货币增长冲击的选择是为了使它相对产出的标准差等于 1.76%，这个货币增长冲击数值要比交错定价模型中的大。

11.4.1 脉冲响应函数

图 11—1 和图 11—2 分别反映了标准的交错工资制定经济体（其中 $\rho_w=0.7$，$\psi_w=21$）面对 0.01 的技术和货币增长冲击的响应。

交错制定工资模型对技术冲击的反应与标准的 Cooley-Hansen 模型非常相似（如图 8—2 所示）。大部分变量在大约前 10 时期与 Cooley-Hansen 模型的运动轨迹几乎相同，而价格和消费在 Cooley-Hansen 模型中的反应更剧烈。交错工资制定模型对冲击表现出更强的持久性，总体上说，各变量对冲击的响应需要更长时间才能重新回到稳态值。图 11—3 反映了两个模型中实际工资的响应（图 11—1 中的工资为名义工资）。这两个响应非常相似，但是交错工资制定模型的初始响应更大，并且持续得稍微长一些。

交错工资制定模型对货币增长冲击的反应与 Cooley-Hansen 模型有很大不同。不仅是因为它们数值更大，而且还因为实际变量对货币增长冲击的反应非常强烈。实际变量的响应与对技术冲击的响应在形状上非常相似：初始响应很大且具持续性。名义变量的反应也很有趣，价格在初始阶段的反应比工资大得多，因此在一开始实际工资就下降，对劳动的需求跃升。过几期后，由于名义工资比价格更靠近货币增长线，所以实际工资在稳态上方浮动。

表 11—2 **标准差和相关性**

$\sigma_\lambda = 0.00178$ $\sigma_g = 0.00333$	相对标准差	产出的相关性
产出	1.76%	100.00%
消费	0.97%	73.77%
投资	5.09%	93.84%
资本	1.32%	62.60%
工时	2.20%	92.31%
价格	2.04%	43.50%
工资	2.02%	24.63%

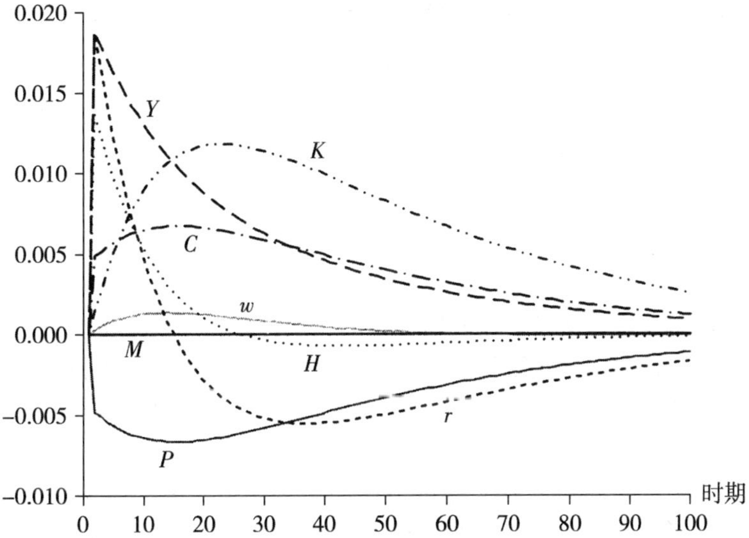

图 11—1 交错工资制定经济体对 0.01 技术冲击的反应

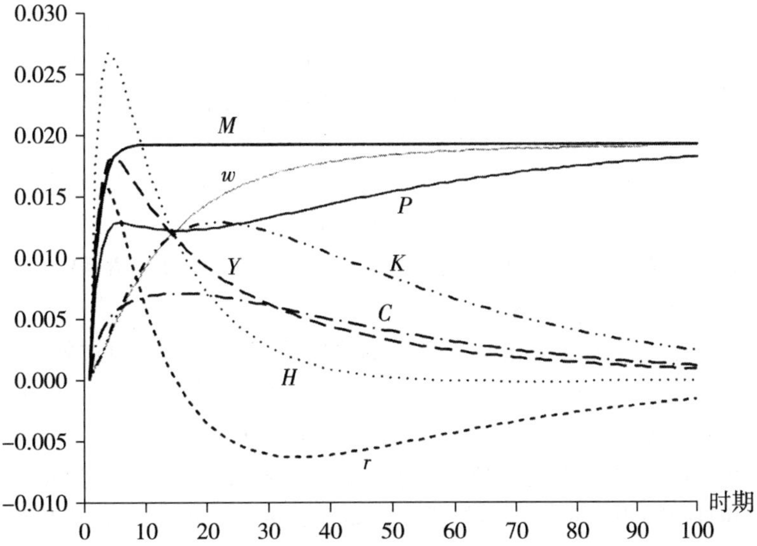

图 11—2 交错工资制定经济体对 0.01 货币增长冲击的反应

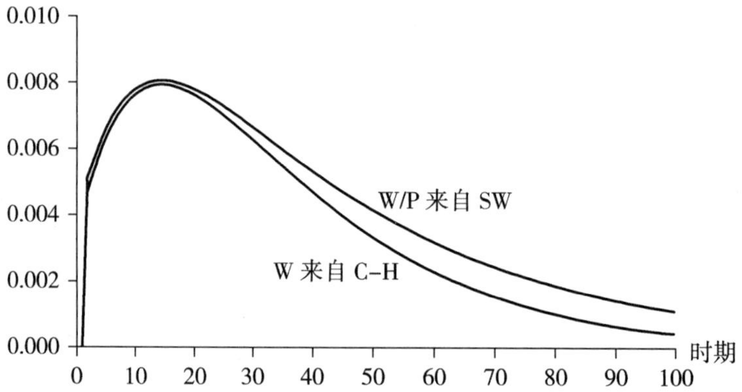

图 11—3　Cooley-Hansen 模型和交错工资制定模型中实际工资的反应

无论是对技术冲击还是对货币增长冲击的响应，交错工资制定模型都没有表现出像交错价格模型中那种强烈的短期反应。经济体对技术冲击的初始反应与交错定价模型之外的模型更相近。交错工资制定模型的主要优势就在于货币增长冲击产生的响应，不论是在短期还是中期都与数据相符。

11.5　本章回顾

与交错定价模型相比，交错工资制定模型的可贵之处在于模型中的货币政策对实际变量产生了作用，这与在数据中观察到的是一致的。在实践中，中央银行或其他实际工作者使用的大多数模型都既包括交错价格又包含交错工资制定，大部分这样的模型都被归属于 NK 模型的范畴。

求解交错工资制定模型与求解交错价格模型非常相似。两个模型都使用准差分的方式，还都允许使用多种的拇指规则，同时探讨拇指规则的选择对模型结果有怎样的影响也是非常有趣的练习。

交错工资模型的一个优点是：在正向技术冲击下，产出没有像在交错定价模型中那样大幅滑落。不仅如此，交错工资模型还能像交错定价模型一样增加货币冲击的持久性。

习题 11.1　如果稳态的货币增长率大于零，模型将如何变化？写出基本模型并找出变量的稳态值，并指明劳动供给需要满足什么可行性或边界条件？

习题 11.2　已知条件：在一个经济体中，不能最优制定工资的家庭使用滞后一期的通货膨胀率调整工资，且稳态的总货币供给增长率 $\bar{g}$ 等于。

写出这个基础模型，再将模型对数线性化，解出矩阵 P、Q、R 和 S，并比较脉冲响应函数同没有通货膨胀调整时的区别。

习题 11.3　在上题中，不能最优化制定工资的家庭用滞后一期的通过膨胀率来调整工资这一条件不变，但若稳态的总货币供给增长率 $\bar{g}$ 大于 1，写出该模型并求解对数线性化的模型，并比较两个不同稳态货币增长率模型的脉冲响应函数。

习题 11.4　写出同时包含交错定价和交错工资制定的模型并求解。（这里为了简化问题，可以令 $\bar{g}=1$，并且拇指规则对于不能最优化的企业或家庭，保持价格或工资不变）

第12章

金融市场和货币政策

这一章我们有两个目标。首先我们在第 8 章的 CIA 模型中加入金融中介（某种银行）。这类金融部门从储户手里吸收存款然后再贷款给企业作为营运资本去支付工资账单。如果我们允许货币冲击通过这个金融中介进入经济（而不是通过家庭），那么更快的货币增长将会带来更高的产出。这是一种很有意义的建模，因为许多经验研究发现①：产出增长和货币增长之间的相关性，至少在通胀率相对较低的经济体里是存在的。本模型的动态特征显示了产出和货币冲击的正相关关系，这和第 8 章 Cooley-Hansen 模型中由货币冲击而带来的（铸币）税的动态很不一样。

一旦我们所建立的模型可以呈现出货币对经济的正效应，我们就可以用它来思考中央银行的最优货币政策了（一般来说制定一个国家货币政策的机构是中央银行）。12.2 节将会讨论两个著名的货币政策规则：Taylor 规则和 Friedman 规则。Taylor 规则是根据产出和通货膨胀率与理想水平的偏离来制定短期利率的一种反馈规则。Friedman 规则是常数货币增长率规则。因为我们要讨论货币政策规则，所以认为不太可能会有来自央行的货币冲击（可能除非归咎于能力不足或者信息有误）。因此在本章，货币冲击进入经济的方式同 Cooley-Hansen 模型一样：通过直接货币转移或者税收进入家庭。

在本章模型中，企业需要在产品卖出前就为劳动力支付报酬，所以企业需要借钱去支付工资。一个简单的、完全竞争的互助基金（如银行）部门从个人手中吸取存款又贷款给企业：企业在期初贷款，待这一期期末将产品卖出后归还贷款，称之为期内（in-period）贷款。引入这种类型的金融中介，为货币政策的执行提供了新的渠道：央行可以将货币直接转移给公众（就像在 Cooley-Hansen 模型中那样），也可以转移给金融系统。本章我们假设央行将货币直接转移给金融系统。类似的处理可参见 Cooley and Quadrini [37]，Fuerst [42]，Carlstrom and Fuerst [22]，Christiano，Eichenbaum and Evans [22]，[31] 和 [32]。

我们继续采用第 8 章介绍的 CIA 约束：只有从上期带来的货币才能够被用来作为本期消费支出，或者用来借给金融系统形成存款。但是，有些此类模型却允许当期的货币工资

---

① 例如可参见 McCandless and Weber [62]。

进入 CIA 约束①，这里的争议之处是：如果工资在期初支付，为什么这些工资需要一直持有到下期才能被用来购买消费品；而且这还意味着，期初支付的工资可以被存入金融系统，然后又用于为当期的工资融资，这些看起来都有些奇怪。事实上，这些关于时机安排的努力，只是为了在逻辑上将获得收入的连续过程与消费流量的离散过程相统一。何种假设是合适的，这取决于我们认为模型中一个期限有多长，还取决于行为人获得收入和花掉收入之间的时间差。本章沿用较早的 CIA 假设：当期收入不进入 CIA 约束。

还有一种把金融系统添加进模型的好方法是使用代理成本（agent cost）的思想：因为借贷市场存在整体风险，所以企业主为了获得贷款，需要将自己的财富用作抵押。建立这类模型需要更多复杂的细节，本书不再赘述。对代理成本有兴趣的读者可以参阅 Bernanke and Gertler［22］，Fuerst［43］，和 Carlstrom and Fuerst［23］的文章。

12.1 营运资本

考虑一个经济体，企业需要从金融中介那里借款作为营运资本（working capital）用来支付当期的工人工资。贷款的形成和归还都在当期内完成。因为期内的不确定性在贷款前可以被发现，所以这种借款是无风险的，企业总是要归还贷款的。消费品的消费受 CIA 约束的限制。在每一期的开始，家庭都持有从上期带来的货币。他们把一些货币借给金融中介，金融中介又借钱给企业作为营运资本。企业把这些钱用来支付工资。家庭把剩下的钱用来购买消费品。前面已经论证过，我们的模型采用的假设是：在 t 期作为营运资本的货币，不能用于 t 期消费。有些关于营运资本的模型允许 t 期的工资收入被家庭用来购买消费品，本模型不允许。

货币政策通过金融中介运行。每一期金融中介从货币当局那里得到货币注入或者向其支付一次性货币总额税。在本节讨论的模型中，货币不转移给家庭（而第 8 章的 Cooley-Hansen 模型则是转移给家庭），读者可以把这一模型的结果与第 8 章加以比较。货币对产出和效用的影响与它进入经济的渠道关系密切。

12.1.1 家庭

家庭拥有实物资本，新资本来自于投资，家庭的投资行为不受限制于 CIA 约束。t 期的工资收入虽然不能用于当期消费，但它可以用于投资形成新资本。企业在完全竞争的市场上从家庭中租赁资本和雇用劳动②。

经济中有三种类型的行为人：家庭、企业和金融中介。家庭欲最大化如下效用函数

$$E_t \sum_{t=0}^{\infty} \beta^t u(c_t^i,\ 1-h_t^i)$$

满足 CIA 约束

$$P_t c_t^i \leqslant m_{t-1}^i - N_t^i$$

和预算约束

$$\frac{m_t^i}{P_t} + k_{t+1}^i = w_t h_t^i + r_t k_t^i + (1-\delta)\ k_t^i + \frac{r_t^n N_t^i}{P_t} \tag{12.1}$$

这里多数变量含义和以前一样，新添的 N_t^i 是家庭 i 在 t 期出借给金融中介的名义存款量，

① 例如，Fuerst［42］，Carlstrom and Fuerst［22］，Christiano，Eichenbaum and Evans［30］的模型都允许现金货币工资收入用于当期的消费和储蓄。

② 当然这些模型也可以用来处理交错价格和交错工资，但我们这里不考虑这些性质是为了让模型相对简单。

r_t^n 是金融中介支付的名义总利率。注意，根据 CIA 约束，货币既可用于消费支出，又可出借给金融中介形成存款。根据预算约束，从金融中介得到的总收入，既可以被用于投资下期资本，又可以以货币的形式持有到下期。

利息率 r_t^n 兼具名义量和实际量的属性。之所以是名义量，是因为利息的支付是基于存入金融中介的存款。r_t^n 之所以是实际量，是因为存款是在期初存入的，利息则是在当期的期末支付的，价格只在跨期变化，而不在期内发生变化，所以通货膨胀率不包含在 r_t^n 中。根据家庭预算约束（方程（12.1）），利息收入既可以变为实际产品（资本），也可以作为货币被持有。因为这些利息收入可以立即转换成实际产品，所以它们不受跨期通货膨胀的影响。

为了与 Cooley-Hansen 的 CIA 模型保持一致，我们假设劳动不可分割。子效用函数是

$$u\ (c_t^i,\ 1-h_t^i)\ =\ln\ (c_t^i)\ +h_t^iB$$

其中 $B=\ln\ (1-h_0)\ /h_0$，当家庭被随机选取为提供劳动的家庭时，其按合同提供的不可分割的劳动的数量为 h_0。比率 h_t^i/h_0 是家庭在时期 t 提供劳动的概率。和前文相同，存在一个所有家庭都参加的保险市场，使得家庭的工资收入独立于其最终提供劳动的数量。由上述对家庭最优化问题的表达可以看出，家庭在金融中介的存款决策是在获取了 t 期的信息之后做出的，这些信息包括 t 期的技术冲击和货币增长冲击。

关于可用信息的不同假设会带来不同的模型动态。所谓有限参与模型（limited participation models）① 关于可用信息的假设是，借出多少钱的决策是在获得货币冲击信息之前做出的。这时，一种可能的建模方法是，将存款决策的时间提前（move forward）。具体地，将两个约束可以写成如下形式

$$P_tc_t^i\leqslant m_{t-1}^i \tag{12.2}$$

和

$$\frac{N_t^i}{P_t}+\frac{m_t^i}{P_t}+k_{t+1}^i=w_th_t^i+r_tk_t^i+\ (1-\delta)\ k_t^i+\frac{r_t^nN_{t-1}^i}{P_t}$$

还需要一个均衡条件：期末时借贷给金融中介的存款总额与期末为消费而持有的货币总额之和等于期末的货币供给量

$$M_t\ =\ \int_0^1 m_t^idi\ +\ \int_0^1 N_t^idi$$

上式左边的货币如何在右边的两项之间分割，这是在货币被使用之前要做的决策：因为 N_t^i 是被用于 $t+1$ 期的工资融资，m_t^i 是被用于 $t+1$ 期的消费。而这些决策是要在获得 t 期货币冲击的信息之前做出的。在这类模型中，当期工资常常被包含在 CIA 约束（方程（12.2））中，而不写在流量预算约束中。

12.1.2 企业

代表性企业个体在完全竞争的要素市场里租赁资本并雇用劳动，最大化其当期利润。生产函数仍然采用

$$Y_t=\lambda_tK_t^\theta H_t^{1-\theta}$$

代表性企业最大化利润受制于约束

① 例如可参见，Christiano［27］，Christiano and Gust［33］，Christiano，Eichenbaum and Evans［30］，Fuerst［42］，和 Lucas［57］。

$Y_t = r_t^f w_t H_t + r_t K_t$

其中 r_t^f 是企业对其借得的营运资本支付的总利率，这是本模型关键的新成分之一，因为营运资本是用于工资融资的，所以利率 r_t^f 的改变会改变生产决策，这样就会对产出带来直接效应。

12.1.3 金融中介

假设金融中介（或者所有中介机构）在完全竞争市场环境中经营。金融中介从家庭中吸收存款，对企业发放无风险的贷款作为它们的营运资本。此外，“中央银行”或者货币当局通过随机注入或者收回货币来行使货币政策的渠道也是这些金融中介。金融中介的预算约束是

$$r_t^f(N_t + (g_t - 1)M_{t-1}) = \int_0^1 r_t^n N_t^i di = r_t^n N_t$$

其中，g_t 是 t 期的货币总增长率。金融中介从贷款中赚得的所有收入都支付给存款户，所以预算约束也是零利润条件。金融市场的均衡条件为

$$(N_t + (g_t - 1) M_{t-1}) = P_t w_t H_t$$

家庭借给金融中介的全部资金加上货币当局的净金融注入或者收回后的加总量被金融中介借给企业，用于企业的工资支付。

为了简化，我们一直假定金融中介机构没有经营成本也不承担风险。这些特点的引入会使得模型更加接近现实，但不会对结果带来太大影响。

12.1.4 完整模型

这个模型的组成变量有 w_t，r_t，C_t，P_t，M_t，N_t，K_t，Y_t，H_t，r_t^n，r_t^f 和 g_t。家庭的一阶条件（考虑到加总量）

$$\frac{B}{w_t} = -\beta E_t \frac{P_t}{P_{t+1} C_{t+1}} \tag{12.3}$$

$$\frac{1}{w_t} = \beta E_t \frac{r_{t+1} + 1 - \delta}{w_{t+1}} \tag{12.4}$$

$$r_t^n = -\frac{w_t}{BC_t} = \frac{1}{E_t \dfrac{\beta P_t C_t}{P_{t+1} C_{t+1}}} \tag{12.5}$$

此外，经济中的家庭方面增加了两个总量预算约束

$$P_t C_t = M_{t-1} - N_t \tag{12.6}$$

和实际流量预算约束

$$\frac{M_t}{P_t} + K_{t+1} = w_t H_t + r_t K_t + (1-\delta) K + \frac{r_t^n N_t}{P_t} \tag{12.7}$$

对企业来说，给定竞争要素市场以及雇用劳动需要的借款融资，那么劳动的边际产出需要能够涵盖真实工资及其融资成本

$$r_t^f w_t = (1-\theta) \lambda_t K_t^\theta H_t^{-\theta} \tag{12.8}$$

资本的边际产出等于租金

$$r_t = \theta \lambda_t K_t^{\theta-1} H_t^{1-\theta} \tag{12.9}$$

生产函数为

$$Y_t = \lambda_t K_t^\theta H_t^{1-\theta} \tag{12.10}$$

这个决定了产出。金融中介的零利润条件意味着，它们把从家庭借得的资金以及货币当局的货币注入或回收放贷给企业获得的收入，等于它们支付给家庭的数额

$$r_t^f\left(N_t+(g_t-1)M_{t-1}\right)=r_t^n N_t \tag{12.11}$$

信贷市场的出清意味着从金融中介得到的贷款都被用来雇用劳动，

$$\left(N_t+(g_t-1)M_{t-1}\right)=P_t w_t H_t \tag{12.12}$$

为了使这个模型完整，我们还需要加上货币增长率，一个简单的货币政策

$$M_t=g_t M_{t-1} \tag{12.13}$$

我们假定货币增长率为 g_t，并遵守以下运动规律

$$\ln g_t=\pi\ln g_{t-1}+\varepsilon_t^g$$

这里货币冲击的期望值 $E_{t-1}\varepsilon_t^g=0$。

12.1.5 稳定状态

在稳态，每个实际量的值会保持不变。名义量可能会增加或减少，但名义量对应的实际值会是常数。定义变量$\overline{M/P}$是家庭实际余额的稳态值，定义$\overline{N/P}$是家庭出借给金融中介的实际借款量的稳态值。稳态时的货币总增长率 $\bar{g}$，必须等于稳态的通货膨胀率 $\bar{\pi}$，所以对所有的时期 t，M_t/P_t 都等于$\overline{M/P}$。正如我们以前多次看到的，方程（12.4）意味着在稳态，资本的实际回报就是

$$\bar{r}=\frac{1}{\beta}-1+\delta$$

由方程（12.5），我们得到出借给金融中介的名义存款利率的稳态值

$$\bar{r}^n=\frac{\bar{\pi}}{\beta}=\frac{\bar{g}}{\beta}$$

注意由方程（12.11），当 $\bar{g}=1$，

$$\bar{r}^f=\bar{r}^n=\frac{1}{\beta}$$

当货币存量的稳态增长率取其他数值时，这两种利率不会相等。正如我们将要看到的，当货币存量的稳态增长率增加时，家庭的名义存款利率的稳态值 $\bar{r}^n$ 将会上升，而企业的贷款利率 $\bar{r}^f$ 将会下降。由方程（12.5）可推出下述方程

$$\bar{C}=-\frac{\bar{w}\beta}{\bar{g}B}$$

利用方程（12.8）和（12.9），我们得出

$$\bar{r}^f\bar{w}=(1-\theta)\left(\frac{\theta}{\bar{r}}\right)^{\frac{\theta}{1-\theta}}$$

和

$$\bar{K}=\bar{H}\left(\frac{\theta}{\bar{r}}\right)^{\frac{1}{1-\theta}}$$

根据这些方程的第一个式子我们可以消去工资，得到下式

$$\bar{r}^f=-\frac{\beta(1-\theta)\left(\frac{\theta}{\bar{r}}\right)^{\frac{\theta}{1-\theta}}}{\bar{C}\bar{g}B} \tag{12.14}$$

利用生产函数（方程（12.10））和有关资本的方程，我们可得

$$\bar{Y}=\bar{H}\left(\frac{\theta}{\bar{r}}\right)^{\frac{\theta}{1-\theta}}$$

两个关于金融市场的方程，方程（12.11）和方程（12.12），用实际余额和借贷资金的稳

态值改写后为，

$$[\bar{r}^n-\bar{r}^f]\ \overline{N/P}=\bar{r}^f\left[1-\frac{1}{\bar{g}}\right]\overline{M/P} \tag{12.15}$$

和

$$-\frac{\bar{C}\bar{g}\bar{B}}{\beta}\bar{H}=\overline{N/P}+\left[1-\frac{1}{\bar{g}}\right]\overline{M/P} \tag{12.16}$$

在这里的最后一个方程中，我们用等价量代替工资。在稳态，CIA 约束是

$$\bar{C}=\frac{\overline{M/P}}{\bar{g}}-\overline{N/P} \tag{12.17}$$

将家庭的流量预算约束中的工资和利息率用其稳态值替代，得到

$$\overline{M/P}=\frac{\bar{g}}{\beta}\overline{N/P}+\left[(\bar{r}-\delta)\ \left[\frac{\theta}{\bar{r}}\right]^{\frac{1}{1-\theta}}-\frac{\bar{C}\bar{g}\bar{B}}{\beta}\right]\bar{H} \tag{12.18}$$

由方程（12.14）和方程（12.18）组成的方程组有五个方程，以及五个未知量：$\overline{M/P}$，$\overline{N/P}$，$\bar{r}^f$，$\bar{C}$ 和 $\bar{H}$。只有当 $\bar{g}=1$ 时，这个方程组才容易得到解析解。因此，我们令货币存量增长率取不同的数值，分别计算以标准参数赋值的经济体对应的各稳态值。

这个模型的标准参数值分别是 $\beta=0.99$，$\delta=0.025$，$\theta=0.36$ 和 $B=-2.5805$。表 12—1 给出了这个模型中变量的稳态值，这些稳态值对应的货币存量的季度增长率分别为 0.99，1，1.024，1.19 和 1.41。而这些货币存量的季度增长率对应的年度增长率与我们在基本 CIA 模型中的取值相同。

表 12—1　**营运资本模型的稳态值**

年通货膨胀率	-4%	0	10%	100%	400%
$\bar{g}$	0.99	1	1.024	1.19	1.41
$\bar{r}$	0.035101	0.035101	0.035101	0.035101	0.035101
$\bar{r}^n$	1.0000	1.0101	1.0343	1.2020	1.4242
$\bar{r}^f$	1.0221	1.0101	0.9824	0.8259	0.6820
$\frac{M_t}{P_t}=\overline{M/P}$	1.6557	1.6675	1.6960	1.8896	2.1395
$\frac{N_t}{P_t}=\overline{N/P}$	0.7736	0.76715	0.7523	0.6626	0.5716
$\bar{C}$	0.8988	0.90038	0.9040	0.9253	0.9458
$\bar{Y}$	1.2087	1.2108	1.2158	1.2444	1.2720
$\bar{w}$	2.3193	2.3469	2.4130	2.8702	3.4762
$\bar{H}$	0.3263	0.32688	0.3282	0.3360	0.3434
$\bar{K}$	12.3967	12.418	12.4690	12.7627	13.0454
效用	-0.9488	-0.9485	-0.9479	-0.9445	-0.9418

表 12—1 中显示的稳态结果相当有趣：随着稳态货币增长率的增加，产出增加，消费增加，工作时间和资本存量增加，实际货币持有量增加，借给金融中介的实际借贷量虽然减少了，但其效用却增加了。作为居民户借贷给金融中介的报酬，金融中介付给家庭的利息率上升了，然而企业付给金融中介的利息率却减少了。通货膨胀率高的经济产出更多，与同等条件下通货膨胀率较低的家庭相比，这些家庭具有更高的福利水平。

这个结果和我们在第 8 章介绍的 Cooley-Hansen 的标准 CIA 模型大不相同。在那个模

型里，通货膨胀率增加，福利、产出、消费和工作时间减少。在 Cooley-Hansen 模型里，通货膨胀率高的经济显然比同等条件下，通货膨胀率低的经济体状况更差。

我们需要考虑一下为什么这两个模型结果迥异。这两个模型都使用 CIA 约束，都使用不可分割的劳动。在 Cooley-Hansen 模型中，通货膨胀是通过一次性的货币总量直接转移支付给消费者才发生的。这些转移支付减少了持有从前期继承过来的货币的回报率，也减少了使用货币的激励。此外，由于闲暇替代了消费，家庭提供的劳动减少了。

在本章的模型中，新发行的货币直接流向金融中介，就像是增加的一次性货币总量转移支付到可贷资金中，而金融中介并不必为之支付利息。这些转移支付在家庭收到的利息率和企业付出的利息率之间打入了楔子。新发行的货币减少了企业的实际借款成本，这样也间接地减少了使用劳动的成本。劳动需求增加，实际工资增加，家庭会提供更多的劳动，产出也就增加了。随着劳动增加，资本的边际产出也增加，资本存量一直增加到资本的边际产出再次等于 $1/\beta-1+\delta$ 为止。在有着更高的通货膨胀率的经济中，家庭持有更多用于消费的货币，借贷更少的资金给金融中介。然而，即使家庭减少对金融中介的借贷量，货币当局对金融中介的转移支付却增多了（带来更高的通货膨胀率），这意味着金融中介的全部可贷资金的实际值随着通货膨胀率的增加而增加。

我们的营运资本模型可以生成一种稳定状态的 Phillips 曲线（Phillips curve）或者 Fisher 曲线（Fisher curve），因为 Irving Fisher［39］第一次论述了失业率和价格变化之间的统计关系。利用劳动是不可分的假定，H/h_0，表示平均劳动时间除以不可分的劳动时间，这时仅有部分家庭被雇用。这样 $1-H/h_0$ 就是失业率，是没有被雇用的部分家庭。图 12—1 显示了我们模型稳定状态下失业率和通货膨胀率之间的关系。

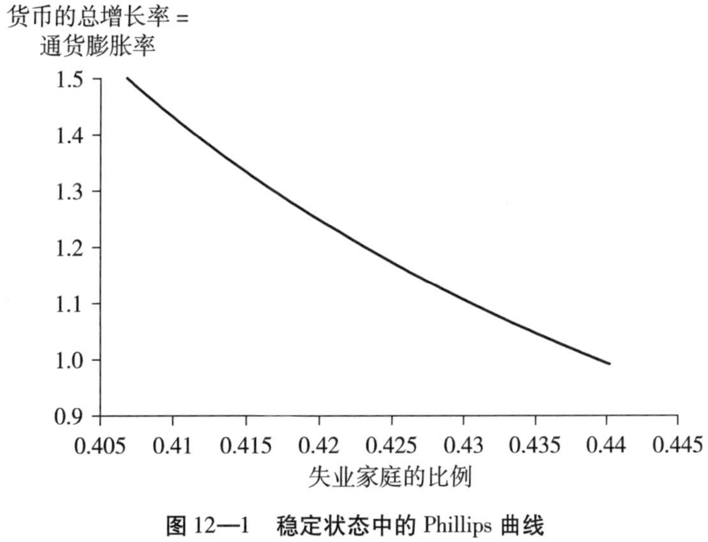

图 12—1　稳定状态中的 Phillips 曲线

12.1.6　模型的对数线性化形式

为了明白营运资本如何影响经济的动态性质，我们需要得到模型的线性形式。对营运资本模型运用对数线性化技术后得出下列方程：

$$0=\tilde{w}_t+\tilde{P}_t-E_t\tilde{P}_{t+1}-E_t\tilde{C}_{t+1}$$

$$0=\tilde{w}_t-E_t\tilde{w}_{t+1}+\beta\bar{r}E_t\tilde{r}_{t+1}$$

$$0=\tilde{r}_t^n-\tilde{w}_t+\tilde{C}_t$$

$$0=\bar{C}\ [\tilde{P}_t+\tilde{C}_t]\ -\frac{\overline{M/P}}{\bar{g}}\tilde{M}_{t-1}+\overline{N/P}\tilde{N}_t$$

$$0=\overline{M/P}\tilde{M}_t+\ [\bar{r}_n\ \overline{N/P}-\overline{M/P}]\ \tilde{P}_t+\bar{K}\tilde{K}_{t+1}-\bar{w}\bar{H}\ (\tilde{w}+\tilde{H})\ -\bar{r}\bar{K}\tilde{r}_t-\ (\bar{r}+1-\delta)\ \bar{K}\tilde{K}_t-\bar{r}^n\ \overline{N/P}\tilde{N}_t-\bar{r}^n\ \overline{N/P}\tilde{r}_t^n$$

$$0=\tilde{w}_t+\tilde{r}_t^f-\tilde{\lambda}_t-\theta\tilde{K}_t+\theta\tilde{H}_t$$

$$0=\tilde{r}_t-\tilde{\lambda}_t-\ (\theta-1)\ \tilde{K}_t-\ (1-\theta)\ \tilde{H}_t$$

$$0=\tilde{Y}_t-\tilde{\lambda}_t-\theta\tilde{K}_t-\ (1-\theta)\ \tilde{H}_t$$

$$0=\bar{r}^f\left[\overline{N/P}+\overline{M/P}\left(1-\frac{1}{\bar{g}}\right)\right]\tilde{r}_t^f+\ (\bar{r}^f-\bar{r}^n)\ \overline{N/P}\tilde{N}_t-\left[(\bar{r}^f-\bar{r}^n)\ \overline{N/P}+\bar{r}^f\ \overline{M/P}\left(1-\frac{1}{\bar{g}}\right)\right]\tilde{P}_t+\bar{r}^f\ \overline{M/P}\tilde{g}_t+\bar{r}^f\ \overline{M/P}\left(1-\frac{1}{\bar{g}}\right)\tilde{M}_{t-1}-\bar{r}^n\ \overline{N/P}\tilde{r}_t^n$$

$$0=\overline{N/P}\tilde{N}_t+\overline{M/P}\left(1-\frac{1}{\bar{g}}\right)\tilde{M}_{t-1}-\left[\overline{N/P}+\overline{M/P}\left(1-\frac{1}{\bar{g}}\right)\right]\tilde{P}_t+\overline{M/P}\tilde{g}_t-\bar{w}\bar{H}\tilde{w}_t-\bar{w}\bar{H}\tilde{H}_t$$

$$0=\tilde{M}_t-\tilde{g}_t-\tilde{M}_{t-1}$$

此外，关于 $\tilde{\lambda}_t$ 和 $\tilde{g}_t$ 的随机过程有两个方程：

$$\tilde{\lambda}_t=\gamma\tilde{\lambda}_{t-1}+\varepsilon_t^{\lambda}$$

和

$$\tilde{g}_t=\pi\tilde{g}_{t-1}+\varepsilon_t^{g}$$

定义状态变量为 $x_t=\ [\tilde{K}_{t+1},\ \tilde{M}_t,\ \tilde{P}_t]'$，同时定义跳跃变量为 $y_t=\ [\tilde{r}_t,\ \tilde{w}_t,\ \tilde{Y}_t,\ \tilde{C}_t,\ \tilde{H}_t,\ \tilde{N}_t,\ \tilde{r}_t^n,\ \tilde{r}_t^f]'$，随机变量 $z_t=\ [\tilde{\lambda}_t,\ \tilde{g}_t]'$，方程组可以写为

$$0=Ax_t+Bx_{t-1}+Cy_t+Dz_t$$

$$0=E_t\ [Fx_{t+1}+Gx_t+Hx_{t-1}+Jy_{t+1}+Ky_t+Lz_{t+1}+Mz_t]$$

$$z_{t+1}=Nz_t+\varepsilon_{t+1}$$

其中

$$A=\begin{bmatrix} 0 & 0 & 0 \\ 0 & 0 & \bar{C} \\ \bar{K} & \overline{M/P} & \bar{r}^n\ \overline{N/P}-\overline{M/P} \\ 0 & 0 & 0 \\ 0 & 0 & 0 \\ 0 & 0 & 0 \\ 0 & 0 & -[\ (\bar{r}^f-\bar{r}^n)\ \overline{N/P}+\bar{r}^f\ \overline{M/P}]\ \left(1-\frac{1}{\bar{g}}\right) \\ 0 & 0 & -\left[\overline{N/P}+\overline{M/P}\left(1-\frac{1}{\bar{g}}\right)\right] \end{bmatrix}$$

$$B=\begin{bmatrix} 0 & 0 & 0 \\ 0 & -\frac{\overline{M/P}}{\bar{g}} & 0 \\ -\ (r+1-\delta)\ K & 0 & 0 \\ -\theta & 0 & 0 \\ -\ (\theta-1) & 0 & 0 \\ -\theta & 0 & 0 \\ 0 & \bar{r}^f\ \overline{M/P}\left(1-\frac{1}{\bar{g}}\right) & 0 \\ 0 & \overline{M/P}\left(1-\frac{1}{\bar{g}}\right) & 0 \end{bmatrix}$$

$$C=\begin{bmatrix} 0 & 1 & 0 & -1 & 0 & 0 & -1 & 0 \\ 0 & 0 & 0 & \bar{C} & 0 & \overline{N/P} & 0 & 0 \\ -\bar{r}\bar{K} & -\bar{w}\bar{H} & 0 & 0 & -\bar{w}\bar{H} & -\bar{r}^{n}\ \overline{N/P} & -\bar{r}^{n}\ \overline{N/P} & 0 \\ 0 & 1 & 0 & 0 & \theta & 0 & 0 & 1 \\ 1 & 0 & 0 & 0 & -(1-\theta) & 0 & 0 & 0 \\ 0 & 0 & 1 & 0 & -(1-\theta) & 0 & 0 & 0 \\ 0 & 0 & 0 & 0 & 0 & (\bar{r}^{f}-\bar{r}^{n})\ \overline{N/P} & -\bar{r}^{n}\ \overline{N/P} & \bar{r}^{f}\left(\dfrac{\overline{N}}{P}+\dfrac{\overline{M}}{P}\left(1-\dfrac{1}{\bar{g}}\right)\right) \\ 0 & -wH & 0 & 0 & -wH & \overline{N/P} & 0 & 0 \end{bmatrix}$$

$$D=\begin{bmatrix} 0 & 0 \\ 0 & 0 \\ 0 & 0 \\ -1 & 0 \\ -1 & 0 \\ -1 & 0 \\ 0 & \bar{r}^{f}\ \overline{M/P} \\ 0 & \overline{M/P} \end{bmatrix}$$

$$F=\begin{bmatrix} 0 & 0 & -1 \\ 0 & 0 & 0 \\ 0 & 0 & 0 \end{bmatrix}$$

$$G=\begin{bmatrix} 0 & 0 & 1 \\ 0 & 0 & 0 \\ 0 & 1 & 0 \end{bmatrix}$$

$$H=\begin{bmatrix} 0 & 0 & 0 \\ 0 & 0 & 0 \\ 0 & -1 & 0 \end{bmatrix}$$

$$J=\begin{bmatrix} 0 & 0 & 0 & -1 & 0 & 0 & 0 & 0 \\ \beta\bar{r} & -1 & 0 & 0 & 0 & 0 & 0 & 0 \\ 0 & 0 & 0 & 0 & 0 & 0 & 0 & 0 \end{bmatrix}$$

$$K=\begin{bmatrix} 0 & 1 & 0 & 0 & 0 & 0 & 0 & 0 \\ 0 & 1 & 0 & 0 & 0 & 0 & 0 & 0 \\ 0 & 0 & 0 & 0 & 0 & 0 & 0 & 0 \end{bmatrix}$$

$$L=\begin{bmatrix} 0 & 0 \\ 0 & 0 \\ 0 & 0 \end{bmatrix}$$

$$M=\begin{bmatrix} 0 & 0 \\ 0 & 0 \\ 0 & -1 \end{bmatrix}$$

和

$$N=\begin{bmatrix} \gamma & 0 \\ 0 & \pi \end{bmatrix}$$

我们求能被表示成下列形式的策略矩阵

$$x_{t+1}=Px_t+Qz_t$$

和

$$y_t=Rx_t+Sz_t$$

使用以前章节介绍过的求解技术。对于 $\bar{g}=1$ 的情况，我们关心的矩阵分别为

$$P=\begin{bmatrix}0.9430 & 0 & 0\\ 0 & 1 & 0\\ -0.3340 & 1 & 0\end{bmatrix}$$

$$Q=\begin{bmatrix}0.1490 & 0.2020\\ 0 & 1\\ -1.0337 & 0.6287\end{bmatrix}$$

$$R=\begin{bmatrix}-0.9236 & 0 & 0\\ 0.5315 & 0 & 0\\ 0.0764 & 0 & 0\\ 0.5434 & 0 & 0\\ -0.4432 & 0 & 0\\ -0.2457 & 1 & 0\\ -0.0119 & 0 & 0\\ -0.0119 & 0 & 0\end{bmatrix}$$

和

$$S=\begin{bmatrix}1.8309 & 1.2411\\ 0.4701 & 0.1791\\ 1.8309 & 1.2411\\ 0.4077 & -1.1172\\ 1.2982 & 1.9392\\ 0.7347 & 0.5734\\ 0.0625 & 1.2964\\ 0.0625 & -0.8772\end{bmatrix}$$

进行 50 次 115 期的模拟，得到的平均相对标准差和相关系数如表 12—2 所示。对技术和货币供给冲击的标准差的选择需要解释一下。我们在基本的 CIA 模型（Cooley-Hansen）中使用的外生冲击的标准差是 $\sigma^{\lambda}=0.00178$ 和 $\sigma^{g}=0.009$。本章模型如果用这些标准差的数据，那么可以求出产出的相对标准差仅为 1.48%。为了使产出的相对标准差为 1.76%、技术冲击的标准差保持在 $\sigma^{\lambda}=0.00178$，我们需要让货币冲击的标准差 $\sigma^{g}=0.01134$。如果想使货币冲击的标准差保持在 $\sigma^{g}=0.009$，就需要让技术冲击的标准差 $\sigma^{\lambda}=0.00268$，这样才可以得到值为 1.76% 的产出相对标准差。分别使用这两组标准差得到的模拟数据，见表 12—2。

一个较大货币供给冲击和一个较小技术冲击的组合产生的结果是：除了真实工资外，所有变量的标准差都较大。这个组合的产出与投资、价格水平、租金、工作时间正相关。而当技术冲击更大的时候，价格水平和产出负相关。在上述两种情况下，消费和产出都负相关。如果让技术冲击更大的话（并且货币冲击更小），我们将会发现消费和产出的相关系数变成正的了。如果有更小的货币供给冲击，价格水平和产出将会表现出强烈的负相关

（当 $\sigma^g=0.003$ 时，模拟显示相关系数为-43%）。

表 12—2　　　　　　　　**营运资本模型的标准差和相关系数**

$\bar{g}=1$	标准差 $\sigma^\lambda=0.00268$ $\sigma^g=0.009$	产出的相关系数	标准差 $\sigma^\lambda=0.00178$ $\sigma^g=0.01134$	产出的相关系数
产出	0.0176	1.0000	0.0176	1.0000
消费	0.0133	-0.3161	0.0150	-0.6762
投资	0.0874	0.9111	0.1027	0.9510
资本	0.0117	0.5063	0.0111	0.4481
价格水平	0.0678	-0.0220	0.0841	0.0432
租金	0.0171	0.7882	0.0183	0.8169
工资	0.0083	0.6896	0.0073	0.6050
工作时间	0.0206	0.8697	0.0246	0.9287

12.1.7　脉冲响应函数

模型中的变量对技术和货币冲击的脉冲响应函数如图 12—2 至图 12—5 所示。注意一下冲击的大多数效应都迅速消失了。技术冲击的影响力较大，很大程度是因为技术冲击 $\bar{\lambda}_t$ 的随机过程的一阶滞后相关系数为 0.95。图 12—2 至图 12—5 中所有的响应都来自于发生在第 2 期的单一正向冲击，冲击强度为 0.01。注意一下实际变量对技术冲击的反应和有不可分劳动的 Hansen 模型非常相似（对比图 12—2 和图 6—6）。对名义变量而言，正的货币冲击会使价格下降并使金融中介的存款在初期增加。

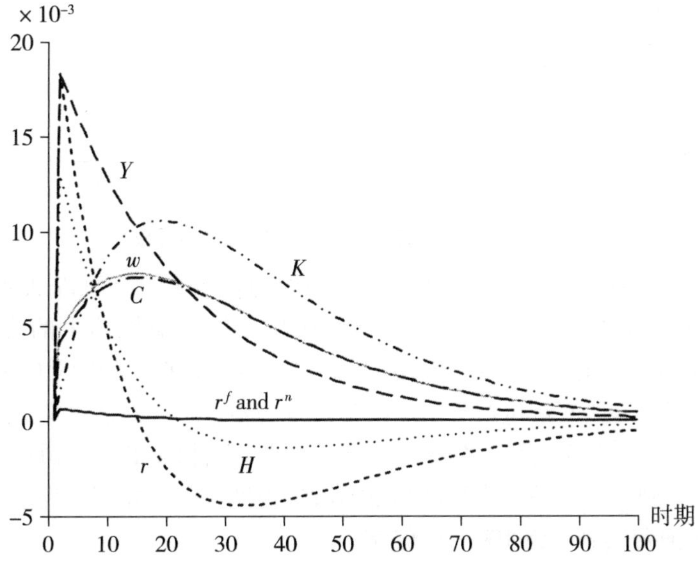

图 12—2　真实变量对一个技术冲击的反应

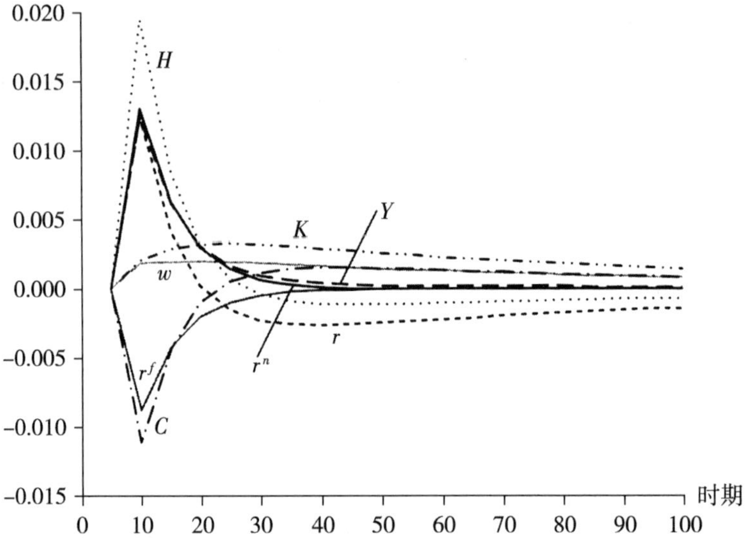

图 12—3　真实变量对一个货币增长冲击的反应

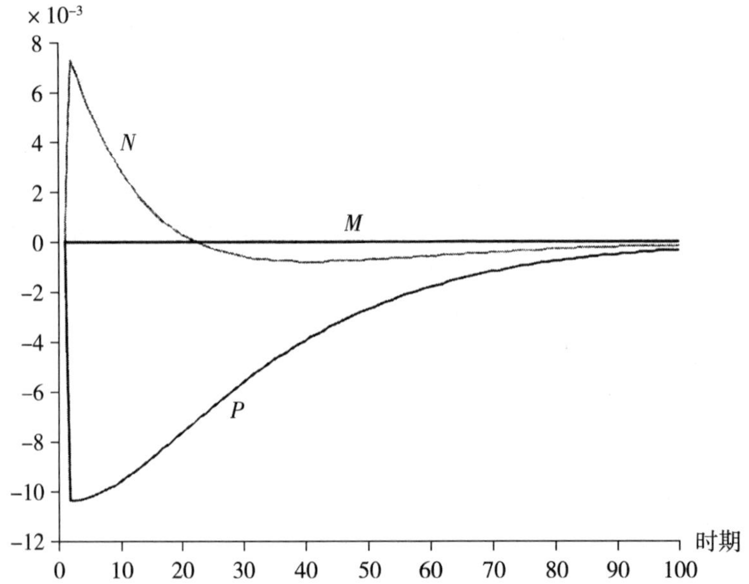

图 12—4　名义变量对一个技术冲击的反应

对多数真实变量来说，货币增长冲击的最初影响比较大。这可以从曲线在 $t=2$ 时的上升趋势（spikes）中看出，通过金融中介的作用，货币增长冲击的影响远比 Cooley-Hansen 模型的影响大。此外，一些重要变量的反应方向和其在基础的 Cooley-Hansen 模型中的反应方向相反。这些变量包括劳动供给和资本的租金。我们通过名义变量除以价格水平，使之标准化，这些名义对数差分有一个单位根并且是协整的。货币供应、价格水平和名义存款全都收敛到一个水平，货币供应量的收敛速度快于另外两个变量。

12.1.8　年通货膨胀率为 100%的经济

对于一个稳态季度总货币增长率为 $\bar{g}=1.19$（对应的年通货膨胀率为 100%）的经济体来说，模型的解会发生变化。政策函数矩阵为：

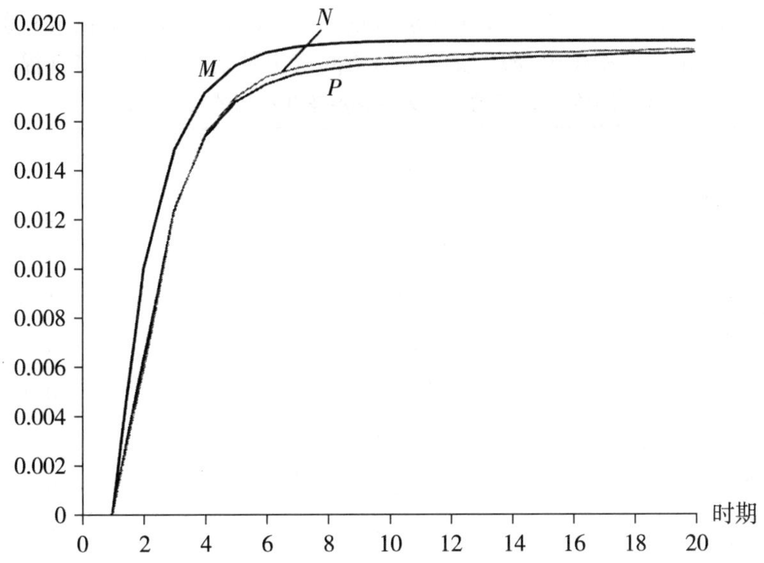

图 12—5　名义变量对一个货币增长冲击的反应

$$P=\begin{bmatrix} 0.9498 & 0 & 0 \\ 0 & 1 & 0 \\ -0.3969 & 1 & 0 \end{bmatrix}$$

$$Q=\begin{bmatrix} 0.1256 & 0.1602 \\ 0 & 1 \\ -0.8588 & 0.7299 \end{bmatrix}$$

$$R=\begin{bmatrix} -0.8409 & 0 & 0 \\ 0.5531 & 0 & 0 \\ 0.1591 & 0 & 0 \\ 0.5613 & 0 & 0 \\ -0.3139 & 0 & 0 \\ -0.2296 & 1 & 0 \\ -0.0082 & 0 & 0 \\ -0.0801 & 0 & 0 \end{bmatrix}$$

和

$$S=\begin{bmatrix} 1.5712 & 0.8758 \\ 0.4252 & 0.1513 \\ 1.5712 & 0.8758 \\ 0.3807 & -1.0322 \\ 0.8924 & 1.3685 \\ 0.6678 & 0.4222 \\ 0.0446 & 1.1835 \\ 0.2535 & -0.6440 \end{bmatrix}$$

对这个经济体的模拟显示结果如表 12—3 所示。在表中，技术冲击的标准差固定在 $\sigma^{\lambda}=0.00178$，货币冲击的标准差不断调整直到产出的标准差为 1.76%为止。符合上述要求的货币冲击标准差是 $\sigma^{g}=0.0164$，大于其在没有通货膨胀的经济体中的标准差。这一组结果主要的不同之处在于其他报告的变量有较高的标准差，尤其是投资和价格水平。价格水平同产出的正相关性稍微有所增加，而消费同产出的负相关性也略有提高。

表 12—3　**稳态通货膨胀下的经济体中标准差和产出的相关系数**

$\bar{g}=1.19$	标准差 $\sigma^{\lambda}=0.00178$ $\sigma^{g}=0.0164$	产出的 相关系数
产出	0.0176	1.0000
消费	0.0195	−0.7414
投资	0.1166	0.9465
资本	0.0124	0.4645
价格水平	0.1215	0.1149
租金	0.0187	0.7766
工资	0.0081	0.6199
工作时间	0.0248	0.9247

12.1.9　脉冲响应函数的比较

稳态年通货膨胀率为0% ~100%的经济体的相对脉冲响应函数如图 12—6 至12—9 所示。在这些图中，横轴和纵轴分别代表通货膨胀率为 0% 与通货膨胀率为 100% 的经济体的脉冲响应。总之，当有更高的货币增长率时，对同样的技术或者货币冲击而言，实际变量反应更小。图中两种冲击的对比线一般都在 45 度线以下。有些变量明显不一样。劳动供给 $\tilde{H}$，当通货膨胀率较低时对真实冲击的反应更强烈。企业支付给金融中介的利息率 r^f，在两种经济体中反应都比较积极，但是在高通货膨胀率的经济体中反应更大。

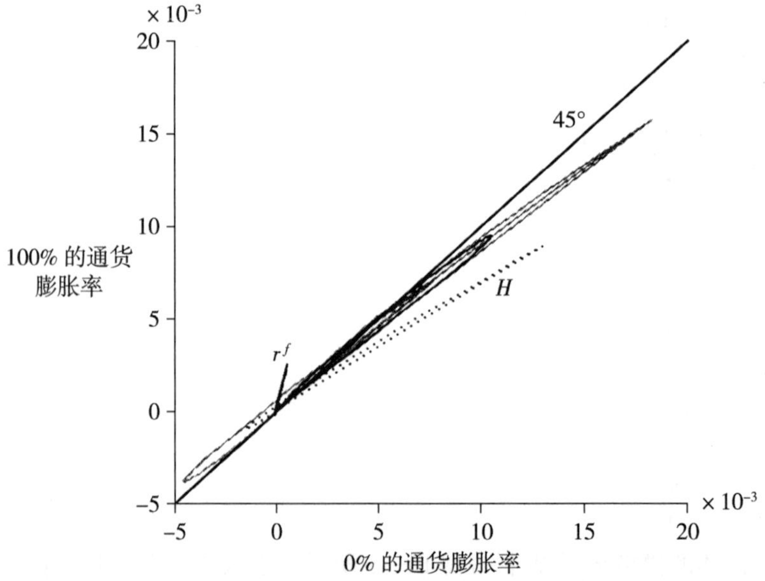

图 12—6　稳态中真实变量在 0% 和 100% 的通货膨胀率下对技术冲击的反应比较

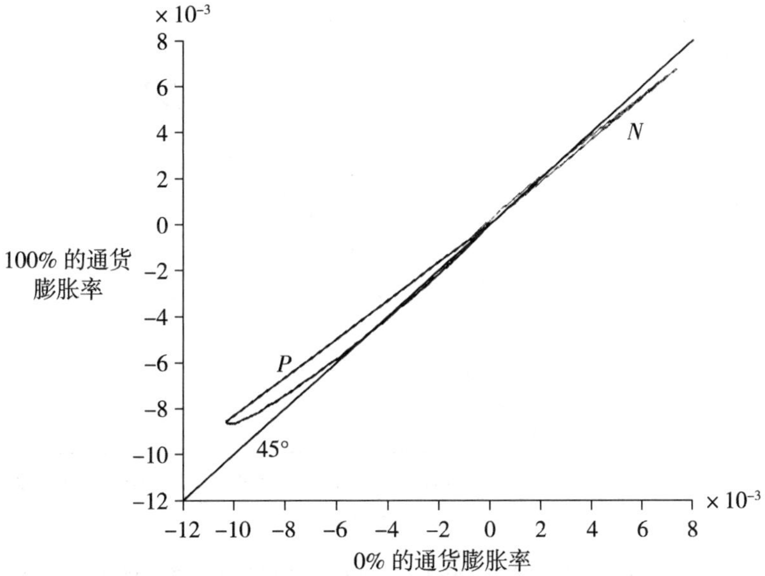

图 12—7　稳态中名义变量在 0% 和 100% 的通货膨胀率下对技术冲击的反应比较

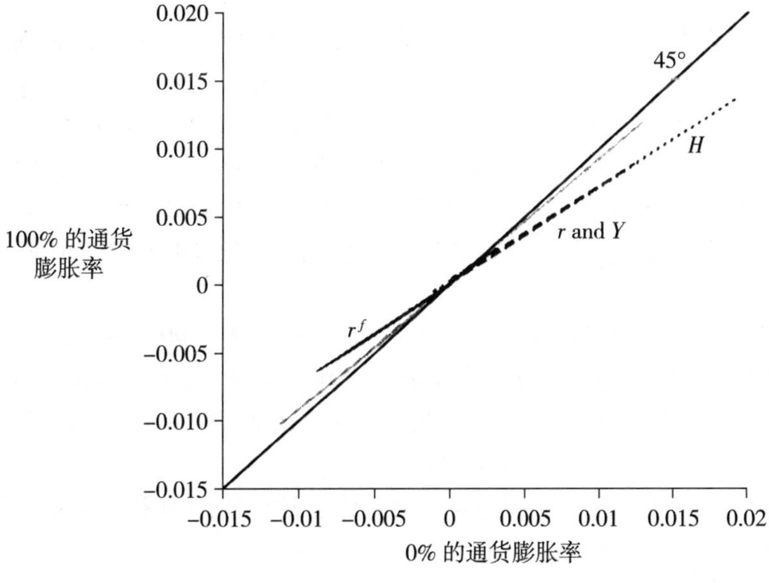

图 12—8　稳态中真实变量在 0% 和 100% 的通货膨胀率下对货币冲击的反应比较

对一个货币增长冲击来说，当通货膨胀率为 0% 的时候，与其他变量相比，$\widetilde{H}$，$\tilde{r}$，$\widetilde{Y}$ 的反应更大，而且要大于当通货膨胀率为 100% 的时候。贷款利率 $\tilde{r}^f$ 反应尤甚。在这两种模型中，价格水平和存款相对货币来说反应较慢。但是价格水平在更高通货膨胀率的经济体中反应更快而存款在更低的通货膨胀率的经济体中反应更慢。

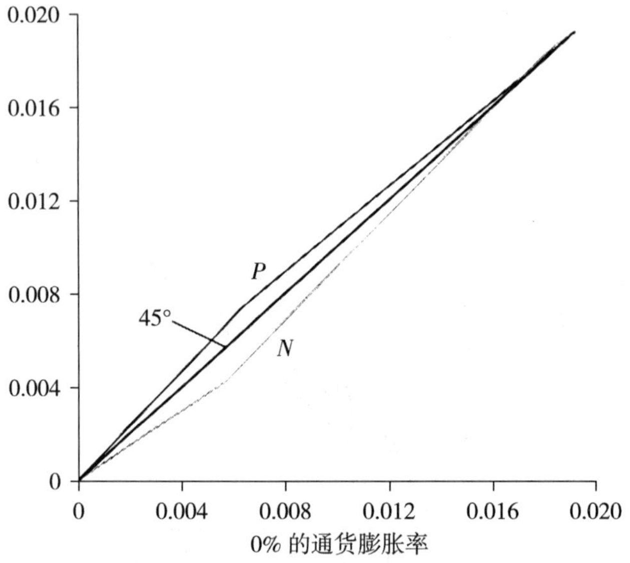

图 12—9　稳态中名义变量在 0% 和 100% 的通货膨胀率下对技术冲击的反应比较

12.2　中央银行治理和货币政策规则

货币增长在含有金融中介的模型中只是一个随机过程，这种货币政策多少有点奇怪和不切实际。也许我们可以把货币冲击解释为政策的突然改变，但这很难被称为是政策。这一节，我们考虑一个中央银行（或其他发行货币给金融中介的政府机构）是如何承诺遵守政策规则的。这种可信性非常重要，而且已经有大量的文献就政府承诺遵守政策规则的能力展开讨论，这些文献至少始于 Kydland 和 Prescott [51] 以及 Calvo [18]。我们在这里忽略这些问题，仅考虑一个能够承诺遵守政策规则的中央银行。

也许最有名的两个货币政策规则就是 Friedman 规则 [40] 和 Taylor 规则 [85]。Friedman 规则是相对简单的常数货币供应增长规则。起码，提供这种 Friedman 规则的部分逻辑认为常数货币供应增长可以最大程度上减少多余的经济波动，这样对经济中的参与者来说，就可以预测经济未来的变化可能。

Taylor [85] 提倡中央银行应该遵守制定一个合适的短期利率 r_t^f 的货币政策规则，r_t^f 遵循的反馈规则是

$$r_t^f = a\ (Y_t - \bar{Y})\ + b\ (\pi_t - \bar{\pi})\ + \bar{r}^f$$

这里 Y_t 是产出，π_t 是通货膨胀率。上面有横杠的变量是稳态值（在 Taylor 的术语中，或者说是目标值）。这时的 r_t^f 是一个名义利率。Taylor 表示 $a=0.5$ 和 $b=1.5$ 是代表值，通过这两个值就能"把握住最近研究的精髓而且也相当简洁明了。"①

今天大多数中央银行都遵守某种类型的 Taylor 规则，即使在实际操作中不能完全遵守，但至少它们的模型是这样构建的。实践中，我们可以发现 Taylor 规则一般被直接加在

① Taylor [85]，202 页。

小型简约形式（reduced-form）的宏观经济模型中，这种宏观经济模型有一个IS曲线方程和一个Phillips曲线方程（由Calvo定价模型提供微观基础，可参考第10章）。如果是开放经济的话，再添加一个决定汇率的方程①。至于中央银行是如何做到将利率调整到Taylor规则求解出利率水平的，模型一般不做明确表述。

在本节，我们在以前章节的基础上将Taylor规则加入到金融中介模型中。中央银行控制对金融中介部门的货币注入，通过注入或者收回货币就能制定企业为支付工资借款后必须支付的短期利率。既然中央银行遵守明确的规则并且付诸实践，那么金融中介模型中的货币冲击便不再存在：我们需要再回到第8章Cooley-Hansen的CIA模型中去寻找另一种货币冲击的来源。我们先假设政府机构的一些其他部门（如财政局）制造了随机的、一次性的货币总额转移支付给家庭或者从家庭手里收回货币。

12.2.1 有Taylor规则的模型

我们从Taylor规则开始，这一规则比Friedman规则稍显复杂。这两种规则的基本模型都是一样的。

家庭

假设总体为同质家庭，每一个家庭都最大化自己的期望效用函数，

$$E_t\sum_{i=0}^{\infty}\beta^i(\ln(c^j_{t+i})+Bh^j_{t+i})$$

受制于预算约束序列

$$c^j_s+k^j_{s+1}+\frac{m^j_s}{P_s}=w_sh^j_s+r_sk^j_s+(1-\delta)k^j_s+(r^n_s-1)\frac{N^j_s}{P_s}+\frac{m^j_{s-1}}{P_s}+(g^f_t-1)M_{s-1}$$

和CIA预算约束序列

$$P_sc^j_s\leq m^j_{s-1}+(g^f_t-1)M_{s-1}-N^j_s$$

这里的c^j_s是家庭j在时期s的消费，h^j_s是家庭j在时期s提供的劳动，k^j_s是其期初的资本，m^j_s是其期初的货币持有量，N^j_s是其在金融中介的存款，β为其贴现率，δ为资本的折旧率。政府的财政部门对每一个家庭进行数额为$(g^f_t-1)M_{s-1}$的一次性转移支付。这种转移支付的本质是第8章Cooley-Hansen模型中的支付，可以为正也可以为负。从财政转移支付中得到的货币增长率遵守的变动规则是，

$$\ln g^f_t=\pi^f\ln g^f_{t-1}+\varepsilon^f_t$$

家庭把以下变量作为给定的：时期s的价格水平P_s、工资w_s、租金r_s、一次性总额转移支付$(g^f_t-1)M_{s-1}$以及在金融中介的存款总利率r^n_s。

通过效用最大化问题（再加上加总条件$X_s=\int_0^1x^j_sdj$），可以推导出加总形式的一阶条件如下：

$$\frac{B}{w_t}=-\beta E_t\frac{P_t}{P_{t+1}C_{t+1}}$$

$$\frac{1}{w_t}=\beta E_t\frac{r_{t+1}+1-\delta}{w_{t+1}}$$

---

① 在此列出一篇作者给出的文献，Clarida，Gali and Gertler [34]，169页。

$$r_t^n = \frac{w_t}{BC_t} = \frac{1}{E_t \frac{\beta P_t C_t}{P_{t+1} C_{t+1}}}$$

对家庭的消费来说，加总的 CIA 约束为

$$P_t C_t = g_t^f M_{t-1} - N_t$$

加总的实际流量预算约束为

$$\frac{M_t}{P_t} + K_{t+1} = w_t H_t + r_t K_t + (1-\delta) K_t + \frac{r_t^n N_t}{P_t}$$

此外，由财政转移政策引起的货币增长率遵守以下变动规则，

$$\ln g_t^f = \pi^f \ln g_{t-1}^f + \varepsilon_t^f$$

我们假定 ε_t^f 的均值为零，所以在稳态下 $\bar{g}^f = 1$。

企业

企业是竞争性的并且面临竞争性的要素市场。时期 t 的（加总条件下）Cobb-Douglas 形式的生产函数为

$$Y_t = \lambda_t K_t^\theta H_t^{1-\theta}$$

这里关于 λ_t 的随机过程遵守下式

$$\ln\lambda_t = \gamma \ln\lambda_{t-1} + \varepsilon_t^\lambda$$

企业的预算约束式为

$$Y_t \geqslant r_t^f w_t H_t + r_t K_t$$

这里的 r_t^f 是用于支付从金融中介借贷的总利息率，这些贷款要用来支付工资的营运资本。假设竞争性要素市场的含义是

$$r_t^f w_t = (1-\theta) \lambda_t K_t^\theta H_t^{-\theta}$$

和

$$r_t = \theta \lambda_t K_t^{\theta-1} H_t^{1-\theta}$$

企业期初从金融中介借款，当卖出生产的产品后，期末归还贷款。这就意味着贷款没有不确定性，因为时期 t 的技术冲击值在期初贷款的时候已经知道了。

金融中介和 Taylor 规则

金融中介也是竞争性的，即获得零利润。它们面临的预算约束为

$$N_t + (g_t^M - 1) M_{t-1} = P_t w_t H_t$$

零利润条件为

$$r_t^n N_t = r_t^f P_t w_t H_t$$

这里的 $(g_t^M - 1) M_{t-1}$ 是中央银行施加的对金融中介的货币转移或税收征纳。对中央银行来说，为了获得一个理想的借款利率 r_t^f，时期 t 的货币增长率就会是

$$g_t^M = \frac{(r_t^n - r_t^f)}{r_t^f} \frac{N_t}{M_{t-1}} + 1$$

中央银行对货币增长率的选择取决于这个模型和由 Taylor 规则得出的对 r_t^f 的选择，

$$r_t^f = a(Y_t - \bar{Y}) + b(\pi_t - \bar{\pi}) + \bar{r}^f$$

Taylor 规则的参数（a，b）是由中央银行决定的政策参数。家庭持有并传给下一期的货币持有存量等于这两个增长率的总和，

$$M_t = (g_t^f + g_t^M - 1) M_{t-1}$$

这个总和看起来也许有点奇怪，但两个增长率都是总增长率。当 $\hat{g}_t^i$ 为净增长率的时候，总和 $g_t^f+g_t^M=\hat{g}_t^f+1+\hat{g}_t^M+1=\hat{g}_t^f+\hat{g}_t^M+2$。

在这个模型里，利率 r_t^f 是由中央银行确定的利率，是一个实际利率而不是名义利率。企业在期初获得贷款并在期末归还，模型有离散的期限，在每期内，价格不发生改变，它们仅在期与期之间发生改变①。Taylor 论述了中央银行使用（0.5，1.5）作为参数对（a，b）的值，但是在我们这里的模型中，（0.5，0.5）的值也可以很好地表达他的论述。

12.2.2 稳态

求这个模型的稳态和求一个带有金融中介 $\bar{g}=\bar{\pi}$ 的标准模型的求解方法一样。在稳定状态下，Taylor 规则简化为

$$\begin{aligned}\bar{r}^f&=a\,(\bar{Y}-\bar{Y})+b\,(\bar{\pi}-\bar{\pi})+\bar{r}^f\\&=\bar{r}^f\end{aligned}$$

在这个模型中，稳态的利率是目标通货膨胀率的函数。对一个我们一直使用的标准（例如美国）经济体而言，目标通货膨胀率 $\bar{\pi}$ 和相应的利息率 $\bar{r}^f$ 的关系如图 12—10 所示。

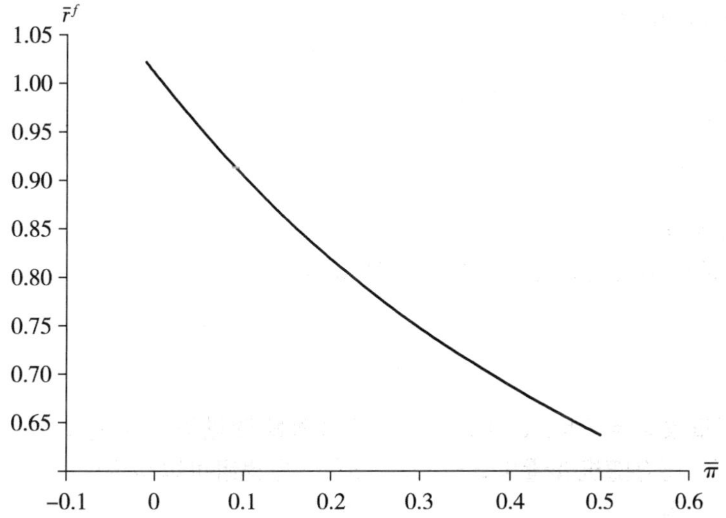

图 12—10　稳态目标通货膨胀率 $\bar{\pi}$ 和与之关联的利息率 $\bar{r}^f$

对一个标准的 Hansen［48］类型的美国经济体的季度形式来说，经常使用的参数为 $\beta=0.99$，$\delta=0.025$，$\theta=0.36$ 和 $B=-2.5805$。这里我们选择 $\bar{g}=1.03$，所以目标通货膨胀率为 3%。这个经济体其余变量的稳态值如表 12—4 所示。

---

① 理由很简单。名义条件下的 Taylor 规则是
$r_t^f=a\,(Y_t-\bar{Y})+b\,(\pi_t-\bar{\pi})+\bar{r}^f$
Fisher 等式是
$r_t^f=i_t^f+\pi_t$
稳定状态下利率为
$\bar{r}^f=\bar{i}^f+\bar{\pi}$
把这两个 Fisher 等式代入 Taylor 规则表达式得到
$i_t^f+\pi_t=a\,(Y_t-\bar{Y})+b\,(\pi_t-\bar{\pi})+\bar{i}^f+\bar{\pi}$
或者
$i_t^f=a\,(Y_t-\bar{Y})+(b-1)\,(\pi_t-\bar{\pi})+\bar{i}^f$。

表 12—4　　　　　　　　　　　**当 $\bar{g}=1.03$ 时的稳态变量值**

变量	$\bar{K}$	$\bar{Y}$	$\bar{C}$	$\bar{H}$	$\overline{M/P}$
稳定状态值	12.481	1.217	0.905	0.328	1.703
变量	$\overline{N/P}$	$\bar{r}$	$\bar{w}$	$\bar{r}^n$	$\bar{r}^f$
稳定状态值	0.749	0.0351	2.439	1.0404	0.9757

12.2.3 对数线性形式及其求解

这个模型的对数线性形式包含每期 12 个变量 $\{\tilde{K}_{t+1}, \tilde{M}_t, \tilde{P}_t, \tilde{r}_t, \tilde{w}_t, \tilde{Y}_t, \tilde{C}_t, \tilde{H}_t, \tilde{N}_t, \tilde{r}^n_t, \tilde{r}^f_t, \tilde{g}^M_t\}$ 以及 12 个方程

$$0=\tilde{w}+\tilde{P}_t-E_t\tilde{P}_{t+1}-E_t\tilde{C}_{t+1}$$

$$0=\tilde{w}-E_t\tilde{w}_{t+1}-\beta\bar{r}E_t\tilde{r}_{t+1}$$

$$0=\tilde{r}^n_t-\tilde{w}_t+\tilde{C}_t$$

$$0=\bar{C}\tilde{C}_t-\frac{\overline{M/P}}{\bar{g}^M}\tilde{g}^f_t-\frac{\overline{M/P}}{\bar{g}^M}\tilde{M}_{t-1}+\overline{N/P}\tilde{N}_t+\bar{C}\tilde{P}_t$$

$$0=\overline{M/P}\tilde{M}_t+[\bar{r}^n\ \overline{N/P}-\overline{M/P}]\ \tilde{P}_t+\bar{K}\tilde{K}_{t+1}-\bar{w}\bar{H}(\tilde{w}_t+\tilde{H}_t)-\bar{r}\bar{K}\tilde{r}_t-(\bar{r}+1-\delta)\ \bar{K}\tilde{K}_t-\bar{r}^n\ \overline{N/P}\tilde{N}_t-\bar{r}^n\ \overline{N/P}\tilde{r}^n_t$$

$$0=\tilde{w}_t+\tilde{r}^f_t-\tilde{\lambda}_t-\theta\tilde{K}_t+\theta\tilde{H}_t$$

$$0=\tilde{r}_t-\tilde{\lambda}_t-(\theta-1)\ \tilde{K}_t-(1-\theta)\ \tilde{H}_t$$

$$0=\tilde{Y}_t-\tilde{\lambda}_t-\theta\tilde{K}_t-(1-\theta)\ \tilde{H}_t$$

$$0=\tilde{r}^n_t+\tilde{N}_t-\tilde{P}_t-\tilde{r}^f_t-\tilde{w}-\tilde{H}_t$$

$$0=\overline{N/P}\tilde{N}_t+\overline{M/P}\left(1-\frac{1}{\bar{g}^M}\right)\tilde{M}_{t-1}-\bar{w}\bar{H}\tilde{P}_t+\overline{M/P}\tilde{g}^M_t-\bar{w}\bar{H}\tilde{w}_t-\bar{w}\bar{H}\tilde{H}_t$$

$$0=\tilde{M}_t-\frac{1}{\bar{g}^M}\tilde{g}^f_t-\tilde{g}^M_t-\tilde{M}_{t-1}$$

$$0=a\bar{Y}\tilde{Y}_t+b\bar{g}^M\tilde{P}_t-b\bar{g}^M\tilde{P}_{t-1}-\bar{r}^f\tilde{r}^f_t \tag{12.19}$$

此外，两个随机的技术变量 $\tilde{\lambda}_t$ 和 $\tilde{g}^f_t$ 由下述方程决定

$$\tilde{\lambda}_t=\gamma\tilde{\lambda}_{t-1}+\varepsilon^{\lambda}_t$$

和

$$\tilde{g}^f_t=\pi^f\tilde{g}^f_{t-1}+\varepsilon^{\lambda}_t$$

通过定义状态变量集 $x_t=[\tilde{K}_{t+1}, \tilde{M}_t, \tilde{P}_t]'$，定义跳跃变量集 $y_t=[\tilde{r}_t, \tilde{w}_t, \tilde{Y}_t, \tilde{C}_t, \tilde{H}_t, \tilde{N}_t, \tilde{r}^n_t, \tilde{r}^f_t, \tilde{g}^M_t]'$，还有随机变量集 $z_t=[\tilde{\lambda}_t, \tilde{g}^f_t]'$，方程组可以写为

$$0=Ax_t+Bx_{t-1}+Cy_t+Dz_t$$

$$0=E_t\ [Fx_{t+1}+Gx_t+Hx_{t-1}+Jy_{t+1}+Ky_t+Lz_{t+1}+Mz_t]$$

$$z_{t+1}=Nz_t+\varepsilon_{t+1}$$

这里的

$$A=\begin{bmatrix} 0 & 0 & 0 \\ 0 & 0 & \bar{C} \\ \bar{K} & \overline{M/P} & \bar{r}^n\ \overline{N/P}-\overline{M/P} \\ 0 & 0 & 0 \\ 0 & 0 & 0 \\ 0 & 0 & 0 \\ 0 & 0 & -1 \\ 0 & 0 & -\bar{w}\bar{H} \\ 0 & 0 & b\bar{g}^M \end{bmatrix}$$

$$B=\begin{bmatrix} 0 & 0 & 0 \\ 0 & -\dfrac{\overline{M/P}}{\bar{g}^{M}} & 0 \\ -(r+1-\delta)\ \bar{K} & 0 & 0 \\ -\theta & 0 & 0 \\ -(\theta-1) & 0 & 0 \\ -\theta & 0 & 0 \\ 0 & 0 & 0 \\ 0 & \overline{M/P}\left(1-\dfrac{1}{\bar{g}^{M}}\right) & 0 \\ 0 & 0 & -b\bar{g}^{M} \end{bmatrix}$$

$$C=\begin{bmatrix} 0 & 1 & 0 & -1 & 0 & 0 & -1 & 0 & 0 \\ 0 & 0 & 0 & \bar{C} & 0 & \overline{N/P} & 0 & 0 & 0 \\ -\bar{r}\bar{K} & -\bar{w}\bar{H} & 0 & 0 & -\bar{w}\bar{H} & -\bar{r}^{n}\ \overline{N/P} & -\bar{r}^{n}\ \overline{N/P} & 0 & 0 \\ 0 & 1 & 0 & 0 & \theta & 0 & 0 & 1 & 0 \\ 1 & 0 & 0 & 0 & -(1-\theta) & 0 & 0 & 0 & 0 \\ 0 & 0 & 1 & 0 & -(1-\theta) & 0 & 0 & 0 & 0 \\ 0 & -1 & 0 & 0 & -1 & 1 & 1 & -1 & 0 \\ 0 & -\bar{w}\bar{H} & 0 & 0 & -\bar{w}\bar{H} & \overline{N/P} & 0 & 0 & \overline{M/P} \\ 0 & 0 & a\bar{Y} & 0 & 0 & 0 & 0 & -\bar{r}^{f} & 0 \end{bmatrix}$$

$$D=\begin{bmatrix} 0 & 0 \\ 0 & -\dfrac{\overline{M/P}}{\bar{g}^{M}} \\ 0 & 0 \\ -1 & 0 \\ -1 & 0 \\ -1 & 0 \\ 0 & 0 \\ 0 & 0 \\ 0 & 0 \end{bmatrix}$$

$$F=\begin{bmatrix} 0 & 0 & -1 \\ 0 & 0 & 0 \\ 0 & 0 & 0 \end{bmatrix}$$

$$G=\begin{bmatrix} 0 & 0 & 1 \\ 0 & 0 & 0 \\ 0 & 1 & 0 \end{bmatrix}$$

$$H=\begin{bmatrix} 0 & 0 & 0 \\ 0 & 0 & 0 \\ 0 & -1 & 0 \end{bmatrix}$$

$$J=\begin{bmatrix} 0 & 0 & 0 & -1 & 0 & 0 & 0 & 0 & 0 \\ \beta\bar{r} & -1 & 0 & 0 & 0 & 0 & 0 & 0 & 0 \\ 0 & 0 & 0 & 0 & 0 & 0 & 0 & 0 & 0 \end{bmatrix}$$

$$K=\begin{bmatrix}0&1&0&0&0&0&0&0&0\\0&1&0&0&0&0&0&0&0\\0&0&0&0&0&0&0&0&-1\end{bmatrix}$$

$$L=\begin{bmatrix}0&0\\0&0\\0&0\end{bmatrix}$$

$$M=\begin{bmatrix}0&0\\0&0\\0&-\frac{1}{\bar{g}^{M}}\end{bmatrix}$$

和

$$N=\begin{bmatrix}\gamma&0\\0&\pi^{f}\end{bmatrix}$$

我们求出能表达成下述形式的政策矩阵

$$x_{t+1}=Px_t+Qz_t$$

和

$$y_t=Rx_t+Sz_t$$

使用第 6 章介绍的求解技术，再加上上述介绍的参数值 $a=0.5$ 和 $b=0.5$，这四个政策函数的矩阵为

$$P=\begin{bmatrix}0.9588&-0.0576&0.0576\\0.0560&0.7025&0.2975\\-0.2667&0.7219&0.2781\end{bmatrix}$$

$$Q=\begin{bmatrix}0.1367&-0.0501\\-0.2800&0.8878\\-0.9570&1.4391\end{bmatrix}$$

$$R=\begin{bmatrix}-0.8450&-0.2949&0.2949\\0.5194&-0.0312&0.0312\\0.1550&-0.2949&0.2949\\0.4317&0.3975&-0.3975\\-0.3203&-0.4608&0.4608\\-0.1995&0.8557&0.1443\\0.0877&-0.4287&0.4287\\-0.0441&0.1971&-0.1971\\0.0560&-0.2975&0.2975\end{bmatrix}$$

$$S=\begin{bmatrix}1.6184&-0.6316\\0.1480&-0.0104\\1.6184&-0.6316\\0.2913&-0.1579\\0.9663&-0.9869\\0.8047&0.6601\\-0.1433&0.1475\\0.5041&0.3657\\-0.2800&-0.0831\end{bmatrix}$$

12.2.4 对比 Taylor 规则和 Friedman 规则

下面我们将对比 Taylor 规则和其他政策规则的结果有何不同。一种可选择的规则就是本节开始提到的常数货币增长率。众所周知，Milton Friedman 在其学术生涯中对货币政策做了大量的研究，并一直推崇常数货币增长政策，所以这个规则称之为 Friedman 规则。也正因如此，Friedman 规则有着令人尊敬的血统。在我们这里使用的规则中，中央银行宣布一个不变的货币增长率目标 $\bar{g}^M$，并调整每期的货币增长以获得该增长率。因为模型中货币增长的其他来源仅有财政货币冲击 g_t^f，所以中央银行在这种政策下的货币增长规则为

$$g_t^M - \bar{g}^M = -(g_t^f - 1)$$

中央银行向金融中介发行或者收回货币以便货币供应增长率保持不变。注意这两种货币冲击对经济有不同的效应：正的财政冲击本质和税收的作用类似，然而来自中央银行的正向冲击通过金融系统传导，本质是补贴。

在这个模型里唯一必要的技术性变化是用 Friedman 规则代替 Taylor 规则：用上述给定的货币增长率规则替换利率规则。家庭、企业以及金融中介的行为模式和它们在 Taylor 规则下完全一样。在稳定状态中，$g^f = 1$，货币增长率为 $\bar{g}^M$，并且模型的稳定状态和 Taylor 规则下模型的稳定状态一样。

Friedman 规则的对数线性形式很简单

$$0 = \bar{g}^M \tilde{g}_t^M + \tilde{g}_t^f$$

模型对数线性形式的唯一变化就是用这个规则替换掉 Taylor 规则（方程 12.19）。

定义政策变量集 $x_t = [\tilde{K}_{t+1}, \tilde{M}_t, \tilde{P}_t]'$，定义跳跃变量集 $y_t = [\tilde{r}_t, \tilde{w}_t, \tilde{Y}_t, \tilde{C}_t, \tilde{H}_t, \tilde{N}_t, \tilde{r}_t^n, \tilde{r}_t^f, \tilde{g}_t^M]'$，以及随机变量集 $z_t = [\tilde{\lambda}_t, \tilde{g}_t^f]'$，我们能求出如下形式的政策矩阵

$$x_{t+1} = Px_t + Qz_t$$

和

$$y_t = Rx_t + Sz_t$$

这里

$$P = \begin{bmatrix} 0.9445 & 0 & 0 \\ 0 & 1 & 0 \\ -0.3468 & 1 & 0 \end{bmatrix}$$

$$Q = \begin{bmatrix} 0.1439 & -0.2216 \\ 0 & 0 \\ -0.9973 & 0.9560 \end{bmatrix}$$

$$R = \begin{bmatrix} -0.9061 & 0 & 0 \\ 0.5358 & 0 & 0 \\ 0.0939 & 0 & 0 \\ 0.5469 & 0 & 0 \\ -0.4158 & 0 & 0 \\ -0.2419 & 1 & 0 \\ -0.0111 & 0 & 0 \\ -0.0261 & 0 & 0 \\ 0 & 0 & 0 \end{bmatrix}$$

和

$$S=\begin{bmatrix} 1.7750 & -1.7226 \\ 0.4608 & -0.1865 \\ 1.7750 & -1.7226 \\ 0.4023 & 0.7395 \\ 1.2109 & -2.6916 \\ 0.7192 & 0.1593 \\ 0.0585 & -0.9260 \\ 0.1032 & 1.1555 \\ 0 & -0.9709 \end{bmatrix}$$

常数货币供应增长率是指价格水平不反馈给经济体（矩阵 P 和 R 的第三列的零值意味着它们并不真的是状态变量），货币冲击长期效应仅有的变化发生在货币、价格水平、银行存款和所有的名义变量上。我们可以在脉冲响应函数里看到技术和货币冲击的结果。

脉冲响应函数

当技术冲击为 0.01 时，这两个模型的反应如图 12—11 所示。它们对技术冲击的反应非常相似。Taylor 规则表明产出、工资和资本租金的反应相对较小。消费和劳动供给在两种经济中很类似。它们最大的不同在于货币增长（在给定规则后相当明显）的不同，以及存款利率 r^n 和借款利率 r^f 的不同。

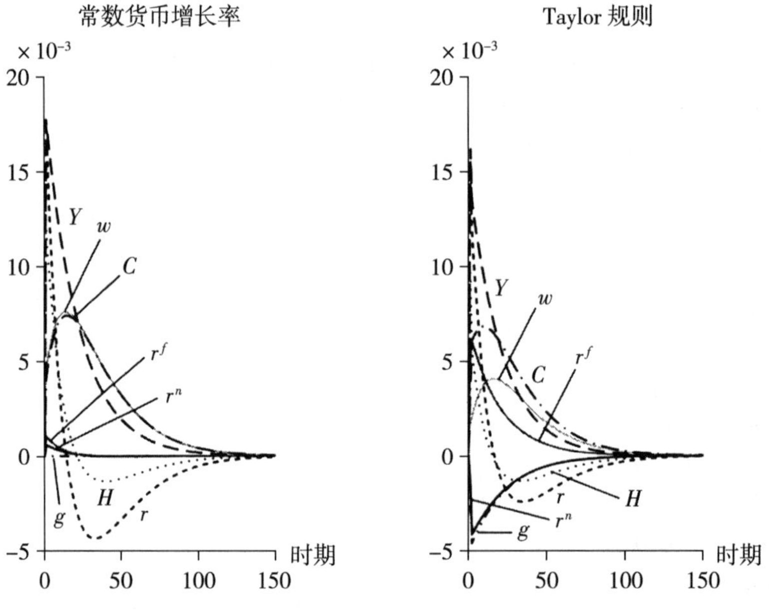

图 12—11　真实变量对技术冲击的反应

（左图横轴为时期，纵轴为常数货币增长率。右图横轴为时期，纵轴为 Taylor 规则）

名义变量的反应大不相同。因为 Taylor 规则为了满足利率规则的要求在货币增长率（图 12—11 中的变量 g）方面制造了持续性的反应。这意味着货币供应不会回到最初值，但是会收敛到一个更低的新水平上。在 Taylor 规则下的经济中，价格水平和存款都收敛于相同的长期水平——它们是协整的——所以真实余额和存款实际值都回到稳态的数量。因为货币供应在常数货币供应增长率的经济中没有改变（围绕它的趋势），价格水平和存款也没有怎么调整。图 12—12 显示了名义变量对技术冲击的反应状况。

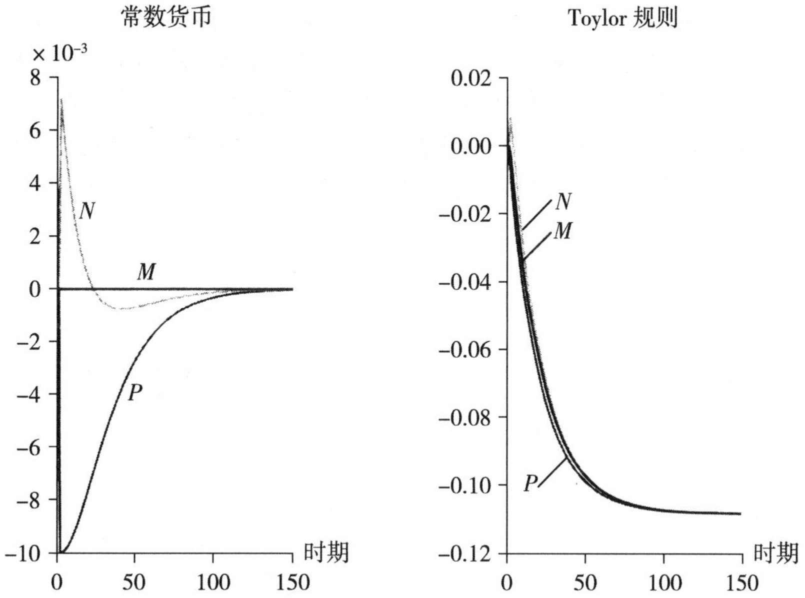

图 12—12　名义变量对技术冲击的反应

（左图横轴为时期，纵轴为常数货币规则。右图横轴为时期，纵轴为 Taylor 规则）

常数货币供应增长率规则和 Taylor 规则之间真正重要的区别是对“财政”货币冲击的反应。图 12—13 描述了真实变量的反应。当与常数货币供应增长率规则下的反应比较时，很明显可以看到 Taylor 规则减少了真实变量对货币冲击的反应。对一个常数货币供应增长率的经济而言，正的货币冲击效果类似于对消费者征税，而通过金融中介减少货币供应的政策效果类似于对生产征税。给定参数，Taylor 规则对 r^f 引起的反应更小，并且这将其他真实变量的下降幅度变得更小。

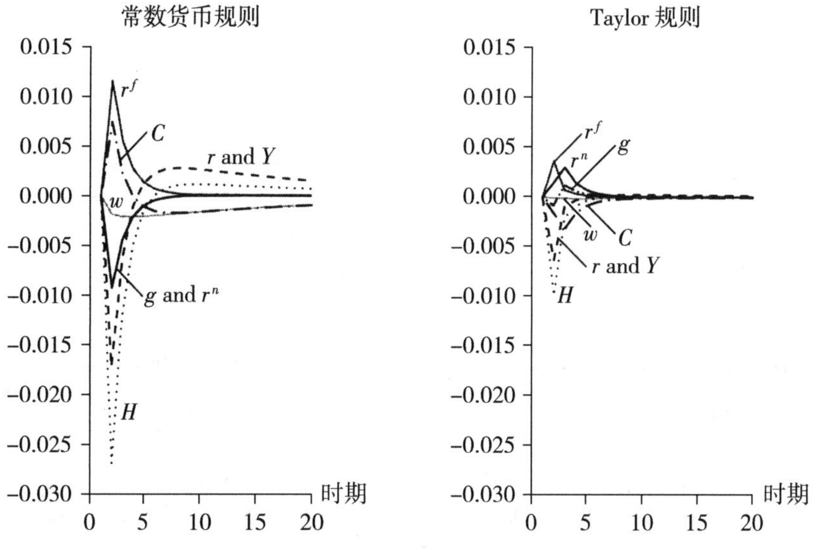

图 12—13　真实变量对技术冲击的反应

（左图横轴为时期，纵轴为常数货币规则。右图横轴为时期，纵轴为 Taylor 规则）

图 12—14 显示了名义变量的反应，和以前一样，Taylor 规则把名义变量带到一个新的水平

上。由于名义变量处于新的水平，导致我们很难比较这两种规则对通货膨胀的效应。图 12—15 显示了在这两种模型下通货膨胀对货币冲击的反应。通货膨胀变化的幅度在这两种模型下几乎相同。与常数货币供应增长率有关的经济体有更小的初始通货膨胀，紧接着就有一段通货紧缩。而 Taylor 规则下的通货膨胀有较大的初始通货膨胀，然后逐渐回归到稳定状态。常数货币供应增长率规则下的经济体在回到稳态值前，先有通货膨胀，然后有一段通货紧缩。

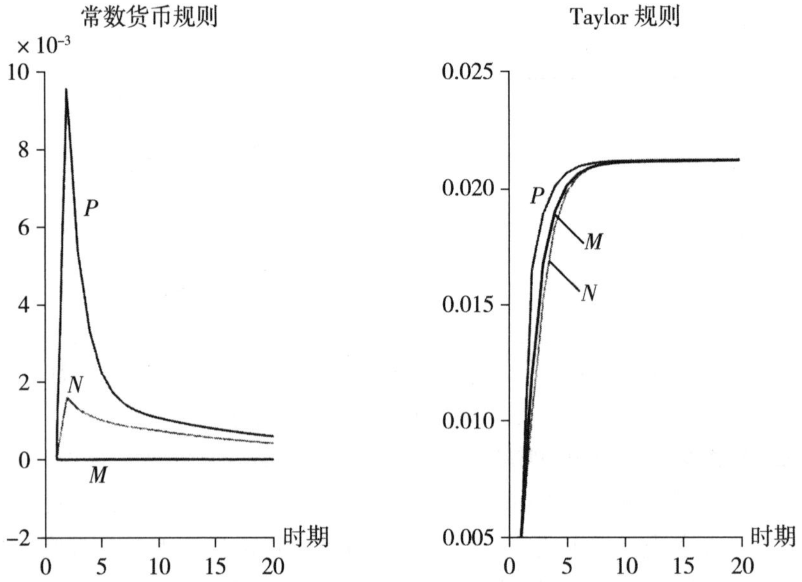

图 12—14　名义变量对技术冲击的反应

（左图横轴为时期，纵轴为常数货币规则。右图横轴为时期，纵轴为 Taylor 规则）

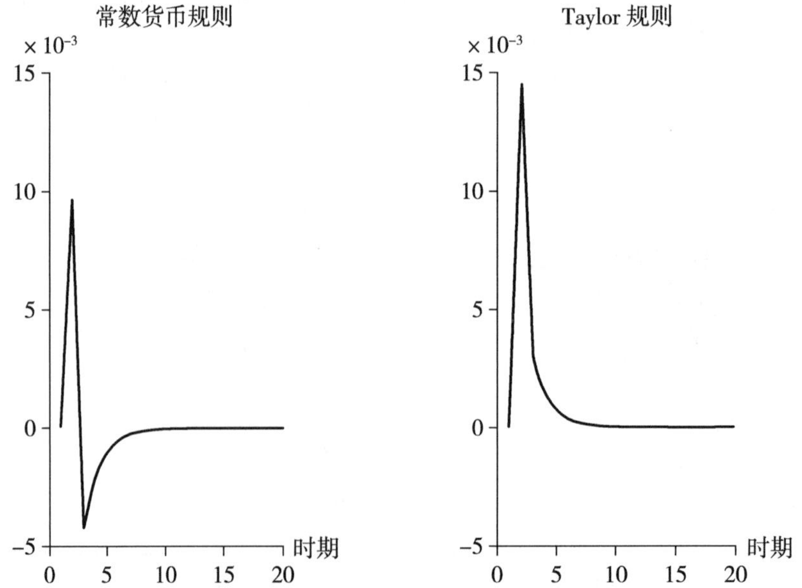

图 12—15　通货膨胀对技术冲击的反应

（左图横轴为时期，纵轴为常数货币规则。右图横轴为时期，纵轴为 Taylor 规则）

我们在这里使用的具体 Taylor 规则（这里 a=0.5，b=0.5，并把产出和通货膨胀的当期值视为变量）是该规则诸多变化形式中的一种。在这一章有许多重要的问题我们都没有介绍。比如什么是 a 和 b 的最优值？为了求解这个最优值我们将使用什么损失函数？有没有多重均衡，如果有，它们依赖于对规则中 a 和 b 的选择以及对产出和通货膨胀时期的选择吗？Carlstrom and Fuerst［24］，Clarida，Gali，and Gertler［24］和 Schmitt-Grohe and Uribe［73］为我们提供了有意义的讨论，这些文献研究了 Taylor 规则的稳定性以及规则中所使用变量的潜在重要性。

12.3 本章回顾

通过引入营运资本可以很方便地达到添加金融部门的目的。令全部工资都需要向金融中介借款作为营运资本去支付的假设可能是有些严格，并因此可能导致结果比较牵强。但是比起 CIA 模型来，它也算不上更严重，因为这个营运资本假设起的作用相当于加在生产上的 CIA 约束。企业需要充裕的资金去发放工资。再加上可直接向金融系统注入货币的政府，这个模型就能产生一个稳态的 Phillips 曲线，即货币增长和产出正相关。然而中央银行通常不直接向金融中介注入货币，传统货币政策通过市场操作来调节经济中的货币量。市场操作包含短期利率的调整，短期利率可以被看做是对金融中介借贷给企业营运资本的一种补贴。降低利率也就是减少金融中介必须向存款资金支付的利息成本。

引入营运资本也为模型带来了一些有趣的动态特征。货币增长冲击对重要实际变量的正效应加强了。虽然 Lucas 已经提醒我们当心经济学家随意编造的参数，但增加营运资本和货币冲击到一个模型中的确能够改善对真实经济中的时间序列的拟合程度。

Cooley and Quadrini［37］通过引入公开市场的货币政策和失业的搜寻理论（search theory）做出了一个很有趣的模型，模型得到了货币冲击下 Phillips 曲线类型的关系。虽然把搜寻理论的失业决策过程引进到一般均衡模型里面是一个颇具挑战性的任务，并且作者在这方面做得很出色，但是，造成 Phillips 曲线关系的并不是搜寻理论。该模型有一个负责持有政府债务同时也贷款给生产部门的银行系统。中央银行实行的公开市场操作把政府的债务换成了货币。银行只能把这些多余的钱贷款给生产部门，结果导致企业支付的利息率减少和产出的增加（接下来就是对劳动的需求增加）。隐藏在模型中的 Phillips 曲线的传导机制和本章这个结构简单了许多的模型原理完全一样。在他们的模型里，公开市场操作相当于对生产部门进行的补贴，这正是我们在营运资本模型里所做的。

一旦建立了一个货币政策对实际变量能产生正效应的经济模型，我们需要考虑的就是：什么是中央银行可以遵循的最优政策。我们考察了两个著名的货币规则：Taylor 规则和较早时期的 Friedman 规则。在讨论这两个规则的时候，我们假定政府有能力做出遵守已公布政策规则的承诺，而且也会信守诺言，不偏离这个规则。我们观察到这里使用的 Taylor 规则对“财政”货币冲击的反应较小，并可能减低这些冲击的效应。而这两种规则对技术冲击的反应很相似。

习题 12.1 建立一个带有金融中介的模型。金融中介为企业支付工资融资。这个经济中的工资是 Calvo 类型的黏性工资（如第 11 章）。增加黏性工资如何影响经济对技术冲击和货币增长冲击的反应？

习题 12.2 建立一个带有金融中介的模型。金融中介为企业支付工资融资，允许政府把货币注入一些给家庭，一些给金融中介，这里的随机变量为χ_t= [0，1]，用来衡量货币注入给家庭的部分份额。在定义其随机过程时必须要小心谨慎，因为它在自己的界限里面。加入更多的随机变量会怎样改变这个模型的动态性质？这个模型的变量对这类随机变量的脉冲响应是怎样的？

习题 12.3 比较在 Taylor 规则下，参数（a，b）=（1，0.1）或（a，b）=（0.1，1）的响应函数和本章研究的参数（a，b）=（0.5，0.5）的响应函数有何不同。这些不同参数的规则哪一个较好地最小化了产出和通货膨胀的方差总和？

第13章

小型开放经济模型

开放经济模型通常会包括国际资产，一般是无风险的一期债券。小型国家中的居民能够持有任意数量的该债券，却不会影响其利率或资产价格。这通常用来定义一个无论做任何决策都对国际价格不产生影响的小型国家。引入这种资产看上去是合理而且有用的，但这也增加了模型的难度。

模型难度的增加是由于套利的存在，它意味着两种资产的预期收益相同。在一个线性模型中，只有预期收益在起作用，因此到底持有哪种资产，只取决于预期收益。既然两种资产的收益相同，如果没有任何限制或成本的话，那么无法确定资产持有的比例。在本章第一节，我们将建立这样一个模型来阐明这个困境。

在资本中加入调整成本可以部分地解决套利问题。Schmitt-Grohé and Uribe［74］证明：在某些包含调整成本的条件下，加入一种国际资产会带来多重的稳态均衡。首先，在确定性的模型中，初始国际资产（或债务）的数量可能会决定其稳态的特征。例如，若一个国家有庞大的初始债务，那么稳态时，这个国家需要有经常账户的盈余以用于偿还债务的利息。若一个国家一开始就是国际净债权国，那么会有另一种的稳态。

在随机模型中，套利机会的存在，意味着预期国际利率将会等于预期国内利率，[1] 那么，技术冲击不会最终改变国内利率，但是会在国际市场上产生更多的额外储蓄或借款。例如，作为技术冲击的结果，一个国家的国际净资产可能服从随机游走。因为不同水平的国际资产意味着不同的非随机稳态，所以，这类模型不存在固定的稳态，我们也因此无法展开线性近似。

这个问题之所以严重，是因为我们只有在特定稳态的邻域内，才能够做对数线性动态模型的逼近。如果不能很好定义稳态的话，那么无论动态建模技术还是线性逼近技术都不能适用于开放经济模型中。

在本章，我们首先使用一个开放经济形式的简易 Hansen 劳动不可分模型来阐明国际资产和资本之间的这种非确定性（indetermincy）问题。在第二节我们加入资本调整成本来确定资本积累和国际储蓄。在第三节，我们允许国际利率成为一个国家的净国外负债或

---

① 在线性模型中这点总是正确的。但是，在风险规避也很重要的模型中，如果国内和国际（的冲击）服从不同的随机过程，那么国际和国内的利率可能会不同。

储蓄的函数，这样经济体会有单一的、确定性的稳态，从而我们得以围绕它开展动态学研究。其他求解这些非确定性的方法可以参见 Mendoza ［63］ 和 Uribe ［87］。最后，我们加入国内 CIA 货币和汇率到模型中，然后除了标准的国内技术冲击外，我们还对模型施加国内货币冲击以及对国外价格的冲击。

13.1 模型初步

本节构建基本模型，并阐明：套利机会的存在，使得两个资产具有相同的回报率，从而出现非确定性的问题。本节模型不包含货币，所以没有汇率的问题。

13.1.1 家庭

我们首先构建一个简单的无货币小型开放经济的标准 Hansen 模型。由于模型只含有一种货物并且不包括货币，因此也没有汇率。模型与一般 Hansen 模型的不同之处在于包含一个无风险债券的国际市场，其每期实际净收益都是 $r^f=1/\beta-1$，这里 β 是家庭的跨期贴现因子。

与不可分劳动的 Hansen 模型相同，总体为一单位的家庭个体选择序列 $\{c_t, h_t, k_{t+1}, b_t\}_{t=0}^{\infty}$ 的值以最大化

$$\max_{\{c_t, h_t, k_{t+1}, b_t\}} E_t \sum_{t=0}^{\infty} \beta^t [\ln c_t + Bh_t]$$

这里 c_t 是时期 t 的消费量，h_t 是时期 t 的平均劳动，

$$B=\frac{A\ln(1-h_0)}{h_0}$$

其中 $A>0$，当家庭被随机选取为提供劳动的家庭时，其按合同提供的不可分割的劳动数量为 $0<h_0<1$。比率 h_t^i/h_0 是家庭在时期提供劳动的概率。和前文相同，模型存在一个所有家庭都参加的保险市场，使得家庭的工资收入独立于其是否被选择参与了劳动，则家庭的预算约束是

$$b_t+k_{t+1}+c_t=w_t h_t+r_t k_t+(1-\delta)k_t+(1+r^f)b_{t-1}+\xi_t$$

这里 k_t 是家庭带到时期 t 的资本，r_t 是实际资本租金率，δ 是折旧率，w_t 是实际工资，ξ_t 是来自工资保险计划的一次性转移款项，b_t 是家庭在时期 t 结束时所持有的国际债券数量（如果是国际负债则取负值）。因为国际利率是常数，并且对于每个家庭想要借入货币的数量也没有明显的约束，那么就存在家庭试图从国际市场借入数量永久增长的货币的可能性。像往常一样，我们需要一个附加的约束来预防这个典型的 Ponzi 对策。我们能通过假定横截（限制的）条件来限制债务增长的速度

$$\lim_{t\to\infty}\frac{b_t}{(1+r^f)^t}=\lim_{t\to\infty}\beta^t b_t=0$$

即，国际债券或债务增长速度不能超过其极限的 $1/\beta$。第二个方程来自于上文 $r^f=1/\beta-1$ 的假定。如果国际利率偏离了 $1/\beta-1$，那么经济体中的消费就不能长久保持不变，称之为没有稳态。这个马上就可以在家庭最大化问题的一阶条件中看到。

拉格朗日问题写为

$$L=E_t\sum_{t=0}^{\infty}\beta^t\{\ln c_t+Bh_t+\lambda_t[w_t h_t+r_t k_t+(1-\delta)k_t+(1+r^f)b_{t-1}+\xi_t-b_t-k_{t+1}-c_t]\}$$

一阶条件是

$$\frac{\partial L}{\partial c_t}=\frac{1}{c_t}-\lambda_t=0$$

$$\frac{\partial L}{\partial c_t}=B+\lambda_t w_t=0$$

$$\frac{\partial L}{\partial k_{t+1}}=-\lambda_t+\beta E_t\lambda_{t+1}\ [r_{t+1}+(1-\delta)]=0$$

$$\frac{\partial L}{\partial b_t}=-\lambda_t+\beta E_t\lambda_{t+1}\ (1+r^f)=0$$

和

$$\lim_{t\to\infty}\frac{b_t}{(1+r^f)^t}=0$$

这些一阶条件和预算约束给出了来自于家庭决策过程的方程组

$$B=-\frac{w_t}{c_t}$$

$$\frac{1}{\beta c_t}=E_t\frac{1}{c_{t+1}}\ (1+r^f) \tag{13.1}$$

$$\frac{1}{\beta}=E_t\frac{c_t}{c_{t+1}}\ [r_{t+1}+(1-\delta)]$$

$$b_t+k_{t+1}+c_t=w_t h_t+r_t k_t+(1-\delta)\ k_t+(1+r^f)\ b_{t-1}+\xi_t$$

和

$$\lim_{t\to\infty}\frac{b_t}{(1+r^f)^t}=0$$

13.1.2 企业

生产函数形如

$$f(\lambda_t,\ k_t h_t)=\lambda_t k_t^{\theta} h_t^{1-\theta}$$

随机技术变量 λ_t 服从分布

$$\lambda_{t+1}=\gamma\lambda_t+\varepsilon_{t+1}$$

其中 $0<\lambda<1$，$\varepsilon_{t+1}>0$ 和 $E_t\varepsilon_{t+1}=1-\gamma$。这些假设意味着技术的非条件期望是1，即 $E\lambda_t=1$。假设要素市场是竞争的，我们得到实际工资和租金条件是

$$r_t=\theta\lambda_t k_t^{\theta-1}h_t^{1-\theta}$$

和

$$w_t=(1-\theta)\ \lambda_t k_t^{\theta}h_t^{-\theta}$$

13.1.3 均衡条件

由于总体为一个单位的所有家庭都是同质的，那么我们有均衡条件

$$C_t=c_t$$

$$K_t=k_t$$

$$H_t=h_t$$

和

$$B_t=b_t$$

13.1.4 稳态

在稳态时，技术冲击恒定等于1，并且实际变量不随时间变动。我们设置总量实际变量 $X_s=\bar{X}$（对所有 s 都成立），然后得到方程组

$$B=-\frac{\bar{w}}{\bar{C}} \tag{13.2}$$

$$\frac{1}{\beta}=1+r^{f} \tag{13.3}$$

$$\frac{1}{\beta}=\bar{r}+(1-\delta) \tag{13.4}$$

$$\bar{C}=\bar{w}\bar{H}+(\bar{r}-\delta)\bar{K}+r^{f}\bar{B} \tag{13.5}$$

$$\bar{r}=\theta\bar{K}^{\theta-1}\bar{H}^{1-\theta} \tag{13.6}$$

$$\bar{w}=(1-\theta)\bar{K}^{\theta}\bar{H}^{-\theta} \tag{13.7}$$

方程（13.3）是一阶条件（13.1）对应的稳态条件。如果它不成立，那么就得不到在消费的稳定条件 $C_t=C_{t+1}$，同时稳态也就不存在。注意几个容易混淆的地方：B 是一个系数，而 $\bar{B}$ 是外国债券或债务的稳态量；r^f 是国际利率，而 $\bar{r}$ 是资本实际回报率。这个方程组有六个未知数（$\bar{C}$，$\bar{K}$，$\bar{H}$，$\bar{w}$，$\bar{r}$ 和 $\bar{B}$）以及六个方程。选定常数 $\bar{B}$ 的取值是求解稳态的前提：$\bar{B}$ 的取值不同，对应的稳态就不同，因此各个变量的取值也不同。

如前所述，从方程（13.4）中我们得出

$$\bar{r}=\frac{1}{\beta}-(1-\delta)$$

从方程（13.6）和（13.7）得出

$$\bar{w}=(1-\theta)\left(\frac{\theta}{\bar{r}}\right)^{\frac{\theta}{1-\theta}}$$

从（13.2）得出

$$\bar{C}=-\frac{\bar{w}}{B}$$

因此从两个要素市场的方程（13.6）和（13.7）中得出

$$\bar{H}=\frac{(1-\theta)}{\theta}\frac{\bar{r}}{\bar{w}}\bar{K}$$

我们能使用总量形式的预算约束（13.5）得到

$$\left[\frac{\bar{r}}{\theta}-\delta\right]\bar{K}=\bar{C}-r^{f}\bar{B}$$

在最后一个方程中有趣的地方是，资本存量部分地取决于所持有的国际资产。在稳态中的资本存量，工作时间和产出（来自于生产函数）都是一个国家所持有的国际资产或负债的函数。因为效用是关于消费（而不是关于国际资产）和平均工作时间的函数，由于工作时间随 $\bar{B}$ 的下降而下降，那么在稳态中的效用同样是所持有的国际资产 $\bar{B}$ 的一个增函数。

刚才我们试图说明的就是本章导言中的第一个陈述：存在无数多个稳态均衡。因为所持有的国际资产可能具有任意的实际值，因此存在无限多的潜在稳态均衡，即，每一个潜在的 $\bar{B}$，都对应一组 $\bar{K}$，$\bar{H}$，$\bar{Y}$。有趣的是，$\bar{C}$，$\bar{r}$ 和 $\bar{w}$ 的稳态值却不依赖于初始持有的国际资产。

关于稳态的最后一点是：在这个模型中，一个国家中居民能够积累的国际债务数量有自然界限。由于劳动是不可分的，而且每个家庭供给 h_0 单位的劳动，因此在一个单位家庭的经济中可达到的最大劳动数量是 $\bar{H}=h_0$。将表达式

$$\bar{K}=\frac{\theta}{(1-\theta)}\frac{\bar{w}}{\bar{r}}\bar{H}$$

代入方程（13.5），消去资本，得

$$\bar{C}=\bar{w}\left[1+\frac{(\bar{r}-\delta)\ \theta}{(1-\theta)\ \bar{r}}\right]\bar{H}+r^f\bar{B}$$

在稳态中最大的国外负债水平（一个负数）是

$$\bar{B}=\frac{\bar{C}-\bar{w}\left[1+\frac{(\bar{r}-\delta)\ \theta}{(1-\theta)\ \bar{r}}\right]h_0}{r^f}$$

这里 $\bar{C}$，$\bar{w}$ 和 $\bar{r}$ 都有常数稳态值。对于我们的标准经济而言，最大负债（最小的 $\bar{B}$）是

$$\bar{B}=-1.6609$$

13.1.5 动态（对数线性）模型

刻画模型动态的方程组，以总量表达则是：

$$B=-\frac{w_t}{C_t}$$

$$\frac{1}{C_t}=E_t\frac{1}{C_{t+1}}$$

$$\frac{1}{\beta}=E_t\frac{C_t}{C_{t+1}}\ [r_{t+1}+(1-\delta)]$$

$$B_t+K_{t+1}+C_t=w_tH_t+r_tK_t+(1-\delta)\ K_t+(1+r^f)\ B_{t-1}$$

$$r_t=\theta\lambda_tK_t^{\theta-1}H_t^{1-\theta}$$

$$w_t=(1-\theta)\ \lambda_tK_t^{\theta}H_t^{-\theta}$$

和

$$\lim_{t\to\infty}\frac{B_t}{(1+r^f)^t}=0$$

这里随机技术冲击的过程是

$$\lambda_{t+1}=\gamma\lambda_t+\varepsilon_{t+1}$$

在第二个方程中，我们用 $1/\beta=1+r^f$ 做了简化。

把每一个变量 $X_t=\{C_t,\ H_t,\ K_t,\ r_t,\ w_t,\ B_t,\ \lambda_t\}$ 以 $\tilde{X}_t=\ln X_t-\ln\bar{X}$ 的形式写出，得到其对数线性形式

$$0=\tilde{C}_t-\tilde{w}_t$$

$$0=\tilde{C}_t-E_t\tilde{C}_{t+1}$$

$$0=\tilde{C}_t-E_t\tilde{C}_{t+1}+\beta\bar{r}E_t\tilde{r}_{t+1}$$

$$0=\bar{B}\tilde{B}_t+\bar{K}\tilde{K}_{t+1}+\bar{C}\tilde{C}_t-\bar{w}\bar{H}\tilde{w}_t-\bar{w}\bar{H}\tilde{H}_t$$

$$-\bar{r}\bar{K}\tilde{r}_t-[\bar{r}+(1-\delta)]\ \bar{K}\tilde{K}_t-(1+r^f)\ \bar{B}\tilde{B}_{t-1}$$

$$0=\tilde{\lambda}_t+(\theta-1)\ \tilde{K}_t+(1-\theta)\ \tilde{H}_t-\tilde{r}_t$$

$$0=\tilde{\lambda}_t+\theta\tilde{K}_t-\theta\tilde{H}_t-\tilde{w}_t$$

随机方程式

$$\tilde{\lambda}_{t+1}=\gamma\tilde{\lambda}_t+\mu_{t+1}$$

这里 $\mu_{t+1}=\varepsilon_{t+1}-(1-\gamma)$。

同上一章的求解方法一样，我们需要寻找一对线性政策函数来确定 $\tilde{K}_{t+1}$ 及 $\tilde{B}_t$ 和跳跃变量。但是，家庭的决策问题中并没有将这两个变量分开。模型的对数线性形式不能由相异的 $\tilde{B}_t$ 和 $\tilde{K}_{t+1}$ 值来求解。这两个变量的预期回报相同，时期的财富如何在债券和资本之间配置，我们无法在模型找到根据，要通过对对数线性形式的模型加以简化来进一步

说明。

首先，我们从模型中移除消费量 $\tilde{C}_t$，得到由5个方程组成的方程组

$$0=\tilde{w}_t-E_t\tilde{w}_{t+1}$$

$$0=\beta\bar{r}E_t\tilde{r}_{t+1}$$

$$0=\bar{B}\tilde{B}_t+\bar{K}\tilde{K}_{t+1}+\bar{C}\tilde{w}_t-\bar{w}\bar{H}\tilde{w}_t-\bar{w}\bar{H}\tilde{H}_t-\bar{r}\bar{K}\tilde{r}_t-[\bar{r}+(1-\delta)]\bar{K}\tilde{K}_t-(1+r^f)\bar{B}\tilde{B}_{t-1}$$

$$0=\tilde{\lambda}_t+(\theta-1)\tilde{K}_t+(1-\theta)\tilde{H}_t-\tilde{r}_t$$

$$0=\tilde{\lambda}_t+\theta\tilde{K}_t-\theta\tilde{H}_t-\tilde{w}_t$$

合并最后两个方程得

$$0=\tilde{\lambda}_t-\theta\tilde{r}_t+(\theta-1)\tilde{w}_t$$

和

$$\tilde{H}_t=\tilde{K}_t+\tilde{r}_t-\tilde{w}_t \tag{13.8}$$

因此我们能够从方程组中消除 $\tilde{H}_t$，然后得到由4个方程构成的方程组

$$0=\tilde{w}_t-E_t\tilde{w}_{t+1}$$

$$0=\beta\bar{r}E_t\tilde{r}_{t+1}$$

$$0=\bar{B}\tilde{B}_t+\bar{K}\tilde{K}_{t+1}+\bar{C}\tilde{w}_t-[\bar{w}\bar{H}+\bar{r}\bar{K}]\tilde{r}_t-[[\bar{r}+(1-\delta)]\bar{K}+\bar{w}\bar{H}]\tilde{K}_t-(1+r^f)\bar{B}\tilde{B}_{t-1}$$

$$0=\tilde{\lambda}_t-\theta\tilde{r}_t+(\theta-1)\tilde{w}_t$$

最后一行必须在每个时期都成立，这样我们能对它在第 t 期取期望并写成 $t+1$ 期的形式，得到

$$0=E_t\tilde{\lambda}_{t+1}-\theta E_t\tilde{r}_{t+1}+(\theta-1)E_t\tilde{w}_{t+1}$$

这里通过使用模型的第二行和关于 $\tilde{\lambda}_{t+1}$ 过程的方程得出

$$E_t\tilde{w}_{t+1}=\frac{\gamma}{(1-\theta)}\tilde{\lambda}_t$$

因此，从四方程模型中的第一个方程中得出

$$\tilde{w}_t=\frac{\gamma}{(1-\theta)}\tilde{\lambda}_t$$

通过使用最后一个方程我们得到

$$0=\tilde{\lambda}_t-\theta\tilde{r}_t+(\theta-1)\frac{\gamma}{(1-\theta)}\tilde{\lambda}_t$$

或是

$$\tilde{r}_t=\frac{(1-\gamma)}{\theta}\tilde{\lambda}_t$$

注意，工资、租金和消费量（因为消费量由工资决定）仅依赖于现行的技术冲击而不依赖于资本或债券。方程（13.8）给出

$$\tilde{H}_t=\tilde{K}_t+\left[\frac{(1-\gamma)}{\theta}-\frac{\gamma}{(1-\theta)}\right]\tilde{\lambda}_t$$

因此劳动依赖于资本（系数是1）和技术冲击。只有模型的第三个方程保持不变，代入上述结果，得到

$$\bar{B}\tilde{B}_t+\bar{K}\tilde{K}_{t+1}=[[\bar{r}+(1-\delta)]\bar{K}+\bar{w}\bar{H}]\tilde{K}_t+(1+r^f)\bar{B}\tilde{B}_{t-1}-\left[\frac{\gamma\bar{C}}{(1-\theta)}-\frac{(1-\gamma)[\bar{w}\bar{H}+\bar{r}\bar{K}]}{\theta}\right]\tilde{\lambda}_t \tag{13.9}$$

债券和下一期资本的加权和已经得到，但是模型没有告诉我们，它们分别是多少。因为债券和资本有相同的预期回报（这是因为模型暗含着 $E_t\tilde{r}_{t+1}=0$）。如公式所示，对数线性形式的模型是无法求解的：方程（13.9）表达的是两个控制变量 $\tilde{K}_{t+1}$ 和 $\tilde{B}_t$ 组合的单一政策

函数（注意方程右侧的所有变量都是状态变量）。

13.2 含有资本调整成本的模型

使得改变资本变得昂贵是解决上述模型中非确定性问题的一个非常普遍的方法。引入资本调整成本来改变资本和债券之间的回报率，我们就会得到另一个能够在对数线性形式的模型中分离债券和资本的条件。虽然这样一来又会有新的问题出现，但是我们需要首先研究一下，为什么在有资本和外国债券的开放经济模型中通常可能会包括资本调整成本。

对于每个家庭，改变它们的资本存量涉及的调整成本是

$$\frac{\kappa}{2}(k_{t+1}-k_t)^2$$

因此对资本存量调整得越快也会越昂贵。由于调整成本是对称的，因此减少资本和扩大资本的花费一样多。按照如上调整成本的表达，更新折旧资本不会产生调整成本。包含了调整成本的流量预算约束是

$$b_t+k_{t+1}+\frac{\kappa}{2}(k_{t+1}-k_t)^2+c_t=w_th_t+r_tk_t+(1-\delta)k_t+(1+r^f)b_{t-1}$$

拉格朗日问题写为

$$L=E_t\sum_{i=0}^{\infty}\beta^t\left[\ln c_t+Bh_t+\lambda_t\left[w_th_t+r_tk_t+(1-\delta)k_t+(1+r^f)b_{t-1}-b_t-k_{t+1}-\frac{\kappa}{2}(k_{t+1}-k_t)^2-c_t\right]\right]$$

拉格朗日方程的导数是

$$\frac{\partial L}{\partial c_t}=\frac{1}{c_t}-\lambda_t=0$$

$$\frac{\partial L}{\partial h_t}=B+\lambda_tw_t=0$$

$$\frac{\partial L}{\partial k_{t+1}}=-\lambda_t(1+\kappa(k_{t+1}-k_t))+\beta E_t\lambda_{t+1}[r_{t+1}+(1-\delta)+\kappa(k_{t+2}-k_{t+1})]=0$$

$$\frac{\partial L}{\partial b_t}=-\lambda_t+\beta E_t\lambda_{t+1}(1+r^f)=0$$

家庭的一阶条件（包括预算约束）是

$$B=-\frac{w_t}{c_t}$$

$$\frac{1}{c_t}=E_t\frac{1}{c_{t+1}}$$

$$\frac{1}{\beta}(1+\kappa(k_{t+1}-k_t))=E_t\frac{c_t}{c_{t+1}}[r_{t+1}+(1-\delta)+\kappa(k_{t+2}-k_{t+1})]$$

$$b_t+k_{t+1}+\frac{\kappa}{2}(k_{t+1}-k_t)^2+c_t=w_th_t+r_tk_t+(1-\delta)k_t+(1+r^f)b_{t-1}$$

完整模型包括上述四个方程以及如下两个要素市场方程，即要素的边际产品所决定的资本租金和劳动工资：

$$w_t=(1-\theta)\lambda_tK_t^{\theta}H_t^{-\theta}$$

$$r_t=\theta r_tK_t^{\theta-1}H_t^{1-\theta}$$

此模型的稳态与第一个模型完全一样，因为稳态时 $k_{t+1}=k_t$ 并且调整成本为零。把资本调整成本的组成部分去掉，那么这个模型的稳态形式与本章第一节的模型相同。

经过加总后第三个对数线性形式的方程是

$$0=\tilde{C}_t-E_t\tilde{C}_{t+1}+\beta\bar{r}E_t\tilde{r}_{t+1}+\beta\kappa\bar{K}E_t\tilde{K}_{t+2}-(1+\beta)\kappa\bar{K}\tilde{K}_{t+1}+\kappa\bar{K}\tilde{K}_t$$

完整的对数线性模型是

$$0=\tilde{C}_t-\tilde{w}_t$$

$$0=\tilde{C}_t-E_t\tilde{C}_{t+1}$$

$$0=\tilde{C}_t-E_t\tilde{C}_{t+1}+\beta\bar{r}E_t\tilde{r}_{t+1}+\beta\kappa\bar{K}E_t\tilde{K}_{t+2}-(1+\beta)\kappa\bar{K}\tilde{K}_{t+1}+\kappa\bar{K}\tilde{K}_t$$

$$0=\bar{B}\tilde{B}_t+\bar{K}\tilde{K}_{t+1}+\bar{C}\tilde{C}_t-\bar{w}\bar{H}\tilde{w}_t-\bar{w}\bar{H}\tilde{H}_t-\bar{r}\bar{K}\tilde{r}_t-[\bar{r}+(1-\delta)]\bar{K}\tilde{K}_t-(1+r^f)\bar{B}\tilde{B}_{t-1}$$

$$0=\tilde{\lambda}_t+(\theta-1)\tilde{K}_t+(1-\theta)\tilde{H}_t-\tilde{r}_t$$

$$0=\tilde{\lambda}_t+\theta\tilde{K}_t-\theta\tilde{H}_t-\tilde{w}_t$$

注意，由于调整成本在方程组的第四个方程（流量预算约束）中是完全的二次式，它们不会出现在对数线性化的方程中，因此也就没有调整成本的线性组成部分，同时我们使用的 Taylor 近似也忽略了二阶或高阶的组成部分。

首先，我们能够从模型中移除消费量 $\tilde{C}_t$ 然后得到

$$0=\tilde{w}_t-E_t\tilde{w}_{t+1}$$

$$0=\beta\bar{r}E_t\tilde{r}_{t+1}+\beta\kappa\bar{K}E_t\tilde{K}_{t+2}-(1+\beta)\kappa\bar{K}\tilde{K}_{t+1}+\kappa\bar{K}\tilde{K}_t$$

$$0=\bar{B}\tilde{B}_t+\bar{K}\tilde{K}_{t+1}+\bar{C}\tilde{w}_t-\bar{w}\bar{H}\tilde{w}_t-\bar{w}\bar{H}\tilde{H}_t-\bar{r}\bar{K}\tilde{r}_t-[\bar{r}+(1-\delta)]\bar{K}\tilde{K}_t-(1+r^f)\bar{B}\tilde{B}_{t-1}$$

$$0=\tilde{\lambda}_t+(\theta-1)\tilde{K}_t+(1-\theta)\tilde{H}_t-\tilde{r}_t$$

$$0=\tilde{\lambda}_t+\theta\tilde{K}_t-\theta\tilde{H}_t-\tilde{w}_t$$

最后两个方程能简化为

$$0=\tilde{\lambda}_t-\theta\tilde{r}_t+(\theta-1)\tilde{w}_t$$

和

$$\tilde{H}_t=\tilde{K}_t+\tilde{r}_t-\tilde{w}_t$$

用这两个式子中的第一个作为模型中的一个方程，使用第二个式子在模型中消除 $\tilde{H}_t$，模型的方程组简化为

$$0=\tilde{w}_t-E_t\tilde{w}_{t+1}$$

$$0=\beta\bar{r}E_t\tilde{r}_{t+1}+\beta\kappa\bar{K}E_t\tilde{K}_{t+2}-(1+\beta)\kappa\bar{K}\tilde{K}_{t+1}+\kappa\bar{K}\tilde{K}_t$$

$$0=\bar{B}\tilde{B}_t+\bar{K}\tilde{K}_{t+1}+\bar{C}\tilde{w}_t-\bar{w}\bar{H}\tilde{K}_t-[\bar{w}\bar{H}+\bar{r}\bar{K}]\tilde{r}_t-[\bar{r}+(1-\delta)]\bar{K}\tilde{K}_t-(1+r^f)\bar{B}\tilde{B}_{t-1}$$

$$0=\tilde{\lambda}_t-\theta\tilde{r}_t+(\theta-1)\tilde{w}_t$$

最后一个方程写成第 $t+1$ 期的期望形式是

$$\begin{aligned}0&=E_t\tilde{\lambda}_{t+1}-\theta E_t\tilde{r}_{t+1}+(\theta-1)E_t\tilde{w}_{t+1}\\&=\gamma\tilde{\lambda}_t-\theta E_t\tilde{r}_{t+1}+(\theta-1)E_t\tilde{w}_{t+1}\\&=\gamma\tilde{\lambda}_t-\theta E_t\tilde{r}_{t+1}+(\theta-1)\tilde{w}_t\end{aligned}$$

因此

$$E_t\tilde{r}_{t+1}=\frac{\gamma}{\theta}\tilde{\lambda}_t+\frac{(\theta-1)}{\theta}\tilde{w}_t$$

消去 $\tilde{r}$ 和 $E_t\tilde{r}_{t+1}$，方程组能被写为

$$0=\tilde{w}_t-E_t\tilde{w}_{t+1}$$

$$0=\beta\bar{r}\frac{\gamma}{\theta}\tilde{\lambda}_t+\beta\bar{r}\frac{(\theta-1)}{\theta}\tilde{w}_t+\beta\kappa\bar{K}E_t\tilde{K}_{t+2}-(1+\beta)\kappa\bar{K}\tilde{K}_{t+1}+\kappa\bar{K}\tilde{K}_t$$

$$0=\bar{B}\tilde{B}_t+\bar{K}\tilde{K}_{t+1}-\bar{w}\bar{H}\tilde{K}_t-\frac{[\bar{w}\bar{H}+\bar{r}\bar{K}]}{\theta}\tilde{\lambda}_t+\left[\bar{C}+\frac{(1-\theta)}{\theta}[\bar{w}\bar{H}+\bar{r}\bar{K}]\right]\tilde{w}_t-[\bar{r}+(1-\delta)]\bar{K}\tilde{K}_t-(1+r^f)\bar{B}\tilde{B}_{t-1}$$

我们现在从方程组中消除工资。定义

$$\xi\equiv\frac{\theta\kappa\bar{K}}{\beta\bar{r}(1-\theta)}$$

第二个方程能被写为

$$\tilde{w}_t=\frac{\gamma}{(1-\theta)}\tilde{\lambda}_t+\beta\xi E_t\tilde{K}_{t+2}-\xi(1+\beta)\tilde{K}_{t+1}+\xi\tilde{K}_t$$

这样应用两次，一旦在预期中，方程组的第一个方程就能写为

$$0=\frac{\gamma(1-\gamma)}{(1-\theta)}\tilde{\lambda}_t-\xi\left[\beta E_t\tilde{K}_{t+3}-(1+2\beta)E_t\tilde{K}_{t+2}+(2+\beta)\tilde{K}_{t+1}-\tilde{K}_t\right]\tag{13.10}$$

这样最后一个方程是

$$0=\bar{B}\tilde{B}_t-\left(\frac{(1-\gamma)}{\theta}[\bar{w}\bar{H}+\bar{r}\bar{K}]-\frac{\gamma\bar{C}}{(1-\theta)}\right)\tilde{\lambda}_t-\left(\left[\bar{C}+\frac{(1-\theta)}{\theta}[\bar{w}\bar{H}+\bar{r}\bar{K}]\right]\xi(1+\beta)-\bar{K}\right)\tilde{K}_{t+1}+$$
$$\left(\left[\bar{C}+\frac{(1-\theta)}{\theta}[\bar{w}\bar{H}+\bar{r}\bar{K}]\right]\xi-[\bar{r}+(1-\delta)\bar{K}]-\bar{w}\bar{H}\right)\tilde{K}_t+\xi\beta\left[\bar{C}+\frac{(1-\theta)}{\theta}[\bar{w}\bar{H}+\bar{r}\bar{K}]\right]$$
$$E_t\tilde{K}_{t+2}-(1+r^f)\bar{B}\tilde{B}_{t-1}\tag{13.11}$$

由于第一个方程只包含 K_s，这个由两个方程构成的方程组是递归的，我们能首先求出 $\tilde{K}_{t+1}$ 的方程，然后用这个 $\tilde{K}_{t+1}$ 来求解 $\tilde{B}_t$。

按着惯常的程序，我们寻找一对策略规则形式

$$\tilde{K}_{t+1}=P_{11}\tilde{K}_t+Q_1\tilde{\lambda}_t$$

和

$$\tilde{B}_t=P_{21}\tilde{K}_t+P_{22}\tilde{B}_{t-1}+Q_2\tilde{\lambda}_t$$

我们知道第一个方程能够在不知道 $\tilde{B}_{t-1}$ 情况下求解 $\tilde{K}_{t+1}$，因此肯定有 $P_{12}=0$。假定策略规则如此设定，我们能够把期望 $E_t\tilde{K}_{t+2}$ 写为

$$\begin{aligned}E_t\tilde{K}_{t+2}&=P_{11}\tilde{K}_{t+1}+Q_1E_t\tilde{\lambda}_{t+1}\\&=P_{11}[P_{11}K_t+Q_1\lambda_t]+Q_1\gamma\lambda_t\\&=(P_{11})^2\tilde{K}_t+Q_1(P_{11}+\gamma)\tilde{\lambda}_t\end{aligned}$$

用同样的方法我们可以写出

$$\begin{aligned}E_t\tilde{K}_{t+3}&=P_{11}E_t\tilde{K}_{t+2}+Q_1E_t\tilde{\lambda}_{t+2}\\&=P_{11}[P_{11}\tilde{K}_{t+1}+Q_1E_t\tilde{\lambda}_{t+1}]+Q_1\gamma E_t\tilde{\lambda}_{t+1}\\&=P_{11}[P_{11}[P_{11}\tilde{K}_t+Q_1\tilde{\lambda}_t]+Q_1\gamma\tilde{\lambda}_t]+Q_1\gamma^2\tilde{\lambda}_t\\&=(P_{11})^3\tilde{K}_t+Q_1((P_{11})^2+\gamma P_{11}+\gamma^2)\tilde{\lambda}_t\end{aligned}$$

把 $\tilde{K}_{t+1}$，$E_t\tilde{K}_{t+2}$，$E_t\tilde{K}_{t+3}$ 代入方程（13.10）然后我们得到

$$0=\frac{\gamma(1-\gamma)}{1-\theta}\tilde{\lambda}_t-\xi[\beta P_{11}^3-(1+2\beta)P_{11}^2+(2+\beta)P_{11}-1]\tilde{K}_t-\xi Q_1[\beta[P_{11}^2+\gamma P_{11}+\gamma^2]-(1+2\beta)(P_{11}+\gamma)+(2+\beta)]\tilde{\lambda}_t$$

为了使这个规则对于所有的 $\tilde{K}_t$ 和 $\tilde{\lambda}_t$ 值都适用，$\tilde{K}_t$ 的系数必须是零。我们能够通过下面方程求出 P_{11}

$$\beta P_{11}^3-(1+2\beta)P_{11}^2+(2+\beta)P_{11}-1=0\tag{13.12}$$

方程两侧 $\tilde{\lambda}_t$ 的系数必须相等，因此

$$\frac{\gamma(1-\gamma)}{1-\theta}=Q_1[\beta[P_{11}^2+\gamma P_{11}+\gamma^2]-(1+2\beta)(P_{11}+\gamma)+(2+\beta)]\tag{13.13}$$

通过方程（13.12）求解 P_{11} 的值是

$$P_{11}=1\text{，或 }P_{11}=\frac{1}{\beta}$$

并且对于方程（13.13）（分别使用不同的 P_{11} 值）来说，

$$Q_1=-\frac{\gamma}{\xi(1-\theta)(1-\beta\gamma)}\text{，或 }Q_1=-\frac{\gamma}{\xi(1-\theta)\beta(1-\gamma)}$$

当 $P_{11}=1/\beta$ 时，资本存量是发散的，因此我们舍掉这个解。通过使用随机游走的 $P_{11}=1$ 和在方程（13.11）中对应的 Q_1，我们能求出

$$P_{21}=\frac{[\bar{r}+(1-\delta)]\bar{K}+\bar{w}\bar{H}}{\bar{B}}$$

和

$$P_{22}=1+r^f$$

我们同样能够求解 Q_2，但是其表达式很复杂而且不是非常有启发性，所以不在这里报告。根据前文讨论过的稳定性原因，我们设定国际利率是 $1+r^f=1/\beta$，因此 $P_{22}=1/\beta$。

不幸的是，从上面求解结果可以看出，根据策略矩阵中的 P_{21}（以及这里没有报告的 Q_2），动态的方程组依赖于初始所持有的外国债券。更重要的是，资本策略矩阵的组成部分 P_{11} 遵循随机游走，外国债券的策略矩阵的组成部分 P_{22} 是发散的。因此，经济会远离那个借以展开对数线性近似的模型稳态。因为模型动态的线性近似仅在“稳定”状态的邻域内有效，当模型渐渐偏离初始的稳态时，它就无法使用了。

资本调整成本的引入使得我们能够求解经济的政策函数，但是我们使用的对数线性近似技术却失效了，因为经济会远离展开近似时所围绕的初始稳态。我们需要加上新的假设来使得这个开放模型能够“封闭”（close）：我们要设法让它有唯一的稳态。然后我们才能研究在稳态周围的动态特征。（译者注：此处的 close 是作者的一个俏皮话：模型的问题出在它是发散的，而发散的根源来自于其 open 特征；为了克服发散获得收敛，就需要在某种意义上放弃开放特征，此时作者使用了 close 这个双关语，关闭开放，也关闭了发散。）

13.3 开放经济的封闭化

改善这个模型的方法之一是：改变世界其他地方的人与这个小型国家居民互动的方式。封闭这个模型①意味着先设法找到单一的稳态均衡，然后在这个稳态周围研究其动态的对数线性近似。

13.3.1 利率和国家风险

假设有一个（不严格意义上的）国家风险（country risk）的概念，使得一个国家的居民在国际市场上支付的借款利率是一个国家总国际债务的增函数（类似地，居民在国际市场上得到的储蓄利率也是其总储蓄的减函数）。这个假说用如下简单的线性函数表达：

$$r_t^f=r^*-aB_t$$

这里 r_t^f 是在时期 t 的国际（外国）实际利率，a 是一个正的常数。负号的意思是当一个国家积累的外国负债增加，国际利率必须上涨。加入常数 r^* 保证了国际储蓄利率为正。因此利率是一个国家总借款或总储蓄的函数，而不是单一家庭的借款或储蓄的函数，因此它不改变家庭的一阶条件。当我们写这个模型的总量形式时，均衡条件里需要加上这个方程。我们用 $r_t^f=r^*-aB_t$ 来替代前文模型中的 r_t^f。

家庭的一阶条件与前文基本相同，只有方程

① 这个用法来自于 Schmitt-Grohé and Uribe [74]，指的是能够让一个开放经济模型获得唯一均衡的必要假设。

$$\frac{\partial L}{\partial b_t}=-\lambda_t+\beta E_t\lambda_{t+1}(1+r_t^f)=0$$

变为

$$\frac{\partial L}{\partial b_t}=-\lambda_t+\beta E_t\lambda_{t+1}(1+r^*-aB_t)=0$$

根据一阶条件得到刻画家庭行为的完整方程组（写为总量形式），现在是

$$B=-\frac{w_t}{C_t}$$

$$\frac{1}{C_t}=\beta E_t\frac{1}{C_{t+1}}(1+r^*-aB_t)$$

$$\frac{1}{\beta}(1+\kappa(K_{t+1}-K_t))=E_t\frac{C_t}{C_{t+1}}[r_{t+1}+(1-\delta)+\kappa(K_{t+2}-K_{t+1})]$$

$$B_t+K_{t+1}+C_t=w_tH_t+r_tK_t+(1-\delta)K_t-\frac{\kappa}{2}(K_{t+1}-K_t)^2+(1+r^*-aB_{t-1})B_{t-1}$$

在稳态时，$\bar{C}=C_t=C_{t+1}$，因此第二个方程是

$$\frac{1}{\bar{C}}=\beta\frac{1}{\bar{C}}(1+r^*-a\bar{B})$$

或是

$$\bar{B}=\frac{r^*+1-\dfrac{1}{\beta}}{a}$$

在稳态，持有外国债券（或者债务）的量正好为使付给（或者得到）国外的贷款（或者借款）的实际利率等于 $1/\beta$。为模型做标准赋值，并令 $a=0.01$ 和 $r^*=0.03$，则稳态由表 13—1 给出。在这个例子中，经济有净国际储蓄（净持有的外国债券）。基础国际利率 r^* 足够高会带来正的外国债券净持有，正的外国资产净持有又拉低国际资产的利率，因此在均衡时等于国内资本净回报。

表 13—1　　**具有 $a=0.01$ 和 $r^*=0.03$ 的稳态**

$\bar{K}$	$\bar{B}$	$\bar{C}$	$\bar{r}$	$\bar{w}$	$\bar{H}$	$\bar{Y}$
13.3934	1.9899	0.9187	0.0351	2.3706	0.3262	1.2084

表 13—2 给出对于同样的经济但是 $r^*=0$ 时的稳态。在这个例子中，经济有净国际借款。基础国际利率 r^* 足够低会带来净国际借款，在均衡时，会提升国际利率直至等于国内净资本回报率。

表 13—2　　**具有 $a=0.01$ 和 $r^*=0$ 的稳态**

$\bar{K}$	$\bar{B}$	$\bar{C}$	$\bar{r}$	$\bar{w}$	$\bar{H}$	$\bar{Y}$
12.8114	−1.0101	0.9187	0.0351	2.3706	0.3372	1.2491

13.3.2　动态形式

具有国家风险的完整模型的国际借款是

$$B=-\frac{w_t}{C_t}$$

$$\frac{1}{\beta}=E_t\frac{C_t}{C_{t+1}}(1+r^*-aB_t) \tag{13.14}$$

$$\frac{1}{\beta}\left(1+\kappa\left(K_{t+1}-K_t\right)\right)=E_t\frac{C_t}{C_{t+1}}\left[r_{t+1}+(1-\delta)+\kappa\left(K_{t+2}-K_{t+1}\right)\right]$$

$$B_t+K_{t+1}+C_t=w_tH_t+r_tK_t+(1-\delta)K_t-\frac{\kappa}{2}(K_{t+1}-K_t)^2+(1+r^*)B_{t-1}-aB_{t-1}^2 \tag{13.15}$$

$$r_t=\theta\lambda_tK_t^{\theta-1}H_t^{1-\theta}$$

$$w_t=(1-\theta)\lambda_tK_t^{\theta}H_t^{-\theta}$$

其对数线性模型同具有调整成本的对数线性模型的区别只在于方程（13.14）和（13.15）。这些方程现在是

$$0=\tilde{C}_t-E_t\tilde{C}_{t+1}-\beta a\bar{B}\tilde{B}_t$$

和

$$0=\bar{B}\tilde{B}_t+\bar{K}\tilde{K}_{t+1}+\bar{C}\tilde{C}_t-\bar{w}\bar{H}(\tilde{w}_t+\tilde{H}_t)-\bar{r}\bar{K}\tilde{r}_t-\frac{\bar{K}}{\beta}\tilde{K}_t-((1+r^*)\bar{B}-2a\bar{B}^2)\tilde{B}_{t-1}$$

前文说过，资本调整成本不出现在对数线性形式的流量预算约束中的原因是它们是完全的二次项，并且二次项的组成部分在线性化期间被消除。

完整的对数线性形式的模型有六个变量（$\tilde{K}_{t+1}$，$\tilde{B}_t$，$\tilde{C}_t$，$\tilde{r}_t$，$\tilde{w}$ 和 $\tilde{H}_t$），以及一个随机变量 $\tilde{\lambda}_t$，和方程

$$0=\tilde{C}_t-\tilde{w}_t$$

$$0=\tilde{C}_t-E_t\tilde{C}_{t+1}-\beta a\bar{B}\tilde{B}_t$$

$$0=\beta\bar{r}E_t\tilde{r}_{t+1}+\tilde{C}_t-E_t\tilde{C}_{t+1}+\beta\kappa\bar{K}E_t\tilde{K}_{t+2}-(1+\beta)\kappa\bar{K}\tilde{K}_{t+1}+\kappa\bar{K}\tilde{K}_t$$

$$0=\bar{B}\tilde{B}_t+\bar{K}\tilde{K}_{t+1}+\bar{C}\tilde{C}_t-\bar{w}\bar{H}(\tilde{w}_t+\tilde{H}_t)-\bar{r}\bar{K}\tilde{r}-\frac{\bar{K}}{\beta}\tilde{K}_t-((1+r^*)\bar{B}-2a\bar{B}^2)\tilde{B}_{t-1}$$

$$0=\tilde{\lambda}_t+(\theta-1)\tilde{K}_t+(1-\theta)\tilde{H}_t-\tilde{r}_t$$

$$0=\tilde{\lambda}_t+\theta\tilde{K}_t-\theta\tilde{H}_t-\tilde{w}_t$$

使 $x_t=[\tilde{K}_{t+1},\tilde{B}_t]'$ 是状态变量向量，$y_t=[\tilde{C}_t,\tilde{r}_t,\tilde{w}_t,\tilde{H}_t]'$ 是跳跃变量向量，$z_t=[\tilde{\lambda}_t]'$ 是唯一的随机变量。我们能把方程组写为

$$0=Ax_t+Bx_{t-1}+Cy_t+Dz_t$$

$$0=E_t[Fx_{t+1}+Gx_t+Hx_{t-1}+Jy_{t+1}+Ky_t+Lz_{t+1}+Mz_t]$$

$$z_{t+1}=Nz_t+\varepsilon_{t+1}$$

只有方程组的第二个和第三个方程包含预期形式的变量，这两个方程组成方程组的第二部分。

我们由标准系数以及 $a=0.01$ 和 $r^*=0.03$ 来求解这个模型的对数线性形式。因此在稳态，国家是一个净国际储蓄者。这里给出了线性政策函数的形式

$$x_{t+1}=Px_t+Qz_t$$

其中

$$p=\begin{bmatrix}0.9572 & 0.0072\\0.1419 & 0.8019\end{bmatrix}$$

和

$$Q=\begin{bmatrix}0.0797\\0.0606\end{bmatrix}$$

跳跃函数是

$$y_t=Rx_t+Sz_t$$

这里

$$R=\begin{bmatrix}0.3741 & 0.0933\\ -0.6650 & -0.1658\\ 0.3741 & 0.0933\\ -0.0391 & -0.2591\end{bmatrix}$$

和

$$S=\begin{bmatrix}0.7331\\ 1.4745\\ 0.7331\\ 0.7414\end{bmatrix}$$

图 13—1 给出了在技术上有 0.01 冲击的脉冲响应函数。

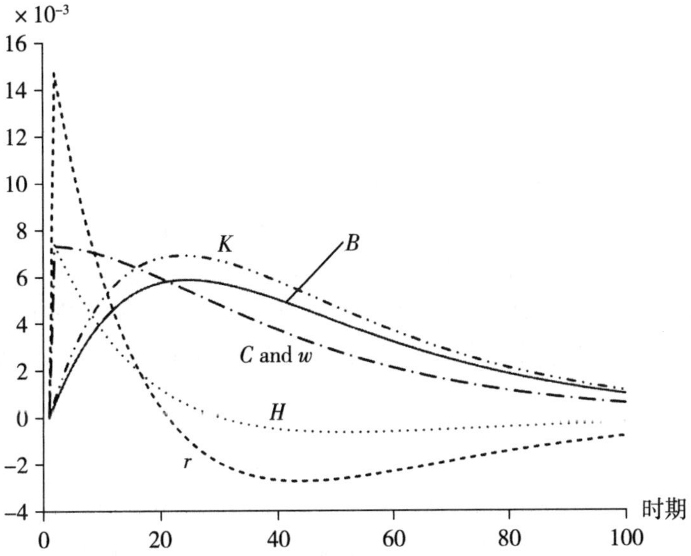

图 13—1　技术冲击的脉冲响应函数，$r^*=0.03$

当参数 $r^*=0$ 时，在稳态时国家是一个国际基金的净借款者，政策函数的矩阵 P 和 Q 是

$$P=\begin{bmatrix}0.9567 & -0.0036\\ -0.2718 & 0.8146\end{bmatrix}$$

和

$$Q=\begin{bmatrix}0.0759\\ -0.1357\end{bmatrix}$$

跳跃函数的矩阵 R 和 S 是

$$R=\begin{bmatrix}0.3853 & -0.0514\\ -0.6849 & 0.0914\\ 0.3853 & -0.0514\\ -0.0702 & 0.1429\end{bmatrix}$$

和

$$S=\begin{bmatrix}0.7518\\ 1.4413\\ 0.7518\\ 0.6895\end{bmatrix}$$

图 13—2 给出了 0.01 的技术冲击产生的脉冲响应函数。

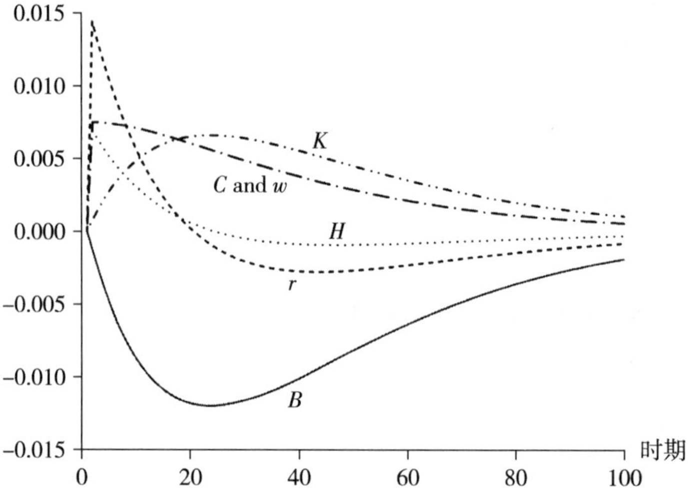

图 13—2　在技术冲击 $r^*=0$ 的脉冲响应函数

图 13—1 和图 13—2 中的脉冲响应函数的主要不同是国际储蓄或负债 $\tilde{B}_t$ 对于技术冲击的反应。对于图 13—1 所示的经济来说，在稳态时国际储蓄是正的，一个正的技术冲击引起储蓄暂时增加。生产率的增加使资本和国际储蓄都增加。对于图 13—2 的经济来说，在稳态时国际储蓄是负的（国家是净的借款者），标有 B_t 的脉冲响应函数下降是由于有正向技术冲击的原因。前文中，

$$\tilde{B}_t=\log\left(\frac{B_t}{\bar{B}}\right)$$

这里 $\bar{B}$ 和 B_t 都是负数（对于微小的技术冲击而言）。$\tilde{B}_t$ 的下降意味着 $B_t/\bar{B}$ 的比率下降。由于 $\bar{B}$ 是一个恒定的负数，这就是说 B_t 要成为一个绝对值更小的负数或者说是外国债务下降。当一个国家在稳态时是借款者时，正的技术冲击会引起国际储蓄的增加，而这在下降的国际借入中已经很明显了。无论在稳态时一个国家是净的借款者或出借人，正的技术冲击都会增加资本和国际储蓄。

我们也可以把开放经济的脉冲响应函数和相对应的封闭经济作对比。这一封闭经济是我们曾在第 6 章学习过的简单的 Hansen 不可分劳动经济。图 13—3 在一起的两个图表明的是两个经济的脉冲响应函数；左边的是 Hansen 封闭经济（图 6—6），右边的是同样的模型，但是有国际储蓄并且 $r^*=0.03$。两个经济都受到同样发生在第 2 期的 0.01 的技术冲击。就像图 13—3 所示那样，封闭经济比开放经济对技术变量的反应更大。开放经济通过在很多变量中使用国际资产来缓和冲击影响。虽然在开放经济中，短期消费量增加得更多，但是峰值比封闭经济高。在开放经济中，所有变量回到稳态时的值要更低。模型对于负向冲击的反应是完全对称的，因此所持有的国际资产能减少负面冲击所带来的作用。在这个模型中，国际资产作为一种冲击吸收器，能够使国内技术冲击收缩和减缓。如果国家是净国外借款者，脉冲响应也不会改变。

练习 13.1　求出一个“封闭”了的开放经济的政策函数和跳跃函数，这里国外利率是随机的：

$$r_t^f=r_t^*-aB_t$$

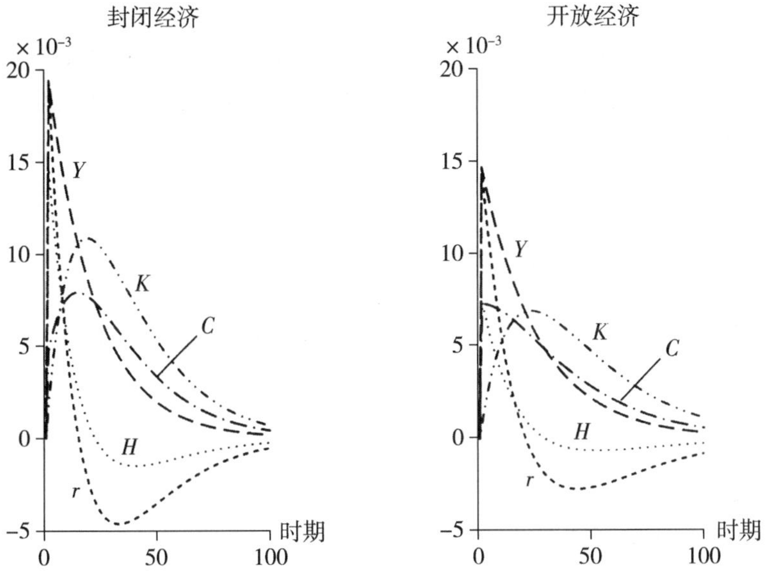

图 13—3 对于 0.01 技术冲击的反应

其中

$$r_t^* = (1-\gamma^r)\ r^* + \gamma^r r_{t-1}^* + \varepsilon_t^r$$

求出一个国外利率冲击带来的脉冲响应函数，在分析中，一个国家是净国外债务人会与它是净国外储蓄者有很大不同吗？

13.4 包含货币的“封闭”开放经济

我们在上面的模型中加入了国际资产，从而能研究国际资产或负债怎样影响模型的动态。另外，我们还可以通过简单地在国际利率规则里加入一些随机扰动来将国际利率随机化，这里就不再展开。但是，因为这里既没有货币也没有汇率，因此不能使用这些模型来研究货币冲击如何影响一个开放经济和汇率。在这一节中，我们在开放经济中加入国内和国外货币。这就意味着会有一个汇率，虽然只是简单的购买力平价汇率，但是也可以用于讨论国外价格冲击和国内货币冲击带来的动态影响。

在开放经济中加入货币意味着需要多考虑很多变量和约束。如果我们引入了国内货币，我们同样需要引入国外货币及其二者间的汇率。我们还需要能使每一期国际收支平衡的条件和确定汇率的规则。由于这是一个“封闭”了的开放经济，因此我们需要一些约束以使得稳态时国外债券的持有量得到界定。注意，在本模型中，我们令货币冲击通过货币转移直接进入家庭并且直接影响家庭的 CIA 约束。

13.4.1 开放经济条件

现在我们在一个具有资本调整成本的、其国外负债和债券的利率取决于国家的国外债务或财富水平的开放经济中加入货币。通过 CIA 约束引入国内货币来购买消费品以及购买外汇来用做支付国外债务和购买国外商品。国外债券用国外货币计价和支付利息（若持有的国外债券是负值，债务利息也以国外货币支付）。时期 t 的汇率 e_t 是单位国外货币的国内货币价格。在每一期有一个国外市场的出清条件是

$$B_t-(1+r_{t-1}^f)B_{t-1}=P_t^*X_t$$

这里 X_t 是货物总量的净出口，B_t 是在时期 t 结束时用国外货币来衡量的国外债券的名义数量，P_t^* 是货物的国外价格。国外利率是关于本国所持有的名义国外债券（负债）存量实际（国外）值的函数，

$$r_t^f=r^*-a\frac{B_t}{P_t^*}$$

为了避免模型太过于简单，我们假设国外价格水平遵循一个随机过程

$$P_t^*=1-\gamma^*+\gamma^*P_{t-1}^*+\varepsilon_t^*$$

这里 $E_{t-1}\varepsilon_t^*=0$ 并且 ε_t^* 在$-(1-\gamma^*)$周围上下波动。我们假定两国之间的购买力平价，因此汇率 e_t 由本国货币单位比国外货币单位来界定

$$e_t=\frac{P_t}{P_t^*}$$

13.4.2 家庭

在一个含 CIA 约束的劳动不可分经济中，家庭最大化

$$E_t\sum_{j=0}^{\infty}\beta^j[\ln c_{t+j}^i+Bh_{t+j}^i]$$

受限制于其预算约束。在时期 t，本国家庭 i 的 CIA 条件是

$$P_tc_t^i=m_{t-1}^i+(g_t-1)M_{t-1}$$

家庭能接收到一次性的货币转移或一次性的货币税。家庭 i 在时期 t 的流量预算约束是

$$c_t^i+\frac{m_t^i}{P_t}+\frac{e_tb_t^i}{P_t}+k_{t+1}^i=w_th_t^i+r_tk_t^i+(1-\delta)k_t^i-\frac{\kappa}{2}(k_{t+1}^i-k_t^i)^2+\frac{e_t(1+r_{t-1}^f)b_{t-1}^i}{P_t}+\frac{m_{t-1}^i+(g_t-1)M_{t-1}}{P_t}$$

这里，通过消除来自于 CIA 约束的元素，预算约束简化为

$$\frac{m_t^i}{P_t}+\frac{e_tb_t^i}{P_t}+k_{t+1}^i+\frac{\kappa}{2}(k_{t+1}^i-k_t^i)^2=w_th_t^i+r_tk_t^i+(1-\delta)k_t^i+\frac{e_t(1+r_{t-1}^f)b_{t-1}^i}{P_t}$$

其中的$\frac{\kappa}{2}(k_{t+1}^i-k_t^i)^2$ 是家庭为资本持有水平变化支付的资本调整成本。在每一期结束时，家庭的财富持有由国内货币、国外债券和实物资本组成。

在每个时期 t，家庭选择 c_t^i、k_{t+1}^i、b_t^i、m_t^i 和 h_t^i 来最大化受到预算约束的效用函数。来自于最大化值的一阶条件是

$$0=E_t\frac{e_t}{P_{t+1}c_{t+1}^i}-\beta E_t\frac{e_{t+1}(1+r_t^f)}{P_{t+2}c_{t+2}^i}$$

$$0=E_t\frac{P_t}{P_{t+1}c_{t+1}^i}[1+\kappa(k_{t+1}^i-k_t^i)]$$

$$-\beta E_t\frac{P_{t+1}}{P_{t+2}c_{t+2}^i}(r_{t+1}+(1-\delta)+\kappa(k_{t+2}^i-k_{t+1}^i))$$

$$0=\frac{B}{w_t}+\beta E_t\frac{P_t}{P_{t+1}c_{t+1}^i}$$

预算约束是

$$0=P_tc_t^i-m_{t-1}^i-(g_t-1)M_{t-1}$$

和

$$0=\frac{m_t^i}{P_t}+\frac{e_tb_t^i}{P_t}+k_{t+1}^i+\frac{\kappa}{2}(k_{t+1}^i-k_t^i)^2$$

$$-w_t h_t^i - r_t k_t^i - (1-\delta)\ k_t^i - \frac{e_t\ (1+r_{t-1}^f)\ b_{t-1}^i}{P_t}$$

13.4.3 企业

国内企业是完全竞争的，并且有标准的Cobb-Douglas生产函数

$$Y_t = \lambda_t K_t^{\theta} H_t^{1-\theta}$$

劳动市场的均衡条件是

$$w_t = (1-\theta)\ \lambda_t K_t^{\theta} H_t^{-\theta}$$

资本市场的均衡条件是

$$r_t = \theta \lambda_t K_t^{\theta-1} H_t^{1-\theta}$$

13.4.4 均衡条件

对于本国经济的总量资源约束是

$$\lambda_t K_t^{\theta} H_t^{1-\theta} = C_t + K_{t+1} - (1-\delta)\ K_t + X_t$$

国内产出能被用做消费、国内净资本积累（投资）或净出口。由于家庭的总量预算约束、CIA约束和贸易支付差额中已包含了国内产出，因此这并不是一个新约束。由于总体为一个单位数量的家庭个体都是同一的，因此我们有加总条件

$$C_t = c_t^i$$

$$M_t = m_t^i$$

$$B_t = b_t^i$$

$$H_t = h_t^i$$

和

$$K_{t+1} = k_{t+1}^i$$

另外，货币供给遵循的规则是

$$M_t = g_t M_{t-1}$$

13.4.5 完整模型

完整模型包含11个变量C_t、K_{t+1}、H_t、M_t、B_t、P_t、e_t、r_t、w_t、r_t^f和X_t，以及随机过程P_t^*、λ_t和g_t。完整模型的11个方程组写成总量形式是

$$0 = E_t \frac{e_t}{P_{t+1} C_{t+1}} - \beta E_t \frac{e_{t+1}\ (1+r_t^f)}{P_{t+2} C_{t+2}}$$

$$0 = E_t \frac{P_t}{P_{t+1} C_t} [1+\kappa\ (K_{t+1}-K_t)]$$

$$-\beta E_t \frac{P_{t+1}}{P_{t+2} C_{t+2}}\ (r_{t+1} + (1-\delta)\ +\kappa\ (K_{t+2}-K_{t+1}))$$

$$0 = \frac{B}{w_t} + \beta E_t \frac{P_t}{P_{t+1} C_{t+1}}$$

$$0 = P_t C_t - M_t$$

$$0 = \frac{M_t}{P_t} + \frac{e_t B_t}{P_t} + K_{t+1} + \frac{\kappa}{2}(K_{t+1}-K_t)^2$$

$$-w_t H_t - r_t K_t - (1-\delta)\ K_t - \frac{e_t\ (1+r_{t-1}^f)\ B_{t-1}}{P_t}$$

$$0 = w_t - (1-\theta)\ \lambda_t K_t^{\theta} H_t^{-\theta}$$

$$0 = r_t - \theta \lambda_t K_t^{\theta-1} H_t^{1-\theta}$$

$$0 = B_t - (1+r_{t-1}^f)\ B_{t-1} - P_t^* X_t$$

$$0=r_t^f-r^*+a\frac{B_t}{P_t^*}$$

$$0=e_t-\frac{P_t}{P_t^*}$$

$$0=M_t-g_tM_{t-1}$$

另外有三个方程来定义随机过程中的 P_t^* 、λ_t 和 g_t。

13.4.6 稳态

定义 $\pi=P_{t+1+j}/P_{t+j}$是稳态的通货膨胀率。像往常一样，假设货币有常数增长率 $\bar{g}$，在稳态时，经济里的实际变量保持不变，名义变量的比率保持不变。国外价格水平遵循一个随机过程，

$$P_t^*=1-\gamma^*+\gamma^*P_{t-1}^*+\varepsilon_t^*$$

因此，在稳态中，外国价格水平是 $\bar{P}^*=1$。通过使用完整模型，稳态的一些条件是

$$\pi=\beta(1+\bar{r}^f)\frac{e_{t+1}}{e_t} \quad (13.16)$$

$$\frac{1}{\beta}=(\bar{r}+(1-\delta))$$

$$-B\pi\bar{C}=\beta\bar{w} \quad (13.17)$$

$$\bar{C}=\overline{M/P}$$

$$\overline{M/P}+\frac{e_t\bar{B}}{P_t}=\bar{w}\bar{H}+(\bar{r}-\delta)\bar{K}+\frac{e_t(1+\bar{r}^f)\bar{B}}{P_t} \quad (13.18)$$

$$\bar{w}=(1-\theta)\bar{K}^{\theta}\bar{H}^{-\theta} \quad (13.19)$$

$$\bar{r}=\theta\bar{K}^{\theta-1}\bar{H}^{1-\theta} \quad (13.20)$$

$$-\bar{r}^f\bar{B}=\bar{X} \quad (13.21)$$

$$\bar{r}^f=r^*-a\bar{B} \quad (13.22)$$

$$\frac{e_t}{P_t}=1 \quad (13.23)$$

$$M_t=\bar{g}M_{t-1} \quad (13.24)$$

进一步简化这些条件能够把模型所有变量的稳态值表达成模型参数的函数。注意，由于我们正在处理稳态，所以基于资本中的变化的资本调整成本不会出现在上述方程中。

通过使用方程（13.23），方程（13.16）成为

$$\pi=\beta(1+\bar{r}^f)\frac{P_{t+1}}{P_t}=\beta(1+\bar{r}^f)\pi$$

因此

$$\bar{r}^f=\frac{1}{\beta}-1$$

则方程（13.22）决定了持有国外债券（负债）的稳态值

$$\bar{B}=\frac{r^*+1-\frac{1}{\beta}}{a}$$

并且 $\bar{X}$ 能从方程（13.21）中求出

$$\bar{X}=-\bar{r}^f\bar{B}=\frac{(1-\beta)^2-(1-\beta)\beta r^*}{a\beta^2}$$

由于 $\bar{r}$ 已经给定，就像以前的稳态一样，由竞争要素市场条件（方程（13.19）和

(13.20)）得

$$\bar{w}=(1-\theta)\left(\frac{\theta}{\bar{r}}\right)^{\frac{\theta}{1-\theta}}$$

方程（13.17）给我们稳态的消费量是

$$\bar{C}=\frac{\beta\bar{w}}{-B\pi}$$

这里使用方程（13.24）来求出总通货膨胀率的稳态条件 $\pi=\bar{g}$，此外由

$$M_t=\bar{g}M_{t-1}$$

$$\frac{M_t}{P_t}=\bar{g}\frac{M_{t-1}}{P_t}\frac{P_{t-1}}{P_{t-1}}=\bar{g}\frac{M_{t-1}}{P_{t-1}}\frac{P_{t-1}}{P_t}$$

得到

$$\overline{M/P}=\frac{\bar{g}\,\overline{M/P}}{\pi}$$

为了求出 $\bar{K}$，我们应用方程（13.18）得到

$$\overline{M/P}=\bar{w}\bar{H}+(\bar{r}-\delta)\bar{K}+\bar{r}^f\bar{B}$$

代入要素市场条件

$$\bar{H}=\frac{\bar{r}(1-\theta)}{\bar{w}\theta}\bar{K}$$

得到

$$\bar{K}=\frac{\theta(M/P-\bar{r}^f\bar{B})}{\bar{r}-\theta\delta}$$

对于标准经济来说，就所有情况而言稳态值是 $\bar{r}=0.0351$，$\bar{w}=2.3706$ 和 $\bar{r}^f=0.0101$。其他变量的值如表 13—3 所示。

表 13—3　　**具有货币的开放经济的稳态值**

	$\bar{C}$	$\bar{K}$	$\bar{B}$	$\bar{H}$	$\bar{Y}$	$\bar{X}$
$r^*=0.03$ $\bar{g}=1$	0.9095	12.2667	1.9899	0.3229	1.1960	−0.0201
$r^*=0.03$ $\bar{g}=1.19$	0.7643	10.2639	1.9899	0.2702	1.0008	−0.0201
$r^*=0.00$ $\bar{g}=1$	0.9095	12.6847	−1.0101	0.3339	1.2368	0.0102
$r^*=0.00$ $\bar{g}=1.19$	0.7643	10.6819	−1.0101	0.2812	1.0415	0.0102

注意，就像包含对家庭货币转移的基本 CIA 货币模型一样，稳态时的货币增长越快，稳态的消费量和产量越低。在稳态时，净外国负债或储蓄不会改变消费量，但是会改变持有的资本和在每一期参加工作的人口数量。有外国负债的国家需要有更高的产量、资本和就业才能够满足支付的利率并维持消费量。

13.4.7 完整模型的对数线性形式

现在使用我们已经熟悉了的 Uhlig 方法，求解在上一节中建立的模型，围绕其稳态寻找模型动态的对数线性方程。我们定义变量对数差 $\tilde{Z}=\ln Z_t-\ln \bar{Z}$。模型的变量是 $\tilde{K}_{t+1}$、$\tilde{M}_t$、$\tilde{P}_t$、$\tilde{B}_t$、$\tilde{r}_t^f$、$\tilde{C}_t$、$\tilde{r}_t$、$\tilde{w}_t$、$\tilde{H}_t$、$\tilde{e}_t$ 和 $\tilde{X}_t$。变量 $\tilde{\lambda}_t$、$\tilde{g}_t$ 和 $\tilde{P}_t^*$ 遵循独立的随机过程。则完整模型的对数线性形式是：

$$0=\tilde{e}_t-E_t\tilde{e}_{t+1}-E_t\tilde{P}_{t+1}+E_t\tilde{P}_{t+2}-E_t\tilde{C}_{t+1}+E_t\tilde{C}_{t+2}-\beta\bar{r}^f\tilde{r}^f \tag{13.25}$$

$$0=\tilde{P}_t-2E_t\tilde{P}_{t+1}+E_t\tilde{P}_{t+2}-E_t\tilde{C}_{t+1}+E_t\tilde{C}_{t+2} \tag{13.26}$$

$$-\kappa\bar{K}\tilde{K}_t+（1+\beta）\kappa\bar{K}\tilde{K}_{t+1}-\beta E_t\kappa\bar{K}\tilde{K}_{t+2}-\beta E_t\bar{r}\tilde{r}_{t+1}$$

$$0=\tilde{w}_t+\tilde{P}_t-E_t\tilde{P}_{t+1}-E_t\tilde{C}_{t+1}$$

$$0=\tilde{P}_t+\tilde{C}_t-\tilde{M}_t \tag{13.27}$$

$$0=\overline{M/P}\tilde{M}_t-[\overline{M/P}-\bar{B}\bar{r}^f]\tilde{P}_t+\bar{B}\tilde{B}_t+\bar{K}\tilde{K}_{t+1}-\bar{w}\bar{H}\tilde{w}_t-\bar{w}\bar{H}\tilde{H}_t$$

$$-\bar{r}\bar{K}\tilde{r}_t-[\bar{r}+（1-\delta）]\bar{K}\tilde{K}_t-\bar{B}\bar{r}^f\tilde{e}_t-\bar{B}\bar{r}^f\tilde{r}_{t-1}-\bar{B}（1+\bar{r}^f）\tilde{B}_{t-1}$$

$$0=\tilde{w}_t-\tilde{\lambda}_t-\theta\tilde{K}_t+\theta\tilde{H}_t$$

$$0=\tilde{r}_t-\tilde{\lambda}_t+（1-\theta）\tilde{K}_t-（1-\theta）\tilde{H}_t$$

$$0=\bar{B}\tilde{B}_t-（1+\bar{r}^f）\bar{B}\tilde{B}_{t-1}-\bar{r}^f\bar{B}\tilde{r}^f_{t-1}-\bar{X}\tilde{P}_t^*-\bar{X}\tilde{X}_t$$

$$0=\bar{r}^f\tilde{r}_t^f+a\bar{B}\tilde{B}_t-a\bar{B}\tilde{P}_t^*$$

$$0=\tilde{e}_t-\tilde{P}_t+\tilde{P}_t^*$$

$$0=\tilde{M}_t-\tilde{g}_t-\tilde{M}_{t-1} \tag{13.28}$$

三个随机过程的对数线性形式是

$$\tilde{\lambda}_t=\gamma^{\lambda}\tilde{\lambda}_{t-1}+\varepsilon_t^{\lambda}$$

$$\tilde{g}_t=\gamma^{g}\tilde{g}_{t-1}+\varepsilon_t^{g}$$

和

$$\tilde{P}_t^*=\gamma^*\tilde{P}_{t-1}^*+\varepsilon_t^*$$

前两个方程（方程（13.25）和（13.26））使我们的求解出现了困难。我们所使用的方法只能处理变量提前一期的情形（one-period leads on variables），但是这些方程包含了变量 $E_t\tilde{P}_{t+2}$ 和 $E_t\tilde{C}_{t+2}$，尽管两个变量总是出现在同一个和式中：$E_t\tilde{P}_{t+2}+E_t\tilde{C}_{t+2}$。应用方程（13.27）和（13.28），和式能够被写为

$$\begin{aligned}E_t\tilde{P}_{t+2}+E_t\tilde{C}_{t+2}&=E_t\tilde{M}_{t+2}=E_t\tilde{g}_{t+2}+E_t\tilde{M}_{t+1}\\&=\gamma^g E_t\tilde{g}_{t+1}+E_t\tilde{M}_{t+1}\end{aligned}$$

代入这个结果，方程（13.25）和（13.26）能被写为

$$0=\tilde{e}_t-E_t\tilde{e}_{t+1}-E_t\tilde{P}_{t+1}-E_t\tilde{C}_{t+1}-\beta\bar{r}^f\tilde{r}^f+\gamma^g E_t\tilde{g}_{t+1}+E_t\tilde{M}_{t+1} \tag{13.29}$$

$$0=\tilde{P}_t-2E_t\tilde{P}_{t+1}-E_t\tilde{C}_{t+1}+\gamma^g E_t\tilde{g}_{t+1}+E_t\tilde{M}_{t+1}-\kappa\bar{K}\tilde{K}_t+（1+\beta）\kappa\bar{K}\tilde{K}_{t+1}-\beta E_t\kappa\bar{K}\tilde{K}_{t+2}-\beta E_t\bar{r}\tilde{r}_{t+1} \tag{13.30}$$

在这个形式中，模型已经完全地由时期变量 $t-1$、t 和 $t+1$ 写出，因此我们的标准求解技术就可以使用了。

令 $x_t=[\tilde{K}_{t+1},\tilde{M}_t,\tilde{P}_t,\tilde{B}_t,\tilde{r}_t^f]'$ 是五个状态变量的向量，$y_t=[\tilde{C}_t,\tilde{r}_t,\tilde{w}_t,\tilde{H}_t,\tilde{e}_t,\tilde{X}_t]'$ 是六个跳跃变量的向量，$z_t=[\tilde{\lambda}_t,\tilde{g}_t,\tilde{P}_t^*]'$ 是三个随机变量。我们能够把方程组写为

$$0=Ax_t+Bx_{t-1}Cy_t+Dz_t$$

$$0=E_t[Fx_{t+1}+Gx_t+Hx_{t-1}+Jy_{t+1}+Ky_t+Lz_{t+1}+Mz_t]$$

$$z_{t+1}=Nz_t+\varepsilon_{t+1}$$

其中

$$A=\begin{bmatrix}0 & -1 & 1 & 0 & 0\\ \bar{K} & \overline{M/P} & -\overline{M/P}+\bar{B}\bar{r}^{f} & \bar{B} & 0\\ 0 & 0 & 0 & 0 & 0\\ 0 & 0 & 0 & 0 & 0\\ 0 & 0 & 0 & \bar{B} & 0\\ 0 & 0 & -1 & 0 & 0\end{bmatrix}$$

$$B=\begin{bmatrix}0 & 0 & 0 & 0 & 0\\ -[\bar{r}+1-\delta]\bar{K} & 0 & 0 & -(1+\bar{r}^{f})\bar{B} & -\bar{B}\bar{r}^{f}\\ -\theta & 0 & 0 & 0 & 0\\ 1-\theta & 0 & 0 & 0 & 0\\ 0 & 0 & 0 & -(1+\bar{r}^{f})\bar{B} & -\bar{B}\bar{r}^{f}\\ 0 & 0 & 0 & 0 & 0\end{bmatrix}$$

$$C=\begin{bmatrix}1 & 0 & 0 & 0 & 0 & 0\\ 0 & -\bar{r}\bar{K} & -\bar{w}\bar{H} & -\bar{w}\bar{H} & -\bar{B}\bar{r}^{f} & 0\\ 0 & 0 & 1 & \theta & 0 & 0\\ 0 & 1 & 0 & -(1-\theta) & 0 & 0\\ 0 & 0 & 0 & 0 & 0 & -\bar{X}\\ 0 & 0 & 0 & 0 & 1 & 0\end{bmatrix}$$

$$D=\begin{bmatrix}0 & 0 & 0\\ 0 & 0 & 0\\ -1 & 0 & 0\\ -1 & 0 & 0\\ 0 & 0 & -\bar{X}\\ 0 & 0 & 1\end{bmatrix}$$

$$F=\begin{bmatrix}0 & 1 & -1 & 0 & 0\\ -\beta\kappa\bar{K} & 1 & -2 & 0 & 0\\ 0 & 0 & -1 & 0 & 0\\ 0 & 0 & 0 & 0 & 0\\ 0 & 0 & 0 & 0 & 0\end{bmatrix}$$

$$G=\begin{bmatrix}0 & 0 & 0 & 0 & -\beta\bar{r}^{f}\\ (1+\beta)\kappa\bar{K} & 0 & 1 & 0 & 0\\ 0 & 0 & 1 & 0 & 0\\ 0 & 0 & 0 & a\bar{B} & \bar{r}^{f}\\ 0 & 1 & 0 & 0 & 0\end{bmatrix}$$

$$H=\begin{bmatrix}0 & 0 & 0 & 0 & 0\\ -\kappa\bar{K} & 0 & 0 & 0 & 0\\ 0 & 0 & 0 & 0 & 0\\ 0 & 0 & 0 & 0 & 0\\ 0 & -1 & 0 & 0 & 0\end{bmatrix}$$

$$J=\begin{bmatrix}-1 & 0 & 0 & 0 & -1 & 0\\ -1 & -\beta\bar{r} & 0 & 0 & 0 & 0\\ -1 & 0 & 0 & 0 & 0 & 0\\ 0 & 0 & 0 & 0 & 0 & 0\\ 0 & 0 & 0 & 0 & 0 & 0\end{bmatrix}$$

$$K=\begin{bmatrix}0 & 0 & 0 & 0 & 1 & 0\\ 0 & 0 & 0 & 0 & 0 & 0\\ 0 & 0 & 1 & 0 & 0 & 0\\ 0 & 0 & 0 & 0 & 0 & 0\\ 0 & 0 & 0 & 0 & 0 & 0\end{bmatrix}$$

$$L=\begin{bmatrix}0 & \gamma^{g} & 0\\ 0 & \gamma^{g} & 0\\ 0 & 0 & 0\\ 0 & 0 & 0\\ 0 & 0 & 0\end{bmatrix}$$

$$M=\begin{bmatrix}0 & 0 & 0\\ 0 & 0 & 0\\ 0 & 0 & 0\\ 0 & 0 & -a\bar{B}\\ 0 & -1 & 0\end{bmatrix}$$

$$N=\begin{bmatrix}\gamma^{\lambda} & 0 & 0\\ 0 & \gamma^{g} & 0\\ 0 & 0 & \gamma^{*}\end{bmatrix}$$

政策函数和跳跃函数由以下形式组成

$$x_{t+1}=Px_t+Qz_t$$

和

$$y_t=Rx_t+Sz_t$$

对于有 $\bar{g}=1$ 和 $r^*=0.03$ 的经济来说，政策函数和跳跃函数的矩阵是

$$P=\begin{bmatrix}0.9852 & 0 & 0 & 0.0102 & 0.0001\\ 0 & 1 & 0 & 0 & 0\\ -0.3241 & 1 & 0 & -0.0919 & -0.0009\\ 0.0436 & 0 & 0 & 0.8068 & 0.0081\\ -0.0859 & 0 & 0 & -1.5894 & -0.0159\end{bmatrix}$$

$$Q=\begin{bmatrix}0.0586 & 0.0031 & -0.0735\\ 0 & 1 & 0\\ -0.7477 & 1.4201 & 0.4768\\ 0.1674 & 0.1408 & 1.1701\\ -0.3299 & -0.2774 & -2.3052\end{bmatrix}$$

$$R=\begin{bmatrix} 0.3241 & 0 & 0 & 0.0919 & 0.0009 \\ -0.5761 & 0 & 0 & -0.1634 & -0.0016 \\ 0.3241 & 0 & 0 & 0.0919 & 0.0009 \\ 0.0998 & 0 & 0 & -0.2552 & -0.0026 \\ -0.3241 & 1 & 0 & -0.0919 & -0.0009 \\ -4.3162 & 0 & 0 & 20.1257 & 0.2013 \end{bmatrix}$$

和

$$S=\begin{bmatrix} 0.7477 & -0.4201 & -0.4768 \\ 1.4485 & -0.0532 & 0.8476 \\ 0.7477 & -0.4201 & -0.4768 \\ 0.7009 & -0.0832 & 1.3244 \\ -0.7477 & 1.4201 & -0.5232 \\ -16.5774 & -13.9391 & -116.8437 \end{bmatrix}$$

矩阵 P 和 R 中与价格对应的列为零，这意味着价格不是真正的状态变量。货币仅影响它自己、国内价格和汇率。净出口的系数（矩阵 R 和 S 的最后一行）相当大，并且与国外储蓄或借款相比，净出口的稳态值相对较小。对所持有的外国资产作出相对较小的调整会引起净出口的对数差分相对较大变化。

当有稳态货币增长和通货膨胀取 $\bar{g}=1.19$ 时，政策函数和跳转函数与上文中的很接近，变化的只有 S_{32} 的系数——矩阵 S 中货币冲击作用于工资的系数。那个系数变成了 0.0279，这意味着一个货币冲击将会对工资有一个小的，但是为正的作用。

图 13—4 显示了在 $\bar{g}=1$ 和 $r^*=0.03$ 的经济中，面对 0.01 的技术冲击所产生的反应函数。将它与同样模型但没有货币的图 13—1 中的反应函数作对比。非常有趣的是，资本的反应变得更慢而且更平滑，而且所持有的外国债券量反应更快。其余的都很相似。

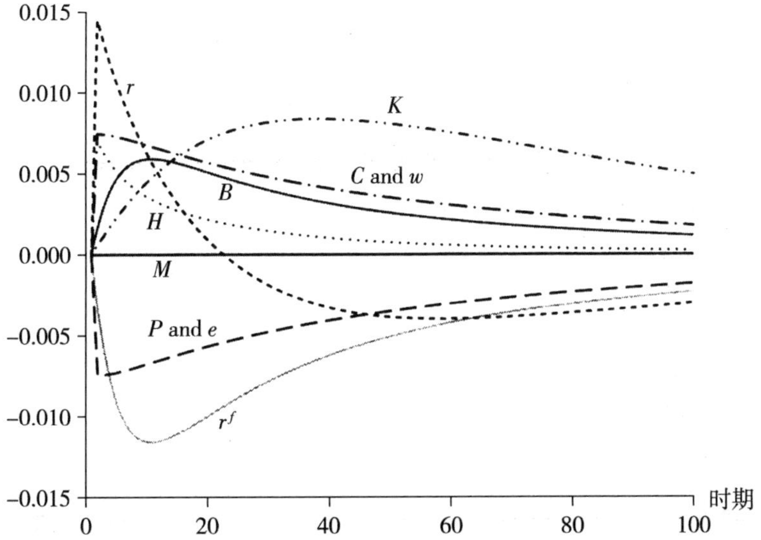

图 13—4　技术冲击的反应函数，$\bar{g}=1$，$r^*=0.03$

图 13—5 说明了在 $r^*=0.00$ 的经济中技术冲击的反应函数。这个图和图 13—4 非常

相似，只是对外国债券的反应函数现在和外国利率的反应函数相同。它们的反应只有在 $r^*=0.00$ 的特殊例子中才会相同。我们没有列示具有更高稳态通货膨胀的相似经济的反应函数，因为它们和这些函数非常相似。

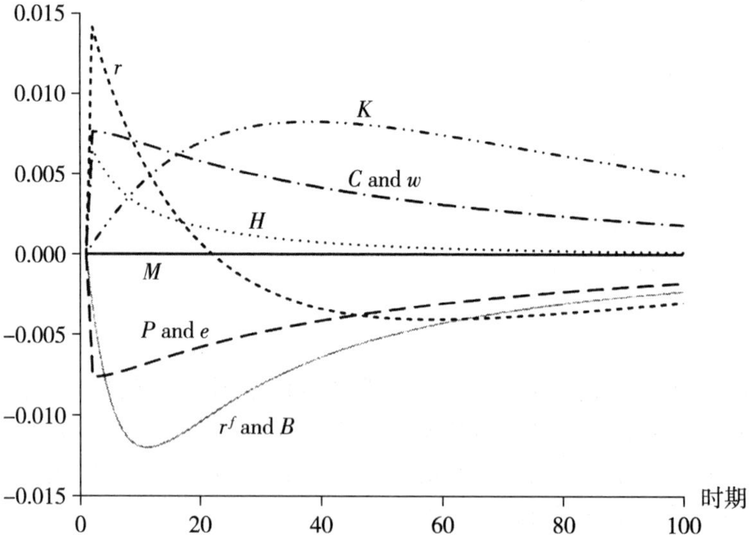

图 13—5　技术冲击的反应函数，$\bar{g}=1$，$r^*=0.00$

图 13—6 刻画了净国外储蓄的经济体对于货币冲击的脉冲响应函数，而图 13—7 表示的是净国外负债者的经济。图中省去了货币、价格和汇率的冲击。这些冲击都会收敛于一个相同的正值，且价格和汇率的收敛速度快于货币。这都与有稳态通货膨胀 $\bar{g}=1.19$ 的经济的反应函数非常相似。冲击衰减得更快，因此只有冲击后的前 50 期才被显示出来。

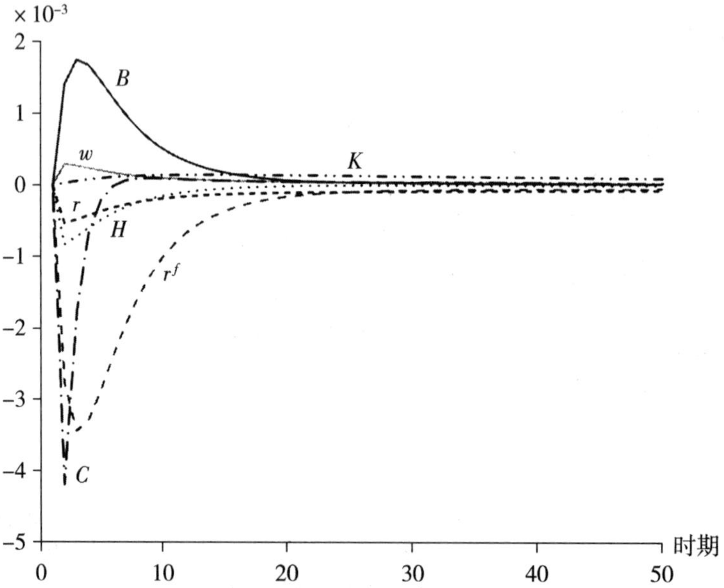

图 13—6　货币冲击的反应函数，$\bar{g}=1$，$r^*=0.03$

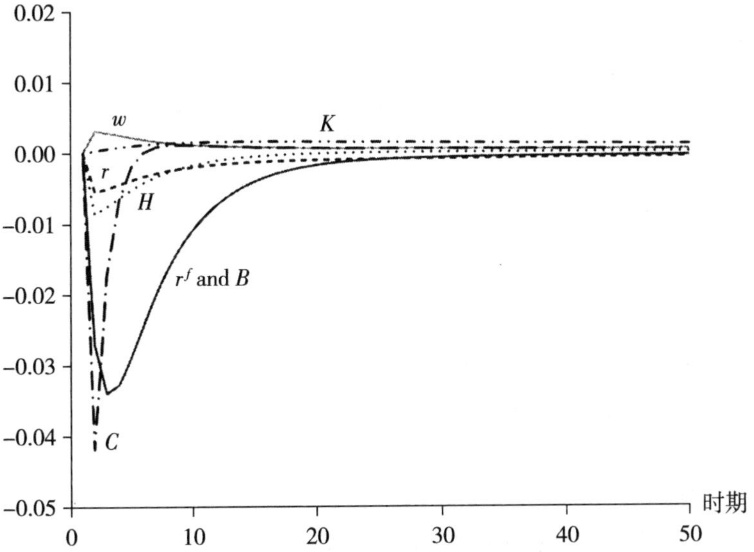

图 13—7　货币冲击的反应函数，$\bar{g}=1$，$r^*=0.00$

最后一个冲击是国外价格水平。图 13—8 表示的是净外国储蓄者的反应而图 13—9 表示的是净外国借款者。我们没有表示出相同经济体稳态货币增长的反应函数是因为它们和这些函数非常相似。由于冲击消退得非常快，并且很多反应函数很接近，因此为了图形显示清晰，我们只描绘出了前 25 期的图形。

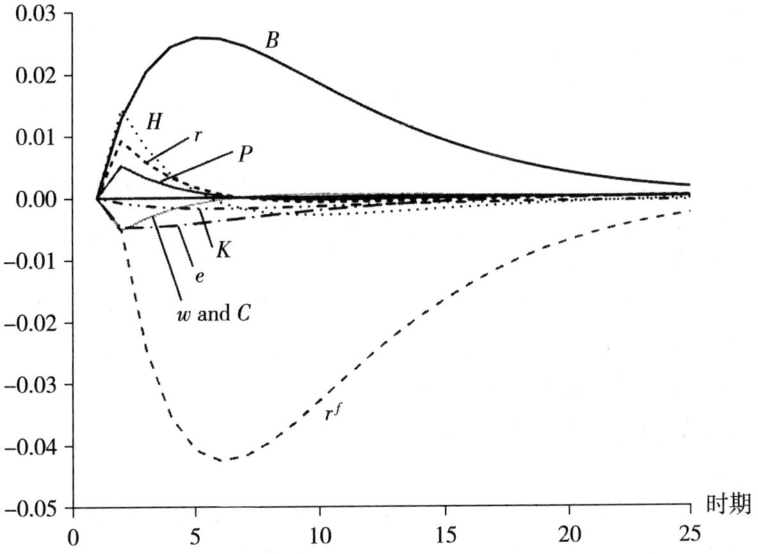

图 13—8　国外价格冲击的反应函数，$\bar{g}=1$，$r^*=0.03$

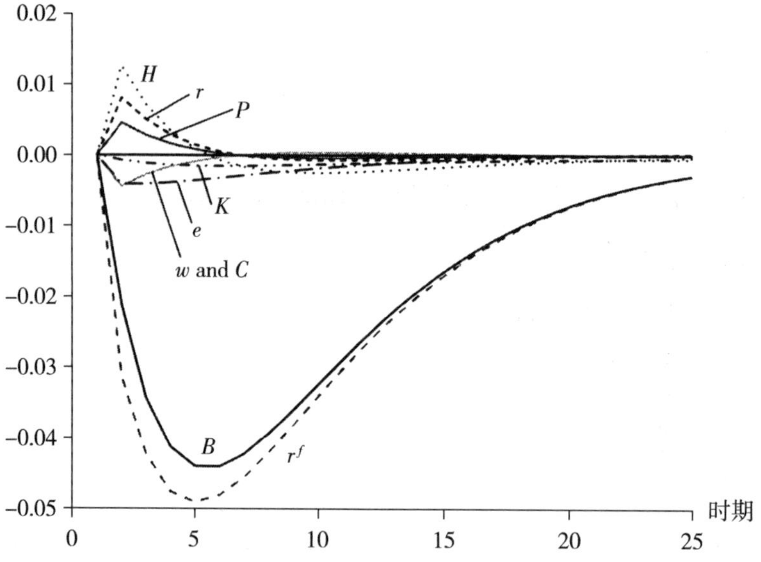

图 13—9　国外价格冲击的反应函数，$\bar{g}=1$，$r^*=0.00$

13.5　本章回顾

小型开放经济模型可能会存在非确定性问题，这是因为可供家庭选择的两种资产拥有相同的回报率。我们通过在模型中加入资本形成的调整成本，以及通过让国外利率成为国家持有净国外资产（负债）的函数来解决这个问题。非确定性问题可以被部分地归因于对模型的线性化使得在风险资产决策中常用的资产组合条件失效。可以想见，当经济体中的技术冲击很大时，资产组合的多样化需求可能会使得家庭持有大量低风险的国外资产（尤其是当国内外的风险不相关时）。研究这方面的模型还没有得到很好发展。Uribe［87］给出许多其他用于封闭开放经济模型的方法，本书所采用的方法可能更为读者喜欢。

一个开放经济，无论是否包含货币，都能为家庭提供对冲国内冲击从而平滑消费的途径。本章的模型体现出了这一点。但是，小型开放经济有时也会受到国际价格冲击以及国际资本流动的不利影响。例如如今已成为研究热点的被称为“sudden stops”的现象，就是指流入一个国家的国际资本的突然改变，可以参考 Arellano and Mendoza［3］，Calvo［20］，Chari，Kehoe and McGratten［26］，以及 Mendoza［64］。

习题 13.2　构建一个没有货币的小型开放经济，这里国外居民拥有一部分本国的资本存量。在这个国家中的国外资本遵循运动规律

$$K_{t+1}^{f}-(1-\delta)K_{t}^{f}=\varepsilon_{t}^{fk}$$

其中总资本等于 $K_{t+1}=K_{t+1}^{d}+K_{t+1}^{f}$，并且 K_{t+1}^{d} 是在国内积累起来的国内资本并且有调整成本。对外国资本的租金在每个时期都要输出。国内家庭能够在国内资本上投资或是在国外债券上投资。求出冲击 ε_{t}^{fk} 的响应函数。

参考文献

[1]Amato, Jeffery D. , and Thomas Laubach (2004) "Implications of Habit Formation for Optimal Monetary Policy," *Journal of Monetary Economics*,51,March, pp. 305–325.

[2] Anderson, Evan, Lars P. Hansen, Ellen R. McGrattan, Thomas J. Sargent (1996) "Mechanics of Forming and Estimating Dynamic Linear Economies," in *Handbook of Computational Economics*, H. M. Amman, D. A. Kendrick, and J. Rust, eds. , North-Holland, Amsterdam, pp. 171–252.

[3]Arellano, Cristina, and Enrique Mendoza (2003) "Credit Frictions and'Sudden Stops' in Small Open Economies: An Equilibrium Business Cycle Framework for Emerging Markets Crises," in *Dynamic Macroeconomic Analysis:Theory and Policy in General Equilibrium*, S. Altug, J. Chadha, and C. Nolan, eds. ,Cambridge University Press.

[4]Azariadis, Costas (1993) *Intertemporal Macroeconomics*, Blackwell Publishers,Oxford.

[5]Bailey, Martin (1956) "The Welfare Cost of Inflationary Finance," *Journal of Political Economy*, 64(2), p. 93–110.

[6] Barro, Robert, and Xavier Sala-i-Martin (2003) *Growth Theory*, 2nd edition, MIT Press, Cambridge, Mass.

[7]Bellman, R. (1957) *Dynamic Programming*, Princeton University Press, Princeton.

[8]Benveniste, L. , and Jose Scheinkman (1979) "On the Differentiability of the Value Function in Dynamic Models of Economics," *Econometrica*, 47, pp. 727–732.

[9]Bernanke, Ben, and Mark Gertler (1989) "Agency Costs, Net Worth, and Business Fluctuations," *American Economic Review*, 79, pp. 14–31.

[10] Bertsekas, Dimitri (2000) *Dynamic Programming and Optimal Control*, 2nd edition, Athena Scientific, Belmont, Mass.

[11] Bewley, Truman (1983) "A Difficulty with the Optimum Quantity of Money," *Econometrica*, 51(5), Sept. , pp. 1485–1504.

[12] Blake, Andrew, and Emilio Fernandez-Corugedo (2006) *Solving Rational Expectations Models: A Practical Approach Using Scilab*, CCBS, Handbooks in Central Banking, Bank of England.

[13] Blanchard, Olivier, and Stanley Fischer (1989) *Lectures on Macroeconomics*, MIT Press, Cambridge, Mass.

[14] Blanchard, Olivier, and Charles Kahn (1980) "The Solution of Linear Difference Models under Rational Expectations," *Econometrica*, 48(5), pp. 1305–1311.

[15] Boldrin, Michele, Lawrence J. Christiano, and Jonas D. M. Fisher (2001) "Habit

Persistence, Asset Returns, and the Business Cycle," *American Economic Review*, 91 (1), March, pp. 149–166.

[16] Breiman, Leo (1968) *Probability*, Addison-Wesley, Reading, Mass.

[17] Brock, William (1974) "Money and Growth: The Case of Long Run Perfect Foresight," *International Economic Review*, 15(3), Oct., pp. 750–777.

[18] Calvo, Guillermo (1978) "On the Time Consistency of Optimal Policy in a Monetary Economy", *Econometrica*, 46, pp. 1411–28.

[19] Calvo, Guillermo (1983) "Staggered Prices in a Utility-Maximizing Framework," *Journal of Monetary Economics*, 12, pp. 383–398.

[20] Calvo, Guillermo (2003) "Explaining Sudden Stops, Growth Collapse and BOP Crises: The Case of Distortionary Output Taxes," NBER Working Paper 9864.

[21] Canova, Fabio (2007) *Methods for Applied Macroeconomic Research*, Princeton University Press, Princeton.

[22] Carlstrom, Charles T. and Fuerst, Timothy S. (1995) "Interest Rate Rules vs. Money Growth Rules: A Welfare Comparison in a Cash-in-Advance Economy," *Journal of Monetary Economics*, 36, pp. 247–267.

[23] Carlstrom, Charles T. and Fuerst, Timothy S. (2001) "Monetary Shocks, Agency Costs, and Business Cycles," *Carnegie-Rochester Conference Series on Public Policy*, Elsevier, 54 (1), June, pp. 1–27.

[24] Carlstrom, Charles T. and Fuerst, Timothy S. (2001) "Timing and Real Indeterminacy in Monetary Models," *Journal of Monetary Economics*, 47, pp. 285–298.

[25] Champ, Bruce, and Scott Freeman (1994) *Modeling Monetary Economies*, John Wiley & Sons, Inc., New York.

[26] Chari, V. V., Patrick J. Kehoe, and Ellen R. McGrattan (2005) "Sudden Stops and Output Drops," *American Economic Review Papers and Proceedings*, 95(2), pp. 381–387.

[27] Christiano, Lawrence J. (1991) "Modeling the Liquidity Effect of a Money Shock," *Federal Reserve Bank of Minneapolis Quarterly Review*, Winter, 15, pp. 3–34.

[28] Christiano, Lawrence (2002) "Solving Dynamic Equilibrium Models by a Method of Undetermined Coefficients," *Computational Economics*, 20 pp. 21–55.

[29] Christiano, Lawrence J., Martin Eichenbaum, and Charles L. Evans (1996) "Technical Appendix for Modeling Money," working paper, Northwestern University.

[30] Christiano, Lawrence J., Martin Eichenbaum, and Charles L. Evans (1997) "Sticky Price and Limited Participation Models of Money: A Comparison," *European Economic Review*, 41 (6), June, p. 1201–1249.

[31] Christiano, Lawrence J., Martin Eichenbaum, and Charles L. Evans (1998) "Modeling Money," NBER working paper No. W6371, January.

[32] Christiano, Lawrence, Martin Eichenbaum, and Charles Evans (2005) "Nominal Rigidities and the Dynamic Effects of a Shock to Monetary Policy," *Journal of Political Economy*, 113(1), February, pp. 1–45.

[33] Christiano, Lawrence, and Christopher L. Gust (1999) "Taylor Rules in a Limited Participation Model," NBER Working Papers, 7017.

[34] Clarida, Richard, Jordi Galí, and Mark Gertler (2000) "Monetary Policy Rules and Macroeconomic Stability: Evidence and Some Theory," *The Quarterly Journal of Economics*, 115 (1), Feb., pp. 147–180.

[35] Clower, Robert (1967) "A Reconsideration of the Microfoundations of Monetary Theory," *Western Economic Journal*, 6(1), December, pp. 1–9.

[36] Cooley, Thomas, and Gary Hansen (1989) "The InflationTax in a Real Business Cycle Model," *The American Economic Review*, 79(4), September, pp. 733–748.

[37] Cooley, T., and V. Quadrini (1999) "A Neoclassical Model of the Phillips Curve Relation," *Journal of Monetary Economics*, 44, 2, October, pp. 165–193.

[38] Diamond, Peter A. (1965) "National Debt in a Neoclassical Growth Model," *American Economic Review*, 55, December, pp. 1126–1150.

[39] Fisher, Irving (1973) "I Discovered the Phillips Curve: 'A Statistical Relation between Unemployment and Price Changes,' " *Journal of Political Economy*, 81 (2) Part 1, March–April, pp. 496–502.

[40] Friedman, Milton (1960) *A Program for Monetary Stability*, Fordham University Press, New York.

[41] Friedman, Milton (1969) "The Optimum Quantity of Money," *The Optimum Quantity of Money and Other Essays*, Aldine Publishing Co, Chicago, pp. 1–50.

[42] Fuerst, Timothy S. (1992) "Liquidity, Loanable Funds, and Real Activity," *Journal of Monetary Economics*, 29, pp. 3–24.

[43] Fuerst, Timothy S. (1995) "Monetary and Financial Interactions in the Business Cycle," *Journal of Money, Credit and Banking*, 27(4) Part 2, November, pp. 1321–1338.

[44] Galí, J. (2003) "New Perspectives on Monetary Policy, Inflation, and the business Cycle," in *Advances in Economic Theory*, Vol. III, M. Dewatripont, L. Hansen, and S. Turnovsky, eds., Cambridge University Press, Cambridge, pp. 151–197.

[45] Galí, J., M. Gertler, and D. L'opez-Salido (2001) "European Inflation Dynamics," *European Economic Review*, 45(7), pp. 1237–70.

[46] Hadley, G. and Murray C. Kemp (1971) *Variational Methods in Economics*, North-Holland, Amsterdam.

[47] Hamilton, James (1994) *Time Series Analysis*, Princeton University Press, Princeton.

[48] Hansen, Gary (1985) "Indivisible Labor and the Business Cycle," *Journal of Monetary Economics*, 16, pp. 309–328.

[49] Karaken, John, and Neil Wallace (1980) "Introduction," Models of Monetary Economies, Federal Reserve Bank of Minneapolis, pp. 1–9.

[50] Kim, Jinill, Sunghyun Kim, Ernst Schaumburg, and Christopher A. Sims (2005) "Calculating and Using Second Order Accurate Solutions of Discrete Time Dynamic Equilibrium Models," working paper, February 3, Princeton University.

[51] Kydland, Finn, and Edward C. Prescott (1977) "Rules Rather Than Discretion: The Inconsistency of Optimal Plans," *Journal of Political Economy*, 85, pp. 473-92.

[52] Kydland, Finn, and Edward C. Prescott (1982) "Time to Build and Aggregate Fluctuations," *Econometrica*, 50, pp. 1345-1371.

[53] Lagos, Ricardo, and RandallWright (2005) "Unified Framework for Monetary Theory and Policy Analysis," *Journal of Political Economy*, 113, pp. 463-84.

[54] Ljungqvist, Lars, and Thomas Sargent (2000) *Recursive Macroeconomic Theory*, MIT Press, Cambridge, Mass.

[55] Lucas, Robert E. (1976) "Econometric Policy Evaluation: A Critique," *Carnegie-Rochester Conference Series on Public Policy*, 1, pp. 19-46.

[56] Lucas, Robert E. (1988) "On the Mechanics of Economic Development," *Journal of Monetary Economics*, 22(1), pp. 3-42.

[57] Lucas, Robert E. (1990) "Liquidity and Interest Rates," *Journal of Economic Theory*, 50, pp. 237-264.

[58] Lucas, Robert E., and Nancy Stokey (1987) "Money and Interest in a Cash-in-Advance Economy," *Econometrica*, 55, pp. 491-513.

[59] Mas-Colell, Andreu, Michael Whinston, and Jerry R. Green (1995) *Microeconomic Theory*, Oxford University Press, New York.

[60] McCallum, Bennet (1983) "On Non-uniqueness in Rational Expectations Models: An Attempt at Perspective," *Journal of Monetary Economics*, 11, March, pp. 139-68.

[61] McCandless, George T., and Neil Wallace (1991) *Introduction to Dynamic Macroeconomic Theory: An Overlapping Generations Approach*, Harvard University Press, Cambridge, Mass.

[62] McCandless, George T., and Warren Weber (1995) "Some Monetary Facts," *Federal Reserve Bank of Minneapolis Quarterly Review*, 3, pp. 2-11.

[63] Mendoza, Enrique (1991) "Real Business Cycles in a Small-Open Economy," *American Economic Review*, 81, pp. 797-818.

[64] Mendoza, Enrique (2002) "Credit, Prices and Crashes: Business Cycles with a Sudden Stop," in *Preventing Currency Crises in Emerging Markets*, ed. S. Edwards and J. Frankel, NBER, University of Chicago Press, Chicago.

[65] Milgrom, Paul, and Ilya Segal (2002) "Envelope Theorems for Arbitrary Choice Sets," *Econometrica*, 70(2), March, pp. 583-601.

[66] Nicolini, Juan Pablo (1998) "Tax Evasion and the Optimal Inflation Tax," *Journal of Development Economics*, 55, pp. 215-232.

[67] Parente, Stephen L., and Edward C. Prescott (1993) "Changes in the Wealth of Nations," *Quarterly Review*, Federal Reserve Bank of Minneapolis, Spring, pp. 3-16.

[68] Phelps, Edmund (1961) "The Golden Rule of Accumulation: A Fable for Growthmen," *American Economic Review*, 51(4) Sept., pp. 638-643.

[69] Romer, Paul M. (1986) "Increasing Returns and Long-Run Growth," *Journal of Political Economy*, 94(5), pp. 1002-1037.

[70] Samuelson, Paul A. (1958) "An Exact Consumption-Loan Model of Interest with or without the Social Contrivance of Money," *Journal of Political Economy*, 66, December, pp. 467–482.

[71] Sargent, Thomas J. (1979) *Macroeconomic Theory*, Academic Press, New York.

[72] Sargent, Thomas J. (1987) *Dynamic Macroeconomic Theory*, Harvard University Press, Cambridge, Mass.

[73] Schmitt-Grohé, Stephanie, and Martín Uribe (2000) "Price Level Determinacy and Monetary Policy under a Balanced Budget Requirement," *Journal of Monetary Economics*, 45 (1), pp. 211–246.

[74] Schmitt-Grohé, Stephanie, and Martín Uribe (2003) "Closing Small Open Economy Models," *Journal of International Economics*, 61, October, pp. 163–185.

[75] Schmitt-Grohé, Stephanie, and Martín Uribe (2004) "Solving Dynamic General Equilibrium Models Using a Second-Order Approximation to the Policy Function," *Journal of Economic Dynamics & Control*, 28, pp. 755–775.

[76] Sidrauski, M. (1967) "Rational Choice and Patterns of Growth in a Monetary Economy," *American Economic Association Papers and Proceedings*, 57, pp. 534–544.

[77] Sims, Christopher A. (1989) "Models and Their Uses" in *Proceedings: Policy Analysis with Time-Series Econometric Models*, *American Journal of Agricultural Economics*, 71 (2), May, pp. 489–494.

[78] Sims, Christopher A. (2001) "Solving Linear Rational Expectations Models," *Computational Economics*, 20, pp. 1–20.

[79] Smets, Frank, and Rafael Wouters (2004) "Forecasting with a Bayesian DSGE Model: An Application to the Euro Area," ECB working paper No. 389, September.

[80] Solow, Robert M. (1956) "A Contribution to the Theory of Economic Growth," *Quarterly Journal of Economics*, 70, pp. 65–94.

[81] Solow, Robert M. (1957) "Technical Change and the Aggregate Production Function," *Review of Economics and Statistics*, 39, August, pp. 312–320.

[82] Solow, Robert M. (1970) *Growth Theory: An Exposition*, Oxford University Press, New York.

[83] Stokey, Nancy, Robert Lucas, and Edward Prescott (1989) *Recursive Methods in Economic Dynamics*, Harvard University Press, Cambridge, Mass.

[84] Taylor, John B. (1980) "Aggregate Dynamics and Staggered Contracts," *Journal of Political Economy*, 88, No. 1, pp. 1–16.

[85] Taylor, John B. (1993) "Discretion versus Policy Rules in Practice," *Carnegie-Rochester Conference Series on Public Policy*, 39, North-Holland, pp. 195–214.

[86] Uhlig, Harald (1999) "A Toolkit for Analysing Nonlinear Dynamic Stochastic Models Easily," in Ramon Marimon and Andrew Scott, eds., *Computational Methods for the Study of Dynamic Economies*, Oxford University Press, Oxford, pp. 30–61.

[87] Uribe, Martín (2005), *Lectures in Open Economy Macroeconomics*, draft, Duke

University.

[88] Vaughan, D. R. (1970) "A Nonrecursive Algorithm Solution for the Discrete Ricatti Equation," *IEEE Transactions on Automatic Control*, 15, pp. 597–599.

[89] Walsh, Carl (2003) *Monetary Theory and Policy*, 2nd edition, MIT Press, Cambridge, Mass.

[90] Woodford, Michael (2003) *Interest and Prices*, Princeton University Press, Princeton.

[91] Zhu, Tao, and Neil Wallace (2007) "Pairwise Trade and Coexistence of Money and Higher Return Assets," *Journal of Economic Theory*, 133(1), pp. 524–535.

译后记

魔鬼藏在细节里。细节里不仅有译者的翻译错误，更藏着作者的宝贵经验。希望读者能将您抓住的小魔鬼分享到我们的邮件中（duanpengfei@ gmail. com）供大家讨论。

参与本书翻译的有段鹏飞、刘安禹、冯文成、王萍、董广振、顾冰冰、刘子一、孟望生、张宇驰、周彬、钟婧怡，最后由段鹏飞校对，所以译本中的全部错误都是段鹏飞的责任。

感谢我们的老师们：杜两省、白雪梅、王询、徐滇庆、袁志刚、宋铮、樊潇彦、龚六堂、文一、汪丁丁等教授。感谢我们的家人。

段鹏飞

2011. 10